2025

메가랜드
공인중개사

기출응용 예상문제집

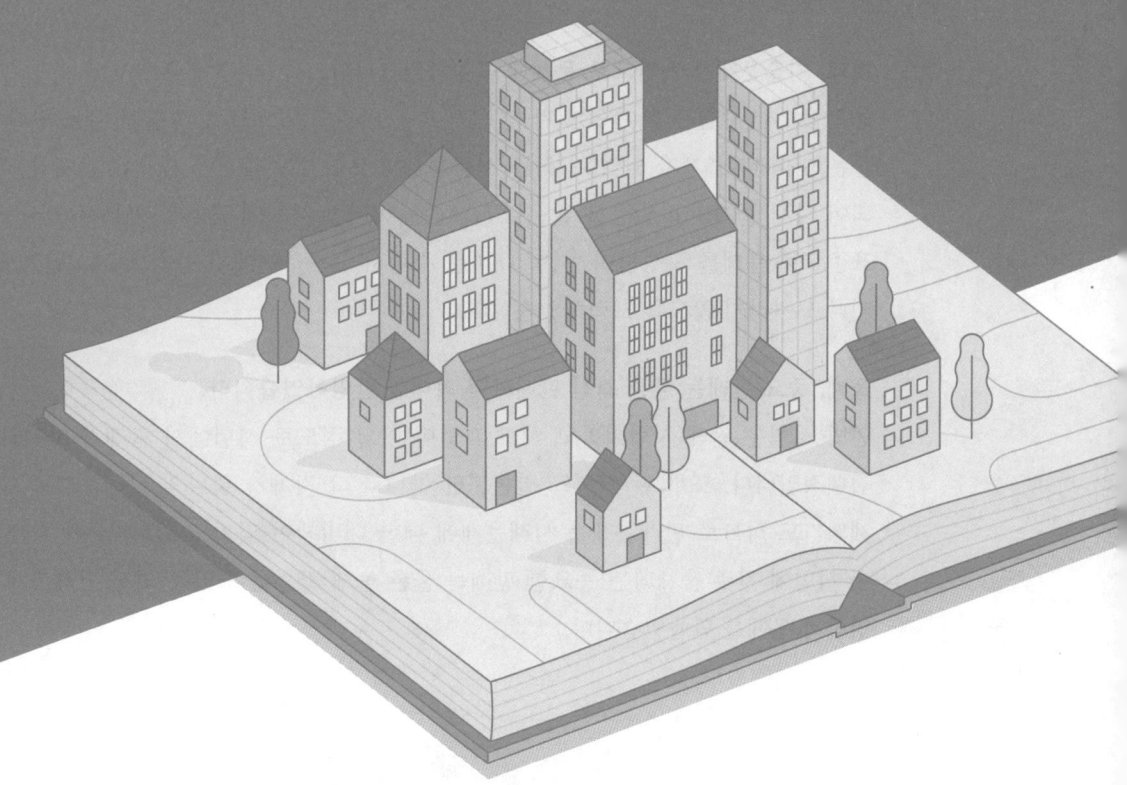

1차 민법 및 민사특별법

머리말

역설적이지만 앎은 모름에서 출발합니다. 어떤 것을 제대로 알기 위해서는 먼저 자신이 그것을 모른다는 것을 알아야 합니다. 내가 무엇을 알고 무엇을 모르는지를 아는 것을 메타인지라고 하는데, 공부를 잘하기 위해서는 이 메타인지 능력이 높아야 합니다.

메타인지 능력을 기르는 가장 기초적인 방법은 바로 문제를 푸는 것입니다. 문제를 푸는 과정에서 자신이 어떤 내용을 확실하게 알지 못한다는 것을 깨닫게 되어 그 부분을 보완하는 학습을 할 수 있기 때문입니다.

또한, 우리는 객관식 시험을 준비하고 있으므로 객관식 문제풀이부터가 진짜 시험공부의 시작이라고 할 수 있습니다.

본서는 이렇게 중요한 문제풀이 과정의 주교재라는 점에 충실하도록 다음의 사항에 중점을 두어 집필하였습니다.

첫째, 기출문제를 기반으로 문제를 구성하였습니다.
공인중개사 시험은 이미 30회가 넘는 역사를 가지고 있으므로 시험에 나올 만한 중요 논점들은 이미 다 출제가 되었고, 최근 시험을 살펴보더라도 과거에 출제된 문제가 조금씩 변형되어 다시 출제되고 있음을 알 수 있습니다. 이러한 사실에 근거하여 본서 역시 기출문제를 표준으로 문제를 구성하여, 시험 대비용 수험서라는 측면에서 양적으로나 질적으로도 넘치거나 모자라지 않도록 노력하였습니다.

둘째, 중요 판례는 물론 최신 판례까지 최대한 반영하였습니다.
민법 시험은 판례 시험이라고 해도 과언이 아닐 정도로 시험에서 판례가 차지하는 비중은 절대적입니다. 또한 판례는 그 결론뿐만 아니라 그 자체가 하나의 사례문제로 응용되어 출제되기도 하므로 판례문제는 사례문제에 대한 대비책이 되기도 합니다. 이 점을 염두에 두어 시험에 자주 출제되는 중요한 판례는 물론 출제 가능성이 있는 최신 판례까지 최대한 반영하여 문제를 만들었습니다.

셋째, 해설을 풍부하게 달았습니다.

문제풀이에서는 정답을 맞혔느냐는 결과 못지않게 그 이후의 학습과정이 중요합니다. 문제를 풀고 난 후 혼자서 학습하는 과정에 도움을 줄 수 있도록 해설을 최대한 풍부하게 달았습니다. 가능한 한 모든 지문에 대한 해설을 상세히 수록하여 별도로 통합 이론서나 판례집을 찾아보지 않아도 그 내용을 확인할 수 있도록 하여 학습의 효율성을 높였습니다.

객관식 문제집도 통합 이론서와 마찬가지로 한두 번 봐서는 온전히 내 것이 되지 않습니다. 한 문제집을 여러 번 반복해서 보아야 비로소 실전에서 비슷한 유형의 문제를 만났을 때 응용할 수 있는 힘이 생기는 법이니, 최대한 반복 학습하여 이 책의 내용을 자신의 것으로 만드시기 바랍니다.

끝으로 이 책이 출간될 수 있도록 도와주신 메가랜드 편집부 직원분들에게 감사의 말씀을 전하며, 이 책으로 공부하시는 모든 수험생의 합격을 진심으로 기원합니다.

메가랜드 부동산교육연구소
편저자 일동

공인중개사 시험요강

공인중개사 자격시험 Licensed Real Estate Agent

국토교통부에서 소관하고 한국산업인력공단이 시행하는 공인중개사 자격시험은 부동산 중개업을 건전하게 지도·육성하고, 공정하고 투명한 부동산 거래질서를 확립함으로써 국민경제에 이바지함을 그 목적으로 합니다.

- **연 1회** 10월 25일
- **1·2차 동시** 동시 응시 가능
- **절대평가** 평균 60점
- **객관식** 5지 선택형

시험 일정

원서접수	시험일	합격자발표
2025년 8월 4일~ 8월 8일 예정	2025년 10월 25일 예정	2025년 11월 26일 예정

* 2021년부터 원서 접수 기간 및 방식이 변경되었습니다(정기 접수 5일 및 빈자리 접수 2일).
* 정확한 시험 일정은 한국산업인력공단(www.q-net.or.kr) 홈페이지에서 확인 가능합니다.
* 원서 접수 기간 중에는 24시간 접수 가능하며(단, 마지막 날은 18시까지), 접수 기간 종료 후에는 응시원서 접수가 불가합니다.

응시 자격

제한 없음

* 단, ①「공인중개사법」제4조의3에 따라 시험 부정행위로 처분받은 날로부터 시험 시행일 전일까지 5년이 경과되지 않은 자, ② 제6조에 따라 공인중개사 자격이 취소된 후 3년이 경과하지 않은 자, ③ 시행규칙 제2조에 따른 기자격취득자는 응시할 수 없음

시험 과목 및 방법

구분	시험 과목	문항 수	시험 시간	시험 방법
제1차 1교시 2과목	1. 부동산학개론(부동산감정평가론 포함) 2. 민법 및 민사특별법 중 부동산 중개에 관련되는 규정	과목당 40문항 1번~80번	100분 (09:30~11:10)	객관식 5지 선택형
제2차 1교시 2과목	1. 공인중개사의 업무 및 부동산 거래신고 등에 관한 법령 및 중개실무 2. 부동산공법 중 부동산중개에 관련되는 규정	과목당 40문항 1번~80번	100분 (13:00~14:40)	
제2차 2교시 1과목	부동산공시에 관한 법령(부동산등기법, 공간정보의 구축 및 관리 등에 관한 법률) 및 부동산 관련 세법	40문항 1번~40번	50분 (15:30~16:20)	

합격 기준

절대평가

▶ **1차 시험**: 매 과목 100점을 만점으로 하여 매 과목 40점 이상, 전 과목 평균 60점 이상 득점

▶ **2차 시험**: 매 과목 100점을 만점으로 하여 매 과목 40점 이상, 전 과목 평균 60점 이상 득점

* 해당 연도 1차 시험 합격자는 다음 연도 1차 시험이 면제되며, 1·2차 시험 응시자 중 1차 시험에 불합격한 자의 2차 시험은 무효로 함(「공인중개사법 시행령」 제5조 제3항)

원서 접수

PC Q-net(www.q-net.or.kr) 홈페이지 또는 모바일 Q-net(APP)을 통하여 접수

▶ 공단 지역본부 및 지사에서 인터넷 접수 도우미서비스를 제공받을 수 있습니다.

▶ **내방시 준비물**: 신분증, 사진(3.5*4.5) 1매, 전자결제 수단(신용카드, 계좌이체, 가상계좌)

▶ 수험자는 응시원서에 반드시 본인 사진을 첨부하여야 하며, 타인의 사진 첨부 등으로 인하여 신분 확인이 불가능할 경우 시험에 응시할 수 없습니다.

▶ 응시수수료(제35회 시험 기준)

▪ 1·2차 시험 동시 응시자	28,000원
▪ 1차 시험 응시자	13,700원
▪ 2차 시험 응시자(전년도 1차 시험 합격자)	14,300원

자격증 교부는 응시원서 접수시 입력한 인터넷 회원정보 화면의 주민등록상 주소지의 시·도지사 명의로, 시·도지사가 교부합니다(회원가입시 등록한 최종 합격자의 사진 파일을 공단에서 시·도로 발송하여 자격증용 사진으로 활용).   * 시·도별로 준비물이 다를 수 있습니다.

출제경향 및 학습방법

● 민법 및 민사특별법

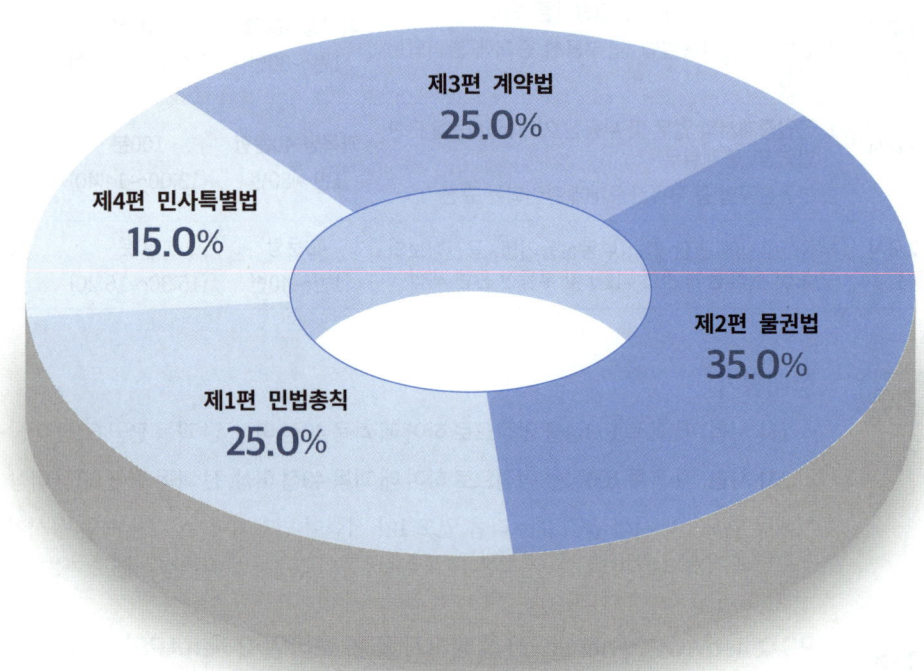

> 제35회 총평

수험생 여러분 정말 고생 많으셨습니다. 시험 결과를 떠나 그동안 쏟으신 열정과 노고에 존경의 마음을 담아 박수를 보냅니다. 이번 제35회 시험은 제33회, 제34회 시험보다는 조금 낮은 난도로 출제된 것으로 보입니다. 뒷부분인 민사특별법이 어렵게 출제되긴 했으나 앞부분에서 쉽게 출제되어 합격점수를 충분히 받을 수 있었을 것으로 생각됩니다.

1. 민법총칙에서 10문제, 물권법에서 14문제, 계약법에서 10문제, 민사특별법에서 6문제가 출제되었습니다.

2. 계약법에서는 제34회에 7문항이 출제되었던 각론은 2문항으로 줄었고, 총론에서 8문항이 출제되어 제34회와 극명하게 대비되었습니다.
3. 민사특별법은 최신 판례를 공부하지 않았다면 풀 수 없는 문제가 출제되어 체감 난이도가 높았을 것으로 예상됩니다.

판례 중심의 출제는 최근의 흐름이고 앞으로도 그러할 것입니다. 다만, 항상 당부드리는 것은 판례가 많이 출제되었다고 하여 판례만 읽어서는 득점에 큰 도움이 되지 않습니다. 기본이론이 바탕이 되지 않은 판례학습은 큰 의미가 없습니다. 조문과 이론, 판례는 항상 같이 공부하시길 권합니다. 또한, 박스문제가 많이 출제되는 것이 최근의 경향입니다. 박스문제에 당황하지 않도록 모의고사 등을 통해 꾸준히 연습하시길 권합니다.

학습방법

핵심적인 내용을 먼저 공부하자.

민법은 기본법이므로 양이 방대하고 매우 추상적인 부분도 포함되어 있습니다. 공부를 하면서 처음부터 이 모든 것을 이해하려고 한다면 이해가 안 될 뿐만 아니라 흥미까지 잃어버릴 수 있으므로 처음에는 중요부분을 위주로 학습한 후, 추가적으로 자세한 내용을 덧붙여 공부해 나가는 방식으로 공부를 하는 것이 좋습니다.

모르는 부분은 과감하게 넘기고, 계속해서 복습하자.

처음 공부를 하다 보면 도저히 이해가 안 되는 부분들이 나오기 마련입니다. 그렇다고 하여 포기하거나 멈추면 안 되고, 그러한 부분은 과감하게 체크해 두고 다음으로 넘어가는 것도 하나의 방법입니다. 민법은 매우 유기적인 과목이어서 처음과 끝이 부드럽게 연결되므로 일단 1순환이 되면 바라보는 시각이 달라지고, 변화된 시각으로 2순환을 하면 저절로 이해가 되기 때문입니다.

기본이론을 바탕으로, 판례를 정복하자.

판례가 많이 출제된다고 하여 판례만 공부하여서는 득점에 큰 도움이 되지 않는다는 점에 주의하여야 합니다. 기본이론이 바탕이 되지 않은 판례학습은 큰 의미가 없기 때문입니다. 기본이론, 조문과 판례는 항상 같이 공부하시길 권하며, 고득점의 비결은 어려운 부분을 공부하는 것이 아니라 주요 기본이론과 판례를 명확하게 이해하는 것이라는 점을 다시 한번 강조합니다.

이 책의 구성 및 특징

대표유형
시험 출제유형을 완벽하게 분석하여, 각 단원의 대표문제를 먼저 파악하고 대비할 수 있습니다.

난이도
문제마다 난이도를 표기함으로써 자기주도학습을 할 수 있습니다.

메타인지 체크박스
메타인지 체크박스를 통해 아는 것과 모르는 것을 구분하여 보다 정확하게 학습할 수 있습니다.

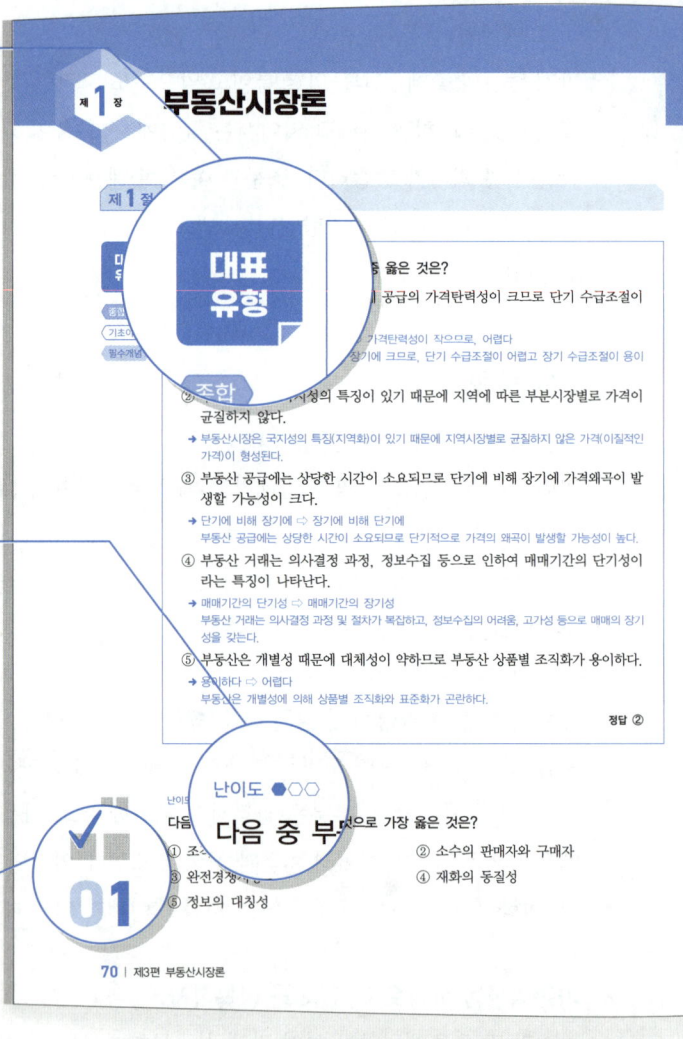

난이도 ●○○

02 부동산시장과 관련된 설명으로 옳은 것은?

기초이론
필수개념

① 부동산시장은 지역적 특성이 강하기 때문에 지역 간의 연계성이 작은 편이다.
② 개별성이 강하기 때문에 부동산 상품별 시장조직화가 용이하다.
③ 고가성과 법적 규제 등으로 인해 유동성이 큰 자산에 해당한다.
④ 다수의 시장참여자, 정보의 비공개성 등으로 인해 불완전경쟁시장이
⑤ 지대지불능력에 따라 토지이용의 유형을 결정할 수 없다.

난이도 ●●○

03 부동산시장의 특성에 관한 설명 중 틀린 것은?

기초이론
필수개념

① 부동산은 대체 불가능한 재화이므로 부동산시장에서는 공매(short selling)가 발생하기 어렵다.
② 부동산이 지역적으로 세분화될수록 수요의 가격탄력성이 탄력적이 된다.
③ 시장세분화란 소비자의 특성에 따라 소비자를 좀 더 작은 집단으로 구분하는 것을 말한다.
④ 부동산시장은 장기보다 단기에서 공급의 가격탄력성이 작으므로 단기 수급조절이 더 어렵다.
⑤ 부동산시장은 거래정보의 비공개성으로 불합리한 가격이 형성되며, 이는 비가역성과 관련이 깊다.

01 ① 조직화된 시장 ⇨ 비조직화된 시장
   ③ 완전경쟁시장 ⇨ 불완전경쟁시장
   ④ 재화의 동질성 ⇨ 재화의 개별성
   ⑤ 정보의 대칭성 ⇨ 정보의 비대칭성
02 ② 시장조직화가 용이하다 ⇨ 시장조직화가 어렵다
   ③ 유동성이 큰 ⇨ 유동성이 작은
   ④ 다수의 시장참여자 ⇨ 소수의 시장참여자
   ⑤ 토지이용의 유형을 결정할 수 없다 ⇨ 토지이용의 유형을 결정할 수 있다(알론소의 입찰지대이론)
03 ⑤ 비가역성 ⇨ 개별성
   거래의 비공개성, 시장의 비조직성(비표준화)은 개별성으로 인해 파생되는 특성이다.
   비가역성은 부동산활동의 장기적 배려의 근거가 된다.

정답 01 ② 02 ① 03 ⑤

제1편 민법총칙

- 제 1 장 권리의 변동 · · · · · · 14
- 제 2 장 법률행위 · · · · · · 16
- 제 3 장 의사표시 · · · · · · 34
- 제 4 장 법률행위의 대리 · · · · · · 57
- 제 5 장 법률행위의 무효와 취소 · · · · · · 80
- 제 6 장 법률행위의 부관 · · · · · · 94

제2편 물권법

- 제 1 장 물권법 서론 · · · · · · 104
- 제 2 장 물권의 변동 · · · · · · 115
- 제 3 장 점유권 · · · · · · 138
- 제 4 장 소유권 · · · · · · 154
- 제 5 장 용익물권 · · · · · · 183
- 제 6 장 담보물권 · · · · · · 206

제3편 계약법

제 1 장 계약법 총론 — 244
제 2 장 계약법 각론 — 278

제4편 민사특별법

제 1 장 주택임대차보호법 — 318
제 2 장 상가건물 임대차보호법 — 336
제 3 장 집합건물의 소유 및 관리에 관한 법률 — 344
제 4 장 가등기담보 등에 관한 법률 — 353
제 5 장 부동산 실권리자명의 등기에 관한 법률 — 361

제 **1** 편

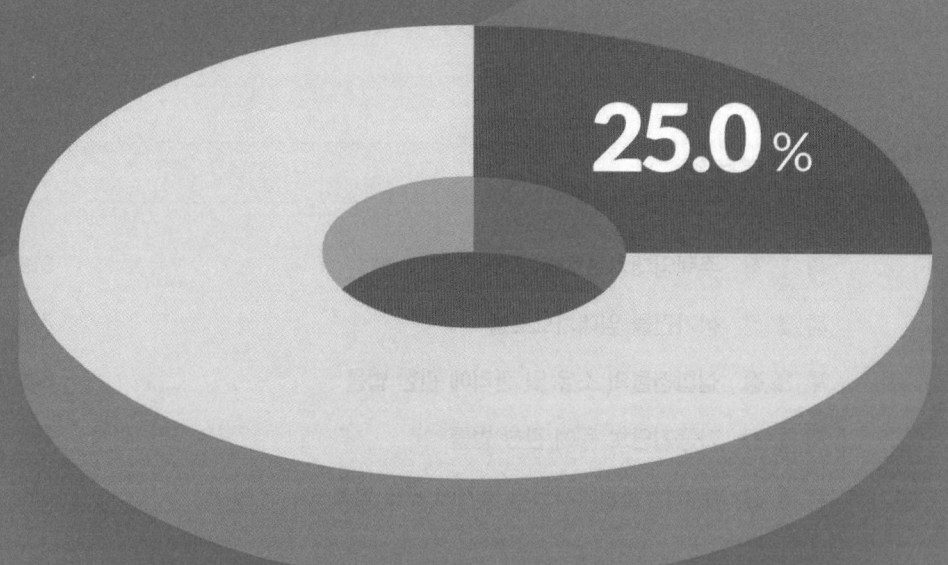

민법총칙

제1장	권리의 변동
제2장	법률행위
제3장	의사표시
제4장	법률행위의 대리
제5장	법률행위의 무효와 취소
제6장	법률행위의 부관

제1장 권리의 변동

대표유형 (기본)

연결이 바른 것은?
① 취득시효완성으로 인한 소유권의 취득 – 승계취득
  → 시효완성으로 인한 권리의 취득은 원시취득이다.
② 물건의 멸실로 인한 물권의 소멸 – 상대적 소멸
  → 물건이 멸실하면 그 물건 위에 존재하던 모든 물권은 절대적으로 소멸한다.
③ 수용으로 인한 소유권의 취득 – 승계취득
  → 수용(= 공용징수)으로 인한 소유권의 취득은 원시취득이다.
④ 등기에 의한 임차권의 대항력 발생 – 내용의 변경
  → 임차권은 채권으로서 제3자에 대한 효력인 대항력이 없다. 그러나 「민법」 제621조에 따라 임차권 등기를 마치면 그때부터 대항력이 발생하는데, 이는 권리의 효력의 변경(= 작용의 변경)에 해당한다.
⑤ 선순위 저당권의 소멸로 인한 후순위 저당권의 순위승진 – 작용의 변경
  → 저당권의 순위승진은 권리의 주체나 내용의 변경이 아닌 작용의 변경(= 효력의 변경)에 해당한다.

정답 ⑤

01 (기본)

난이도 ●●○

서로 잘못 짝지어진 것은?
① 전세권의 설정 – 설정적 승계
② 공유지분의 포기 – 상대방 없는 단독행위
③ 청약자가 하는 승낙연착의 통지 – 관념의 통지
④ 무주물의 선점 – 원시취득
⑤ 무권대리행위의 추인 여부에 대한 상대방의 최고 – 의사의 통지

02 기본
난이도 ●○○

의사표시가 아닌 것은?

① 계약의 청약
② 낙약자의 제3자에 대한 최고
③ 법률행위의 취소
④ 무효행위의 추인
⑤ 계약의 해제

03 기본
난이도 ●●○

법률행위에 해당하는 것은?

① 채권양도의 통지
② 무권대리행위의 추인 여부에 관한 상대방의 최고
③ 매장물의 발견
④ 본인의 제3자에 대한 대리권수여의 표시(「민법」 제125조)
⑤ 취소할 수 있는 법률행위의 추인

---

01 ② 공유지분의 포기는 상대방 있는 단독행위로서, 공유자의 공유지분 포기의 의사표시가 다른 공유자에게 도달하여야 그 효력이 발생한다(대판 2015다52978).
③ 승낙연착의 통지는 관념의 통지(= 사실의 통지)로서 준법률행위이다.
⑤ 각종 최고나 거절은 의사의 통지로서 준법률행위이다.

02 ② 제3자를 위한 계약에서 낙약자가 제3자에 대하여 하는 수익 여부 확답에 대한 최고(제540조)는 의사표시가 아니라 준법률행위 중 의사의 통지에 해당한다.
①③④⑤ 청약, 취소, 추인, 해제는 모두 의사표시이다.

03 ⑤ 취소할 수 있는 법률행위의 추인은 취소할 수 있는 법률행위를 그 취소사유에도 불구하고 유효한 것으로 확정시키겠다는 취소권자의 의사표시로서, 법률행위(단독행위)에 해당한다.
① 채권양도의 통지는 준법률행위 중 관념의 통지(= 사실의 통지)에 해당한다.
② 최고는 준법률행위 중 의사의 통지에 해당한다.
③ 무주물선점, 유실물습득, 매장물발견은 준법률행위 중 사실행위(= 비표현행위)에 해당한다.
④ 「민법」 제125조의 대리권수여표시에 의한 표현대리의 성립요건인 '대리권수여의 표시'는 준법률행위 중 관념의 통지(= 사실의 통지)에 해당한다.

정답 01 ② 02 ② 03 ⑤

제2장 법률행위

제1절 법률행위의 의의·종류·요건

대표유형 (기본)

법률행위의 종류에 관한 연결이 바른 것은?

① 합의해제 – 단독행위
→ 해제는 단독행위이고, 합의해제(= 해제계약)는 계약이다.

② 교환 – 처분행위
→ 증여, 매매, 교환, 임대차 등은 채권행위로서, 이행의 문제를 남기는 의무부담행위이다.

③ 저당권설정행위 – 처분행위
→ 지상권, 전세권, 저당권 등 제한물권설정행위는 물권행위로서, 처분행위에 해당한다.

④ 소유권의 포기 – 출연행위
→ 소유권의 포기는 행위자의 재산을 감소시키지만 그로 인해 특정한 상대방의 재산을 증가시키지 않으므로 출연행위(出捐行爲)라고 할 수 없다. 즉, 소유권의 포기는 비출연행위(非出捐行爲)이다.

⑤ 사용대차 – 유상행위
→ 사용대차는 무상행위로서, 유상행위인 임대차와 구별된다.

정답 ③

01 (기본)

난이도

법률행위에 관한 설명으로 <u>틀린</u> 것은?

① 유증은 상대방 있는 단독행위이고, 증여는 계약이다.
② 매매나 임대차는 무권리자가 하더라도 유효하나, 전세권설정이나 저당권설정은 무권리자가 하면 무효이다.
③ 대리권수여행위는 위임장을 작성·교부하지 않아도 성립하는 불요식행위이다.
④ 타인의 재산을 증가시키지 않으면서 행위자의 재산만 감소시키는 법률행위는 출연행위가 아니다.
⑤ 증여나 사용대차와 같은 무상행위에는 원칙적으로 담보책임의 문제가 생기지 않는다.

02 　난이도 ●○○
단독행위가 아닌 것은?
① 해제
② 재단법인 설립행위
③ 취소
④ 상계(相計)
⑤ 매매의 일방예약

03 　난이도 ●●○
행위자에게 처분권한이 없어도 효력이 발생하는 법률행위는?
① 지상권설정행위
② 채권양도
③ 채무면제
④ 임대차계약
⑤ 전세권의 포기

---

01 ① 유증(遺贈)은 유언의 일종으로 상대방 없는 단독행위이다.
② 매매나 임대차는 채권행위(의무부담행위)여서 무권리자가 하더라도 유효하지만, 전세권설정이나 저당권설정은 물권행위(처분행위)여서 무권리자가 하면 무효이다.
③ 수권행위는 불요식행위로서 특별한 방식을 요하지 않는다.
④ 출연행위(出捐行爲)는 자신의 재산을 감소시키면서 상대방의 재산을 증가시켜 주는 행위를 말한다.
⑤ 담보책임은 원칙적으로 매매나 임대차와 같은 유상행위에서만 문제된다.

02 ⑤ 예약은 그 형태가 무엇이든 간에(즉, 쌍무예약, 편무예약, 쌍방예약, 일방예약 모두) 당사자 간의 합의로 성립하는 계약이다.
④ 상계는 당사자 쌍방이 서로 동종의 채권·채무를 가지고 있는 경우에 당사자 일방의 일방적 의사표시에 의하여 그 채권·채무를 대등액에 관하여 소멸시키는 단독행위이다(제492조 제1항).

03 ④ 임대차계약은 채권계약(의무부담행위)이므로 임대인이 목적물에 대한 소유권 기타 임대권한이 없는 경우에도 유효하게 성립할 수 있다.
①⑤는 물권행위, ②③은 준물권행위로서 모두 처분행위에 해당하므로 처분권한이 있는 자만 할 수 있고, 처분권한이 없는 자가 한 경우에는 무효이다.

정답 01 ① 02 ⑤ 03 ④

04 난이도 ●●○

법률행위에 관한 설명으로 틀린 것은? (다툼이 있으면 판례에 따름)

① 일반적 성립요건으로 당사자, 목적, 의사표시의 존재를 요한다.
② 당사자가 의사능력이나 행위능력을 갖추고 있지 않은 경우에도 법률행위는 성립할 수 있다.
③ 법률행위가 성립하지 않은 경우에는 무효나 취소에 관한 규정이 적용될 수 없다.
④ 정지조건부 법률행위에서 조건의 성취는 법률행위의 성립요건이다.
⑤ 농지취득자격증명은 농지취득의 원인이 되는 매매계약의 효력발생요건이 아니다.

제2절 법률행위의 목적 – 확정·가능·적법성

대표유형 종합

법률행위의 목적에 관한 설명으로 틀린 것은?

① 법률행위의 목적이란 당사자가 당해 법률행위에 의하여 발생시키고자 하는 법률효과를 말한다.
→ 법률행위의 목적은 달리 법률행위의 내용이라고도 한다.
② 법률행위 성립 당시에 목적이 구체적으로 확정되어 있지 않다면 그 법률행위는 무효이다.
→ 법률행위가 유효하기 위해서 법률행위의 목적이 반드시 법률행위 성립 당시에 구체적으로 확정되어 있을 필요는 없고, 그 목적을 실현할 때(= 이행기)까지만 확정되면 된다.
③ 법률행위의 목적의 실현이 물리적으로 가능하더라도 사회통념상 불가능하면 그 법률행위는 무효이다.
→ 가능과 불능의 구별기준은 사회통념이다.
④ 성립 당시부터 목적을 실현할 수 없는 법률행위는 무효이다.
→ 원시적 불능인 것을 목적으로 하는 법률행위는 무효이다.
⑤ 법률행위의 목적이 강행법규 중 단속규정에 위반하는 경우 그 법률행위는 무효가 되지 않는다.
→ 법률행위가 단속규정을 위반한 경우, 행위자는 일정한 처벌을 받지만 법률행위 그 자체는 사법상 효력이 인정된다.

정답 ②

05 난이도 ●○○

법률행위 목적의 불능에 관한 설명으로 틀린 것을 모두 고른 것은?

> ㉠ 원시적 불능과 후발적 불능의 구별은 법률행위 성립 당시를 기준으로 한다.
> ㉡ 원시적 불능인 계약은 무효이므로 당사자 간에 손해배상의 문제는 생길 여지가 없다.
> ㉢ 계약성립 후 채무이행이 불가능하게 되면 그 계약은 무효로 된다.

① ㉡
② ㉠, ㉡
③ ㉠, ㉢
④ ㉡, ㉢
⑤ ㉠, ㉡, ㉢

---

04 ④ 조건은 법률행위의 효력 발생이나 소멸을 장래의 불확실한 사실의 성부에 의존하게 하는 부관이다. 즉, 조건은 법률행위의 '성립'에 관한 요건이 아니라 '효력'에 관한 요건이다(특별효력요건).
② 당사자가 의사능력이나 행위능력을 갖추고 있지 않은 경우에도 법률행위는 성립할 수 있다. 다만, 그 효력요건(= 유효요건)을 갖추지 못했으므로 그 법률행위는 무효이거나 취소할 수 있게 된다.
③ 법률행위가 성립하지 않은 경우(불성립, 부존재)에는 무효나 취소의 문제가 생기지 않는다.
⑤ 농지취득자격증명은 농지를 취득하는 자에게 농지취득의 자격이 있다는 것을 증명하는 것일 뿐 농지취득의 원인이 되는 법률행위의 효력을 발생시키는 요건은 아니다(대판 2006다27451).

05 ㉡ 원시적 불능인 계약은 무효이므로 채무불이행으로 인한 손해배상책임은 성립할 수 없지만, 계약체결상의 과실로 인한 손해배상책임은 발생할 수 있다(제535조).
㉢ 계약성립 후 채무이행이 불가능하게 되더라도 계약이 무효로 되는 것은 아니다.

정답 04 ④   05 ④

06 난이도 ●●○

법률행위 목적의 후발적 불능과 관계된 것을 모두 고른 것은?

> ㉠ 채무불이행책임
> ㉡ 위험부담
> ㉢ 계약의 해제
> ㉣ 계약체결상의 과실책임
> ㉤ 매매목적물의 일부멸실로 인한 매도인의 담보책임

① ㉠, ㉡, ㉢   ② ㉠, ㉡, ㉤
③ ㉠, ㉢, ㉣   ④ ㉡, ㉢, ㉣
⑤ ㉡, ㉢, ㉤

07 난이도 ●●○

甲은 2025.7.1. 乙과 자기 소유의 건물에 대한 매매계약을 체결하면서 2025.7.31. 소유권을 이전하고 대금을 지급받기로 약정하였다. 이에 관한 설명으로 틀린 것은?

① 2025.6.20. 건물이 소실되었는데 甲이 그 사실을 모르고 계약을 한 것이라면 甲, 乙 간의 매매계약은 무효이다.
② 위 ①에서 甲이 부주의하여 건물의 멸실을 알지 못했더라도 계약 자체가 무효이므로 甲, 乙 간에 손해배상의 문제는 생길 여지가 없다.
③ 2025.7.10. 甲이 乙의 양해 없이 건물을 철거하였다면 乙은 매매계약을 해제하고 손해배상을 청구할 수 있다.
④ 2025.7.10. 천재지변으로 건물이 멸실되었다면 甲과 乙 쌍방의 채무는 모두 소멸한다.
⑤ 2025.7.10. 乙의 과실로 인하여 건물이 멸실되었다면 甲은 乙에게 대금지급을 청구할 수 있다.

08 난이도 ●●○
종합 / 판례

법률행위 목적의 적법성에 관한 설명으로 옳은 것은? (다툼이 있으면 판례에 따름)

① 공인중개사 자격이 없는 자가 중개사무소 개설등록을 하지 않은 채 부동산중개업을 하면서 중개수수료 지급약정을 체결한 경우, 이는 처벌의 대상이 될 뿐 그 약정의 사법상 효력은 인정된다.

② 부동산 매수인이 양도소득세를 회피할 목적으로 미등기인 채로 매매계약을 체결한 경우, 그러한 매매계약은 강행법규에 위반되어 무효로 된다.

③ 부동산을 증여하면서 증여세를 면탈하기 위하여 등기원인을 매매로 하여 등기신청을 한 경우, 이는 처벌의 대상이 되지만 등기 그 자체는 실체관계에 부합하므로 유효하다.

④ 강행법규를 위반하여 무효로 된 법률행위도 당사자가 이를 추인하면 새로운 법률행위로서 유효로 될 수 있다.

⑤ 법률행위의 목적이 강행법규에 위반하여 무효인 경우, 강행법규를 위반한 자가 스스로 그 약정의 무효를 주장하는 것은 신의칙에 반하여 허용되지 않는다.

---

06 ㉠㉡㉢은 후발적 불능과 관련된 것이고, ㉣㉤은 원시적 불능과 관련된 것이다.

07 ② 甲이 과실로 인해 건물의 멸실을 알지 못하였다면 甲은 乙에 대하여 계약체결상의 과실로 인한 손해배상책임을 져야 한다(제535조).
① 원시적 불능인 계약은 무효이다.
③ 甲의 소유권이전채무가 甲의 귀책사유로 인해 이행불능이 되었으므로 乙은 甲에 대하여 채무불이행책임을 물어 계약을 해제하고(제546조), 손해배상을 청구할 수 있다(제390조).
④ 甲과 乙 쌍방에게 책임 없는 사유로 甲의 채무가 이행불능이 되었으므로 甲의 채무와 乙의 채무는 모두 소멸하여, 甲은 乙에게 대금지급을 청구할 수 없게 된다[채무자위험부담(제537조)].
⑤ 乙의 귀책사유로 甲의 채무가 이행불능이 되었으므로 甲은 乙에게 대금지급을 청구할 수 있다[채권자위험부담(제538조)].

08 ③ 부동산등기는 현실의 권리관계에 부합하는 한 그 권리취득의 경위나 방법 등이 사실과 다르다고 하더라도 그 등기의 효력에는 아무런 영향이 없는 것이므로, 증여에 의하여 부동산을 취득하였지만 등기원인을 매매로 기재하였다고 하더라도 그 등기의 효력에는 아무런 하자가 없다(대판 80다791).
① 「공인중개사법」의 무등록중개업 금지규정은 효력규정이다. 따라서 공인중개사 자격이 없는 자가 중개사무소 개설등록을 하지 않은 채 부동산중개업을 하면서 체결한 중개수수료 지급약정은 무효이다(대판 2008다75119).
② 「부동산등기 특별조치법」의 미등기전매 금지규정은 단속규정이다. 즉, 동법은 미등기전매행위를 일정한 목적 범위 내에서 형사처벌하고 있으나, 이로써 미등기전매계약이나 중간생략등기합의의 사법상 효력까지 무효로 한다는 취지는 아니다(대판 92다39112).
④ 강행규정을 위반한 법률행위는 무효행위의 추인에 의하여 유효로 될 수 없다.
⑤ 강행법규에 위반한 자 스스로 그 약정의 무효를 주장하는 것은 신의칙에 반하는 것이라고 할 수 없다(대판 2003다1601).

정답 06 ① 07 ② 08 ③

09 난이도 ●●○

유효한 법률행위를 모두 고른 것은? (다툼이 있으면 판례에 따름)

㉠ 무허가음식점의 음식물판매계약
㉡ 증여세를 면탈하기 위하여 매매를 가장하여 체결한 증여계약
㉢ 국유재산사무에 종사하는 공무원이 타인의 명의를 빌려 국가와 체결한 국유재산에 대한 매매계약
㉣ 「주택법」상 전매금지규정에 위반한 국민주택에 대한 전매계약

① ㉠, ㉡
② ㉠, ㉣
③ ㉠, ㉡, ㉢
④ ㉠, ㉡, ㉣
⑤ ㉡, ㉢, ㉣

10 난이도 ●●○

법률행위 목적의 적법성에 관한 설명으로 옳은 것은? (다툼이 있으면 판례에 따름)

① 공인중개사 자격이 없는 자가 우연한 기회에 단 1회 타인 간의 거래를 중개한 경우라도 그에 따른 중개보수약정은 강행법규에 위배되어 무효이다.
② 개업공인중개사가 임대인으로서 직접 중개의뢰인과 체결한 주택임대차계약은 무효이다.
③ 대리행위가 강행법규에 위반하여 무효인 경우에는 표현대리의 법리가 적용되지 않는다.
④ 「공인중개사법」에서 정한 한도를 초과하는 중개보수약정은 그 전부가 무효이다.
⑤ 탈세를 목적으로 하는 중간생략등기는 언제나 무효이다.

11 효력규정이 <u>아닌</u> 것을 모두 고른 것은? (다툼이 있으면 판례에 따름)

> ㉠「공인중개사법」상 초과보수 금지규정
> ㉡「공인중개사법」상 개업공인중개사와 중개의뢰인 간의 직접거래 금지규정
> ㉢「부동산 실권리자명의 등기에 관한 법률」상 명의신탁 금지규정
> ㉣「부동산 거래신고 등에 관한 법률」상 토지거래허가에 관한 규정
> ㉤「주택법」상 전매제한 규정

① ㉠, ㉡
② ㉡, ㉢
③ ㉡, ㉤
④ ㉢, ㉣
⑤ ㉣, ㉤

---

09 ㉠㉡㉣ 단속규정을 위반한 경우로서, 일정한 제재(처벌)를 받을 뿐 계약의 사법상 효력은 인정된다.
㉢ 강행규정(효력규정)을 간접적으로 위반한 탈법행위로서 무효이다.

10 ③ 강행규정을 위반하여 무효로 된 법률행위(가령 증권회사 임직원의 투자수익보장약정)에 대해서는 표현대리의 법리가 준용될 여지가 없다(대판 94다38199).
① 공인중개사 자격이 없는 자가 우연한 기회에 단 1회 타인 간의 거래행위를 중개한 경우 등과 같이 '중개를 업으로 한 것'이 아니라면 그에 따른 중개수수료 지급약정이 강행법규에 위배되어 무효라고 할 것은 아니다(대판 2010다86525).
② 개업공인중개사 등이 중개의뢰인과 직접 거래를 하는 행위를 금지하는 「공인중개사법」 제33조 제6호의 규정은 단속규정이므로(대판 2016다259677), 개업공인중개사가 임대인으로서 직접 중개의뢰인과 체결한 주택임대차계약은 처벌의 대상이 될 뿐 계약 그 자체는 유효하다.
④ 「공인중개사법」 등 관련 법령에서 정한 한도를 초과하는 부동산 중개보수약정은 한도를 초과하는 범위 내에서 무효이다(대판 2017다243723).
⑤ 탈세를 목적으로 한 중간생략등기도 실체관계에 부합하는 한 유효하다(단속규정 위반).

11 ㉡ 개업공인중개사 등이 중개의뢰인과 직접 거래를 하는 행위를 금지하는 「공인중개사법」 제33조 제6호의 규정을 효력규정으로 보아 이에 위반한 거래행위를 일률적으로 무효라고 할 경우 중개의뢰인이 직접 거래임을 알면서도 자신의 이익을 위해 한 거래도 단지 직접 거래라는 이유로 효력이 부인되어 거래의 안전을 해칠 우려가 있으므로, 위 규정은 강행규정이 아니라 단속규정이다(대판 2016다259677).
㉤ 구 「주택건설촉진법」에 의하면 국민주택에 관하여는 분양한 때로부터 일정한 기간 동안 전매행위가 금지되어 있기는 하나 이는 매수인이 분양 사업주체에게 그 전매사실로써 대항할 수 없다는 것이지 전매당사자 사이의 전매계약의 사법상의 효력까지 무효로 한다는 취지는 아니다(대판 95다47343).
㉠㉢㉣ 모두 효력규정으로서 이를 위반한 약정은 무효가 된다.

정답 09 ④ 10 ③ 11 ③

제3절 법률행위의 목적 – 사회적 타당성

「민법」제103조의 반사회질서의 법률행위에 관한 설명으로 옳은 것은? (다툼이 있으면 판례에 따름)

① 법률행위의 성립과정에 강박이라는 불법적 방법이 사용된 경우, 그 법률행위는 반사회질서의 법률행위로서 무효이다.
  → 법률행위의 성립과정에서 강박이라는 불법적 방법이 사용된 데 불과한 때에는 강박에 의한 의사표시의 하자나 의사의 흠결을 이유로 효력을 논의할 수는 있을지언정 반사회질서의 법률행위로서 무효라고 할 수는 없다(대판 92다41528).

② 강제집행을 면할 목적으로 부동산에 허위의 근저당권설정등기를 경료하는 행위는 반사회질서의 법률행위에 해당한다.
  → 강제집행을 면할 목적으로 부동산에 허위의 근저당권설정등기를 경료하는 행위는 「민법」제103조의 선량한 풍속 기타 사회질서에 위반한 사항을 내용으로 하는 법률행위로 볼 수 없다(대판 2003다70041).

③ 반사회질서의 법률행위의 무효는 선의의 제3자에게 대항하지 못한다.
  → 반사회적 법률행위의 무효는 절대적 무효로서 선의의 제3자에게도 대항할 수 있다.

④ 반사회질서의 법률행위도 당사자가 무효인 줄 알고 추인하면 새로운 법률행위로서 유효로 된다.
  → 반사회적 법률행위는 그 무효의 사유가 법률행위의 내용에 기인한 것이므로 당사자가 이를 추인하더라도(즉, 그와 동일한 내용의 법률행위를 다시 하더라도) 효력이 생기지 않는다.

⑤ 첩(妾)계약의 대가로 아파트의 소유권을 이전하여 주었다면 부당이득을 이유로 그 반환을 청구할 수 없다.
  → 불법의 원인으로 급여한 때에는 부당이득반환을 청구하지 못한다(제746조 본문).

정답 ⑤

12 반사회질서의 법률행위에 관한 판례의 태도를 잘못 설명한 것은?

① 법률행위의 동기 혹은 수단이 사회질서에 위반한 경우, 그 법률행위는 반사회질서의 법률행위로서 무효이다.
② 당초부터 보험사고를 가장하여 보험금을 취득할 목적으로 체결한 생명보험계약은 사회질서에 위배되는 법률행위로서 무효이다.
③ 부첩관계를 단절하면서 위자료 내지 생활비 명목으로 금전을 지급하기로 한 약정은 선량한 풍속이나 기타 사회질서에 반하지 않는다.
④ 증언의 대가로 통상적으로 용인될 수 있는 수준을 넘어서는 대가를 제공받기로 한 약정은 반사회질서의 법률행위로서 무효이다.
⑤ 당사자 일방이 상대방에게 공무원의 직무에 관한 특별한 청탁을 하게 하고 그 대가로 부동산을 양도하기로 한 약정은 사회질서에 반하여 무효이다.

---

12 ① 법률행위가 선량한 풍속 기타 사회질서에 위반한 사항을 그 내용으로 한 것이 아니고 단지 법률행위의 연유, 동기 혹은 수단으로 한 것에 불과한 경우는 이로써 법률행위를 무효로 할 수 없다(대판 72다1271).
② 대판 99다49064
③ 부첩관계를 전제로 하는 증여나 생활비 지급약정은 무효이지만, 부첩관계를 해소하면서 위자료 내지 생활비 명목으로 금원을 지급하기로 하는 약정은 유효하다(대판 80다458).
④ 타인의 소송에서 사실을 증언하는 증인이 그 증언을 조건으로 그 소송의 일방당사자 등으로부터 통상적으로 용인될 수 있는 수준(예컨대 증인에게 일당 및 여비가 지급되기는 하지만 증인이 증언을 위하여 법원에 출석함으로써 입게 되는 손해에는 미치지 못하는 경우 그러한 손해를 전보하여 주는 정도)을 넘어서는 대가를 제공받기로 하는 약정은 국민의 사법참여행위가 대가와 결부됨으로써 사법작용의 불가매수성 내지 대가무관성이 본질적으로 침해되는 경우로서 반사회적 법률행위에 해당하여 무효라고 할 것이다. 이는 증언거부권이 있는 증인이 그 증언거부권을 포기하고 증언을 하는 경우라고 하여 달리 볼 것이 아니다(대판 2009다56283).
⑤ 당사자의 일방이 상대방에게 공무원의 직무에 관한 사항에 관하여 특별한 청탁을 하게 하고 그에 대한 보수로 돈을 지급할 것을 내용으로 한 약정은 사회질서에 반하는 무효의 계약이고, 따라서 「민법」 제746조에 의하여 그 대가의 반환을 청구할 수 없으며, 나아가 그 돈을 반환하여 주기로 한 약정도 결국 불법원인급여물의 반환을 구하는 범주에 속하는 것으로서 무효이고, 그 반환약정에 기하여 약속어음을 발행하였다 하더라도 채권자는 그 이행을 청구할 수 없다(대판 94다51994).

정답 12 ①

난이도 ●●○

13 반사회질서의 법률행위에 관한 설명으로 틀린 것은? (다툼이 있으면 판례에 따름)

① 어느 법률행위가 선량한 풍속 기타 사회질서에 위반되어 무효인지의 여부는 법률행위시를 기준으로 판단하여야 한다.
② 상대방에게 표시된 법률행위의 동기가 사회질서에 반하는 경우, 그 법률행위는 반사회질서의 법률행위로서 무효이다.
③ 반사회적 행위에 의하여 조성된 비자금을 소극적으로 은닉하기 위하여 임치한 것은 사회질서에 반하는 법률행위에 해당한다.
④ 명의신탁약정을 탈세의 목적으로 한 경우에도 선량한 풍속 기타 사회질서에 반한다고 할 수 없다.
⑤ 수사기관에서 허위진술을 해 주는 대가로 일정한 급부를 받기로 한 약정은 그 급부의 상당성 여부를 판단할 필요 없이 반사회질서의 법률행위로서 무효이다.

난이도 ●●○

14 반사회질서의 법률행위에 해당하는 것은? (다툼이 있으면 판례에 따름)

① 도박채무를 변제하기 위하여 도박채무자가 도박채권자에게 부동산처분에 관한 대리권을 수여한 행위
② 양도소득세를 회피할 목적으로 실제 거래대금보다 낮은 금액으로 계약서를 작성하여 매매계약을 체결한 행위
③ 부동산매매계약을 체결하면서 매도인의 양도소득세를 면탈하기 위하여 소유권이전등기를 일정기간 이후에 하기로 하는 특약
④ 상속세를 면탈할 목적으로 피상속인 명의로부터 타인에게 소유권이전등기를 경료하는 행위
⑤ 형사사건에 관하여 체결된 변호사의 성공보수약정

13 ③ 이미 반사회적 행위에 의하여 조성된 재산을 소극적으로 은닉하기 위하여 임치에 이른 것만으로는 그것이 곧바로 사회질서에 반하는 법률행위라고 볼 수는 없다(대판 2000다49343).
① 선량한 풍속 기타 사회질서는 부단히 변천하는 가치관념으로서 어느 법률행위가 이에 위반되어「민법」제103조에 의하여 무효인지는 법률행위가 이루어진 때를 기준으로 판단하여야 한다(대판 전합 2015다200111).
②「민법」제103조에 의하여 무효로 되는 반사회질서행위는 법률행위의 목적인 권리·의무의 내용이 선량한 풍속 기타 사회질서에 위반되는 경우뿐만 아니라 그 내용 자체는 반사회질서적인 것이 아니라고 하여도 표시되거나 상대방에게 알려진 법률행위의 동기가 반사회질서적인 경우를 포함한다(대판 93다40522).
④ 명의신탁약정은 그 자체로 선량한 풍속 기타 사회질서에 반한다고 단정할 수 없고, 이는 탈세의 목적으로 한 명의신탁약정에 기하여 타인 명의의 등기가 마쳐진 경우라도 마찬가지이다(대판 2010도8556).
⑤ 수사기관에서 참고인으로 진술하면서 자신이 잘 알지 못하는 내용에 대하여 허위의 진술을 하는 경우에 그 허위 진술행위가 범죄행위를 구성하지 않는다고 하여도 이러한 행위 자체는 국가사회의 일반적인 도덕관념이나 국가사회의 공공질서이익에 반하는 행위라고 볼 것이니, 그 급부의 상당성 여부를 판단할 필요 없이 허위진술의 대가로 작성된 각서에 기한 급부의 약정은「민법」제103조 소정의 반사회적 질서행위로 무효이다(대판 2000다71999).

14 ⑤ 형사사건에서의 성공보수약정은 선량한 풍속 기타 사회질서에 위배되는 것으로 평가할 수 있다(대판 전합 2015다200111).
① 도박채무의 변제를 위하여 채무자로부터 부동산의 처분을 위임받은 채권자가 그 부동산을 제3자에게 매도한 경우, 도박채무 부담행위 및 그 변제약정이 선량한 풍속 기타 사회질서에 위반되어 무효라 하더라도, 그 무효는 변제약정의 이행행위에 해당하는 위 부동산을 제3자에게 처분한 대금으로 도박채무의 변제에 충당한 부분에 한정되고, 도박채무자가 부동산 처분에 관한 대리권을 도박채권자에게 수여한 행위 부분까지 무효라고 볼 수는 없다(대판 94다40147).
② 양도소득세의 일부를 회피할 목적으로 매매계약서에 실제로 거래한 가액보다 낮은 금액을 매매대금으로 기재한 경우에도 그것만으로 그 매매계약이 반사회질서의 법률행위로 무효로 된다고 할 수는 없다(대판 2007다3285).
③ 주택매매계약에 있어서 매도인으로 하여금 주택의 보유기간이 3년 이상으로 되게 함으로써 양도소득세를 부과받지 않게 할 목적으로 매매를 원인으로 한 소유권이전등기는 3년 후에 넘겨받기로 특약을 하였다고 하더라도, 그와 같은 목적은 위 특약의 연유나 동기에 불과한 것이어서 위 특약 자체가 사회질서나 신의칙에 위반한 것이라고는 볼 수 없다(대판 91다6627).
④ 상속세 면탈의 목적으로 피상속인이 사망한 후 피상속인 명의로부터 타인에게 소유권이전등기를 경료하였다 하여도 상속세가 면제되는 것은 아니므로 이를 지목하여 사회질서에 위반한 사항을 내용으로 하는 무효의 행위라고는 볼 수 없다(대판 64다554).

정답 13 ③ 14 ⑤

15

난이도 ●●○

「민법」제104조 소정의 선량한 풍속 기타 사회질서에 위반한 사항을 내용으로 하는 법률행위를 모두 고른 것은? (다툼이 있으면 판례에 따름)

㉠ 전통사찰의 주지직을 거액의 금품을 대가로 양도·양수하기로 하는 약정이 있음을 알고도 이를 묵인 혹은 방조한 상태에서 한 종교법인의 주지임명행위
㉡ 부정행위를 용서받는 대가로 손해를 배상함과 아울러 가정에 충실하겠다는 서약의 취지에서 처에게 부동산을 양도하되, 부부관계가 유지되는 동안에 처가 임의로 처분할 수 없다는 제한을 붙인 약정
㉢ 해외파견된 근로자가 귀국일로부터 일정기간 소속회사에 근무해야 한다는 사규나 약정
㉣ 제2임차인이 임대인의 배임행위에 적극적으로 가담하여 이루어진 이중임대차계약
㉤ 채무의 이행을 확보하기 위하여 정해지는 위약벌의 약정이 그 의무의 강제에 의하여 얻어지는 채권자의 이익에 비하여 과도하게 무거운 경우

① ㉠, ㉢   ② ㉡, ㉢
③ ㉡, ㉣   ④ ㉢, ㉣
⑤ ㉣, ㉤

16
종합 / 판례 / 응용 / 사례

난이도 ●●○

甲은 자신의 토지에 대한 매매계약을 乙과 체결하고 乙로부터 중도금까지 수령하였는데, 丙이 이를 알면서도 甲을 적극적으로 권유하여 그 토지를 다시 매수하고 소유권이전등기를 경료하였다. 이에 관한 설명으로 **틀린** 것은? (다툼이 있으면 판례에 따름)

① 甲·丙 간의 매매계약은 반사회질서의 법률행위로서 무효이다.
② 丙의 대리인 丁이 甲의 배임행위에 적극 가담하여 매매계약을 체결한 경우, 丙은 그러한 사정을 몰랐더라도 토지소유권을 취득하지 못한다.
③ 乙은 丙을 상대로 진정명의회복을 원인으로 하는 소유권이전등기를 청구할 수 있다.
④ 乙은 甲·丙 간의 매매계약에 대하여 채권자취소권을 행사할 수 없다.
⑤ 丙으로부터 위 토지를 다시 매수한 戊는 위와 같은 사정을 모른 경우에도 토지소유권을 취득하지 못한다.

---

15 ㉣ 부동산이중매매의 법리는 이중으로 임대차계약을 체결한 경우에도 그대로 적용될 수 있다(대판 2011다5813).
㉤ 위약벌의 약정은 의무의 강제에 의하여 얻어지는 채권자의 이익에 비하여 약정된 벌이 과도하게 무거울 때에는 그 일부 또는 전부가 공서양속(公序良俗)에 반하여 무효로 된다(대판 2013다63257).
㉠ 반사회질서의 법률행위에 해당하지 않는다(대판 99다38613).
㉡ 선량한 풍속 기타 사회질서에 위반되는 것이라고 볼 수 없다(대판 92므204).
㉢ 「민법」제103조 또는 제104조에 위반된다고 할 수 없다(대판 82다카90).

16 ③ 乙은 토지의 소유자가 아니므로 丙에게 직접 등기의 말소를 청구할 수는 없고, 채무자인 甲을 대위하여 등기말소를 청구하여야 한다.
② 제2매수인(= 본인)의 대리인이 본인을 대리하여 매매계약을 체결함에 있어서 매도인의 배임행위에 적극 가담하였다면 설사 본인이 미리 그러한 사정을 몰랐거나 반사회성을 야기한 것이 아니라고 할지라도 그 매매계약은 사회질서에 반하는 법률행위로서 무효가 된다(대판 97다45532).
④ 채권자취소권은 금전채권의 보전을 위해서만 행사할 수 있는 권리인바, 부동산의 이중매매에서 제1매수인이 매도인에 대하여 가지고 있는 채권(= 소유권이전청구권)은 금전채권이 아닌 비금전채권이므로 설령 제2매매가 사해행위에 해당한다 하더라도 제1매수인은 채권자취소권을 행사할 수 없다.
⑤ 甲·丙 간의 이중매매는 반사회질서의 법률행위로서 절대적 무효이고, 등기에는 공신력이 없으므로 丙으로부터 다시 토지를 매수한 戊는 선의인 경우에도 토지소유권을 취득하지 못한다.

정답 15 ⑤   16 ③

17 난이도 ●●○

「민법」제104조의 불공정한 법률행위에 관한 설명으로 <u>틀린</u> 것은? (다툼이 있으면 판례에 따름)

① 증여와 같은 무상행위에는「민법」제104조가 적용되지 않는다.
② 불공정한 법률행위의 성립요건인 '궁박(窮迫)'은 반드시 경제적 궁박에 한정되는 것이 아니고 정신적 또는 심리적 원인에 기인하는 경우도 포함한다.
③ 급부와 반대급부 사이에 현저한 불균형이 있다고 하여 곧바로 피해자의 궁박·경솔 또는 무경험이 추정되는 것은 아니다.
④ 급부와 반대급부 사이의 현저한 불균형은 피해자의 궁박·경솔·무경험의 정도를 고려하여 당사자의 주관적 가치에 따라 판단한다.
⑤ 경매에 의한 재산권의 이전에는「민법」제104조가 적용되지 않는다.

18 난이도 ●○○

불공정한 법률행위에 관한 설명으로 옳은 것은? (다툼이 있으면 판례에 따름)

① 어떠한 법률행위가 불공정한 법률행위에 해당하는지는 이행기를 기준으로 판단해야 한다.
② 무경험이란 특정 영역에 있어서의 경험부족이 아니라 거래 일반에 대한 경험부족을 뜻한다.
③ 대리행위의 불공정성 여부를 판단함에 있어서 궁박과 경솔은 대리인을 기준으로 판단하고, 무경험은 본인의 입장에서 판단한다.
④ 계약이 불공정한 법률행위에 해당하여 무효라 하더라도 특별한 사정이 없는 한 그 계약에 관한 부제소합의(不提訴合意)는 유효하다.
⑤ 불공정한 법률행위로서 무효인 경우에도 당사자가 무효임을 알고 추인하면 새로운 법률행위로서 효력이 생긴다.

19 난이도 ●●○

불공정한 법률행위에 관한 설명으로 옳은 것은? (다툼이 있으면 판례에 따름)

① 토지매매가 불공정한 법률행위로서 무효인 경우에도 폭리자로부터 그 토지를 선의로 양수한 제3자는 소유권을 취득한다.
② 불공정한 법률행위가 되기 위해서는 피해자에게 궁박·경솔과 무경험이 모두 갖추어져야 한다.
③ 계약의 일방이 궁박한 상태에 있었더라도 상대방이 그와 같은 사정을 알면서 이를 이용하려는 의사가 없었다면 그 계약은 불공정한 법률행위가 되지 않는다.
④ 폭리행위의 양 당사자는 상대방에게 이행한 것에 대하여 부당이득반환을 청구할 수 없다.
⑤ 불공정한 법률행위로서 무효인 경우에는 무효행위의 전환에 의해 유효로 될 수 없다.

---

17 ④ '현저하게 공정을 잃었는지'는 당사자의 주관적 가치가 아닌 거래상의 객관적 가치에 따라 판단하여야 한다(대판 2017다201422).
① 증여계약과 같은 무상행위는 그 공정성 여부를 논의할 수 있는 성질의 법률행위가 아니다(대판 99다56833).
② 대판 91다23660
③ 따라서 불공정한 법률행위를 주장하는 자는 스스로 궁박·경솔·무경험으로 인하였음을 증명하여야 한다(대판 69다594).
⑤ 대결 80마77

18 ② 「민법」 제104조의 '무경험'이라 함은 일반적인 생활체험의 부족을 의미하는 것이다(대판 2002다38927).
① 어떠한 법률행위가 불공정한 법률행위에 해당하는지는 법률행위시를 기준으로 판단하여야 한다(대판 전합 2011다53683).
③ 궁박은 본인의 입장에서 판단하고, 경솔과 무경험은 대리인을 기준으로 판단한다(대판 2002다38927).
④ 매매계약이 불공정한 법률행위에 해당하여 무효라고 한다면, 그 계약으로 인하여 불이익을 입는 당사자로 하여금 위와 같은 불공정성을 소송 등 사법적 구제수단을 통하여 주장하지 못하도록 하는 부제소합의 역시 다른 특별한 사정이 없는 한 무효이다(대판 2009다50308).
⑤ 불공정한 법률행위로서 무효인 경우에는 추인에 의하여 무효 법률행위가 유효로 될 수 없다(대판 94다10900).

19 ③ 폭리자에게 피해자 측의 사정을 알면서 이용하려는 의사, 즉 폭리행위의 악의가 없었다면 불공정한 법률행위는 성립하지 않는다(대판 97다15371).
① 불공정한 법률행위는 절대적 무효이므로, 토지매매가 불공정한 법률행위로서 무효가 되는 경우에는 폭리자로부터 그 토지를 선의로 양수한 제3자도 소유권을 취득하지 못한다.
② 궁박·경솔·무경험은 모두 구비되어야 하는 것이 아니라 그중 일부만 갖추어져도 충분하다(대판 2002다38927).
④ 불공정한 법률행위의 경우 불법성은 폭리자에게만 있으므로 '불법원인급여에 대해서는 부당이득반환을 청구하지 못한다'는 법리는 폭리자에게만 적용되고 피해자에게는 적용되지 않는다. 즉, 폭리자는 피해자에게 부당이득반환을 청구할 수 없지만(제746조 본문), 피해자는 폭리자에게 부당이득반환을 청구할 수 있다(제746조 단서).
⑤ 매매계약이 약정된 매매대금의 과다로 말미암아 불공정한 법률행위에 해당하여 무효인 경우에도 무효행위의 전환(제138조)에 의해 유효로 될 수 있다(대판 2009다50308).

정답 17 ④   18 ②   19 ③

제4절 법률행위의 해석

법률행위의 해석에 관한 설명으로 옳은 것은? (다툼이 있으면 판례에 따름)

① 자연적 해석이란 표시행위의 객관적 의미를 확정하는 것을 말한다.
→ 자연적 해석이란 표의자의 진의(실제의 의사)를 밝히는 것을 말한다.

② 의사표시의 해석은 당사자의 내심의 의사보다는 표시행위에 의하여 추단된 의사를 가지고 해석하는 것이 원칙이다.
→ 법률행위를 해석할 때에는 당사자의 내심적 의사 여하에 관계없이 그 서면의 기재내용에 의하여 당사자가 표시행위에 부여한 객관적 의미를 합리적으로 해석하여야 한다(대판 96다16049).

③ 오표시무해의 원칙은 규범적 해석과 관련이 있다.
→ 오표시무해의 원칙은 표의자가 잘못된 표시를 하였더라도 표의자와 상대방이 일치하여 그 표시를 본래의 의미가 아닌 다른 의미로 이해한 때에는 그 법률행위는 당사자 쌍방이 실제로 이해한 의미대로 효력이 발생한다는 이론이다. 오표시무해의 원칙은 자연적 해석의 결론으로 규범적 해석과는 관련이 없다.

④ 계약당사자가 누구인지를 확정하는 것은 법률행위의 해석과는 무관한 문제이다.
→ 타인의 이름을 임의로 사용하여 계약을 체결한 경우 행위자와 명의인 중 누가 그 계약의 당사자인가를 먼저 확정하여야 하는데(대판 94다4912), 이는 그 계약에 관여한 당사자의 의사해석의 문제이다.

⑤ 당사자의 의사가 명확하지 않은 경우, 임의규정이 사실인 관습에 앞서 법률행위의 해석기준이 된다.
→ 법령 중의 선량한 풍속 기타 사회질서에 관계없는 규정(= 임의규정)과 다른 관습이 있는 경우에 당사자의 의사가 명확하지 아니한 때에는 그 관습에 의한다(제105조). 즉, 당사자의 의사가 명확하지 않은 경우 사실인 관습이 임의규정에 앞서는 법률행위의 해석기준이 된다.

정답 ②

20

난이도 ●●●

법률행위의 해석에 관한 설명으로 옳은 것은? (다툼이 있으면 판례에 따름)

① 상대방 있는 의사표시에서 의사와 표시가 일치하지 않는 경우, 원칙적으로 자연적 해석을 하여야 한다.

② 상대방 있는 의사표시에 있어서 표의자의 진정한 의사를 상대방이 안 경우, 표시상의 효과의사를 기준으로 해석하여야 한다.

③ 자연적 해석이 적용되는 경우에는 착오로 인한 취소의 문제가 생긴다.

④ 타인의 이름을 임의로 사용하여 계약을 체결한 경우, 행위자 또는 명의인 중 누구를 계약의 당사자로 볼 것인가에 관하여 행위자와 상대방의 의사가 일치한 경우에는 그 일치한 의사에 따라 당사자를 확정하여야 한다.

⑤ 약관의 뜻이 명백하지 않은 경우에는 작성자에게 유리하게 해석되어야 한다.

21

난이도 ●●○

인접한 X토지(36번지)와 Y토지(39번지)의 소유자인 甲은 乙과 토지매매계약을 체결하면서 X토지를 매매의 목적물로 하기로 합의하였으나 그 토지의 지번을 착각하여 계약서에는 Y토지를 매매목적물로 표시하고 Y토지에 대한 소유권이전등기를 경료해 주었다. 이에 관한 설명으로 옳은 것은? (다툼이 있으면 판례에 따름)

① 甲과 乙 사이의 매매계약은 계약서에 표시된 대로 Y토지에 관하여 성립한다.
② 甲과 乙 사이의 매매계약은 X토지에 관하여 성립하나, 甲과 乙은 착오를 이유로 X토지 매매계약을 취소할 수 있다.
③ 甲과 乙 사이의 매매계약은 Y토지에 관하여 성립하나, 甲과 乙은 착오를 이유로 Y토지 매매계약을 취소할 수 있다.
④ 甲과 乙 사이의 매매계약은 실제로 합의한 대로 X토지에 관하여 성립하고, Y토지에 관하여 경료된 乙 명의의 소유권이전등기는 무효이다.
⑤ 만일 丙이 위와 같은 사정을 모르고 乙로부터 Y토지를 양도받았다면 그 소유권을 유효하게 취득한다.

---

20 ④ 타인의 이름을 임의로 사용하여 계약을 체결한 경우에는 누가 그 계약의 당사자인가를 먼저 확정하여야 할 것으로서, 행위자 또는 명의인 가운데 누구를 당사자로 할 것인지에 관하여 행위자와 상대방의 의사가 일치한 경우에는 그 일치하는 의사대로 행위자의 행위 또는 명의자의 행위로서 확정하여야 한다(대판 94다4912).
① 상대방 있는 단독행위나 계약과 같이 상대방의 신뢰를 보호해야 할 영역에서는 원칙적으로 규범적 해석이 적용된다.
② 상대방 있는 의사표시에 있어서도 상대방이 표의자의 진의를 알았거나 알 수 있었을 경우에는 예외적으로 자연적 해석의 방법이 적용된다. 즉, 이 경우 의사표시는 표시상의 효과의사가 아니라 내심의 효과의사, 즉 진의를 기준으로 해석하여야 한다.
③ 자연적 해석이 적용되면 표의자가 자신의 진의와 다른 표시를 한 경우에도 표의자의 진의대로 효과발생을 인정하므로, 표의자는 자신의 의사표시를 착오를 이유로 취소할 필요가 없게 된다. 즉, 자연적 해석이 적용되는 경우에는 착오로 인한 취소의 문제가 생기지 않는다.
⑤ 약관의 뜻이 명백하지 아니한 경우에는 고객에게 유리하게 해석되어야 한다(작성자불이익의 원칙, 「약관의 규제에 관한 법률」 제5조 제2항).

21 ① 甲과 乙 사이의 매매계약은 실제로 합의한 대로 X토지에 관하여 성립한다.
② 甲과 乙 사이의 매매계약은 X토지에 관하여 성립하고, X토지 매매계약에는 착오가 없으므로 甲과 乙은 착오를 이유로 X토지 매매계약을 취소할 수 없다.
③ Y토지에 관하여는 매매계약이 성립하지 않았으므로, 착오로 인한 취소의 문제가 생길 여지가 없다.
⑤ Y토지에 경료된 乙 명의의 등기는 무효이므로, 丙은 선의라도 Y토지의 소유권을 취득하지 못한다.

정답 20 ④ 21 ④

제3장 의사표시

제1절 진의 아닌 의사표시

대표유형

진의 아닌 의사표시에 관한 설명으로 옳은 것은? (다툼이 있으면 판례에 따름)

① 진의 아닌 의사표시에서의 진의란 표의자가 진정으로 마음속에서 바라는 사항을 의미한다.
   → 진의 아닌 의사표시에 있어서의 진의란 특정한 내용의 의사표시를 하고자 하는 표의자의 생각을 말하는 것이지, 표의자가 진정으로 마음속에서 바라는 사항을 뜻하는 것은 아니다(대판 99다34475).

② 진의 아닌 의사표시는 표시된 대로의 효력이 발생하지 않는 것이 원칙이다.
   → 진의 아닌 의사표시라도 표시된 대로 효력이 발생하는 것이 원칙이다(제107조 제1항 본문).

③ 부동산매매에서 진의 아닌 의사표시는 상대방이 표의자의 진의 아님을 안 경우에 한하여 무효로 된다.
   → 진의 아닌 의사표시는 상대방이 진의 아님을 알았거나 알 수 있었던 경우에 무효로 된다(제107조 제1항 단서).

④ 강행법규에 위반한 계약이라도 상대방이 선의·무과실이라면 비진의표시의 법리가 적용될 수 있다.
   → 강행법규에 위반한 계약은 무효이므로 계약상대방이 선의·무과실이더라도「민법」제107조의 비진의표시의 법리 또는 표현대리의 법리가 적용될 여지는 없다(대판 2013다49381).

⑤ 상대방이 표의자의 진의 아님을 알았거나 알 수 있었다는 것은 의사표시의 무효를 주장하는 자가 증명하여야 한다.
   → 비진의표시에 있어서 상대방의 선의·악의나 과실 유무에 관한 입증책임은 의사표시의 무효를 주장하는 자(= 표의자)가 부담한다.

정답 ⑤

01 난이도 ●●○

진의 아닌 의사표시에 관한 설명으로 틀린 것은? (다툼이 있으면 판례에 따름)

① 진의란 특정한 내용의 의사표시를 하고자 하는 표의자의 생각을 말하는 것이다.
② 표의자가 상대방의 강박에 의해 증여의 의사표시를 하였다면 이는 진의 아닌 의사표시로서 무효가 된다.
③ 사용자가 사직의 의사 없는 근로자로 하여금 사직서를 작성·제출하게 하여 근로계약관계를 종료시키는 경우, 그 사직의 의사표시는 진의 아닌 의사표시이다.
④ 공무원의 사직의 의사표시와 같은 사인의 공법행위에는 진의 아닌 의사표시에 관한 「민법」규정이 적용되지 않는다.
⑤ 대리인이 자기의 이익을 꾀할 목적으로 대리권을 남용하여 배임적 대리행위를 한 경우 진의 아닌 의사표시에 관한 「민법」규정이 유추적용된다.

---

01 ② 표의자가 강박에 의하여서나마 증여를 하기로 하고 그에 따라 증여의 의사표시를 한 이상 증여의 내심의 효과의사(= 진의)가 결여된 것이라고 할 수 없다(대판 92다41528). 즉, 강박에 의해 이루어진 의사표시도 일단 진의에 따른 의사표시로 인정되고, 다만 강박을 이유로 그 의사표시를 취소할 수 있을 뿐이다(제110조).
① 진의 아닌 의사표시에 있어서의 진의란 특정한 내용의 의사표시를 하고자 하는 표의자의 생각을 말하는 것이지, 표의자가 진정으로 마음속에서 바라는 사항을 뜻하는 것은 아니다(대판 99다34475).
③ 회사 또한 그 사직원은 진의가 아님을 알고 있었다고 봄이 상당하므로 그 사직원 제출에 따른 퇴직의 효과는 생기지 않는다(대판 87다카2578).
④ 「민법」제107조는 그 성질상 사인의 공법행위에 적용되지 아니한다(대판 92누909). 즉, 공법행위는 진의가 아닌 경우에도 언제나 표시된 대로 효력이 발생한다.
⑤ 진의 아닌 의사표시가 대리인에 의하여 이루어지고 그 대리인의 진의가 본인의 이익이나 의사에 반하여 자기 또는 제3자의 이익을 위한 배임적인 것임을 그 상대방이 알았거나 알 수 있었을 경우에는 「민법」 제107조 제1항 단서의 유추해석상 그 대리인의 행위는 본인의 대리행위로 성립할 수 없으므로 본인은 대리인의 행위에 대하여 아무런 책임이 없다(대판 97다39421).

  01 ②

02 난이도 ●●○

진의 아닌 의사표시에 관한 설명으로 틀린 것은? (다툼이 있으면 판례에 따름)

① 표의자가 진정으로 마음속에서 바라지는 않았으나 당시의 상황에서는 최선이라고 판단하여 의사표시를 하였을 경우, 이를 진의 아닌 의사표시라고 할 수 없다.
② 비진의표시의 무효는 선의의 제3자에게 대항하지 못한다.
③ 중간퇴직의 의사표시가 근로자의 자의에 따라 행하여진 경우에는 진의 아닌 의사표시라고 볼 수 없다.
④ 법률상 또는 사실상의 장애로 자기 명의로 대출받을 수 없는 자를 위하여 대출금채무자로서의 명의를 빌려준 자의 의사표시는 비진의표시에 해당한다.
⑤ 상대방 있는 단독행위에도 비진의표시에 관한 규정이 적용될 수 있다.

03 난이도 ●●○

甲(男)은 乙(女)의 환심을 사기 위하여 실제로는 증여할 의사도 없으면서 자기 소유의 X토지에 대한 증여계약을 체결하고 乙 명의로 소유권이전등기를 마쳐 주었다. 이에 관한 설명으로 옳은 것은?

① 甲에게 증여의 진의가 없었으므로 위 증여계약은 乙의 선의·악의에 관계없이 무효이다.
② 乙이 X토지의 소유권을 취득하기 위해서는 자신의 선의·무과실을 증명하여야 한다.
③ 乙이 계약 당시에 통상의 주의만 기울였어도 甲에게 증여의 의사가 없음을 알 수 있었다면 乙은 X토지의 소유권을 취득하지 못한다.
④ 乙이 악의인 경우, 乙로부터 X토지를 매수한 丙은 선의인 경우에도 소유권을 취득하지 못한다.
⑤ 乙이 악의인 경우, 선의의 丙으로부터 다시 X토지를 매수한 악의의 丁은 소유권을 취득하지 못한다.

04 난이도 ●●○

종합 / 응용 / 사례

甲은 매도할 의사 없이 자기 소유의 토지에 대한 매매계약을 乙과 체결하고 등기를 이전해 주었고, 乙은 다시 그 토지를 丙에게 매도하여 소유권이전등기를 경료해 주었다. 이 경우 丙이 토지소유권을 취득하지 못하는 경우는?

① 乙은 악의이고, 丙은 선의이지만 과실이 있는 경우
② 乙은 선의이지만 과실이 있고, 丙은 악의인 경우
③ 乙은 선의·무과실이고, 丙은 악의인 경우
④ 乙과 丙 모두 선의이지만 과실이 있는 경우
⑤ 乙은 선의·무과실이고, 丙은 선의이지만 과실이 있는 경우

---

02 ④ 법률상 또는 사실상의 장애로 자기 명의로 대출받을 수 없는 자를 위하여 대출금채무자로서의 명의를 빌려준 자에게 그와 같은 채무부담의 의사가 없는 것이라고는 할 수 없으므로 그 의사표시를 비진의표시에 해당한다고 볼 수 없다(대판 96다18182).
① 대판 99다34475
② 비진의표시의 무효는 상대적 무효이다(제107조 제2항).
③ 대판 92다17754
⑤ 비진의표시에 관한 규정은 계약뿐만 아니라 단독행위에도 적용된다.

03 ③ 乙이 선의인 경우에도 과실이 있었다면 증여계약은 무효가 된다(제107조 제1항 단서).
① 진의 아닌 의사표시도 상대방이 선의·무과실인 한 유효한 것이 원칙이다.
② 乙의 선의·악의 및 과실 유무에 관한 입증책임은 乙이 아닌 甲에게 있다.
④ 乙이 악의라도 丙이 선의인 경우에는 甲은 비진의표시의 무효로 丙에게 대항할 수 없다(제107조 제2항). 따라서 선의의 丙은 乙이 악의인 경우에도 소유권을 취득한다.
⑤ 乙이 악의인 경우라도 선의의 丙은 소유권을 취득하므로(제107조 제2항), 丙으로부터 다시 그 토지를 매수한 丁은 선의·악의에 관계없이 소유권을 취득한다(엄폐물의 법칙).

04 ② 甲·乙 간의 매매계약은 무효이고(제107조 제1항 단서), 그 무효로 악의의 丙에게는 대항할 수 있으므로(제107조 제2항의 반대해석) 丙은 소유권을 취득하지 못한다.
①④ 甲·乙 간의 매매계약은 무효이지만(제107조 제1항 단서), 그 무효로 선의의 丙에게는 대항하지 못하므로(제107조 제2항) 丙은 소유권을 취득한다. 이때 제3자인 丙의 과실 유무는 묻지 않는다.
③⑤ 甲·乙 간의 매매계약이 유효하므로(제107조 제1항 본문), 丙은 선의·악의 및 과실 유무를 불문하고 소유권을 취득한다.

정답 02 ④ 03 ③ 04 ②

제2절 통정허위표시

[대표유형] 기본 / 용어

통정허위표시에 관한 설명으로 옳은 것은? (다툼이 있으면 판례에 따름)

① 통정허위표시는 표의자의 진의와 표시가 일치하지 않는다는 것을 상대방이 알았다면 성립한다.
→ 통정허위표시가 성립하기 위해서는 의사표시의 진의와 표시가 일치하지 아니하고 그 불일치에 관하여 상대방과의 사이에 합의가 있어야 한다(대판 2014다41223).

② 통정허위표시는 제3자의 유무와 상관없이 당사자 사이에서는 언제나 무효이다.
→ 허위표시는 그 무효로 선의의 제3자에게 대항할 수 없을 뿐(상대적 무효), 당사자 사이에서는 언제나 무효이다.

③ 대리인이 상대방과 통정하여 허위의 의사표시를 한 경우에도 본인이 그러한 사정을 몰랐다면 본인은 선의의 제3자로서 그 유효를 주장할 수 있다.
→ 대리행위에 있어서 본인은 법률관계의 제3자라고 할 수 없다. 따라서 대리인이 상대방과 통정하여 허위표시를 한 경우, 본인이 그러한 사정을 몰랐다 하더라도 그 대리행위는 본인에게 효력이 없다.

④ 당사자가 통정하여 증여를 매매로 가장한 경우, 증여와 매매 모두 무효이다.
→ 매매는 허위표시로서 무효이지만, 은닉행위인 증여는 특별한 사정이 없는 한 유효하다.

⑤ 통정허위표시에서 제3자가 보호받기 위해서는 자신의 선의를 증명하여야 한다.
→ 제3자는 선의로 추정되므로 제3자가 악의임을 주장하는 자가 그 사실을 입증하여야 한다(대판 2002다1321).

정답 ②

난이도 ●●○

05 통정허위표시에 관한 설명으로 <u>틀린</u> 것은? (다툼이 있으면 판례에 따름)

기본 / 판례

① 통정허위표시가 성립하기 위해서는 진의와 표시가 일치하지 아니하고, 그 불일치에 관하여 상대방과의 사이에 합의가 있어야 한다.
② 통정허위표시의 무효는 선의의 제3자에게 주장할 수 없지만, 이때 제3자가 무과실이어야 할 필요는 없다.
③ 통정허위표시는 선의의 제3자에 대한 관계에서 표시된 대로 효력이 있으나, 선의의 제3자가 스스로 그 무효를 주장하는 것은 무방하다.
④ 통정허위표시 그 자체는 선량한 풍속 기타 사회질서에 위반한 사항을 내용으로 하는 법률행위로 볼 수 없다.
⑤ 채무자의 법률행위가 통정허위표시로서 무효인 경우에는 채권자취소권의 대상이 될 수 없다.

06 난이도 ●●○

甲은 채권자의 강제집행을 면할 목적으로 친구인 乙과 짜고 자기 소유의 부동산을 乙에게 매도한 것처럼 꾸며 소유권이전등기를 해 두었다. 그런데 乙은 자기가 등기명의인이 된 것을 이용하여 그 부동산을 丙에게 매도하고 소유권이전등기를 해 주었다. 이에 관한 설명으로 옳은 것은? (다툼이 있으면 판례에 따름)

① 甲, 乙 간의 매매는 甲과 乙 사이에서뿐만 아니라 丙에 대하여도 언제나 무효이다.
② 甲에서 乙로의 등기이전은 불법원인급여에 해당하므로 甲은 乙에게 부당이득반환을 청구할 수 없다.
③ 丙이 부동산의 소유권을 취득하기 위해서는 자신의 선의를 증명하여야 한다.
④ 丙이 선의로 매수한 경우에는 이후에 甲, 乙 간의 매매가 가장매매인 것을 알게 되더라도 그 무효를 주장할 수 없다.
⑤ 선의의 丙으로부터 위 부동산을 전득한 丁은 악의인 경우에도 소유권을 취득한다.

---

5 ⑤ 채무자의 법률행위가 허위표시로 무효인 경우에도 사해행위의 요건을 갖춘 경우(가령 채무자가 자신의 유일한 부동산을 허위로 매매한 경우)에는 채권자취소권의 대상이 된다(대판 97다50985).
① 대판 2014다41223
② 허위표시의 제3자는 선의이면 족하고 무과실은 요건이 아니다. 즉, 과실 유무는 묻지 않는다(대판 2003다70041).
③ 허위표시의 당사자뿐만 아니라 그 누구도 선의의 제3자에게는 허위표시의 무효를 주장할 수 없다. 그러나 선의의 제3자가 스스로 허위표시의 무효를 주장하는 것은 무방하다.
④ 허위표시 그 자체가 불법은 아니라는 것이 판례의 태도이다(대판 2003다70041).

6 ⑤ 선의의 제3자로부터 다시 권리를 취득하는 전득자는 선·악을 불문하고 권리를 취득한다(엄폐물의 법칙).
① 통정허위표시는 당사자 간에는 언제나 무효이지만, 선의의 제3자에 대해서는 표시된 대로의 효력이 있다(상대적 무효). 즉, 甲, 乙 간의 가장매매도 선의의 丙에 대해서는 유효하다.
② 허위표시 그 자체가 불법은 아니므로 甲, 乙 간의 등기이전은 불법원인급여에 해당하지 않는다. 따라서 甲은 乙에게 부당이득반환을 청구할 수 있다. 단, 선의의 丙에게 부동산의 소유권이 이전되어 원물반환이 불가능할 때에는 그 가액을 반환하여야 한다(제747조 제1항).
③ 허위표시의 제3자는 특별한 사정이 없는 한 선의로 추정되므로 제3자가 악의라는 사실에 관한 주장·입증책임은 허위표시의 무효를 주장하는 자에게 있다(대판 2002다321). 따라서 甲이나 乙이 丙의 악의를 증명하지 못하는 한 丙 자신의 선의를 증명하지 못하더라도 부동산의 소유권을 취득할 수 있다.
④ 선의의 제3자가 스스로 허위표시의 무효를 주장하는 것은 무방하다.

정답 5 ⑤   6 ⑤

07 난이도 ●●○

사업실패로 부도위기에 몰린 甲이 채권자의 강제집행을 면할 목적으로 친구인 乙과 짜고서 자기 소유의 건물을 乙에게 매도한 것처럼 가장하여 소유권이전등기를 해 주었는데, 乙은 자기가 건물의 등기명의인인 것을 이용하여 그 건물을 丙에게 매도하고 소유권이전등기를 경료해 주었다. 이에 관한 설명으로 <u>틀린</u> 것은? (다툼이 있으면 판례에 따름)

① 甲, 乙 간의 매매는 선량한 풍속 기타 사회질서에 위반하는 법률행위로 볼 수 없다.
② 甲은 악의의 丙에게 진정명의회복을 원인으로 하는 소유권이전등기를 청구할 수 있다.
③ 丙은 과실로 가장매매사실을 모른 경우에도 건물의 소유권을 취득할 수 있다.
④ 丙이 선의인 경우, 甲은 乙에게 부당이득반환을 청구할 수 없다.
⑤ 甲의 채권자도 선의의 丙에 대하여는 甲, 乙 간의 매매가 무효임을 주장할 수 없다.

08 난이도 ●●○

甲은 채권자의 강제집행을 피하기 위해 친구인 乙과 짜고 허위로 그의 유일한 부동산에 대하여 매매계약서를 작성하고 乙 명의로 소유권이전등기를 경료해 주었다. 이에 관한 설명으로 <u>틀린</u> 것은? (다툼이 있으면 판례에 따름)

① 乙이 선의의 丙에게 그 부동산을 전매하여 소유권이전등기를 경료한 경우, 甲은 丙에게 甲, 乙 간의 매매계약의 무효를 주장할 수 없다.
② 乙이 丙에 대한 채무를 담보하기 위하여 선의의 丙에게 위 부동산에 대한 저당권을 설정해 준 경우, 甲은 丙에게 그 저당권설정등기의 말소를 청구할 수 없다.
③ ②에서 丙의 저당권실행으로 제3자가 부동산을 매수한 경우, 甲은 乙에게 부당이득금의 반환이나 손해배상을 청구할 수 있다.
④ 악의의 丙이 乙로부터 그 부동산을 양수한 후 선의의 丁에게 다시 매도하여 소유권이전등기를 마친 경우, 甲은 丁을 상대로 등기말소를 청구할 수 없다.
⑤ 甲이 乙로부터 위 부동산을 매수하여 소유권이전등기를 마친 丙을 상대로 그 등기말소청구소송을 제기한 경우, 丙의 선의·악의 여부에 대한 입증책임은 丙에게 있다.

09 난이도 ●●○

허위표시의 무효로 대항할 수 없는 제3자에 해당하지 않는 자를 모두 고른 것은? (다툼이 있으면 판례에 따름)

> ㉠ 가장매매의 매수인으로부터 저당권을 설정받은 자
> ㉡ 가장매매에서 매수인의 상속인
> ㉢ 가장채권을 가진 자가 파산한 경우의 파산관재인
> ㉣ 허위표시로 체결된 제3자를 위한 계약에서의 수익자
> ㉤ 가장저당권의 실행으로 부동산을 경락받은 자

① ㉠, ㉡ ② ㉡, ㉢ ③ ㉡, ㉣
④ ㉢, ㉣ ⑤ ㉣, ㉤

---

07 ④ 허위표시는 선의의 제3자가 있는 경우에도 당사자 사이에서는 언제나 무효이므로 甲은 乙에게 부당이득반환을 청구할 수 있다. 단, 이 경우 선의 丙이 건물의 소유권을 취득하여 원물반환이 불능이므로 乙은 甲에게 건물의 가액을 반환하여야 한다(제747조 제1항).
① 통정허위표시 그 자체가 불법성을 띤 법률행위는 아니다. 즉, 가장매매는 반사회질서의 법률행위에 해당하지 않는다.
② 丙이 악의인 경우 건물의 소유권은 甲에게 있으므로, 진정한 소유자인 甲은 등기명의의 회복을 위하여 최종 무효등기 명의인인 丙에게 진정명의회복을 위한 소유권이전등기를 청구할 수 있다.
③ 허위표시의 제3자는 선의이면 족하고 과실 유무를 묻지 않는다.
⑤ 선의의 제3자에 대해서는 허위표시의 당사자뿐만 아니라 그 누구도 허위표시의 무효로 대항할 수 없다.

08 ⑤ 허위표시의 제3자인 丙은 특별한 사정이 없는 한 선의로 추정되므로(대판 2002다1321), 丙의 선의·악의 여부에 대한 입증책임은 甲에게 있다.
① 제108조 제2항
② 선의의 丙은 제108조 제2항의 제3자로서 부동산에 대한 저당권을 취득한다.
③ 丙의 저당권실행으로 甲은 부동산의 소유권을 상실하므로, 甲은 乙에 대하여 부당이득금의 반환(원물반환이 불능이므로 가액반환)이나 불법행위로 인한 손해배상을 청구할 수 있다.
④ 허위표시의 제3자가 악의인 경우에도 그와 다시 거래한 전득자가 선의인 경우에는 선의의 제3자로 보호된다.

09 ㉡ 허위표시의 당사자의 포괄승계인(가령 상속인)은 「민법」 제108조 제2항의 제3자가 될 수 없다.
㉣ 제3자를 위한 계약에서의 제3자(수익자)는 요약자와 낙약자 사이의 계약으로부터 직접 발생한 권리를 취득한 자이지 새로운 법률원인으로써 이해관계를 맺은 자가 아니므로 허위표시의 제3자로 보호받지 못한다. 즉, 제3자를 위한 계약이 요약자와 낙약자의 통정허위표시로 이루어진 가장행위였던 경우에도 낙약자는 선의의 수익자에 대하여 가장매매의 무효를 들어 대금지급을 거절할 수 있다.
㉢ 파산자가 가장채권을 보유하고 있다가 파산이 선고된 경우, 파산관재인은 「민법」 제108조 제2항의 제3자에 해당한다(대판 2002다48214).
㉤ 채권자와 채무자가 통모하여 허위의 의사표시로써 저당권설정행위를 하고 채권자가 그 저당권을 실행하여 경매절차가 진행된 결과 제3자가 경락으로 소유권을 취득하고 이전등기를 경료한 경우, 선의의 제3자(경락인)에게는 허위표시를 주장하여 대항할 수 없다(대판 56다580).

정답 07 ④   08 ⑤   09 ③

10 난이도 ●●○

통정허위표시의 무효는 선의의 '제3자'에게 대항하지 못한다는 「민법」 제108조 제2항의 '제3자'에 해당하지 <u>않는</u> 자는? (다툼이 있으면 판례에 따름)

① 가장의 금전소비대차에 기한 대여금채권을 가압류한 자
② 가장매매에 의한 매수인으로부터 목적부동산에 대한 소유권이전등기청구권 보전을 위한 가등기를 마친 자
③ 가장의 전세권설정계약에 기하여 등기된 전세권에 관하여 저당권을 취득한 자
④ 가장채무를 보증하고 그 보증채무를 이행한 보증인
⑤ 가장소비대차에서 대주의 계약상 지위를 이전받은 자

11 난이도 ●●○

甲은 아들인 乙에게 토지를 증여하면서 증여세를 면탈할 목적으로 매매를 가장하여 소유권이전등기를 해 주었고, 그 후 乙은 그 토지를 丙에게 매도하고 소유권이전등기를 해 주었다. 이에 관한 설명으로 틀린 것은? (다툼이 있으면 판례에 따름)

① 甲, 乙 간의 매매는 무효이다.
② 甲, 乙 간의 증여는 유효하다.
③ 甲과 乙이 등기신청시 등기원인을 허위로 기재하였다고 하더라도 乙 명의의 등기 그 자체는 실체관계에 부합하므로 효력이 있다.
④ 丙이 위와 같은 사정에 대해 악의라면 토지의 소유권을 취득하지 못한다.
⑤ 甲은 丙의 선·악을 불문하고 丙을 상대로 진정명의회복을 원인으로 소유권이전등기를 청구할 수 없다.

10 ⑤ 계약이전은 금융거래에서 발생한 계약상의 지위가 이전되는 사법상의 법률효과를 가져오는 것이므로, 계약이전을 받은 금융기관은 계약이전을 요구받은 금융기관과 대출채무자 사이의 통정허위표시에 따라 형성된 법률관계를 기초로 하여 새로운 법률상 이해관계를 가지게 된 민법 제108조 제2항의 제3자에 해당하지 않는다 (대판 2002다31537).
① 통정한 허위표시에 의하여 외형상 형성된 법률관계로 생긴 채권을 가압류한 경우, 그 가압류권자는 허위표시에 기초하여 새로운 법률상 이해관계를 가지게 되므로 「민법」 제108조 제2항의 제3자에 해당한다(대판 2003다70041).
② 가장매매의 매수인으로부터 목적부동산을 매수하여 소유권이전등기를 마친 자뿐만 아니라 소유권이전등기청구권 보전을 위한 가등기를 마친 자도 「민법」 제108조 제2항의 제3자에 해당한다.
③ 실제로는 전세권설정계약이 없음에도 불구하고 임대차계약에 기한 임차보증금반환채권을 담보할 목적으로 임차인과 임대인, 제3자 사이의 합의에 따라 제3자 명의로 전세권설정등기를 경료한 후 그 전세권에 대하여 근저당권이 설정된 경우, 위 전세권설정계약이 통정허위표시에 해당하여 무효라고 하더라도 근저당권자에 대해서는 그와 같은 사정을 알고 있었던 경우에만 그 무효를 주장할 수 있다(대판 98다20981).
④ 보증인이 주채무자의 기망행위에 의하여 주채무가 있는 것으로 믿고 주채무자와 보증계약을 체결한 다음 그에 따라 보증채무자로서 그 채무까지 이행한 경우, 그 보증인은 주채무자의 채권자에 대한 채무부담행위라는 허위표시에 기초하여 구상권 취득에 관한 법률상 이해관계를 가지게 되었다고 할 것이어서 「민법」 제108조 제2항 소정의 '제3자'에 해당한다(대판 99다51258).

11 ④①②③ 甲, 乙 간의 매매는 허위표시로서 무효이지만, 은닉행위인 증여는 특별한 사정이 없는 한 유효하다. 즉, 乙은 매수인으로서의 권리는 없지만 수증자로서의 권리가 있으므로 등기원인을 허위로 기재한 점에 대해서 처벌받는 것은 별론으로 하고, 乙 명의의 소유권이전등기 그 자체는 실체관계에 부합하는 것으로 유효하다(등기원인의 허위기재를 금지하고 이를 위반한 행위를 처벌하는 「부동산등기 특별조치법」 제6조 및 제8조는 단속규정에 불과하다). 따라서 乙은 토지소유권을 유효하게 취득하고, 그 후 乙로부터 그 토지를 다시 매수하여 소유권이전등기를 경료한 丙도 위와 같은 사정에 대한 자신의 선·악에 관계없이 토지소유권을 취득한다.
⑤ 丙이 토지소유권을 유효하게 취득하였으므로 소유권을 상실한 甲은 더 이상 丙을 상대로 진정명의회복을 원인으로 하는 소유권이전등기를 청구할 수 없다.

정답 10 ⑤ 11 ④

제3절 착오로 인한 의사표시

[대표유형] [기본] [판례]

착오로 인한 의사표시에 관한 설명으로 틀린 것은? (다툼이 있으면 판례에 따름)

① 착오로 인한 의사표시는 의사와 표시가 불일치한다는 점에서 사기에 의한 의사표시와 구별된다.
  → 착오는 의사와 표시가 불일치하는 경우이고(의사의 흠결), 사기는 의사결정과정에 하자가 있을 뿐 의사와 표시 자체는 일치하는 경우이다(의사표시의 하자).

② 이미 완성되어 있는 의사표시를 상대방의 주소가 아닌 다른 주소에 잘못 배달한 것은 착오의 문제가 아니다.
  → 착오의 문제가 아니라 의사표시의 부도달의 문제일 뿐이다.

③ 동기의 착오는 원칙적으로 그 동기가 상대방에게 표시된 경우에 한하여 착오의 문제로 다룰 수 있다.
  → 동기의 착오가 법률행위의 내용의 중요부분의 착오에 해당함을 이유로 표의자가 법률행위를 취소하려면 그 동기를 당해 의사표시의 내용으로 삼을 것을 상대방에게 표시하고 의사표시의 해석상 법률행위의 내용으로 되어 있다고 인정되어야 한다(대판 97다44737).

④ 착오에 의한 의사표시로 표의자가 경제적 불이익을 입지 않더라도 착오를 이유로 그 의사표시를 취소할 수 있다.
  → 착오로 인하여 표의자가 무슨 경제적인 불이익을 입은 것이 아니라고 한다면 법률행위 내용의 중요부분의 착오라고 할 수 없다(대판 98다47924).

⑤ 착오를 이유로 계약을 취소한 자는 그로 인해 상대방이 손해를 입더라도 상대방에 대하여 불법행위로 인한 손해배상책임을 지지 않는다.
  → 착오에 빠져 계약을 한 것이나 착오를 이유로 계약을 취소하는 것 자체가 위법한 것은 아니므로 착오를 이유로 계약을 취소한 자는 상대방에 대하여 불법행위로 인한 손해배상책임을 지지 않는다는 것이 판례의 태도이다(대판 97다13023).

정답 ④

12 기본 판례

난이도 ●●○

착오로 인한 의사표시에 관한 설명으로 틀린 것은? (다툼이 있으면 판례에 따름)

① 토지의 현황이나 경계에 관한 착오는 일반적으로 중요부분에 관한 착오에 해당한다.
② 법률에 관한 착오라도 그것이 법률행위의 내용의 중요부분에 관한 것인 때에는 취소의 사유가 될 수 있다.
③ 매매계약의 당사자가 실제로 합의한 매매목적물의 지번에 관하여 착오를 일으켜 계약서에 목적물의 지번을 잘못 표시한 경우, 그 계약을 취소할 수 없다.
④ 착오가 표의자의 중대한 과실로 인한 것이라 하더라도 상대방이 표의자의 착오를 알고 이용한 경우에는 표의자는 착오를 이유로 의사표시를 취소할 수 있다.
⑤ 매수인이 착오로 하자 있는 물건을 매수한 경우, 매도인의 하자담보책임이 성립한다면 매수인은 매도인의 담보책임을 물어야 하고 착오를 이유로 매매계약을 취소할 수 없다.

---

12 ⑤ 착오로 인한 취소제도와 매도인의 하자담보책임제도는 취지가 서로 다르고, 요건과 효과도 구별된다. 따라서 매매계약내용의 중요부분에 착오가 있는 경우 매수인은 매도인의 하자담보책임이 성립하는지와 상관없이 착오를 이유로 매매계약을 취소할 수 있다(대판 2015다78703).
② 법률의 착오란 법률의 규정 또는 그 의미에 관하여 잘못 인식한 것을 말하는바(가령 양도소득세가 부과될 것인데도 부과되지 않을 것으로 오인한 경우), 이러한 경우에도 역시 의사표시의 착오이론을 적용할 수 있다(대판 80다2475).
③ 매매계약은 실제로 합의한 토지에 대하여 성립하고 계약서에 표시된 토지에 대하여는 매매계약이 성립하지 않으므로(오표시무해의 원칙), 착오로 인한 취소의 문제는 생기지 않는다.
④ 「민법」 제109조 제1항 단서는 의사표시의 착오가 표의자의 중대한 과실로 인한 때에는 그 의사표시를 취소하지 못한다고 규정하고 있는데, 위 단서규정은 표의자의 상대방의 이익을 보호하기 위한 것이므로, 상대방이 표의자의 착오를 알고 이를 이용한 경우에는 착오가 표의자의 중대한 과실로 인한 것이라고 하더라도 표의자는 의사표시를 취소할 수 있다(대판 2013다49794).

정답 12 ⑤

13 난이도 ●●○

착오로 인한 의사표시에 관한 설명으로 틀린 것은? (다툼이 있으면 판례에 따름)

① 상대방에 의해 유발된 동기의 착오는 동기가 표시되지 않았더라도 법률행위 내용의 중요부분에 관한 착오가 될 수 있다.
② 부동산의 시가에 관한 착오는 특별한 사정이 없는 한 법률행위 내용의 중요부분에 관한 착오에 해당하지 않는다.
③ 표의자의 중대한 과실의 유무는 법률행위의 효력발생을 부인하는 자가 증명하여야 한다.
④ 당사자는 합의를 통하여 착오로 인한 의사표시 취소에 관한「민법」제109조 제1항의 적용을 배제할 수 있다.
⑤ 매도인이 매매계약을 적법하게 해제한 후라도 매수인은 계약의 성립에 착오가 있었다면 착오를 이유로 계약을 취소할 수 있다.

14 난이도 ●●○

착오로 인한 의사표시에 관한 설명으로 틀린 것은? (다툼이 있으면 판례에 따름)

① 착오의 존재 여부는 의사표시 당시를 기준으로 판단하므로 장래의 불확실한 사실은 착오의 대상이 되지 않는다.
② 대리인의 표시내용과 본인의 의사가 다른 경우, 본인은 착오를 이유로 의사표시를 취소할 수 없다.
③ 중요부분의 착오인지 여부는 표의자의 입장에서뿐만 아니라 일반인의 입장에서도 판단되어야 한다.
④ 표의자가 보통 요구되는 주의를 현저하게 결여하여 착오에 빠진 경우에는 착오를 이유로 법률행위를 취소할 수 없다.
⑤ 소의 취하와 같은 소송행위는「민법」제109조에 따라 착오를 이유로 취소할 수 없다.

13 ③ 「민법」제109조 제1항 본문의 요건(= 법률행위 내용의 중요부분의 착오)은 의사표시를 취소하려는 표의자(= 법률행위의 효력발생을 부인하는 자)가 입증해야 하고, 단서의 요건(= 중대한 과실의 유무)은 취소권의 행사를 저지하려는 상대방(= 법률행위의 효력발생을 주장하는 자)이 입증해야 한다.
① 동기의 착오가 상대방에 의해 유발된 경우에는 동기의 표시 여부와 무관하게 착오를 이유로 법률행위를 취소할 수 있다.
② 부동산 매매에 있어서 시가에 관한 착오는 부동산을 매매하려는 의사를 결정함에 있어 동기의 착오에 불과할 뿐 법률행위의 중요부분에 관한 착오라고 할 수 없다(대판 92다29337).
④ 「민법」제109조는 임의규정이므로 당사자 간의 합의로 착오에 의한 취소권의 발생을 배제할 수 있다.
⑤ 매도인이 매수인의 중도금 지급채무 불이행을 이유로 매매계약을 적법하게 해제한 후라도 매수인으로서는 상대방이 한 계약해제의 효과로서 발생하는 손해배상책임을 면하기 위하여 착오를 이유로 한 취소권을 행사하여 매매계약 전체를 무효로 돌리게 할 수 있다(대판 95다24982).

14 ① 부동산의 양도가 있은 경우에 그에 대하여 부과될 양도소득세 등의 세액에 관한 착오가 미필적인 장래의 불확실한 사실에 관한 것이라도 「민법」제109조 소정의 착오에서 제외되는 것은 아니다(대판 93다24810). 즉, 장래의 불확실한 사실에 관한 착오도 착오의 대상에 포함된다.
② 대리인에 의한 계약체결의 경우 착오의 유무는 대리인을 표준으로 결정하므로(제116조 제1항), 대리인의 표시내용이 본인의 의사와 다르더라도 그것이 대리인의 의사와 일치한다면 착오에 해당하지 않는다.
③ 법률행위의 중요부분의 착오라 함은 표의자가 그러한 착오가 없었더라면 그 의사표시를 하지 않았으리라고 생각될 정도로 중요한 것이어야 하고, 보통 일반인도 표의자의 처지에 섰더라면 그러한 의사표시를 하지 않았으리라고 생각될 정도로 중요한 것이어야 한다(대판 98다45546).
④ 표의자가 보통 요구되는 주의를 현저하게 결여하여 착오에 빠진 경우에는 표의자에게 중대한 과실이 있는 것이므로 착오를 이유로 법률행위를 취소할 수 없다.
⑤ 소송행위(가령 소의 취하)나 공법행위는 착오가 있더라도 「민법」제109조에 따라 취소할 수 없다.

정답 13 ③   14 ①

15 난이도 ●●○

착오에 관한 설명으로 <u>틀린</u> 것은? (다툼이 있으면 판례에 따름)

① 토지를 매수하였는데 법령상의 제한으로 인하여 그 토지를 의도한 목적대로 사용할 수 없게 된 경우, 이는 동기의 착오에 해당한다.
② 소취하합의의 의사표시도 중요부분에 착오가 있는 때에는 착오를 이유로 취소할 수 있다.
③ 부동산매매에 있어서 시가에 관한 착오는 동기의 착오에 불과하다.
④ 보증인이 주채무자 소유의 부동산에 가압류가 없다고 착각하여 보증계약을 체결하였다면 그 가압류가 원인무효로 밝혀지더라도 착오를 이유로 보증계약을 취소할 수 있다.
⑤ 근저당권설정계약에서 채무자의 동일성에 관한 물상보증인의 착오는 법률행위의 내용의 중요부분에 관한 착오에 해당한다.

16 난이도 ●●○

착오로 인한 의사표시에 관한 설명으로 <u>틀린</u> 것은? (다툼이 있으면 판례에 따름)

① 건물과 그 부지를 현상대로 매수한 경우에 부지의 지분이 미미하게 부족하다면 그 매매계약의 중요부분의 착오가 되지 아니한다.
② 동기의 착오를 이유로 법률행위를 취소하기 위해서는 그 동기를 의사표시의 내용으로 삼기로 하는 당사자 사이의 합의가 있어야 한다.
③ 토지소유자가 공무원의 법령오해에 따른 설명으로 착오에 빠져 토지를 국가에 증여한 경우, 이를 취소할 수 있다.
④ 공장을 설립할 목적으로 토지를 매수하는 자가 그 토지상에 공장을 건축할 수 있는지 여부를 관할관청에 알아보지 않은 것은 중대한 과실에 해당한다.
⑤ 공인중개사를 통하지 않고 토지거래를 하는 경우, 토지대장 등을 확인하지 않은 매수인은 매매목적물의 동일성에 착오가 있더라도 착오를 이유로 매매계약을 취소할 수 없다.

15 ④ 이 경우 보증인이 가압류의 존재에 관하여 착오를 일으켰다 하더라도 그로 인하여 무슨 경제적 불이익을 입은 것은 아니므로 그와 같은 착오는 보증행위의 중요부분에 관한 것이라고 볼 수 없다(대판 98다23706).
① 매수인이 토지에 대한 전용허가를 받기 위하여는 구「중소기업창업 지원법」에 의한 사업계획승인을 받는 등의 복잡한 절차를 거쳐야 한다는 사실을 모르고 곧바로 벽돌공장을 지을 수 있는 것으로 잘못 알고 있었다고 하여도, 그러한 착오는 동기의 착오에 지나지 않으므로 당사자 사이에 그 동기를 의사표시의 내용으로 삼았을 때 한하여 매매계약을 취소할 수 있다(대판 96다31109).
② 소취하합의의 의사표시 역시「민법」제109조에 따라 법률행위의 내용의 중요부분에 착오가 있는 때에는 취소할 수 있다(대판 2020다227523).
③ 부동산 매매에 있어서 시가에 관한 착오는 부동산을 매매하려는 의사를 결정함에 있어 동기의 착오에 불과할 뿐 법률행위의 중요부분에 관한 착오라고 할 수 없다(대판 92다29337).
⑤ 甲이 채무자란이 백지로 된 근저당권설정계약서를 제시받고 그 채무자가 乙인 것으로 알고 근저당권설정자로 서명날인을 하였는데 그 후 채무자가 丙으로 되어 근저당권설정등기가 경료된 경우, 이와 같은 채무자의 동일성에 관한 착오는 법률행위 내용의 중요부분에 관한 착오에 해당한다(대판 95다37087).

16 ② 동기의 착오를 이유로 법률행위를 취소하려면 그 동기를 당해 의사표시의 내용으로 삼을 것을 상대방에게 표시하고 의사표시의 해석상 법률행위의 내용으로 되어 있다고 인정되면 충분하고, 당사자들 사이에 별도로 그 동기를 의사표시의 내용으로 삼기로 하는 합의까지 이루어질 필요는 없다(대판 97다44737).
① 그러한 근소한 차이만으로는 매매계약의 중요부분에 착오가 있었다고 보기 어렵다(대판 83다카1328).
③ 귀속해제된 토지인데도 귀속재산인 줄로 잘못 알고 국가에 증여를 한 경우, 이러한 착오는 일종의 동기의 착오라 할 것이나 그 동기를 제공한 것이 관계 공무원이었고 그러한 동기의 제공이 없었더라면 위 토지를 선뜻 국가에게 증여하지는 않았을 것이라면 그 동기는 증여행위의 중요부분을 이룬다고 할 것이므로 뒤늦게 그 착오를 알아차리고 증여계약을 취소했다면 그 취소는 적법하다(대판 78다719).
④ 공장을 경영하는 자가 공장이 협소하여 새로운 공장을 설립할 목적으로 토지를 매수함에 있어 토지상에 공장을 건축할 수 있는지 여부를 관할관청에 알아보지 아니한 과실은 '중대한 과실'에 해당한다(대판 92다38881).
⑤ 공인된 중개사나 신뢰성 있는 중개기관을 통하지 않고 개인적으로 토지거래를 하는 경우, 매매계약 목적물의 특정에 대하여는 스스로의 책임으로 토지대장, 임야도 등의 공적인 자료 기타 공신력 있는 객관적인 자료에 의하여 그 토지가 과연 자신이 매수하기 원하는 토지인지를 확인하여야 할 최소한의 주의의무가 있으므로, 이를 확인하지 않은 것은 중대한 과실에 해당한다(대판 2009다40356).

정답 15 ④ 16 ②

제4절 하자 있는 의사표시

[대표유형] 기본 / 판례

사기나 강박에 의한 의사표시에 관한 설명으로 <u>틀린</u> 것은? (다툼이 있으면 판례에 따름)

① 과실에 의한 사기나 강박은 성립할 수 없다.
→ 사기나 강박은 고의에 의해서만 성립하는 것이므로 과실에 의한 사기나 강박은 인정되지 않는다.

② 신의성실의 원칙상 고지의무가 있는 자가 소극적으로 진실을 숨기는 것은 기망행위에 해당한다.
→ 기망은 작위(作爲)에 의하는 것이 보통이지만, 신의성실의 원칙 및 거래관념에 비추어 어떤 사정을 상대방에게 알려줄 법률상의 고지의무가 있는 자가 이를 알려주지 않은 경우에는 단순한 침묵도 부작위에 의한 기망이 될 수 있다.

③ 강박에 의해 자유로운 의사결정의 여지가 완전히 박탈되어 그 외형만 있는 법률행위는 무효이다.
→ 강박에 의하여 의사결정의 자유가 완전히 박탈된 상태에서 이루어진 의사표시는 효과의사에 대응하는 내심의 의사가 결여된 것이므로 무효라고 볼 수밖에 없으나, 강박이 의사결정의 자유를 완전히 박탈하는 정도에 이르지 아니하고 이를 제한하는 정도에 그친 경우에는 그 의사표시는 취소할 수 있음에 그치고 무효라고까지 볼 수 없다(대판 84다카1402).

④ 제3자의 사기나 강박에 의해 의사표시를 한 표의자는 상대방이 그 사실을 안 경우에 한하여 그 의사표시를 취소할 수 있다.
→ 제3자의 사기나 강박에 의해 의사표시를 한 표의자는 상대방이 그 사실을 알았거나(악의) 알 수 있었을 경우(과실)에 한하여 그 의사표시를 취소할 수 있다(제110조 제2항).

⑤ 공법행위나 소송행위는 사기나 강박에 의해 이루어진 경우에도 「민법」 제110조에 따라 취소할 수 없다.
→ 공법행위나 소송행위에는 「민법」 제110조가 적용되지 않는다.

정답 ④

17

기본
법조문
판례

난이도 ●●○

사기에 의한 의사표시에 관한 설명으로 <u>틀린</u> 것은? (다툼이 있으면 판례에 따름)

① 아파트 분양자가 아파트단지 인근에 공동묘지가 조성되어 있다는 사실을 분양계약자에게 고지하지 않은 경우에는 기망행위에 해당한다.
② 매도인의 기망에 의해 타인 소유의 물건을 매도인의 것으로 잘못 알고 매수한 자는 매도인의 담보책임을 물어 매매계약을 해제할 수도 있고, 사기를 이유로 매매계약을 취소할 수도 있다.
③ 주채무자의 기망행위로 인해 신원보증서류에 서명날인한다는 착각에 빠져 연대보증 서면에 서명날인한 경우, 사기를 이유로 연대보증계약을 취소할 수 있다.
④ 상품의 선전·광고에 있어서 거래의 중요한 사항에 관한 구체적 사실을 신의성실의 의무에 비추어 비난받을 정도의 방법으로 허위로 고지한 것은 위법한 기망행위에 해당한다.
⑤ 상대방의 기망행위로 인하여 법률행위의 내용으로 표시되지 않은 의사결정의 동기에 관하여 착오를 일으킨 경우, 표의자는 그 법률행위를 사기에 의한 의사표시로 취소할 수 있다.

---

17 ③ 주채무자의 기망행위로 인해 신원보증서류에 서명날인한다는 착각에 빠진 상태로 연대보증서류에 서명날인한 경우, 위와 같은 행위는 기명날인의 착오(또는 서명의 착오), 즉 어떤 사람이 자신의 의사와 다른 법률효과를 발생시키는 내용의 서면에 그것을 읽지 않거나 올바르게 이해하지 못한 채 기명날인을 하는 이른바 표시상의 착오에 해당하므로, 비록 위와 같은 착오가 제3자의 기망행위에 의하여 일어난 것이라 하더라도 사기에 의한 의사표시에 관한「민법」제110조 제2항의 규정을 적용할 것이 아니라 착오에 의한 의사표시에 관한 법리만을 적용하여 취소권 행사의 가부를 가려야 한다(대판 2004다43824).
① 아파트 분양자는 아파트단지 인근에 공동묘지가 조성되어 있는 사실을 수분양자에게 고지할 신의칙상의 의무를 부담한다(대판 2005다5812).
② 담보책임과 사기는 경합하므로 선택적으로 주장할 수 있다(대판 73다268).
④ 대판 99다55601
⑤ 기망행위로 인하여 법률행위의 중요부분에 관하여 착오를 일으킨 경우뿐만 아니라 법률행위의 내용으로 표시되지 아니한 의사결정의 동기에 관하여 착오를 일으킨 경우에도 표의자는 그 법률행위를 사기에 의한 의사표시로서 취소할 수 있다(대판 85도167).

정답 17 ③

18 난이도 ●●○

사기나 강박에 의한 의사표시에 관한 설명으로 옳은 것은? (다툼이 있으면 판례에 따름)

① 교환계약의 일방당사자가 자기 소유의 목적물의 시가를 묵비하여 상대방에게 고지하지 않거나 혹은 허위로 시가보다 높은 가액을 시가라고 고지하였다면 이는 사기에 해당한다.
② 상대방의 대리인으로부터 기망을 당하여 의사표시를 한 경우에는 상대방이 그 사실을 알았거나 알 수 있었을 경우에 한하여 그 의사표시를 취소할 수 있다.
③ 주채무자가 보증인을 기망하여 보증계약이 체결된 경우, 보증인은 채권자가 그 사실을 알았거나 알 수 있었던 경우에 한하여 사기를 이유로 보증계약을 취소할 수 있다.
④ 부정행위에 대한 고소·고발은 그것이 부정한 이익을 목적으로 하는 것인 때에도 정당한 권리행사가 되어 위법성이 없다.
⑤ 제3자의 사기로 인하여 계약을 체결하여 손해를 입은 자가 제3자에 대하여 손해배상을 청구하기 위해서는 먼저 그 계약을 취소하여야 한다.

19 난이도 ●●○

甲은 A로부터 기망을 당해 자기 소유의 X토지를 乙에게 매도하고 소유권을 이전해 주었고, 그 후 丙은 乙로부터 X토지를 매수하고 소유권이전등기를 마쳤다. 다음 설명 중 옳은 것은? (다툼이 있으면 판례에 따름)

① 乙이 계약 당시 A의 사기에 대해 선의라도 과실이 있는 경우에는 甲은 乙과의 매매계약을 사기를 이유로 취소할 수 있다.
② 만약 A가 乙의 대리인으로서 매매계약을 체결하였다면, 甲은 乙이 A의 사기를 알았거나 알 수 있었을 경우에 한하여 乙과의 매매계약을 취소할 수 있다.
③ 丙이 선의인 경우에도 甲은 乙과의 매매계약을 사기를 이유로 취소하고 그 효과를 丙에게 주장할 수 있다.
④ 丙이 악의인 경우에는 甲은 취소의 의사표시를 乙이 아닌 丙에게 하여야 한다.
⑤ 丙이 선의라도 丙으로부터 다시 X토지를 매수한 丁이 악의라면 丁은 X토지의 소유권을 취득하지 못한다.

18 ③ 보증계약에 있어서 주채무자는 계약의 당사자가 아닌 제3자에 불과하므로 이는 제3자의 사기에 해당한다. 따라서 보증인은 계약의 상대방인 채권자가 그 사실(= 주채무자의 기망사실)을 알았거나 알 수 있었을 경우에 한하여 보증계약을 취소할 수 있다(제110조 제2항).
① 일반적으로 교환계약을 체결하려는 당사자는 교환목적물의 시가나 그 가액결정의 기초가 되는 사항에 관하여 상대방에게 설명 내지 고지를 할 주의의무를 부담한다고 할 수 없고, 일방당사자가 자기가 소유하는 목적물의 시가를 묵비하여 상대방에게 고지하지 아니하거나 혹은 허위로 시가보다 높은 가액을 시가라고 고지하였다 하더라도 이는 상대방의 의사결정에 불법적인 간섭을 한 것이라고 볼 수 없다(대판 2000다54406).
② 상대방의 대리인 등 상대방과 동일시 할 수 있는 자의 사기나 강박은 제3자의 사기·강박에 해당하지 않는다(대판 98다60828). 즉, 상대방(= 대리관계에서의 본인)이 대리인의 사기·강박에 대해 선의·무과실인 경우에도 표의자는 사기나 강박을 이유로 법률행위를 취소할 수 있다.
④ 부정행위에 대한 고소·고발이라도 부정한 이익을 목적으로 하는 것인 때에는 위법한 강박행위가 될 수 있다(대판 96다47951).
⑤ 제3자의 기망행위로 인하여 계약을 체결한 경우, 제3자를 상대로 불법행위로 인한 손해배상청구를 하기 위하여 반드시 그 계약을 취소할 필요는 없다(대판 97다55829).

19 ① 乙이 A의 사기에 대해 선의라도 과실이 있는 경우(= 알 수 있었던 경우)에는 甲은 乙과의 매매계약을 사기를 이유로 취소할 수 있다(제110조 제2항).
② 상대방의 대리인 등 상대방과 동일시 할 수 있는 자의 사기나 강박은 제3자의 사기·강박에 해당하지 아니한다(대판 98다60828). 따라서 甲은 乙이 A의 사기를 알 수 없었던 경우(선의·무과실)에도 매매계약을 취소할 수 있다.
③ 사기나 강박을 이유로 하는 취소는 선의의 제3자에게 대항하지 못한다(제110조 제3항).
④ 취소의 의사표시는 취소할 법률행위의 상대방에게 하여야 하므로(제142조), 甲은 취소의 의사표시를 丙이 아닌 乙에게 하여야 한다.
⑤ 선의의 丙은 이미 소유권을 취득하였으므로 丙으로부터 다시 그 토지를 매수한 丁은 악의라도 소유권을 취득한다(엄폐물의 법칙).

정답 18 ③   19 ①

제5절 의사표시의 효력발생

[대표유형] (법조문, 판례)

의사표시의 효력발생에 관한 설명으로 틀린 것은? (다툼이 있으면 판례에 따름)

① 상대방 있는 의사표시는 그 통지가 상대방에 도달한 때로부터 그 효력이 생긴다.
→ 「민법」은 상대방 있는 의사표시의 효력발생시기에 관하여 '도달주의'의 원칙을 취하고 있다(제111조 제1항).

② 표의자가 그 통지를 발한 후 사망하거나 제한능력자가 되어도 의사표시의 효력에 영향을 미치지 아니한다.
→ 표의자가 의사표시를 발송한 후에 사망하더라도 그 의사표시는 무효로 되지 않고, 또한 의사표시를 발송한 후에 제한능력자가 되더라도 그 의사표시를 취소할 수 있게 되는 것은 아니다(제111조 제2항).

③ 내용증명우편물이 발송되고 달리 반송되지 않았다면 특별한 사정이 없는 한 그 무렵에 송달되었다고 봄이 상당하다.
→ 대판 96다38322

④ 보통우편의 방법으로 발송된 사실만으로는 발송일로부터 상당한 기간 내에 수취인에게 도달된 것으로 추정할 수 없다.
→ 대판 92다2530

⑤ 표의자가 과실로 인해 상대방의 소재를 알지 못하는 경우, 의사표시는 「민사소송법」의 공시송달의 규정에 의하여 송달할 수 있다.
→ 표의자가 '과실 없이' 상대방을 알지 못하거나 상대방의 소재를 알지 못하는 경우, 의사표시는 「민사소송법」의 공시송달의 규정에 의하여 송달할 수 있다(제113조).

정답 ⑤

20 난이도 ●●○

의사표시의 효력발생에 관한 설명으로 <u>틀린</u> 것은? (다툼이 있으면 판례에 따름)

① 의사표시의 도달이란 상대방이 그 통지를 현실적으로 수령하였거나 그 통지의 내용을 안 것을 의미하는 것이 아니다.
② 상대방이 정당한 사유 없이 수령을 거절한 의사표시는 상대방이 그 통지의 내용을 알 수 있는 객관적 상태에 놓인 때에 효력이 생긴다.
③ 표의자가 의사표시를 발송한 후 사망하여도 그 통지가 상대방에게 도달하면 의사표시의 효력이 발생한다.
④ 의사표시가 상대방에게 도달한 후에도 상대방이 그 내용을 알기 전이라면 표의자는 그 의사표시를 철회할 수 있다.
⑤ 의사표시의 상대방이 제한능력자인 경우에도 그의 법정대리인이 의사표시가 도달한 사실을 안 후에는 표의자는 그 의사표시로써 상대방에게 대항할 수 있다.

---

20 ④ 의사표시가 상대방에게 도달한 후에는 상대방이 그 내용을 알기 전이라도 표의자는 그 의사표시를 철회할 수 없다.
① 의사표시의 도달은 사회관념상 채무자가 통지의 내용을 알 수 있는 객관적 상태에 놓였을 때를 지칭하고, 그 통지를 채무자가 현실적으로 수령하였거나 그 통지의 내용을 알았을 것까지는 필요하지 않다(대판 82다카439).
② 계약의 해제와 같은 상대방 있는 의사표시는 그 통지가 상대방에게 도달한 때 효력이 생기는 것이고(제111조 제1항), 여기서 도달이라 함은 사회통념상 상대방이 통지의 내용을 알 수 있는 객관적 상태에 놓여 있는 경우를 가리키는 것으로서, 상대방이 통지를 현실적으로 수령하거나 통지의 내용을 알 것까지는 필요로 하지 않는 것이므로, 상대방이 정당한 사유 없이 통지의 수령을 거절한 경우에는 상대방이 그 통지의 내용을 알 수 있는 객관적 상태에 놓여 있는 때에 의사표시의 효력이 생기는 것으로 보아야 한다(대판 2008다19973).
③ 표의자가 의사표시를 발송한 후 사망하거나 제한능력자가 되어도 의사표시의 효력에는 영향을 미치지 않는다(제111조 제2항). 즉, 그러한 의사표시도 상대방에게 도달하면 효력이 발생한다.
⑤ 의사표시의 상대방이 의사표시를 받은 때에 제한능력자인 경우에도 그의 법정대리인이 의사표시가 도달한 사실을 안 후에는 표의자는 그 의사표시로써 상대방에게 대항할 수 있다(제112조 단서).

정답 20 ④

21

난이도 ●●○

甲은 乙에게 의사표시를 발송한 후 법원으로부터 성년후견개시의 심판을 받았는데, 이러한 사정을 알지 못하고 그 의사표시를 수령한 乙은 수령 당시 미성년자였다. 이에 관한 설명으로 옳은 것은?

① 甲의 의사표시는 제한능력자의 의사표시이므로 당연무효이다.
② 甲의 의사표시는 乙에게의 도달로 일단 효력이 발생하나, 甲은 제한능력을 이유로 그 의사표시를 취소할 수 있다.
③ 乙은 의사표시를 수령할 당시 미성년자였으므로 甲에게 의사표시의 효력발생을 주장할 수 없다.
④ 甲은 乙의 법정대리인 丙이 의사표시의 도달사실을 안 때부터 의사표시의 효력발생을 주장할 수 있다.
⑤ 甲이 제한능력자가 되었다는 사실을 乙이 알게 되면 甲의 의사표시는 소급하여 그 효력을 상실한다.

---

21 ④ 제112조 단서

> **제112조【제한능력자에 대한 의사표시의 효력】** 의사표시의 상대방이 의사표시를 받은 때에 제한능력자인 경우에는 의사표시자는 그 의사표시로써 대항할 수 없다. 다만, 그 상대방의 법정대리인이 의사표시가 도달한 사실을 안 후에는 그러하지 아니하다.

①② 甲이 의사표시를 할 당시에는 성년후견개시의 심판을 받지 않았으므로 甲의 의사표시는 제한능력자의 의사표시라고 할 수 없다. 또한 제한능력자의 의사표시라고 하더라도 그 의사표시는 당연무효가 아니라 취소할 수 있을 뿐이다.
③ 의사표시의 상대방이 이를 수령할 때에 제한능력자인 경우, 표의자는 상대방에 대하여 의사표시의 효력발생을 주장하지 못하지만, 제한능력자인 상대방은 의사표시의 효력발생을 주장할 수 있다(제112조 본문).

정답 21 ④

제4장 법률행위의 대리

제1절 대리권·대리행위·대리효과

[대표유형] (기본/판례)

법률행위의 대리에 관한 설명으로 옳은 것은? (다툼이 있으면 판례에 따름)

① 대리권의 범위가 명확하지 않은 임의대리인은 무이자 금전소비대차를 이자부로 변경하는 행위를 할 수 있다.
→ 무이자소비대차를 이자부소비대차로 변경하는 것은 성질이 변하지 않는 범위에서의 개량행위로서 권한의 범위가 불분명한 대리인이 할 수 있는 것으로 해석된다(제118조).

② 대리인이 수인인 경우에 대리인은 원칙적으로 공동으로 본인을 대리한다.
→ 대리인이 수인인 경우에 대리인은 원칙적으로 각자가 본인을 대리한다(제119조).

③ 수권행위의 철회는 임의대리권과 법정대리권의 공통된 소멸원인이다.
→ 수권행위의 철회는 임의대리권의 특유한 소멸사유이다(제128조).

④ 매매위임장을 제시하고 자기의 이름으로 매매계약을 체결하는 자는 특단의 사정이 없는 한 자신이 매도인으로서 타인의 물건을 매매한 것으로 보아야 한다.
→ 매매위임장을 제시하고 매매계약을 체결하는 자는 특단의 사정이 없는 한 소유자를 대리하여 매매행위를 하는 것이라고 보아야 하고, 매매계약서에 대리관계의 표시 없이 그 자신의 이름을 기재하였다고 해서 그것만으로 그 자신이 매도인으로서 타인물을 매매한 것이라고 볼 수는 없다(대판 81다1349).

⑤ 대리인은 의사능력자임을 요하지 않는다.
→ 대리인은 행위능력자임을 요하지 않으나(제117조), 의사능력은 있어야 한다. 의사무능력자가 한 대리행위는 무효이다.

정답 ①

01
난이도 ●○○

권한의 범위가 불분명한 대리인이 할 수 있는 것을 모두 고른 것은?

㉠ 부패하기 쉬운 물건을 처분하여 금전으로 보관하는 것
㉡ 전세권이나 저당권을 설정하는 것
㉢ 은행예금을 인출하여 보다 높은 금리로 개인에게 빌려주는 것
㉣ 미등기건물을 등기하는 것
㉤ 계약을 해제하거나 취소하는 것

① ㉠, ㉢
② ㉠, ㉣
③ ㉡, ㉢
④ ㉢, ㉣
⑤ ㉣, ㉤

02
난이도 ●●○

대리권의 범위에 관한 판례의 태도를 잘못 설명한 것은?

① 대리인이 매수인을 대리하여 매매계약을 체결하였다면 매수인을 대리하여 매도인의 해제의 의사표시를 수령할 권한도 가진다.
② 경매입찰대리권의 범위는 경락허가결정 후의 채권자의 경매신청취하에 동의할 권한에까지 미치지 않는다.
③ 예금계약체결을 위임받은 자가 가지는 대리권에 당연히 그 예금을 담보로 대출을 받거나 이를 처분할 수 있는 권한이 포함되어 있는 것은 아니다.
④ 매매계약의 체결과 이행에 관한 포괄적인 대리권을 수여받은 대리인은 특별한 사정이 없는 한 상대방에 대하여 약정된 매매대금 지급기일을 연기하여 줄 권한도 가진다.
⑤ 대여금의 영수권한을 위임받은 대리인이 그 대여금채무의 일부를 면제하기 위해서는 본인의 특별수권이 필요하다.

03 난이도 ●●○

대리권의 범위와 제한에 관한 설명으로 틀린 것은? (다툼이 있으면 판례에 따름)

① 甲이 乙에게 재산관리에 관한 대리권을 수여하였지만 그 대리권의 범위가 명확하지 않은 경우, 乙은 甲의 주택을 수선하기 위한 공사계약을 체결할 수 있지만 甲의 예금을 주식으로 전환할 수는 없다.
② 乙이 甲으로부터 예금인출의 대리권을 부여받았는데 乙의 甲에 대한 금전채권의 기한이 도래한 경우, 乙은 甲의 예금을 인출하여 자신의 채권변제에 충당할 수 있다.
③ 1인의 대리인이 부동산 매도인과 매수인 쌍방을 대리하여 등기신청을 하는 것은 허용된다.
④ 자기계약·쌍방대리 금지규정을 위반한 대리행위는 무권대리가 된다.
⑤ 본인이 수권행위로 공동대리를 정한 경우에는 수동대리도 공동으로 하여야 한다.

---

01 ② ㉠과 ㉣은 보존행위로서 권한의 범위가 불분명한 대리인이 할 수 있는 것으로 해석되지만, ㉢은 성질이 변하는 개량행위, ㉡과 ㉤은 처분행위로서 권한의 범위가 불분명한 대리인이 할 수 없는 것으로 해석된다(제118조).

02 ① 매매계약을 체결할 권한을 수여받았다고 해서 곧바로 그 대리인이 체결된 계약을 해제할 권한이나 상대방의 해제의 의사표시를 수령할 권한이 있다고 볼 수는 없다(대판 85다카971).
② 대결 83마201
③ 대판 2000다38992
④ 대판 91다43107
⑤ 대판 80다3221

03 ⑤ 본인이 수권행위로 공동대리를 정한 경우에도 수동대리는 각자가 할 수 있다. 즉, 공동대리인도 의사표시의 수령은 각자가 할 수 있다.
① 주택을 수선하기 위한 공사계약은 보존행위로서 할 수 있지만, 예금을 주식으로 전환하는 것은 권리의 성질이 변하는 개량행위이므로 할 수 없다.
② 다툼이 없는 채무의 이행은 자기계약의 형태로도 할 수 있다.
③ 매매를 원인으로 하는 소유권이전등기신청은 매도인의 채무를 이행하는 것에 불과하므로 쌍방대리가 허용된다.
④ 자기계약·쌍방대리는 무효이지만, 본인이 추인하면 소급하여 유효가 된다(유동적 무효).

정답 01 ② 02 ① 03 ⑤

04 난이도 ●●○

자기계약·쌍방대리 금지에 위반되는 경우를 모두 고른 것은? (다툼이 있으면 판례에 따름)

판례
출제가능

㉠ 토지매각의 대리권을 수여받은 자가 스스로 매수인이 되어 매매계약을 체결한 경우
㉡ 부동산 매수인이 매도인의 대리인이 되어 소유권이전등기를 신청한 경우
㉢ 부동산 입찰절차에서 1명의 대리인이 동시에 서로 다른 두 사람의 대리인으로서 입찰에 참가한 경우
㉣ 본인에 대해 금전채권을 가진 대리인이 본인을 대리하여 본인 소유의 부동산으로 자신에게 대물변제를 한 경우

① ㉠, ㉢
② ㉠, ㉡, ㉣
③ ㉠, ㉡, ㉢
④ ㉠, ㉢, ㉣
⑤ ㉡, ㉢, ㉣

05 난이도 ●○○

임의대리권과 법정대리권의 공통적인 소멸사유를 모두 고른 것은?

기본
법조문

㉠ 본인의 사망 　　　　　　　　㉡ 대리인의 사망
㉢ 본인의 성년후견개시 　　　　㉣ 대리인의 성년후견개시
㉤ 본인의 파산 　　　　　　　　㉥ 대리인의 파산
㉦ 내부적 법률관계의 종료 　　　㉧ 수권행위의 철회

① ㉠, ㉡, ㉢, ㉣
② ㉠, ㉡, ㉣, ㉥
③ ㉠, ㉡, ㉣, ㉦
④ ㉠, ㉡, ㉤, ㉦
⑤ ㉠, ㉡, ㉤, ㉧

06 대리에 관한 설명으로 틀린 것은?

① 대리인이 그 권한 내에서 본인을 위한 것임을 표시한 의사표시는 직접 본인에 대하여 효력이 생긴다.
② 대리인이 본인을 위한 것임을 표시하지 아니한 때에는 그 의사표시는 자기를 위한 것으로 본다.
③ 의사표시의 효력이 의사의 흠결, 사기·강박 또는 어느 사정을 알았거나 과실로 알지 못한 것으로 인해 영향을 받을 경우에 그 사실의 유무는 본인을 표준하여 결정한다.
④ 특정한 법률행위를 위임한 경우에 대리인이 본인의 지시에 좇아 그 행위를 한 때에는 본인은 자기가 안 사정 또는 과실로 인하여 알지 못한 사정에 관하여 대리인의 부지를 주장하지 못한다.
⑤ 대리인은 행위능력자임을 요하지 않는다.

---

04 ㉠ 자기계약으로서 본인의 허락이 없는 한 금지된다.
㉢ 쌍방대리로서 금지된다. 부동산 입찰절차에서 동일 물건에 관하여 이해관계가 다른 2인 이상의 대리인이 된 경우에는 그 대리인이 한 입찰은 무효이다(대결 2003마44).
㉣ 변제와 달리 대물변제는 본인의 허락 없이는 자기계약이나 쌍방대리가 허용되지 않는다.
㉡ 자기계약이지만 채무의 이행(= 변제)에 불과하므로 허용된다.

05 ② 임의대리권이나 법정대리권은 모두 본인의 사망(㉠), 대리인의 사망(㉡), 성년후견개시(㉣), 파산(㉥)으로 소멸한다(제127조). 또한 임의대리권은 그 외에도 원인된 법률관계가 종료(㉰)하거나 수권행위가 철회(㉱)되는 경우에도 소멸한다.

06 ③ '본인'이 아니라 '대리인'을 표준하여 결정한다(제116조 제1항).
① 제114조 제1항
② '추정한다'가 아니라 '본다(간주한다)'임을 유의한다(제115조).
④ 제116조 제2항
⑤ 제117조

정답 04 ④   05 ②   06 ③

07 난이도 ●●○

본인 甲, 임의대리인 乙, 상대방 丙 사이의 법률관계에 관한 설명으로 **틀린** 것은? (다툼이 있으면 판례에 따름)

① 乙이 대리인으로 선임된 후에 한정후견개시의 심판을 받은 경우, 乙의 대리권은 소멸하지 않는다.
② 乙이 대리관계의 표시 없이 직접 甲의 이름으로 계약을 한 경우, 그 계약의 효과는 甲에게 미친다.
③ 乙이 계약 당시 甲을 위한 것임을 표시하지 않은 경우에도, 乙이 대리인으로서 한 것임을 丙이 알았거나 알 수 있었다면 그 계약의 효과는 甲에게 미친다.
④ 乙이 丙과 통모하여 허위의 법률행위를 한 경우, 甲이 선의라도 그 대리행위는 甲에게 효력이 없다.
⑤ 甲이 착오를 이유로 丙과의 계약을 취소하고자 하는 경우, 착오가 있었는지 여부는 甲을 표준으로 결정한다.

08 난이도 ●●○

대리에 관한 설명으로 옳은 것은? (다툼이 있으면 판례에 따름)

① 대리인이 자신의 이익을 꾀할 목적으로 대리행위를 하는 사실을 상대방이 알았더라도 대리의사로서 대리행위를 한 이상 그 효과는 본인에게 귀속한다.
② 본인의 허락이 없어도 다툼이 있는 채무의 이행에 대하여 자기계약이나 쌍방대리가 허용된다.
③ 대리인이 본인의 위임장을 제시하고 계약을 체결한 경우에도 계약서에 자기의 이름만 기재하였다면 유효한 대리행위로 볼 수 없다.
④ 대리인이 제한능력자인 경우에도 본인이나 대리인은 이를 이유로 대리행위를 취소할 수 없다.
⑤ 수동대리에는 무권대리가 문제될 여지가 없다.

07 ⑤ 대리행위의 하자는 대리인을 표준하여 결정하므로(제116조 제1항), 의사표시에 착오가 있었는지 여부는 본인이 아니라 대리인을 표준으로 결정한다. 즉, 대리인에게 착오가 있었다면 설령 본인에게 착오가 없었다 하더라도 본인은 그 대리행위를 착오를 이유로 취소할 수 있다.
① 대리인의 성년후견개시는 대리권소멸사유이지만(제127조), 한정후견개시는 대리권소멸사유가 아니다.
② 대리인은 대리행위를 할 때에 반드시 대리인임을 표시하여 의사표시를 하여야 하는 것이 아니고 직접 본인 명의로도 할 수 있다(대판 63다67).
③ 제115조 단서
④ 대리행위의 하자는 대리인을 표준하여 결정하므로(제116조 제1항), 대리인이 상대방과 통모하여 허위표시를 하였다면 설령 본인이 그 사정을 몰랐다 하더라도 그 대리행위는 통정허위표시에 해당하여 무효로 된다.

08 ④ 대리인은 행위능력자임을 요하지 않으므로(제117조), 대리행위는 대리인의 제한능력을 이유로 취소할 수 없다.
① 대리인의 대리권남용사실을 상대방이 알았거나 알 수 있었던 경우, 「민법」 제107조 제1항 단서의 유추해석상 본인은 그 대리행위에 대하여 아무런 책임이 없다(대판 97다39421).
② 자기계약이나 쌍방대리가 허용되는 채무의 이행은 그 채무의 존부에 대하여 본인과 대리인 사이에 또는 양쪽의 본인 사이에 다툼이 없을 것을 전제로 한다. 채무의 존부에 다툼이 있다면 당연히 자기계약이나 쌍방대리는 허용되지 않는다.
③ 매매위임장을 제시하고 매매계약을 체결하는 자는 특단의 사정이 없는 한 소유자를 대리하여 매매행위를 하는 것이라고 보아야 한다(대판 81다1349).
⑤ 수동대리에서도 무권대리가 문제될 수 있다. 가령 상대방이 임의대리인에게 계약취소나 해제의 의사표시를 한 경우, 본인이 이를 추인하지 않는 한 그 취소나 해제는 효력이 생기지 않는다.

정답 07 ⑤   08 ④

09 난이도 ●●●

乙은 甲을 대리하여 丙 소유의 주택을 매수하는 계약을 체결하였다. 이에 관한 설명으로 옳은 것을 모두 고른 것은? (다툼이 있으면 판례에 따름)

㉠ 丙의 의사표시가 비진의표시였던 경우, 乙이 계약 당시 이를 알았거나 알 수 있었다면 설령 甲이 그에 대해 선의·무과실이었다 하더라도 丙은 甲에 대하여 매매계약의 무효를 주장할 수 있다.
㉡ 乙이 丙을 강박하여 계약을 체결한 경우, 丙은 甲이 그 사실을 알았거나 알 수 있었을 경우에 한하여 매매계약을 취소할 수 있다.
㉢ 주택에 하자가 있는 경우, 甲은 乙이 계약 당시 그에 대해 선의·무과실인 때에만 丙에 대하여 하자담보책임을 물을 수 있다.

① ㉠
② ㉡
③ ㉠, ㉢
④ ㉡, ㉢
⑤ ㉠, ㉡, ㉢

제2절 복대리

[대표유형] (기본/용어)

복대리에 관한 설명으로 옳은 것은?

① 복대리인은 대리인이 본인의 이름으로 선임한 본인의 대리인이다.
  → 복대리인은 대리인이 '자신의 이름으로' 선임한 본인의 대리인이다.

② 복대리인은 대리인이 자신의 이름으로 선임한 대리인의 대리인이다.
  → 복대리인은 대리인이 자신의 이름으로 선임한 '본인'의 대리인이다.

③ 대리인이 복대리인을 선임하는 행위도 일종의 대리행위이다.
  → 복대리인은 대리인이 본인의 이름이 아닌 자신의 이름으로 선임하므로, 복대리인을 선임하는 행위, 즉 복임행위는 대리행위가 아니다.

④ 법정대리인이 선임한 복대리인은 그 성질상 임의대리인이다.
  → 복대리인은 대리인에 의해 '선임'되는 것이므로 그 성질상 언제나 임의대리인이다.

⑤ 대리권이 소멸하더라도 복대리권은 소멸하지 않는다.
  → 복대리권(子權)은 대리권(母權)의 존재를 전제로 하므로, 대리권이 소멸하면 복대리권도 소멸한다.

정답 ④

---

09 ㉠ 대리행위에 있어서 선의·악의 및 과실 유무는 대리인을 기준으로 결정하므로(제116조 제1항), 상대방의 의사표시가 비진의표시임을 대리인이 알았거나 알 수 있었다면 설령 본인이 그에 대해 선의·무과실이라 하더라도 그 매매계약은 무효가 된다.
㉢ 대리행위에 있어서 선의·악의 및 과실 유무는 대리인을 기준으로 결정하므로(제116조 제1항), 대리인이 건물의 하자에 대하여 선의·무과실이었다면 본인은 상대방에 대하여 하자담보책임을 물을 수 있다.
㉡ 상대방의 대리인 등 상대방과 동일시 할 수 있는 자의 사기나 강박은 제3자의 사기·강박에 해당하지 않는다(대판 98다60828). 따라서 丙은 甲이 乙의 강박을 알 수 없었던 경우(선의·무과실)에도 매매계약을 취소할 수 있다.

정답 ③

10 복대리에 관한 설명으로 <u>틀린</u> 것은?

① 복대리인은 그 권한 내에서 본인을 대리한다.
② 복대리인은 제3자에 대하여 대리인과 동일한 권리·의무가 있다.
③ 甲이 乙을 대리인으로 선임한 경우, 乙은 부득이한 사유가 있는 때에도 甲의 승낙이 없으면 복대리인을 선임할 수 없다.
④ 부득이한 사유로 복대리인을 선임한 법정대리인은 그 선임·감독에 관해서만 책임이 있다.
⑤ 임의대리인이 본인의 지명에 의하여 복대리인을 선임한 경우에는 그 부적임 또는 불성실함을 알고 본인에 대한 통지나 해임을 태만한 때가 아니면 책임이 없다.

11 복대리에 관한 설명으로 옳은 것은?

① 임의대리인이 본인의 승낙을 얻어 복대리인을 선임한 경우, 본인에 대하여 선임·감독에 관한 책임을 지지 않는다.
② 법정대리인은 본인의 승낙이나 부득이한 사유가 있을 때에만 복대리인을 선임할 수 있다.
③ 법정대리인은 복대리인의 선임·감독에 과실이 없는 때에는 본인에 대하여 책임을 지지 않는다.
④ 대리인의 능력에 따라 본인의 사업 성공 여부가 결정되는 아파트 분양업무에 관한 대리권을 수여받은 경우, 대리인은 본인의 명시적인 승낙 없이는 복대리인을 선임할 수 없다.
⑤ 대리인이 복대리인을 선임한 후에 사망하거나 파산하여도 복대리인의 대리권은 소멸하지 않는다.

12

난이도 ●●○

甲의 임의대리인 乙은 甲의 승낙을 받아 丙을 甲의 대리인으로 선임하였다. 이 경우 丙의 대리권이 소멸하는 사유는 모두 몇 개인가?

㉠ 甲의 사망	㉡ 甲의 파산
㉢ 乙의 사망	㉣ 乙의 성년후견개시
㉤ 丙의 한정후견개시	㉥ 丙의 파산
㉦ 甲의 乙에 대한 수권행위의 철회	㉧ 乙·丙 간의 내부적 법률관계의 종료

① 4개 ② 5개
③ 6개 ④ 7개
⑤ 8개

---

10 ③ 임의대리인은 본인의 승낙이 있거나 부득이한 사유가 있는 때에는 복대리인을 선임할 수 있다(제120조 제1항). 즉, 부득이한 사유가 있는 때에는 본인의 승낙이 없더라도 복대리인을 선임할 수 있다.
① 제123조 제1항
② 제123조 제2항
④ 제122조 단서
⑤ 제121조 제2항

11 ④ 임의대리인은 본인의 승낙이 있거나 부득이한 사유가 있지 아니하면 복대리인을 선임할 수 없는 것인바, 아파트 분양업무는 그 성질상 분양 위임을 받은 수임인의 능력에 따라 그 분양사업의 성공 여부가 결정되는 사무로서, 본인의 명시적인 승낙 없이는 복대리인의 선임이 허용되지 아니하는 경우로 보아야 한다(대판 97다56099).
① 임의대리인이 본인의 승낙을 얻어 복대리인을 선임한 경우, 본인에 대하여 선임·감독상의 책임을 진다(제121조).
② 법정대리인은 자유롭게 복대리인을 선임할 수 있다(제122조).
③ 법정대리인의 책임은 무과실책임이다. 법정대리인이 선임한 복대리인이 본인에게 손해를 끼친 경우, 법정대리인은 복대리인의 선임·감독에 과실이 없는 경우에도 본인에 대하여 손해배상책임을 진다.
⑤ 복대리권은 대리권의 존재와 범위에 의존한다. 따라서 대리인이 사망하거나 파산하여 대리권이 소멸하면 복대리권도 함께 소멸한다.

12 ③ 甲의 복대리인인 丙의 대리권소멸사유는 ㉠㉢㉣㉥㉦㉧로 모두 6개이다.

정답 10 ③   11 ④   12 ③

13

난이도 ●●●

乙은 甲의 임의대리인으로서 丁과 거래를 해 왔는데, 甲은 乙의 행실에 문제가 있음을 알고 대리권을 박탈하였다. 그럼에도 불구하고 乙은 丙을 甲의 대리인으로 선임하여 丁과 거래를 하도록 하였고, 丙은 甲을 대리하여 丁의 건물을 매수하는 계약을 체결하였다. 이에 관한 설명으로 옳은 것은? (다툼이 있으면 판례에 따름)

① 丙은 乙의 대리권이 소멸한 후에 복대리인으로 선임되었으므로 丙·丁 간의 매매계약은 甲에게 효력이 생길 여지가 없다.
② 丁이 乙의 대리권소멸에 대해 선의·무과실인 경우에도 丁은 甲에게 매매대금의 지급을 청구할 수 없다.
③ 甲이 乙의 대리권을 박탈하기 전이라면 乙은 자유롭게 丙을 甲의 대리인으로 선임할 수 있다.
④ 丙은 乙의 대리권이 소멸된 후에 선임되었지만 丙의 법률행위에 대하여도「민법」제129조의 대리권소멸 후의 표현대리에 관한 규정이 적용될 수 있다.
⑤ 乙의 대리권이 소멸하기 전에 乙이 甲의 승낙을 얻어 丙을 복대리인으로 선임하였다면 그 후 乙의 대리권이 소멸하더라도 丙은 甲의 대리인으로서의 지위를 상실하지 않는다.

---

13 ④ 대리인이 대리권소멸 후 직접 상대방과의 사이에 대리행위를 하는 경우는 물론 복대리인을 선임하여 복대리인으로 하여금 상대방과의 사이에 대리행위를 하도록 한 경우에도, 상대방이 대리권소멸사실을 알지 못하여 복대리인에게 적법한 대리권이 있는 것으로 믿었고 그와 같이 믿은 데 과실이 없다면「민법」제129조에 의한 표현대리가 성립할 수 있다(대판 97다55317).
① 丙의 무권대리행위에 대해서 甲이 추인을 하거나(제130조), 대리권소멸 후의 표현대리(제129조)가 성립하면 丙·丁 간의 매매계약은 甲에게 효력이 생긴다.
② 丁이 乙의 대리권소멸에 대해 선의·무과실인 경우에는 대리권소멸 후의 표현대리가 성립되어(제129조), 丁은 甲에게 매매대금의 지급을 청구할 수 있다.
③ 乙은 임의대리인이므로 원칙적으로 복임권이 없고, 甲의 승낙이 있거나 부득이한 사유가 있을 때에만 복대리인을 선임할 수 있다.
⑤ 乙의 대리권이 소멸하면 丙의 복대리권도 소멸한다.

정답 13 ④

제3절 협의의 무권대리

대표유형 (기본/판례)

대리권 없는 자가 타인의 대리인으로 계약을 체결한 경우에 관한 설명으로 틀린 것은? (다툼이 있으면 판례에 따름)

① 위 계약은 원칙적으로 본인에게 효력이 없지만, 본인이 추인하면 계약 당시로 소급하여 유효로 된다.
→ 무권대리행위는 유동적 무효의 상태에 있다(제130조, 제133조).

② 상대방이 계약을 철회한 이후에는 본인은 계약을 추인하여 유효로 할 수 없다.
→ 본인의 추인은 상대방의 철회가 있기 전에 하여야 한다. 상대방이 철회하면 무권대리행위는 확정적으로 무효가 되어 추인하여도 그 효력이 생기지 않기 때문이다.

③ 추인은 반드시 무권대리행위의 직접 상대방에게 하여야 한다.
→ 추인의 상대방에는 특별한 제한이 없어서 무권대리인, 무권대리행위의 상대방, 그 상대방과 다시 거래한 승계인 등 누구에게나 추인할 수 있다(대판 80다2314).

④ 본인이 무권대리인에게 추인한 경우, 상대방은 그 사실을 알기 전까지는 계약을 철회할 수 있다.
→ 추인의 의사표시를 상대방에게 하지 않은 경우에는 그 추인으로 상대방에게 대항하지 못한다(제132조). 가령 본인이 무권대리인에게 추인의 의사표시를 하였는데 상대방이 그 사실을 모르고 계약을 철회하였다면 본인은 상대방에 대하여 추인의 효과를 주장하지 못하고 결국 계약은 철회된다.

⑤ 본인이 무권대리인으로부터 대금을 수령하였다면 특별한 사정이 없는 한 계약을 추인한 것으로 볼 수 있다.
→ 묵시적 추인에 해당한다(대판 63다64).

정답 ③

14 난이도 ●●○

대리권 없는 乙이 甲을 대리하여 甲 소유의 토지에 대한 매매계약을 丙과 체결하였다. 이에 관한 설명으로 옳은 것은? (다툼이 있으면 판례에 따름)

① 丙은 甲에게 상당한 기간을 정하여 추인 여부의 확답을 최고할 수 있고, 甲이 그 기간 내에 확답을 발하지 않으면 추인한 것으로 본다.
② 甲이 추인하면 계약은 추인한 때부터 장래를 향하여 효력이 생긴다.
③ 甲은 丙이 동의하지 않더라도 계약의 일부만 추인하여 그 일부에 대하여 효력을 발생시킬 수 있다.
④ 甲이 추인을 거절한 경우, 乙은 자신의 선택에 따라 선의·무과실의 丙에 대하여 계약의 이행이나 손해배상책임을 져야 한다.
⑤ 丙이 乙에게 무권대리인의 책임을 물어 계약의 이행이나 손해배상을 청구하는 경우, 乙이 제한능력자라면 이 청구를 거절할 수 있다.

15 난이도 ●●○

甲의 아들인 乙은 甲의 허락 없이 甲의 대리인으로서 甲 소유의 토지에 대한 매매계약을 丙과 체결하였다. 이에 관한 설명으로 틀린 것은? (단, 표현대리의 성립은 고려하지 않으며, 다툼이 있으면 판례에 따름)

① 甲이 추인하면 甲은 丙에 대하여 계약체결시에 소급하여 소유권이전의무를 부담한다.
② 甲이 乙의 무권대리행위에 대해 즉시 이의를 제기하기 아니하고 이를 장기간 방치한 사실만으로는 추인한 것으로 볼 수 없다.
③ 甲을 단독상속한 乙이 본인의 지위에서 계약의 무효를 주장하는 것은 신의성실의 원칙에 반하여 허용되지 않는다.
④ 악의의 丙도 甲의 추인이 있기 전에는 계약을 철회할 수 있다.
⑤ 甲이 추인을 거절한 경우, 선의·무과실의 丙은 乙에 대하여 계약의 이행 또는 손해배상을 청구할 수 있다.

16

난이도 ●●○

행위능력자인 甲은 대리권 없이 乙을 대리하여 乙 소유의 토지를 丙에게 매도하는 계약을 체결하였다. 이에 관한 설명으로 옳은 것은? (다툼이 있으면 판례에 따름)

① 丙이 계약 당시 甲의 대리권 없음을 알았다면 丙은 상당한 기간을 정하여 乙에게 추인 여부의 확답을 최고할 수 없다.

② 丙이 계약 당시 甲의 대리권 없음을 알았더라도 乙의 추인이 있을 때까지 丙은 그 계약을 철회할 수 있다.

③ 乙이 甲에 대하여 매매계약을 추인한 경우, 선의의 丙은 그 사실을 몰랐더라도 계약을 철회할 수 없다.

④ 乙이 매매계약의 내용을 변경하여 추인한 경우, 丙의 동의가 없더라도 추인의 효력이 있다.

⑤ 乙이 추인을 거절한 경우, 甲은 대리권의 흠결에 관하여 자신에게 귀책사유가 없더라도 선의·무과실의 丙에 대하여 계약이행이나 손해배상책임을 진다.

---

14 ⑤ 제한능력자는 무권대리인으로서의 책임을 지지 않는다(제135조 제2항).
① 상대방의 최고에 대하여 본인이 상당한 기간 내에 확답을 발하지 않으면 추인을 거절한 것으로 본다(제131조).
② 추인은 다른 의사표시가 없을 때에는 계약시에 소급하여 그 효력이 생긴다(제133조).
③ 추인은 원칙적으로 무권대리행위 전부에 대해 하여야 하고, 일부추인이나 변경을 가한 추인은 상대방의 동의가 없는 한 무효이다(대판 81다카549).
④ 乙 자신의 선택이 아니라 상대방 丙의 선택에 따른다(제135조 제1항).

15 ④ 철회권은 선의의 상대방에게만 인정된다(제134조).
① 본인이 추인하면 무권대리행위는 소급해서 유효가 된다(제130조, 제133조).
② 대판 88다카81
③ 대판 94다20617
⑤ 제135조

16 ⑤ 「민법」 제135조 제1항의 규정에 따른 무권대리인의 상대방에 대한 책임은 무과실책임으로서 대리권의 흠결에 관하여 대리인에게 과실 등의 귀책사유가 있어야만 인정되는 것이 아니고, 무권대리행위가 제3자의 기망이나 문서위조 등 위법행위로 야기되었다고 하더라도 책임은 부정되지 아니한다(대판 2013다213038).
① 악의의 상대방도 최고권을 가진다(제131조).
② 악의의 상대방은 철회권을 갖지 못한다(제134조).
③ 추인의 의사표시는 상대방에 대하여 하지 않으면 상대방에 대항하지 못하므로(제132조), 본인이 대리인에게 추인의 의사표시를 한 경우, 선의의 상대방은 그 사실을 알기 전까지는 계약을 철회할 수 있다.
④ 일부추인이나 변경을 가한 추인은 상대방의 동의가 없는 한 효력이 없다(대판 81다카549).

정답 14 ⑤   15 ④   16 ⑤

17 난이도 ●●○

무권대리인 乙이 甲의 토지를 丙에게 매도하고 인도와 동시에 소유권이전등기를 마쳐 주었다. 이에 관한 설명으로 <u>틀린</u> 것은? (다툼이 있으면 판례에 따름)

① 甲이 乙의 대리행위를 추인하기 위해서는 丙의 동의가 필요하다.
② 甲이 추인하면 甲은 丙에 대하여 소유권이전의무를 부담한다.
③ 丙이 丁에게 토지를 전매하고 소유권이전등기를 한 경우, 甲은 乙의 대리행위를 丁에 대하여 추인할 수 있다.
④ 乙이 甲을 단독상속한 경우, 乙은 소유자의 지위에서 丙 명의의 소유권이전등기의 말소등기를 청구할 수 없다.
⑤ 乙이 甲을 단독상속한 경우, 乙은 소유자의 지위에서 丙에 대하여 토지의 점유로 인한 부당이득반환을 청구할 수 없다.

---

17 ① 추인권은 형성권이므로 상대방에 대한 일방적 의사표시로 하고 상대방의 동의는 요하지 않는다.
② 甲이 추인하면 매매계약은 소급적으로 유효가 되므로, 甲은 丙에 대하여 소유권이전의무를 부담하고 대금지급청구권을 취득한다.
③ 추인의 상대방에는 특별한 제한이 없어서 무권대리인, 무권대리행위의 상대방, 그 상대방과 다시 거래한 승계인 등 누구에게나 추인할 수 있다(대판 80다2314).
④⑤ 대리권 없이 甲 소유의 부동산을 丙에게 매도하여 소유권이전등기를 마쳐준 乙이 그 후 甲을 상속하여 그 부동산을 전전매수한 丁에게 원래 자신의 매매행위가 무권대리행위이어서 무효였다는 이유로 丁 명의의 등기의 말소를 청구하거나 부동산의 점유로 인한 부당이득금의 반환을 구하는 것은 금반언(禁反言)의 원칙이나 신의성실의 원칙에 반하여 허용될 수 없다(대판 94다20617).

정답 17 ①

제4절 표현대리

대표유형
종합 / 판례

丙은 甲의 대리인이라는 乙과 계약을 체결하였다. 이에 관한 설명으로 <u>틀린</u> 것은? (다툼이 있으면 판례에 따름)

① 丙에 대하여 乙에게 대리권을 수여함을 표시한 甲은 그 대리권의 범위 내에서 乙과 계약을 체결한 선의·무과실의 丙에 대하여 계약상의 책임을 부담한다.
➡ 「민법」 제125조의 대리권수여표시에 의한 표현대리가 성립한다.

② 甲으로부터 담보권설정의 대리권을 수여받은 乙이 그 권한을 넘어 丙과 매매계약을 체결한 경우, 丙이 乙에게 매매계약 체결의 권한이 있다고 믿을 만한 정당한 이유가 있는 때에는 甲은 丙에 대하여 매매계약상의 책임을 부담한다.
➡ 「민법」 제126조의 권한을 넘은 표현대리가 성립한다.

③ 부부관계에 있는 甲과 乙 사이의 일상가사대리권을 기본대리권으로 하여 권한을 넘는 표현대리가 성립할 수 있다.
➡ 부부 사이의 일상가사대리권도 기본대리권이 될 수 있다(대판 70다1812). 즉, 부부의 일방이 일상가사의 범위를 넘는 행위를 한 경우에 상대방에게 정당한 이유가 있는 때에는 표현대리가 성립할 수 있다.

④ 乙의 대리권이 소멸된 후에 이를 과실 없이 알지 못한 丙이 乙과 계약을 체결하였다면 甲은 丙에 대하여 계약상의 책임을 부담한다.
➡ 「민법」 제129조의 대리권소멸 후의 표현대리가 성립한다.

⑤ 표현대리가 성립하는 경우에도 甲이 언제나 계약상의 책임을 전적으로 부담하는 것은 아니며, 丙에게 과실이 있으면 甲의 책임은 경감될 수 있다.
➡ 표현대리가 성립하면 유권대리와 같은 법률효과가 발생한다. 즉, 본인은 상대방에 대하여 손해배상책임을 지는 것이 아니라 그 법률행위의 내용을 이행할 책임을 진다. 따라서 본인은 표현대리행위에 대하여 전적인 책임을 져야 하고, 상대방에게 과실이 있다 하더라도 과실상계의 법리를 유추적용하여 자신의 책임을 경감할 수 없다(대판 95다49554).

정답 ⑤

18 난이도 ●●○

표현대리에 관한 설명으로 <u>틀린</u> 것은? (다툼이 있으면 판례에 따름)

① 대리권 없는 타인이 사회통념상 대리권을 추단할 수 있는 직함이나 명칭을 사용하는 것을 본인이 승낙 또는 묵인하였다면 「민법」 제125조에서 정한 대리권수여의 표시가 있은 것으로 볼 수 있다.
② 대리권수여의 표시에 의한 표현대리의 규정은 임의대리에만 적용되고 법정대리에는 적용되지 않는다.
③ 대리인이라 칭하는 자에게 아무런 대리권도 없는 경우에는 특별한 사정이 없는 한 권한을 넘은 표현대리는 성립할 수 없다.
④ 공법행위에 관한 대리권은 권한을 넘은 표현대리의 성립에 있어서 기본대리권이 될 수 없다.
⑤ 대리인이 대리권이 소멸된 후에 복대리인을 선임하여 복대리인으로 하여금 대리행위를 하도록 한 경우에도 대리권소멸 후의 표현대리가 성립할 수 있다.

19 난이도 ●●○

표현대리에 관한 설명으로 옳은 것은? (다툼이 있으면 판례에 따름)

① 대리권 없는 자가 자신이 마치 본인인 것처럼 기망하여 직접 본인 명의로 법률행위를 한 경우, 특별한 사정이 없는 한 표현대리가 성립하지 않는다.
② 표현대리가 성립하여 무권대리행위의 효과가 본인에게 귀속하기 위해서 상대방은 선의이면 족하고 무과실까지 요하는 것은 아니다.
③ 표현대리가 성립하는 경우에도 상대방에게 과실이 있으면 본인은 과실상계의 법리를 유추하여 자신의 책임을 경감할 수 있다.
④ 표현대리가 성립하면 무권대리가 유권대리로 전환되므로, 유권대리에 관한 주장 속에는 표현대리의 주장이 포함되어 있다고 볼 수 있다.
⑤ 표현대리의 주장은 대리행위의 상대방뿐만 아니라 그로부터 권리를 승계한 전득자도 할 수 있다.

20

난이도 ●●○

표현대리에 관한 설명으로 틀린 것은? (다툼이 있으면 판례에 따름)

① 표현대리가 성립한다고 하여 무권대리의 성질이 유권대리로 전환되는 것은 아니다.

② 상대방이 유권대리만을 주장할 뿐 표현대리에 관한 주장을 하지 않는 경우, 법원은 표현대리의 성립을 이유로 본인의 책임을 인정할 수 없다.

③ 본인을 위한 것임을 현명하지 않은 경우에도 원칙적으로 표현대리가 성립할 수 있다.

④ 표현대리의 요건이 충족되더라도 본인은 표현대리의 성립을 주장할 수 없다.

⑤ 대리행위가 강행법규 위반으로 무효인 경우에는 표현대리의 법리가 적용될 여지가 없다.

---

18 ④ 등기신청(대판 78다282)이나 영업허가신청(대판 65다44)에 관한 대리권 등 공법행위에 관한 대리권도 기본대리권이 될 수 있다.
① 대판 97다53762
② 법정대리는 「민법」 제125조의 대리권수여표시에 의한 표현대리의 성립요건인 '대리권수여의 표시'와 아무런 관계가 없기 때문이다.
③ 「민법」 제126조의 권한을 넘은 표현대리가 성립하기 위하여는 대리인에게 기본대리권이 있어야 한다.
⑤ 대리인이 대리권소멸 후 직접 상대방과의 사이에 대리행위를 하는 경우는 물론 대리권소멸 후 복대리인을 선임하여 복대리인으로 하여금 상대방과의 사이에 대리행위를 하도록 한 경우에도 제129조의 표현대리가 성립할 수 있다(대판 97다55317).

19 ① 표현대리는 대리인이 본인을 위한다는 의사를 표시하여 법률행위를 하는 경우에 성립하고, 사술을 써서 대리행위의 표시를 하지 아니하고 단지 본인의 성명을 모용(冒用)하여 자기가 마치 본인인 것처럼 기망하여 본인명의로 직접 법률행위를 한 경우에는 특별한 사정이 없는 한 표현대리는 성립할 수 없다(대판 92다52436).
② 표현대리가 성립하기 위해서는 상대방은 선의·무과실이어야 한다.
⑤ 본인이나 승계인(전득자)은 표현대리의 성립을 주장할 수 없다.

20 ③ 본인을 위한 것임을 현명하지 않았다면 그것은 대리행위라고 볼 수 없으므로 특별한 사정이 없는 한 표현대리는 성립할 수 없다.
①② 표현대리가 성립된다고 하여 무권대리의 성질이 유권대리로 전환되는 것은 아니므로, 유권대리에 관한 주장 속에 무권대리에 속하는 표현대리의 주장이 포함되어 있다고 볼 수 없다. 그러므로 따로 표현대리에 관한 주장이 없는 한 법원은 나아가 표현대리의 성립 여부를 심리·판단할 필요가 없다(대판 전합 83다카1489).
④ 표현대리는 무권대리인과 거래한 상대방을 보호하기 위한 제도이므로 표현대리 성립의 주장은 무권대리행위의 직접 상대방만 할 수 있고, 상대방이 그 주장을 하지 않는 한 본인이나 승계인(전득자)은 표현대리의 성립을 주장할 수 없다.
⑤ 표현대리규정에 의하여 본인이 무권대리행위에 대한 책임을 지기 위해서는 대리권의 부존재를 제외하고 대리행위에 다른 장애사유가 있어서는 안 된다. 따라서 강행법규에 위반되어 무효로 된 법률행위는 표현대리의 법리에 의해 유효로 될 수 없다.

정답 18 ④   19 ①   20 ③

21 표현대리에 관한 설명으로 **틀린** 것은? (다툼이 있으면 판례에 따름)

① 권한을 넘은 표현대리에서 상대방이 대리인에게 그 권한이 있다고 믿을 만한 정당한 이유가 있는가의 여부는 원칙적으로 대리행위 당시를 기준으로 결정한다.
② 등기신청대리권을 기본대리권으로 하여 사법상의 법률행위를 한 경우에도 권한을 넘은 표현대리가 성립할 수 있다.
③ 교회의 대표자가 교인총회의 결의를 거치지 않고 교회 재산을 처분한 행위에 대하여도 권한을 넘은 표현대리에 관한 규정을 준용할 수 있다.
④ 「민법」제129조의 대리권소멸 후의 표현대리로 인정되는 경우, 그 표현대리의 권한을 넘는 대리행위가 있을 때에는 「민법」제126조의 권한을 넘은 표현대리가 성립될 수 있다.
⑤ 대리권소멸 후의 표현대리에 관한 「민법」규정은 임의대리권이 소멸한 경우만이 아니라 법정대리권이 소멸한 경우에도 적용된다.

22 표현대리에 관한 설명으로 **옳은** 것은? (다툼이 있으면 판례에 따름)

① 대리권수여의 표시에 의한 표현대리에서 대리권수여표시는 대리권 또는 대리인이라는 표현을 사용한 경우에 한하여 인정된다.
② 권한을 넘은 표현대리에서 법정대리권은 기본대리권이 될 수 없다.
③ 이미 소멸한 대리권을 기본대리권으로 하는 권한을 넘은 표현대리는 성립할 수 없다.
④ 대리인이 기본대리권의 내용이 되는 행위와 다른 종류의 행위를 한 경우에도 권한을 넘은 표현대리가 성립할 수 있다.
⑤ 복대리인의 법률행위에 대해서는 표현대리의 법리가 적용되지 않는다.

21 ③ 강행법규를 위반한 법률행위에는 표현대리의 법리가 준용될 수 없다. 가령 교회의 대표자가 교인총회의 결의를 거치지 아니하고 행한 교회 재산의 처분행위에 대하여는 표현대리에 관한 규정이 준용되지 않는다(대판 2006다23312).
① 권한을 넘은 표현대리에 있어서 상대방이 대리인에게 그 권한이 있다고 믿을 만한 정당한 이유가 있는가의 여부는 대리행위(매매계약) 당시를 기준으로 하여 판정하여야 한다. 가령 무권대리인이 매매계약 후 잔대금 수령시에 가서야 비로소 본인 명의의 등기권리증, 인감증명서, 위임장, 매도증서 등을 상대방에게 제시한 사정만으로는 상대방이 무권대리인에게 그 권한이 있다고 믿을 만한 정당한 이유가 된다고 할 수 없다(대판 80다3247).
② 기본대리권과 월권행위는 동종이거나 유사할 필요가 없다. 가령 기본대리권이 등기신청행위라도 대리인이 그 권한을 유월하여 대물변제라는 사법행위를 한 경우 권한을 넘은 표현대리가 성립할 수 있다(대판 78다282).
④ 표현대리에 관한 규정은 중첩적으로 적용될 수 있다. 가령 「민법」 제129조의 대리권소멸 후의 표현대리로 인정되는 경우에, 그 표현대리의 권한을 넘은 대리행위가 있을 때에는 「민법」 제126조의 표현대리가 성립될 수 있다(대판 79다234).
⑤ 대리권소멸 후의 표현대리에 관한 「민법」 제129조는 임의대리뿐만 아니라 법정대리에도 적용된다.

22 ④ 권한을 넘은 표현대리에서 기본대리권과 월권행위는 동종이거나 유사할 필요가 없다(대판 78다282).
① 대리권수여의 표시는 반드시 대리권 또는 대리인이라는 말을 사용해야 하는 것이 아니라 사회통념상 대리권을 추단할 수 있는 직함이나 명칭 등의 사용을 승낙 또는 묵인한 경우에도 대리권수여의 표시가 있은 것으로 볼 수 있다(대판 97다53762).
② 법정대리권도 권한을 넘은 표현대리의 성립에 있어서 기본대리권이 될 수 있다. 즉, 제126조는 임의대리뿐만 아니라 법정대리의 경우에도 적용된다.
③ 이미 소멸한 대리권도 기본대리권이 될 수 있다. 즉, 「민법」 제129조의 표현대리가 성립하는 경우에 그 표현대리권을 기본대리권으로 하여 「민법」 제126조의 표현대리가 성립할 수 있다(대판 79다234).
⑤ 표현대리의 법리는 복대리인의 대리행위에 대해서도 적용된다. 가령 대리인이 본인의 승낙 없이 임의로 선임한 복대리인을 통하여 권한 외의 법률행위를 한 경우에도 「민법」 제126조의 권한을 넘은 표현대리가 성립할 수 있다(대판 97다48982).

정답 21 ③   22 ④

23 난이도 ●●○

「민법」 제126조의 권한을 넘은 표현대리에 관한 설명으로 틀린 것은? (다툼이 있으면 판례에 따름)

① 등기신청의 대리권을 수여받은 자가 그 권한을 유월하여 대물변제를 한 경우에도 권한을 넘은 표현대리가 성립할 수 있다.
② 부부 일방의 대리행위가 일상가사에 속하지 않더라도 그 행위에 특별수권이 주어졌다고 믿을 만한 정당한 이유가 있는 경우, 권한을 넘은 표현대리가 성립한다.
③ 본조의 제3자는 대리행위의 직접 상대방이 된 자만을 지칭하고, 그 상대방과 다시 거래한 전득자는 여기에 포함되지 않는다.
④ 정당한 이유의 유무는 대리행위 당시의 사정뿐만 아니라 그 이후의 사정까지 고려하여 판단하여야 한다.
⑤ 본조는 임의대리뿐만 아니라 법정대리에도 적용된다.

24 난이도 ●●●

甲은 자신의 토지를 담보로 은행대출을 받기 위해 乙에게 대리권을 수여하고 위임장, 인감 등 저당권설정에 필요한 서류 일체를 교부하였다. 그런데 乙은 이를 이용하여 甲의 대리인으로서 丙과 그 토지에 대한 매매계약을 체결하였다. 이에 관한 설명으로 틀린 것은? (다툼이 있으면 판례에 따름)

① 乙에게는 권한을 넘은 표현대리의 성립요건인 기본대리권이 인정된다.
② 위와 같은 사정에 대하여 선의·무과실이었던 丙은 甲에게 표현대리의 성립을 주장하여 소유권이전등기를 청구할 수 있다.
③ 위 토지가 토지거래허가구역 내의 토지이고 乙과 丙이 처음부터 허가를 배제할 의도로 매매계약을 체결하였다면, 위 매매계약은 확정적으로 무효로서 표현대리의 법리가 적용될 여지가 없다.
④ 丙이 매매계약 당시 乙에게 대리권이 있다고 믿은 데 정당한 이유가 있었다면, 그 후 대리권 없음을 알게 되었더라도 권한을 넘은 표현대리가 성립한다.
⑤ 만일 乙이 서류를 위조하여 위 토지를 자기 앞으로 소유권이전등기를 한 후 丙에게 매도하였다면, 선의·무과실의 丙은 권한을 넘은 표현대리의 성립을 주장하여 甲에게 소유권이전등기를 청구할 수 있다.

23 ④ 권한을 넘은 표현대리에 있어서 상대방이 대리인에게 그 권한이 있다고 믿을 만한 정당한 이유가 있는가의 여부는 대리행위(매매계약) 당시를 기준으로 하여 판정하여야 하는 것이므로 무권대리인이 매매계약 후 잔대금 수령시에 가서야 비로소 본인 명의의 등기권리증, 인감증명서, 위임장, 매도증서 등을 상대방에게 제시한 사정만으로는 상대방이 무권대리인에게 그 권한이 있다고 믿을 만한 정당한 이유가 된다고 할 수 없다(대판 80다3247).
① 기본대리권과 월권행위는 동종이거나 유사할 필요가 없다. 가령 기본대리권이 등기신청행위라도 대리인이 그 권한을 유월하여 대물변제라는 사법행위를 한 경우 권한을 넘은 표현대리가 성립할 수 있다(대판 78다282).
② 부부 사이의 일상가사대리권도 기본대리권이 될 수 있다(대판 70다1812). 즉, 부부의 일방이 일상가사의 범위를 넘는 월권행위(가령 부동산의 처분이나 담보권설정)를 한 경우에 상대방에게 정당한 이유가 있는 때에는 표현대리가 성립할 수 있다.
③ 권한을 넘은 표현대리에 관한 「민법」 제126조의 규정에서 제3자라 함은 당해 표현대리행위의 직접 상대방이 된 자만을 지칭하는 것이다(대판 93다21521).
⑤ 「민법」 제126조 소정의 권한을 넘는 표현대리규정은 거래의 안전을 도모하여 거래상대방의 이익을 보호하려는 데에 그 취지가 있으므로 법정대리라고 하여 임의대리와는 달리 그 적용이 없다고 할 수 없다(대판 97다3828).

24 ⑤ 이 경우 표현대리는 성립하지 않는다(대판 91다3208). 왜냐하면 乙과 丙 사이의 매매계약은 乙이 본인(甲)의 이름이 아닌 대리인 자신(乙)의 이름으로 한 것이어서 대리행위가 아니기 때문이다.
③ 대리인의 법률행위가 강행법규를 위반하여 무효로 된 경우에는 표현대리의 법리가 준용될 수 없다.
④ 권한을 넘은 표현대리에 있어서 상대방이 대리인에게 그 권한이 있다고 믿을 만한 정당한 이유가 있는지 여부는 대리행위(매매계약) 당시를 기준으로 하여 판단하여야 한다.

정답 23 ④   24 ⑤

제5장 법률행위의 무효와 취소

> **대표유형**
> 기본 / 법조문
>
> 법률행위의 무효 및 취소에 관한 설명으로 **틀린** 것은? (다툼이 있으면 판례에 따름)
>
> ① 법률행위의 일부분이 무효인 때는 원칙적으로 그 전부를 무효로 한다.
>   → 전부무효의 원칙(제137조 본문)
> ② 허위표시의 당사자가 그 법률행위를 추인한 때에는 새로운 법률행위를 한 것으로 본다.
>   → 무효인 법률행위는 추인하여도 그 효력이 생기지 않지만, 당사자가 그 무효임을 알고 추인한 때에는 새로운 법률행위로 본다(제139조).
> ③ 임의대리인이 상대방으로부터 사기를 당한 경우, 본인의 특별수권 없이는 그 대리행위를 취소할 수 없다.
>   → 대리행위에 취소사유가 있을 때 법정대리인은 자기 고유의 취소권을 가지지만, 임의대리인은 원칙적으로 취소권이 없고 본인으로부터 별도의 수권을 얻어야 취소할 수 있다.
> ④ 제한능력자의 법률행위에 대한 법정대리인의 추인은 취소의 원인이 소멸된 후에 하여야 그 효력이 있다.
>   → 추인은 취소의 원인이 소멸된 후에 하여야만 효력이 있다. 단, 법정대리인 또는 후견인이 추인하는 경우에는 그러한 요건을 요하지 않는다(제144조 제2항). 즉, 법정대리인은 취소의 원인이 소멸하기 전에도 추인할 수 있다.
> ⑤ 취소할 수 있는 법률행위를 추인한 후에는 다시 취소하지 못한다.
>   → 취소할 수 있는 법률행위의 추인은 취소권의 포기이므로, 한 번 추인하면 다시 취소하지 못한다(제143조 제1항).
>
> 정답 ④

난이도 ●○○

01 기본 / 법조문

법률행위의 무효와 취소에 관한 설명으로 옳은 것은? (다툼이 있으면 판례에 따름)

① 무효인 법률행위의 추인은 묵시적인 방법으로도 할 수 있다.
② 제한능력을 이유로 법률행위가 취소된 경우, 악의의 제한능력자는 받은 이익에 이자를 붙여서 반환해야 한다.
③ 착오로 인하여 의사표시를 한 자가 사망한 경우, 상속인은 착오를 이유로 그 의사표시를 취소할 수 없다.
④ 취소권은 추인할 수 있는 날로부터 10년 내에 행사하여야 한다.
⑤ 법률행위의 일부분이 무효인 경우, 그 무효부분이 없더라도 법률행위를 하였을 것이라고 인정될 때에는 그 전부를 무효로 한다.

난이도 ●●○

02 법률행위의 무효와 취소에 관한 설명으로 옳은 것은? (다툼이 있으면 판례에 따름)

① 법률행위의 일부분이 무효일 때, 그 나머지 부분의 유효성을 판단함에 있어 나머지 부분을 유효로 하려는 당사자의 가정적 의사는 고려되지 않는다.
② 무효인 법률행위의 당사자가 무효임을 알면서 추인한 경우, 그 법률행위는 소급하여 유효한 법률행위로 된다.
③ 무효행위의 추인의 요건을 갖추면 취소로 무효가 된 법률행위의 추인도 허용된다.
④ 취소의 원인이 소멸되기 전에도 취소할 수 있는 법률행위를 추인할 수 있다.
⑤ 취소할 수 있는 법률행위에서 취소의 원인이 소멸된 후에 상대방이 취소권자에게 이행을 청구하면 법률상 당연히 추인이 있었던 것으로 본다.

---

1 ① 무효행위의 추인은 무효행위가 있음을 알고 그 행위의 효과를 자기에게 귀속시키도록 하는 단독행위로서 묵시적인 방법으로도 할 수 있다(대판 2010다83199).
② 제한능력을 이유로 법률행위가 취소된 경우, 제한능력자는 선·악을 불문하고 그 법률행위에 의해 받은 급부를 이익이 현존하는 한도에서 상환할 책임이 있다(제141조).
③ 취소권자의 상속인은 제140조 소정의 승계인으로서 취소권을 행사할 수 있다.
④ 취소권은 추인할 수 있는 날로부터 3년 내에 행사하여야 한다(제146조).
⑤ 법률행위의 일부분이 무효인 경우, 그 무효부분이 없더라도 법률행위를 하였을 것이라고 인정될 때에는 그 일부만 무효로 한다(제137조 단서).

2 ③ 취소된 법률행위는 취소할 수 있는 법률행위의 추인에 의하여 다시 유효하게 할 수 없지만, 무효인 법률행위의 추인의 요건과 효력으로서 추인할 수는 있다(대판 95다38240).
① 법률행위의 일부분이 무효일 때 나머지 부분이 유효로 되기 위해서는 그 무효부분이 없더라도 법률행위를 하였을 것이라는 당사자의 가정적 의사가 인정되어야 한다(제137조 단서).
② 무효행위의 추인은 무효행위를 사후에 유효로 하는 것이 아니라 새로운 의사표시에 의하여 새로운 행위가 있는 것으로 하여 그때부터 유효하게 되는 것이므로 원칙적으로 소급효가 인정되지 않는다(대판 83므22).
④ 취소할 수 있는 법률행위의 추인은 취소의 원인이 소멸된 후에 하여야 효력이 있다(제144조 제1항).
⑤ 취소권자가 상대방에게 이행을 청구하는 것은 법정추인사유에 해당하지만, 상대방이 취소권자에게 이행을 청구하는 것은 법정추인사유에 해당하지 않는다.

정답 1 ② 2 ③

03 난이도 ●●○
법률행위의 효력이 확정적인 것은? (다툼이 있으면 판례에 따름)
① 채권자의 강제집행을 면할 목적으로 상대방과 통정하여 허위로 체결한 매매계약
② 대리권이 없는 자가 타인의 대리인으로 체결한 계약
③ 제한능력자가 법정대리인의 동의 없이 단독으로 체결한 계약
④ 토지거래허가구역 내에서 허가받을 것을 전제로 체결한 토지매매계약
⑤ 상대방으로부터 사기나 강박을 당하여 체결한 계약

04 난이도 ●●○
추인할 수 있는 법률행위가 <u>아닌</u> 것은? (다툼이 있으면 판례에 따름)
① 통정허위표시에 의한 부동산매매계약
② 상대방의 기망으로 체결한 교환계약
③ 무권대리인이 본인을 대리하여 체결한 임대차계약
④ 계약의 내용의 중요부분에 착오가 있는 부동산매매계약
⑤ 처음부터 허가를 잠탈할 목적으로 체결된 토지거래허가구역 내의 토지거래계약

05 난이도 ●○○
무효에 관한 설명으로 옳은 것은? (다툼이 있으면 판례에 따름)
① 일부무효에 관한 「민법」 제137조는 강행규정이므로 당사자는 이와 다른 내용의 약정을 할 수 없다.
② 법률행위가 성립하지 않은 경우, 무효행위의 전환은 인정되지 않으나 추인에 의하여 유효한 법률행위로 될 수는 있다.
③ 무효인 법률행위를 추인하면 특별한 사정이 없는 한 처음부터 새로운 법률행위를 한 것으로 본다.
④ 불공정한 법률행위로서 무효인 경우에도 무효행위의 전환에 관한 「민법」 제138조가 적용될 수 있다.
⑤ 불공정한 법률행위로서 무효인 경우에도 당사자가 무효임을 알고 추인을 하면 새로운 법률행위로서 효력이 생긴다.

06

난이도 ●●○

무효행위의 전환과 추인에 관한 설명으로 틀린 것은? (다툼이 있으면 판례에 따름)

① 무효행위의 전환이 인정되려면 당사자에게 전환의 의사가 인정되어야 하는데, 이때의 의사는 당사자가 무효임을 알았더라면 의욕하였을 가정적 의사이다.
② 폭리행위로 무효가 된 법률행위도 다른 법률행위로 전환될 수 있다.
③ 무효행위의 추인은 무효인 행위를 사후에 유효로 하는 것이므로 원칙적으로 소급효가 인정된다.
④ 추인할 당시에도 무효의 원인이 소멸하지 않았다면 추인을 하더라도 여전히 무효이다.
⑤ 반사회질서의 법률행위나 불공정한 법률행위는 추인에 의하여 유효로 될 수 없다.

---

3 ① 가장매매는 확정적 무효로서 유효화될 여지가 없다.
② 무권대리행위는 일단은 무효이지만, 본인이 추인하면 소급하여 유효로 된다(유동적 무효, 제130조, 제133조).
③ 제한능력자의 법률행위는 일단은 유효하지만, 취소하면 소급하여 무효로 된다(유동적 유효, 제141조).
④ 토지거래허가구역 내의 토지매매계약은 일단은 무효이지만, 허가를 받으면 소급하여 유효로 된다(유동적 무효).
⑤ 사기나 강박을 당하여 체결한 계약은 일단은 유효하지만, 취소하면 소급하여 무효로 된다(유동적 유효, 제141조).

4 ⑤ 강행법규를 위반하여 무효가 된 법률행위로서, 추인하여도 효력이 생길 여지가 없다.
① 무효인 법률행위로서, 무효행위의 추인이 가능하다(제139조).
②④ 취소할 수 있는 법률행위로서, 취소할 수 있는 법률행위의 추인이 가능하다(제143조).
③ 무권대리로서, 무권대리의 추인이 가능하다(제130조).

5 ④ 매매계약이 약정된 매매대금의 과다로 말미암아 「민법」 제104조에서 정하는 불공정한 법률행위에 해당하여 무효인 경우에도 무효행위의 전환에 관한 「민법」 제138조가 적용될 수 있다(대판 2009다50308).
① 일부무효에 관한 「민법」 제137조의 규정은 임의규정이다. 따라서 일부무효에 관한 당사자의 명시적 또는 묵시적 약정이 있으면 그에 의하고 제137조는 적용되지 않는다.
② 법률행위가 성립하지 않은 경우에는 무효행위의 전환이나 추인의 문제가 생길 여지가 없다.
③ 무효인 법률행위를 추인하면 그때부터 새로운 법률행위를 한 것으로 본다. 즉, 무효행위의 추인에는 소급효가 없다.
⑤ 불공정한 법률행위로서 무효인 경우에는 추인에 의하여 무효인 법률행위가 유효로 될 수 없다(대판 94다10900).

6 ③ 무효행위의 추인은 무효행위를 사후에 유효로 하는 것이 아니라 새로운 의사표시에 의하여 새로운 행위가 있는 것으로 하여 그때부터 유효하게 되는 것이므로 원칙적으로 소급효가 인정되지 않는다(대판 83므22).
④ 무효행위의 추인은 그 무효원인이 소멸한 후에 하여야 효력이 있다(대판 95다38240).
⑤ 무효행위의 추인은 무효인 법률행위와 같은 내용의 법률행위를 다시 하는 것인데, 반사회질서의 법률행위나 불공정한 법률행위는 그 무효의 원인이 법률행위의 내용에 있기 때문에 추인하더라도(즉, 다시 하더라도) 유효로 될 수 없다.

정답 3 ①   4 ⑤   5 ④   6 ③

07
난이도 ●○○

토지거래허가구역 내의 토지에 대하여 관할관청의 허가 없이 체결된 매매계약에 관한 설명으로 틀린 것은? (다툼이 있으면 판례에 따름)

① 관할관청의 불허가처분이 있으면 매매계약은 확정적으로 무효가 된다.
② 매매계약이 정지조건부 계약이었는데 그 조건이 허가를 받기 전에 이미 불성취로 확정되었다면 그 계약은 확정적으로 무효가 된다.
③ 매매계약이 확정적 무효로 됨에 귀책사유가 있는 자는 그 계약의 무효를 주장할 수 없다.
④ 처음부터 허가를 배제하거나 잠탈하는 내용의 계약일 경우에는 확정적으로 무효이다.
⑤ 매매계약 후에 허가구역 지정이 해제된 경우에는 매매계약은 즉시 확정적으로 유효가 된다.

08
난이도 ●●○

甲은 토지거래허가구역 내의 자기의 토지를 乙에게 매도하고 계약금 1천만원을 받고 중도금은 1개월 후에 지급받기로 했으며, 乙이 대금지급의무를 위반하면 계약금은 몰수하기로 하였지만, 아직 토지거래허가를 받지 않았다. 이에 관한 설명으로 옳은 것은? (다툼이 있으면 판례에 따름)

① 乙이 토지를 丙에게 전매하고 甲, 乙, 丙의 중간생략등기 합의에 따라 甲이 丙을 매수인으로 하여 토지거래허가를 받아 丙 명의로 등기가 된 경우, 그 등기는 실체관계에 부합하므로 유효하다.
② 乙이 중도금 지급기일에 중도금을 지급하지 않으면 계약금을 몰수당한다.
③ 乙은 중도금의 이행제공 없이는 甲에 대하여 토지거래허가신청절차에 협력할 것을 청구할 수 없다.
④ 乙의 강박에 의해 계약이 체결된 경우에도 현재 무효상태이므로 甲은 강박을 이유로 계약을 취소할 수 없다.
⑤ 甲과 乙 쌍방이 허가신청 협력의무의 이행거절의사를 명백히 표시한 경우에는 매매계약은 확정적으로 무효가 된다.

07 ③ 거래계약이 확정적으로 무효로 됨에 있어서 귀책사유가 있는 자라도 그 계약의 무효를 주장하는 것이 신의칙에 반한다고 할 수는 없다. 단, 이 경우 상대방은 그로 인한 손해의 배상을 청구할 수 있다(대판 94다51789).
② 정지조건이 토지거래허가를 받기 전에 이미 불성취로 확정되었다면 장차 토지거래허가를 받는다고 하더라도 그 거래계약의 효력이 발생될 여지는 없게 되었다고 할 것이므로 그 계약관계는 확정적으로 무효가 된다(대판 97다36996).
⑤ 허가구역 지정이 해제되거나 지정기간 만료 후 재지정을 하지 않은 경우, 계약은 확정적 유효로 된다(대판 98다40459).

08 ⑤ 당사자 쌍방이 허가신청을 하지 아니하기로 의사표시를 명백히 한 경우 유동적 무효상태의 계약은 확정적으로 무효로 된다(대판 91다33766).
① 토지거래허가구역 내의 토지를 거래허가를 받을 의사 없이 중간생략등기의 합의 아래 전매차익을 얻을 목적으로 소유자 甲으로부터 乙, 丙을 거쳐 丁에게 전전매매한 경우, 그 각각의 매매계약은 모두 확정적으로 무효로서 유효화될 여지가 없고, 설사 최종 매수인이 자신과 최초 매도인을 매매 당사자로 하는 토지거래허가를 받아 자신 앞으로 소유권이전등기를 경료하였다고 하더라도 이는 적법한 토지거래허가 없이 경료된 등기로서 무효이다(대판 97다33218).
② 거래허가를 받기 전에는 계약의 효력이 발생하지 않으므로 중도금 지급기일에 중도금을 지급하지 않더라도 채무불이행이 성립하지 않으므로 乙은 계약금을 몰수당하지 않는다.
③ 매도인의 허가신청절차 협력의무는 매수인의 대금지급의무보다 선이행하여야 할 의무이므로(대판 96다23825), 乙은 중도금의 이행제공 없이도 甲에 대하여 토지거래허가신청절차에 협력할 것을 청구할 수 있다.
④ 의사와 표시가 불일치하거나(비진의의사표시, 허위표시, 착오), 의사표시에 하자가 있는 경우(사기·강박), 당사자는 허가신청 전 단계에서 이러한 사유를 주장하여 허가신청에 대한 협력거절의사를 명백히 함으로써 계약을 확정적으로 무효화시키고 자신의 허가절차 협력의무를 면함은 물론 기왕에 지급된 계약금 등의 반환을 청구할 수 있다(대판 96다35309).

정답 07 ③   08 ⑤

09 난이도 ●●○

토지거래허가구역 내의 토지에 대해 허가를 받을 것을 전제로 체결한 토지매매계약에 관한 설명으로 틀린 것은? (다툼이 있으면 판례에 따름)

① 유동적 무효상태에 있는 동안에는 매수인은 매도인에게 지급한 계약금에 대한 부당이득반환을 청구할 수 없다.
② 관할관청으로부터 토지거래허가를 받았다면 당사자는 더 이상「민법」제565조에서 정한 계약금에 의한 해제를 할 수 없다.
③ 당사자의 일방이 허가신청절차에 협력하지 않는 경우, 상대방은 이를 이유로 손해배상을 청구할 수 있으나 매매계약 자체를 해제할 수는 없다.
④ 허가구역 내의 토지에 대한 중간생략등기는 설사 최초 매도인과 최종 매수인을 매매당사자로 하는 토지거래허가를 받아 경료하였다고 하더라도 무효이다.
⑤ 일방의 채무가 이행불능임이 명백하고 상대방이 계약의 존속을 더 이상 바라지 않고 있는 경우에는 매매계약은 확정적으로 무효로 된다.

10 난이도 ●●●

甲은 토지거래허가구역 내의 자신의 토지에 대해 乙과 매매계약을 체결하고 계약금을 지급받았으나 아직 토지거래허가를 받지 않았다. 이에 관한 설명으로 틀린 것은? (다툼이 있으면 판례에 따름)

① 乙은 甲을 상대로 장래 허가를 조건으로 하는 소유권이전등기절차의 이행을 청구할 수 없다.
② 乙이 허가신청절차에 협력하지 않고 매매계약을 일방적으로 철회한 경우, 甲은 乙에 대하여 협력의무불이행과 인과관계 있는 손해의 배상을 청구할 수 있다.
③ 甲은 허가를 받지 않은 상태에서도 계약금의 배액을 상환하고 매매계약을 해제할 수 있다.
④ 甲은 乙의 중도금지급이 있을 때까지 허가신청절차에 대한 협력의무의 이행을 거절할 수 있다.
⑤ 허가신청 전에 甲이 乙의 채무불이행을 이유로 계약해제 및 계약금몰수 통지를 하자 乙이 계약금 상당액을 청구금액으로 그 토지를 가압류한 경우, 매매계약은 확정적 무효로 될 수 있다.

11 난이도 ●○○

법률행위의 취소권자가 아닌 자는?

① 법정대리인의 동의 없이 법률행위를 한 제한능력자
② 착오로 인하여 의사표시를 한 자
③ 상대방의 사기에 의하여 계약을 체결한 임의대리인
④ 취소권자가 사망한 경우 그 상속인
⑤ 상대방으로부터 강박을 당해 계약을 체결한 법정대리인

---

09 ② 관할관청으로부터 허가를 받았다 하더라도 그러한 사정만으로는 아직 이행의 착수가 있다고 볼 수 없어 매도인은「민법」제565조에 의하여 계약금의 배액을 상환하여 매매계약을 해제할 수 있다(대판 2008다62427).
① 계약이 유동적 무효상태로 있는 한 계약금에 대한 부당이득반환을 청구할 수 없고, 계약이 확정적으로 무효로 되었을 때 비로소 부당이득으로 그 반환을 구할 수 있다(대판 91다33766).
③ 당사자는 상대방이 협력의무를 이행하지 아니하였음을 들어 유동적 무효의 상태에 있는 계약 자체를 해제할 수 없다(대판 전합 98다40459). 그러나 허가신청 협력의무를 이행하지 아니하고 매수인이 매매계약을 일방적으로 철회함으로써 매도인이 손해를 입은 경우, 매도인은 매수인에게 그로 인한 손해배상을 청구할 수 있다(대판 93다26397).
⑤ 가령 거래허가가 나지 않은 상태에서 당해 토지가 경매절차에서 제3자에게 매각되어 소유권이전등기가 마쳐지면 그 매매계약은 확정적으로 무효가 된다(대판 2011다11009).

10 ④ 매도인의 허가신청절차 협력의무는 매수인의 대금지급의무보다 선이행하여야 할 의무이므로 매도인은 매수인의 대금지급의무의 이행제공이 없음을 이유로 그 협력의무의 이행을 거절할 수 없다(대판 96다23825).
① 허가받기 전의 상태에서는 장래 허가를 조건으로 하는 조건부 소유권이전등기청구도 할 수 없다는 것이 판례의 입장이다(대판 전합 90다12243).
② 대판 93다26397
③ 대판 97다9369
⑤ 토지거래허가구역 내의 토지에 관하여 매매계약이 체결된 후 매도인이 매수인에게 채무불이행을 이유로 해약통지를 하자 매수인이 계약금 상당액을 청구금액으로 하여 위 토지에 대한 가압류를 경료한 경우, 위 매매계약은 가압류 당시 쌍방이 토지거래허가신청을 하지 않기로 하는 의사표시를 명백히 함으로써 확정적 무효가 되었다고 볼 여지가 있다(대판 99다72460).

11 ③ 취소할 수 있는 법률행위는 제한능력자(①), 착오로 인하거나(②) 사기·강박에 의하여 의사표시를 한 자, 그의 대리인(⑤) 또는 승계인(④)만이 취소할 수 있다(제140조). 단, 법정대리인은 자기 고유의 취소권을 가지지만, 임의대리인은 원칙적으로 취소권이 없고 본인으로부터 별도의 수권을 얻어야 취소할 수 있다.

정답 09 ②   10 ④   11 ③

12 난이도 ●●○

법률행위의 취소에 관한 설명으로 옳은 것은? (다툼이 있으면 판례에 따름)

① 취소된 법률행위는 그때부터 무효인 것으로 본다.
② 취소권은 취소의 원인이 소멸된 날로부터 10년이 경과하면 소멸한다.
③ 매도인의 기망에 의해 토지의 일정부분을 매매대상에서 제외시키는 특약을 한 경우, 매수인은 그 특약만을 사기를 이유로 취소할 수는 없다.
④ 취소할 수 있는 법률행위를 추인하면 새로운 법률행위를 한 것으로 본다.
⑤ 어떤 법률행위가 무효사유와 취소사유를 모두 포함하고 있는 경우, 취소는 허용되지 않는다.

13 난이도 ●●○

법률행위의 취소에 관한 설명으로 틀린 것은? (다툼이 있으면 판례에 따름)

① 취소된 법률행위는 처음부터 무효인 것으로 본다.
② 제한능력자는 법정대리인의 동의 없이 취소권을 행사할 수 있다.
③ 당사자 쌍방이 각각 취소사유 없이 법률행위를 취소한 경우, 쌍방이 모두 취소의 의사표시를 하였다는 사정만으로 그 법률행위의 효력이 상실되는 것은 아니다.
④ 법정대리인이 미성년자의 법률행위를 추인하는 경우, 취소의 원인이 소멸된 후에 하여야만 효력이 있다.
⑤ 제한능력을 이유로 한 취소는 선의의 제3자에게도 대항할 수 있다.

12 ③ 법률행위의 일부취소는 어디까지나 어떤 목적 혹은 목적물에 대한 법률행위가 존재함을 전제로 한다. 그런데 매매계약 체결시 토지의 일정부분을 매매대상에서 제외시키는 특약을 하였다면, 이는 매매계약의 대상 토지를 특정하여 그 일정부분에 대하여는 매매계약이 체결되지 않았음을 분명히 한 것으로서 그 부분에 대한 어떠한 법률행위가 이루어진 것으로 볼 수 없으므로, 그 특약만을 기망에 의한 법률행위로서 취소할 수는 없다(대판 98다56607).
　① 취소된 법률행위는 처음부터 무효인 것으로 본다(제141조 본문).
　② 취소권은 추인할 수 있는 날(= 취소의 원인이 소멸된 날)로부터 3년 내에 행사하여야 한다(제146조).
　④ 취소할 수 있는 법률행위의 추인이란 취소할 수 있는 법률행위를 취소하지 않겠다는 의사표시, 즉 취소권의 포기를 말한다(제143조). 새로운 법률행위를 한 것을 보는 것은 취소할 수 있는 법률행위의 추인이 아니라 무효행위의 추인이다(제139조).
　⑤ 어느 법률행위에 무효사유와 취소사유가 동시에 존재하는 경우 당사자는 그중 어느 한 요건을 입증하여 무효나 취소를 선택적으로 주장할 수 있다(무효와 취소의 이중효 내지 경합).

13 ④ 법정대리인은 취소의 원인이 소멸하기 전에도 추인할 수 있다(제144조 제2항).
　② 제한능력자도 취소권자이므로(제140조), 자신의 법률행위를 단독으로 취소할 수 있다.
　③ 甲과 乙 사이에 어떠한 합의가 있은 후 甲은 그 합의가 강박에 의하여 이루어졌다는 이유를 들어, 乙은 착오에 의하여 합의를 하였다는 이유를 들어 각기 그 합의를 취소하는 의사표시를 하였으나, 각각 주장하는 바와 같은 취소사유가 있다고 인정되지 않는 이상 甲과 乙 쌍방이 모두 합의를 취소하는 의사표시를 하였다는 사정만으로는 그 합의가 취소되어 효력이 상실되는 것은 아니다(대판 93다58431).
　⑤ 착오나 사기・강박을 이유로 한 취소는 선의의 제3자에게 대항하지 못하나(상대적 취소), 제한능력을 이유로 한 취소는 선의의 제3자에게도 대항할 수 있다(절대적 취소).

정답　12 ③　　13 ④

14 취소할 수 있는 법률행위에 관한 설명으로 틀린 것은? (다툼이 있으면 판례에 따름)

① 취소할 수 있는 법률행위의 상대방이 확정된 경우, 취소는 그 상대방에 대한 의사표시로 하여야 한다.
② 법률행위를 취소한 이후에도 무효행위의 추인의 요건과 효력으로서 추인할 수 있다.
③ 강박을 당하여 법률행위를 한 자가 강박상태에서 벗어나기 전에 한 추인도 추인으로서의 효력이 있다.
④ 하나의 법률행위의 일부분에만 취소사유가 있는 경우, 그 일부를 특정할 수 있고 나머지 부분이라도 유지하려는 당사자의 가정적 의사가 인정된다면 그 일부만의 취소도 가능하다.
⑤ 법정대리인은 취소의 원인이 소멸되기 전에도 취소할 수 있는 법률행위를 추인할 수 있다.

15 법률행위의 취소에 관한 설명으로 틀린 것은? (다툼이 있으면 판례에 따름)

① 취소의 의사표시는 취소할 법률행위의 직접 상대방뿐만 아니라 그 상대방으로부터 다시 권리를 취득한 전득자에게도 할 수 있다.
② 취소를 당연한 전제로 한 소송상의 이행청구나 이행거절 가운데에는 취소의 의사표시가 포함되어 있는 것으로 볼 수 있다.
③ 취소권의 존속기간은 제척기간이므로, 그 기간의 경과 여부는 당사자의 주장에 관계없이 법원이 당연히 조사하여 재판에 고려할 사항이다.
④ 법률행위가 취소되면 그 법률행위는 처음부터 무효인 것으로 간주된다.
⑤ 제한능력자는 취소된 행위에 의하여 받은 이익이 현존하는 한도 내에서 반환할 책임이 있다.

16

난이도 ●○○

법률행위의 취소에 관한 설명으로 옳은 것은? (다툼이 있으면 판례에 따름)

① 甲이 乙의 강박에 의해 자신의 부동산을 乙에게 매도하고 乙이 그 부동산을 악의의 丙에게 전매한 경우, 甲은 취소의 의사표시를 丙에게 하여야 한다.
② 취소에는 일반적으로 조건을 붙일 수 있다.
③ 제한능력자는 행위능력자가 된 후에야 자신의 법률행위를 취소할 수 있다.
④ 취소권은 취소할 수 있는 날로부터 3년 내에 행사하여야 한다.
⑤ 취소할 수 있는 법률행위의 추인은 추인권자가 취소할 수 있는 행위임을 알고서 하여야 한다.

---

14 ③ 취소할 수 있는 법률행위의 추인은 취소의 원인이 소멸된 후에 하여야만 효력이 있다(제144조 제1항). 따라서 강박에 의해 의사표시를 한 자는 강박의 상태에서 벗어난 후에야 추인할 수 있고, 강박상태에서 한 추인은 추인으로서의 효력이 생기지 않는다.
① 제142조
② 취소한 법률행위는 처음부터 무효인 것으로 간주되므로 취소할 수 있는 법률행위가 일단 취소된 이상 취소할 수 있는 법률행위의 추인에 의하여 다시 유효하게 할 수는 없지만, 무효인 법률행위의 추인의 요건과 효력으로서 추인할 수는 있다(대판 95다38240).
④ 대판 2002다21509
⑤ 제144조 제2항

15 ① 취소의 의사표시는 취소할 법률행위의 직접 상대방에 대하여 하여야 한다(제142조). 따라서 그 상대방으로부터 다시 권리를 취득한 전득자는 취소의 상대방이 될 수 없다.
② 대판 93다13162
③ 「민법」 제146조 소정의 취소권의 존속기간은 소멸시효기간이 아니라 제척기간으로서, 제척기간이 도과하였는지 여부는 당사자의 주장에 관계없이 법원이 당연히 조사하여 고려하여야 할 사항이다(대판 96다25371).
⑤ 제141조 단서

16 ⑤ 추인은 취소권의 포기이기 때문에 취소할 수 있는 법률행위임을 알고서 하여야 그 효력이 생긴다.
① 취소는 취소할 수 있는 법률행위의 상대방에 대한 의사표시로 하여야 하므로(제142조), 甲은 丙이 아닌 乙에게 취소의 의사표시를 하여야 한다.
② 취소는 단독행위이므로 원칙적으로 조건을 붙일 수 없다.
③ 제한능력자도 자신의 법률행위를 단독으로 취소할 수 있다(제140조).
④ 취소권은 추인할 수 있는 날로부터 3년 내에 행사하여야 한다(제146조).

정답 14 ③   15 ①   16 ⑤

17 〔기본〕〔법조문〕

난이도 ●●○

취소할 수 있는 법률행위의 법정추인사유에 해당하지 <u>않는</u> 것은?

① 취소권자가 취소할 수 있는 법률행위로 인하여 발생한 채무의 이행을 상대방에게 청구한 경우
② 취소권자가 취소할 수 있는 법률행위로부터 생긴 채권에 관하여 상대방으로부터 이행을 수령한 경우
③ 취소권자가 상대방으로부터 담보를 제공받은 경우
④ 취소권자의 상대방이 취소할 수 있는 법률행위로 취득한 권리의 일부를 제3자에게 양도한 경우
⑤ 취소권자가 취소할 수 있는 법률행위로 인하여 발생한 채무를 상대방에게 이행한 경우

18 〔법조문〕〔응용〕

난이도 ●●○

취소할 수 있는 법률행위의 법정추인사유에 해당하는 것은 모두 몇 개인가?

㉠ 자신의 착오를 안 취소권자가 취소할 수 있는 법률행위를 통하여 양도받은 건물을 타인에게 임대한 경우
㉡ 미성년자가 스스로 취소할 수 있는 법률행위로부터 생긴 채무를 이행한 경우
㉢ 기망당한 사실을 안 취소권자가 취소할 수 있는 법률행위에 기하여 행하는 상대방의 강제집행을 이의 없이 수락한 경우
㉣ 강박에서 벗어난 취소권자가 취소할 수 있는 법률행위로 인해 발생한 채무의 담보로 상대방에게 저당권을 설정해 준 경우
㉤ 취소권자의 상대방이 기망당한 사실을 안 취소권자에게 취소할 수 있는 법률행위로부터 생긴 채무의 이행을 청구한 경우

① 1개　　② 2개　　③ 3개
④ 4개　　⑤ 5개

19 난이도 ●●○

甲은 乙에게 자기 소유의 부동산을 매도하였으나 그 후 그것이 乙의 기망에 의해 이루어진 것임을 알았다. 아래의 사실이 있은 후에도 甲이 사기를 이유로 매매계약을 취소할 수 있는 경우는? (단, 甲의 특별한 이의보류는 없는 것으로 전제함)

① 甲이 乙에게 취소할 의사가 없음을 명시적으로 표시하였다.
② 甲이 乙로부터 매매대금을 수령하였다.
③ 乙이 甲에게 소유권이전등기를 청구하였다.
④ 甲이 대금채권의 일부를 丙에게 양도하였다.
⑤ 甲이 乙의 사기를 안 날로부터 3년이 경과하였다.

---

17 ④ 제145조 제5호 소정의 '취소할 수 있는 행위로 취득한 권리의 양도'는 취소권자가 하였을 때에는 법정추인사유로 인정되지만, 상대방이 하였을 때에는 법정추인사유로 인정되지 않는다.
① 제145조 제2호
②⑤ 제145조 제1호 소정의 '이행'은 취소권자가 하였을 때에나 상대방이 하였을 때 모두 법정추인사유로 인정된다.
③ 제145조 제4호

18 ③ 취소할 수 있는 법률행위의 법정추인사유에 해당하는 것은 ㉠㉢㉣ 3개이다.
㉠ 제145조 제5호의 '취소할 수 있는 행위로 취득한 권리의 양도'에 준하여 법정추인사유로 인정된다.
㉢ 제145조 제6호의 법정추인사유이다.
㉣ 제145조 제4호의 법정추인사유이다.
㉡ 법정추인은 객관적으로 '취소의 원인이 소멸된 후'에 「민법」 제145조 소정의 각 호 사유가 발생한 때에만 인정된다. 미성년자가 스스로 취소할 수 있는 법률행위로부터 생긴 채무를 이행하였다면 아직 취소의 원인이 소멸되기 전이므로 동조 제1호의 사유인 '이행'이 있었다 하더라도 법정추인으로 인정될 수 없다.
㉤ 제145조 제2호의 '이행의 청구'는 취소권자가 상대방에게 한 경우에만 법정추인으로 인정되고, 상대방이 취소권자에게 한 경우는 법정추인으로 인정되지 않는다.

19 ③ 제145조 제2호(이행의 청구)는 취소권자가 상대방에게 이행을 청구하는 경우에만 추인으로 간주되고, 취소권자가 상대방으로부터 이행의 청구를 받은 것은 추인으로 간주되지 않는다. 따라서 乙이 甲에게 소유권이전등기를 청구한 이후에도 甲은 여전히 乙과의 매매계약을 사기를 이유로 취소할 수 있다.
① 甲이 추인하였으므로 더 이상 취소할 수 없다(제143조 제1항).
② 제145조 제1호(이행)에 의해 법정추인이 되어, 甲은 더 이상 취소할 수 없다.
④ 제145조 제5호(권리의 양도)에 의해 법정추인이 되어, 甲은 더 이상 취소할 수 없다.
⑤ 제척기간의 경과로 취소권이 소멸하였으므로(제146조), 甲은 더 이상 취소할 수 없다.

정답 17 ④ 18 ③ 19 ③

제6장 법률행위의 부관

대표유형

조건과 기한에 관한 설명으로 옳은 것은? (다툼이 있으면 판례에 따름)

① 조건은 법률행위의 성립 여부를 장래의 불확실한 사실의 성부에 의존하게 하는 부관이다.
→ 조건은 법률행위의 효력의 발생이나 소멸을 장래의 불확실한 사실의 성부(成否)에 의존하게 하는 부관이다. 즉, 조건은 법률행위의 '성립'에 관한 것이 아니라 '효력'에 관한 것이다(특별효력요건).

② 불능조건이 정지조건으로 되어 있는 법률행위는 무효이다.
→ 불능조건이 정지조건으로 붙은 법률행위는 무효이다(제151조 제3항).

③ 甲이 乙에게 '丙이 사망하면 X부동산을 주겠다'고 한 약정은 정지조건부 증여이다.
→ '丙이 사망하면'은 장래 발생할 것이 확실한 사실이므로 조건이 아니라 기한에 해당하고, 그 도래시점이 확정되어 있지 않으므로 불확정기한에 해당한다.

④ 종기(終期) 있는 법률행위는 기한이 도래한 때로부터 그 효력이 생긴다.
→ 종기 있는 법률행위는 기한이 도래한 때로부터 그 효력을 잃는다(제152조 제2항).

⑤ 기한도래의 효과는 원칙적으로 소급효가 있다.
→ 기한도래의 효과에는 소급효가 없다.

정답 ②

01 난이도 ●●○

법률행위의 조건과 기한에 관한 설명으로 옳은 것은? (다툼이 있으면 판례에 따름)

① 정지조건과 불확정기한은 부관에 표시된 사실이 발생하지 않는 것으로 확정된 때에 채무를 이행해야 하는지 여부로 구별된다.
② "3년 안에 甲이 사망하면 乙이 丙에게 자동차를 증여한다."는 계약은 불확정기한부 법률행위이다.
③ 조건부 법률행위에서 조건의 내용이 불법적인 경우, 조건만 분리하여 무효로 된다.
④ 조건의 성취가 미정인 권리의무는 일반규정에 의하여 처분하거나 담보로 할 수 없다.
⑤ 정지조건이 성취되면 법률효과는 조건이 성취된 때로부터 발생하며, 당사자의 의사로 이를 소급시킬 수 없다.

02 조건에 관한 설명으로 틀린 것을 모두 고른 것은? (다툼이 있으면 판례에 따름)

㉠ 불법조건이 붙어 있는 법률행위는 그 조건만 무효가 된다.
㉡ 기성조건이 정지조건으로 되어 있는 법률행위는 무효이다.
㉢ 불능조건이 해제조건으로 되어 있는 법률행위는 조건 없는 법률행위이다.
㉣ 채무의 면제나 유증과 같은 단독행위에는 조건을 붙이는 것이 허용된다.

① ㉠, ㉡　　　　　　　　　② ㉠, ㉢
③ ㉡, ㉢　　　　　　　　　④ ㉡, ㉣
⑤ ㉢, ㉣

---

01 ① 부관이 붙은 법률행위의 경우에, 부관에 표시된 사실이 발생하지 아니하면 채무를 이행하지 아니하여도 된다고 보는 것이 타당한 경우에는 조건으로 보아야 하고, 표시된 사실이 발생한 때에는 물론이고 반대로 발생하지 아니하는 것이 확정된 때에도 채무를 이행하여야 한다고 보는 것이 타당한 경우에는 표시된 사실의 발생 여부가 확정되는 것을 불확정기한으로 정한 것으로 보아야 한다(대판 2019다293098).
② 단순히 '甲이 사망하면'은 장래 반드시 일어나는 사실이므로 조건이 아니라 기한(불확정기한)에 해당하지만, '3년 안에 甲이 사망하면'은 그 사실이 일어날 여부가 불확실하므로 조건에 해당한다.
③ 불법조건이 붙은 법률행위는 조건만 무효인 것이 아니라 법률행위 전부가 무효로 된다(제151조 제1항).
④ 조건의 성취가 미정인 권리·의무는 일반규정에 의하여 처분하거나 담보로 할 수 있다(제149조).
⑤ 조건성취의 효과에는 원칙적으로 소급효가 없지만, 당사자의 특약으로 소급효를 인정할 수 있다(제147조 제3항).

02 ㉠ 불법조건이 붙은 법률행위는 조건만 무효인 것이 아니라 법률행위 전부가 무효로 된다(제151조 제1항).
㉡ 기성조건이 정지조건이면 조건 없는 법률행위이다(제151조 제2항).
㉢ 불능조건이 해제조건이면 조건 없는 법률행위이다(제151조 제3항).
㉣ 채무의 면제나 유증과 같이 상대방에게 이익만 주는 단독행위에는 조건을 붙이는 것이 허용된다.

정답　01 ①　02 ①

03 난이도 ●●○

조건과 기한에 관한 설명으로 <u>틀린</u> 것은? (다툼이 있으면 판례에 따름)

① 정지조건부 매매계약 당시 이미 그 조건이 성취되었다면 이는 조건 없는 매매계약이다.
② 당사자는 특약에 의해 조건성취의 효과를 법률행위시로 소급시킬 수 있다.
③ 조건의 성취로 인하여 불이익을 받을 당사자가 신의성실에 반하여 조건의 성취를 방해한 때에는 상대방은 그 조건이 성취한 것으로 주장할 수 있다.
④ 부첩관계의 대가로 부동산을 증여하는 계약은 무효이지만, 부첩관계의 종료를 해제조건으로 부동산을 증여하는 계약은 유효하다.
⑤ 담보제공의 의무를 이행하지 않은 채무자는 기한의 이익을 주장하지 못한다.

04 난이도 ●●○

법률행위의 부관(附款)에 관한 설명으로 옳은 것은? (다툼이 있으면 판례에 따름)

① 임대인이 생존하는 동안 임대하기로 하는 계약은 기한부 법률행위이다.
② 동산의 소유권유보부매매에서 소유권유보의 특약은 해제조건의 성질을 가진다.
③ 정지조건부 법률행위는 조건이 성취되면 소급하여 효력이 생기는 것이 원칙이다.
④ 해제조건부 법률행위에서 그 조건이 불능조건인 경우 그 법률행위는 무효로 한다.
⑤ 기한은 채무자의 이익을 위한 것으로 본다.

난이도 ●●○

05 법률행위의 부관에 관한 설명으로 옳은 것은? (다툼이 있으면 판례에 따름)

법조문
판례

① 정지조건부 토지매매계약에 기한 소유권이전청구권을 보전하기 위한 가등기도 허용된다.
② 조건을 붙이는 것이 허용되지 않는 법률행위에 조건을 붙인 경우, 그 조건만 분리하여 무효로 할 수 있다.
③ 해제조건부 법률행위에서 조건이 성취되면 법률행위는 소급하여 효력을 잃는다.
④ 기한은 채권자의 이익을 위한 것으로 추정한다.
⑤ 이미 부담한 채무의 변제에 관하여 붙여진 부관은 특별한 사정이 없는 한 조건으로 해석하여야 한다.

3 ④ 부첩관계의 종료를 해제조건으로 하는 증여계약은 불법조건이 붙은 법률행위로서, 그 조건만 무효인 것이 아니라 증여계약 자체가 무효이다(대판 66다530).
① 기성조건이 정지조건이면 그 법률행위는 조건 없는 법률행위이다(제151조 제2항).
③ 제150조 제1항
⑤ 제388조 제2호

4 ① 임대인이 생존하는 동안 임대하기로 하는 계약(= 임대인이 사망하면 임대차계약이 종료된다는 의미)은 불확정기한부 법률행위에 해당한다.
② 동산의 매매계약을 체결하면서 매도인이 대금을 모두 지급받기 전에 목적물을 매수인에게 인도하지만 대금이 모두 지급될 때까지는 목적물의 소유권은 매도인에게 유보되며 대금이 모두 지급된 때에 그 소유권이 매수인에게 이전된다는 내용의 이른바 소유권유보의 특약을 한 경우, 목적물의 소유권을 이전한다는 당사자 사이의 물권적 합의는 매매계약을 체결하고 목적물을 인도한 때 이미 성립하지만 대금이 모두 지급되는 것을 정지조건으로 한다(대판 99다30534). 즉, 소유권유보의 특약은 정지조건의 성질을 가진다.
③ 정지조건부 법률행위는 조건이 성취한 때로부터 그 효력이 생긴다(제147조 제1항). 즉, 조건성취의 효과에는 소급효가 없다.
⑤ '본다'가 아니라 '추정한다'이다(제153조 제1항).

5 ① 물권변동의 청구권이 시기부 또는 정지조건부일 경우나 그밖에 장래에 확정될 것인 경우에도 그 보전을 위하여 가등기를 할 수 있다(「부동산등기법」 제88조).
② 조건을 붙일 수 없는 법률행위에 조건을 붙인 경우, 법률행위 전부가 무효로 된다.
③ 해제조건부 법률행위는 조건이 성취한 때로부터 그 효력을 잃는다(제147조 제2항). 즉, 조건성취의 효력에는 소급효가 없다.
④ 기한은 채무자의 이익을 위한 것으로 추정한다(제153조 제1항).
⑤ 이미 부담하고 있는 채무의 변제에 관하여 일정한 사실이 부관으로 붙여진 경우에는 특별한 사정이 없는 한 그것은 변제기를 유예한 것으로서(= 불확정기한) 그 사실이 발생한 때 또는 발생하지 아니하는 것으로 확정된 때에 기한이 도래한다(대판 2003다24215).

정답 3 ④   4 ①   5 ①

06 난이도 ●●○

법률행위의 부관에 관한 설명으로 <u>틀린</u> 것은? (다툼이 있으면 판례에 따름)

① "공인중개사 시험에 합격하면 자동차를 사 주겠다."라고 약속하였는데, 약속할 당시에 이미 시험에 합격하였다면 이는 조건 없는 증여계약이 된다.
② 부첩관계의 종료를 해제조건으로 하는 증여계약은 조건뿐만 아니라 그 계약 전체가 무효이다.
③ 해제조건부 법률행위에서 그 조건이 법률행위 당시 이미 성취할 수 없는 것인 때에는 조건 없는 법률행위로 한다.
④ 부관이 붙은 법률행위에 있어서 부관에 표시된 사실의 발생 유무에 상관없이 그 채무를 이행해야 하는 경우에는 조건으로 보아야 한다.
⑤ 정지조건부 법률행위의 경우 조건성취로 권리를 취득하는 자가 조건성취 사실에 대한 증명책임을 진다.

07 난이도 ●○○

조건에 관한 설명으로 <u>틀린</u> 것은? (다툼이 있으면 판례에 따름)

① 과거의 사실은 법률행위의 부관으로서의 조건이 될 수 없다.
② 조건의사가 있더라도 그것이 외부에 표시되지 않으면 조건이 될 수 없다.
③ 선량한 풍속 기타 사회질서에 위반한 조건이 붙은 법률행위는 조건 없는 법률행위가 된다.
④ 취소나 해제에는 원칙적으로 조건을 붙일 수 없다.
⑤ 조건의 성취로 이익을 받게 되는 당사자가 신의성실에 반하여 조건을 성취시킨 경우, 상대방은 그 조건의 불성취를 주장할 수 있다.

난이도 ●●●

08 조건에 관한 설명으로 틀린 것은? (다툼이 있으면 판례에 따름)

① 정지조건부 법률행위는 조건이 성취된 때로부터 법률행위가 성립한다.
② 어느 법률행위에 조건이 붙어 있었는지 여부는 그 조건의 존재를 주장하는 자가 입증하여야 한다.
③ 상대방이 동의하면 해제의 의사표시에 조건을 붙이는 것이 허용된다.
④ 어떠한 법률행위가 정지조건부 법률행위에 해당한다는 사실은 그 법률효과의 발생을 다투려는 자에게 입증책임이 있다.
⑤ 정지조건부 법률행위에서 정지조건이 성취되었다는 사실은 법률행위의 효력발생을 주장하는 자에게 그 증명책임이 있다.

---

06 ④ 부관이 붙은 법률행위에 있어서 부관에 표시된 사실이 발생하지 아니하면 채무를 이행하지 아니하여도 된다고 보는 것이 상당한 경우에는 조건으로 보아야 하고, 표시된 사실이 발생한 때에는 물론이고 반대로 발생하지 아니하는 것이 확정된 때에도 그 채무를 이행하여야 한다고 보는 것이 상당한 경우에는 표시된 사실의 발생 여부가 확정되는 것을 불확정기한으로 정한 것으로 보아야 한다(대판 2003다24215).
① 기성조건이 정지조건으로 붙은 법률행위는 조건 없는 법률행위이다(제151조 제2항).
⑤ 정지조건이 성취되었다는 사실은 법률행위의 효력발생을 주장하는 자가 입증하여야 한다(대판 84다카967).

07 ③ 불법조건이 붙은 법률행위는 조건만 무효인 것이 아니라 법률행위 전부가 무효가 된다(제151조 제1항).
① 부관(= 조건과 기한)은 모두 장래의 사실로서, 과거나 현재의 사실은 부관이 될 수 없다.
② 조건은 당해 법률행위를 구성하는 의사표시의 일체적인 내용을 이루는 것이므로 의사표시의 일반원칙에 따라 조건을 붙이고자 하는 의사, 즉 조건의사와 그 표시가 필요하며, 조건의사가 있더라도 그것이 외부에 표시되지 않으면 법률행위의 동기에 불과할 뿐이고 그것만으로는 법률행위의 부관으로서의 조건이 될 수 없다(대판 2003다10797).
④ 단독행위에는 조건을 붙일 수 없는 것이 원칙이다.
⑤ 제150조 제2항

08 ① 조건은 법률행위의 특별성립요건이 아니라 특별효력요건이다. 즉, 정지조건부 법률행위는 조건이 성취된 때로부터 '성립'하는 것이 아니라 '효력'이 발생하는 것이다.
② 어느 법률행위에 어떤 조건이 붙어 있었는지 아닌지는 사실인정의 문제로서, 그 조건의 존재를 주장하는 자가 이를 입증하여야 한다(대판 2008다47367).
③ 해제와 같은 단독행위에는 조건을 붙일 수 없는 것이 원칙이나, 상대방이 동의를 한 경우에는 조건을 붙일 수 있다.
④ 어떤 법률행위가 정지조건부 법률행위에 해당한다는 사실은 그 법률행위로 인한 법률효과의 발생을 저지하는 사유로서 그 법률효과의 발생을 다투려는 자에게 입증책임이 있다(대판 93다20832).
⑤ 대판 84다카967

정답 06 ④   07 ③   08 ①

09 난이도 ●●○

기한에 관한 설명으로 틀린 것은? (다툼이 있으면 판례에 따름)

① 토지임대차의 존속기간을 '임대인이 임차인에게 토지를 매도할 때까지'로 정하였다면 그 임대차계약은 불확정기한부 법률행위에 해당한다.
② 기한도래의 효과에는 소급효가 없으며, 당사자의 특약에 의해서도 소급효를 인정할 수 없다.
③ 기한은 채무자의 이익을 위한 것으로 추정한다.
④ 불확정한 사실이 발생한 때를 이행기한으로 정한 경우, 그 사실이 발생한 때는 물론 그 사실의 발생이 불가능하게 된 때에도 기한이 도래한 것으로 보아야 한다.
⑤ 담보를 손상, 감소, 멸실시킨 채무자는 기한의 이익을 주장하지 못한다.

10 난이도 ●●○

기한에 관한 설명으로 옳은 것은? (다툼이 있으면 판례에 따름)

① 임대차계약의 기간을 '임차인에게 매도할 때까지'로 정한 경우, 특별한 사정이 없는 한 기간의 약정이 없는 것으로 보아야 한다.
② 기한이익 상실특약은 특별한 사정이 없으면 정지조건부 기한이익 상실특약으로 추정된다.
③ 시기(始期) 있는 법률행위는 기한이 도래한 때부터 그 효력을 잃는다.
④ 임대차계약을 합의해제하면서 계약금 및 중도금은 '점포가 타에 분양 또는 임대되는 때' 반환하기로 약정한 경우, 그러한 특약은 정지조건에 해당한다.
⑤ 기한부 권리는 기한이 도래하기 전에는 처분할 수 없다.

09 ① 토지임대차계약의 임대기한을 '토지를 임차인에게 매도할 때까지'로 정하였다면 별다른 사정이 없는 한 그것은 도래할지의 여부가 불확실한 것이므로 기한을 정한 것이라고 볼 수 없으니, 위 임대차계약은 기간의 약정이 없는 것이라고 해석함이 상당하다(대판 73다631).
④ 당사자가 불확정한 사실이 발생한 때를 이행기한으로 정한 경우에 있어서 그 사실이 발생한 때는 물론 그 사실의 발생이 불가능하게 된 때에도 이행기한은 도래한 것으로 보아야 한다(대판 88다카10579).
⑤ 제388조 제1호

10 ① 임대차계약을 체결함에 있어서 임대기한을 '본건 토지를 임차인에게 매도할 때까지'로 정하였다면 별다른 사정이 없는 한 그것은 도래할지의 여부가 불확실한 것이므로 기한을 정한 것이라고 볼 수 없으니 위 임대차계약은 기간의 약정이 없는 것이라고 해석함이 상당하다(대판 73다631).
② 기한이익 상실의 특약은 그 내용에 의하여 일정한 사유가 발생하면 채권자의 청구 등을 요함이 없이 당연히 기한의 이익이 상실되어 이행기가 도래하는 것으로 하는 정지조건부 기한이익 상실의 특약과 일정한 사유가 발생한 후 채권자의 통지나 청구 등 채권자의 의사행위를 기다려 비로소 이행기가 도래하는 것으로 하는 형성권적 기한이익 상실의 특약의 두 가지로 대별할 수 있고, 기한이익 상실의 특약이 위의 양자 중 어느 것에 해당하느냐는 당사자의 의사해석의 문제이지만 일반적으로 기한이익 상실의 특약이 채권자를 위하여 둔 것인 점에 비추어 명백히 정지조건부 기한이익 상실의 특약이라고 볼 만한 특별한 사정이 없는 이상 형성권적 기한이익 상실의 특약으로 추정하는 것이 타당하다(대판 2002다28340).
③ 시기 있는 법률행위는 기한이 도래한 때로부터 그 효력이 생긴다(제152조 제1항).
④ 임대차계약을 합의해제하고 임차인으로부터 지급받은 계약금 및 중도금을 '점포가 타에 분양 또는 임대되는 때' 임차인에게 반환하기로 약정한 것은 조건이 아니라 불확정기한을 정한 것이다(대판 88다카10579).
⑤ 기한부 권리는 기한도래 전에도 처분할 수 있다(제154조, 제149조).

정답 09 ① 10 ①

제 **2** 편

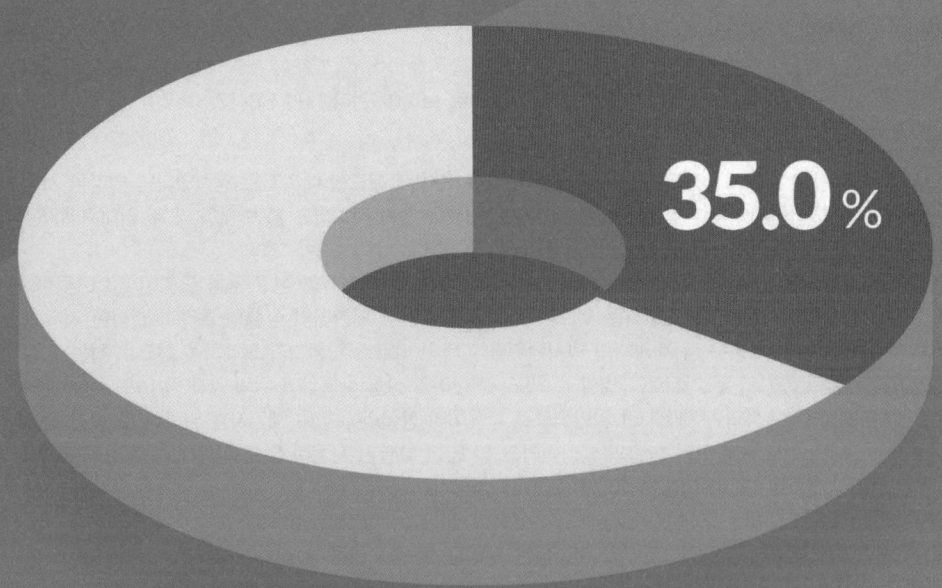

물권법

- 제1장 물권법 서론
- 제2장 물권의 변동
- 제3장 점유권
- 제4장 소유권
- 제5장 용익물권
- 제6장 담보물권

제1장 물권법 서론

제1절 물권의 의의·성질·종류

[대표유형] 기본 / 판례

물권에 관한 설명으로 옳은 것은? (다툼이 있으면 판례에 따름)

① 물권은 물건을 객체로 하는 재산권이므로 권리를 객체로 하는 물권은 있을 수 없다.
→ 물권의 객체는 원칙적으로 물건이지만, 예외적으로 권리를 객체로 하는 경우도 있다. 가령 지상권, 전세권을 목적으로 하는 저당권이 그러하다(제371조).

② 법률 또는 관습법이 인정하는 물권이라면 당사자가 그 내용을 변경하는 것은 물권법정주의에 위반되지 않는다.
→ 물권법정주의는 법률이나 관습법에 의하지 않는 한 새로운 종류의 물권을 창설할 수 없다는 의미뿐만 아니라(종류강제) 법률이나 관습법이 인정하는 물권이라도 법률이나 관습법에서 정한 내용과 다른 내용을 부여하지 못한다는 의미를 가진다(내용강제).

③ 미등기·무허가 건물의 양수인이 대금을 완납하고 건물을 인도받은 경우에는 아직 등기를 하지 않았더라도 소유권에 준하는 관습법상의 물권을 취득한다.
→ 미등기·무허가 건물의 양수인이라 할지라도 소유권이전등기를 경료받지 않는 한 그 건물에 대한 소유권을 취득할 수 없고, 그러한 상태의 건물양수인에게 소유권에 준하는 관습상의 물권이 있다고 볼 수도 없다(대판 2007다11347).

④ 도시공원법상 근린공원으로 지정된 공원에 대하여는 인근 주민들이 공원이용권이라는 배타적인 권리를 취득한다.
→ 도시공원법상 근린공원으로 지정된 공원은 일반 주민들이 자유로이 이용할 수 있지만 그러한 사정만으로 인근 주민들이 공원이용권이라는 배타적인 권리를 취득하였다고는 할 수 없다(대결 94마2218).

⑤ 온천에 관한 권리는 관습법상의 물권으로 볼 수 없다.
→ 온천에 관한 권리는 관습법상의 물권이라고 볼 수 없다(대판 69다1239).

정답 ⑤

01 물권의 객체에 관한 설명으로 틀린 것은? (다툼이 있으면 판례에 따름)

① 1동의 건물의 일부라도 구조상·이용상 독립성을 갖추면 소유권의 객체가 될 수 있다.
② 1필의 토지의 일부에는 저당권을 설정할 수 없다.
③ 등기된 입목(立木)은 소유권이나 저당권의 객체가 될 수 있다.
④ 명인방법(明認方法)을 갖춘 수목의 집단은 토지와 별개의 부동산으로서 소유권이나 저당권의 객체가 될 수 있다.
⑤ 물건의 집단 내지 집합물도 그 범위를 특정할 수 있다면 물권의 객체가 될 수 있다.

---

01 ④ 명인방법을 갖춘 수목은 토지와 독립하여 소유권의 객체가 될 수 있으나 저당권의 객체는 될 수 없다. 즉, 수목을 토지와 별개로 물건으로 다루어서 저당권의 객체로 하려면 반드시 입목등기를 해야 하고, 명인방법으로는 수목에 대한 저당권을 취득할 수 없다.
① 1동의 건물의 일부라도 구조상·이용상 독립성을 갖추고 소유자의 구분행위가 있으면 구분소유권의 대상이 될 수 있다.
② 부동산의 일부(1필의 토지의 일부나 1동의 건물의 일부)는 구분소유권의 대상인 경우를 제외하면 저당권의 객체가 될 수 없다.
③ 「입목에 관한 법률」 제3조 제2항
⑤ 다수의 물건의 집합이라도 그 종류, 장소, 수량 지정 등의 방법에 의해 특정될 수 있으면 하나의 물권의 객체가 될 수 있다(예 ○○양만장 내의 뱀장어 약 1,000,000마리).

정답 01 ④

02 〔기본〕〔판례〕 난이도 ●●○

물권에 관한 설명으로 옳은 것은? (다툼이 있으면 판례에 따름)

① 소유자가 소유물에 대한 사용·수익 권능을 대세적·영구적으로 포기하는 것도 사적 자치(私的自治)의 원칙상 허용된다.
② 1필의 토지의 일부는 분필을 하지 않는 한 용익물권의 객체가 될 수 없다.
③ 독립성이 없는 1동의 건물의 일부에는 전세권이 성립할 수 없다.
④ 지상권, 지역권, 전세권 위에는 저당권을 설정할 수 있다.
⑤ 성숙한 농작물은 권원 없이 타인의 토지에서 경작된 경우에도 토지와는 별개의 독립한 물건으로 다루어진다.

03 〔기본〕 난이도 ●●○

물권이 아닌 것은 모두 몇 개인가? (다툼이 있으면 판례에 따름)

㉠ 관습상의 법정지상권	㉡ 광업권
㉢ 양도담보권	㉣ 어업권
㉤ 온천권	㉥ 구분지상권
㉦ 분묘기지권	㉧ 사도(私道)통행권

① 없음 ② 1개 ③ 2개 ④ 3개 ⑤ 4개

---

02 ⑤ 적법한 경작권 없이 타인의 토지를 경작하였더라도 그 경작한 입도가 성숙하여 독립한 물건으로서의 존재를 갖추었으면 그 입도(立稻)의 소유권은 경작자에게 귀속한다(대판 79다784).
① 물건에 대한 배타적인 사용·수익권은 소유권의 핵심적 권능이므로, 소유자가 제3자와의 채권관계에서 소유물에 대한 사용·수익의 권능을 포기하거나 사용·수익권의 행사에 제한을 설정하는 것을 넘어 이를 대세적·영구적으로 포기하는 것은 법률에 의하지 않고 새로운 물권을 창설하는 것과 다를 바 없어 허용되지 않는다(대판 2012다54133).
② 지상권, 지역권, 전세권은 공시방법을 갖추면 분필절차를 밟지 않아도 1필의 토지의 일부 위에 설정할 수 있다.
③ 전세권은 소유권과 달리 구조상 또는 이용상의 독립성이 없는 건물의 일부에도 성립할 수 있다(대결 2001마212).
④ 지상권과 전세권은 저당권의 객체가 될 수 있으나(제371조), 지역권은 요역지와 분리하여 양도하거나 다른 권리의 목적으로 하지 못하므로(제292조 제2항) 지역권 위에는 저당권을 설정할 수 없다.

03 ③ 물권이 아닌 것은 ㉤과 ㉧이고, 나머지는 모두 물권이다.
㉤ 온천에 관한 권리를 관습법상의 물권이라고 볼 수 없다(대판 69다1239).
㉧ 관습상의 통행권은 성문법과 관습법 어디에서도 근거가 없다(대판 2001다64165).
㉡ 광업권은 물권으로 한다(「광업법」 제10조).
㉣ 어업권은 물권으로 한다(「수산업법」 제16조).

정답 02 ⑤　03 ③

제2절 물권의 효력

[대표유형] 종합 / 법조문 / 판례

권리 상호 간의 우선적 효력에 관한 설명으로 틀린 것은? (다툼이 있으면 판례에 따름)

① 어느 토지에 저당권이 설정된 후에 지상권이 설정되고 그 후에 설정된 저당권이 실행되는 경우, 지상권은 매각으로 소멸한다.
→ 부동산에 대한 저당권이 실행될 때 그 부동산에 존재하는 용익권이 매각으로 소멸하는지 아니면 경락인에게 인수되는지의 기준이 되는 것은 경매를 신청한 당해 저당권이 아니라 그 부동산에 존재하는 저당권 중 순위가 가장 앞선 최선순위 저당권이므로, 이 경우에도 중간용익권인 지상권은 매각으로 인해 소멸한다.

② 전세권이 저당권보다 먼저 설정된 경우에도 저당권자가 신청한 경매절차에서 전세권자가 배당요구를 하였다면 그 전세권은 매각으로 소멸한다.
→ 「민사집행법」 제91조 제4항 단서의 특칙이다.

③ 저당권은 동일한 토지 위에 두 개 이상 성립할 수 있지만, 그들 상호 간에는 먼저 성립한 저당권이 우선한다.
→ 매각부동산 위의 모든 저당권은 매각으로 소멸하고(「민사집행법」 제91조 제2항), 순위에 따라 채권의 배당을 받는다.

④ 가압류등기가 먼저 된 후 저당권이 설정된 경우, 물권자인 저당권자는 가압류채권자에 우선하여 변제받는다.
→ 부동산에 대하여 가압류등기가 먼저 되고 나서 근저당권설정등기가 마쳐진 경우에 그 근저당권등기는 가압류에 의한 처분금지의 효력 때문에 가압류채권자에 대한 관계에서만 상대적으로 무효이다. 이 경우 가압류채권자와 근저당권자 사이의 배당관계에 있어서, 근저당권자는 선순위 가압류채권자에 대하여는 우선변제권을 주장할 수 없으므로 채권액에 따른 안분비례에 의한 평등배당을 받는다(대결 94마417).

⑤ 경매신청의 등기 이전에 대항요건을 구비한 「주택임대차보호법」 제8조의 소액보증금 중 일정액은 저당권부채권에 우선하여 변제된다.
→ 「주택임대차보호법」 제8조의 최우선변제권에 대한 기술이다.

정답 ④

04 난이도 ●●○

물권의 우선적 효력에 관한 설명으로 틀린 것은? (다툼이 있으면 판례에 따름)

① 저당권보다 먼저 설정된 지상권은 저당권자의 경매신청에 따른 매각으로 매수인에게 인수되지만, 저당권보다 나중에 설정된 지상권은 매각으로 소멸한다.
② 점유권은 배타성이 없으므로 다른 물권과 달리 우선적 효력이 없다.
③ 건물에 저당권, 전세권, 저당권이 차례대로 설정된 경우, 후순위 저당권자가 경매를 신청하면 전세권과 저당권은 모두 소멸하고 배당순위는 설정등기의 순서에 의한다.
④ 「근로기준법」상의 임금채권 중 일정 부분은 선순위 저당권보다 우선하여 변제된다.
⑤ 「주택임대차보호법」상 대항요건과 확정일자를 갖춘 임차인은 주택의 환가대금으로부터 선순위 가압류채권자보다 우선하여 보증금을 변제받을 수 있다.

05 난이도 ●●○

물권적 청구권에 관한 설명으로 틀린 것은? (다툼이 있으면 판례에 따름)

① 어떤 자가 물권의 실현을 방해하고 있더라도 그에게 과실이 없다면 물권적 청구권은 성립하지 않는다.
② 소유권에 기한 물권적 청구권은 소멸시효에 걸리지 않는다.
③ 매매를 원인으로 소유권이전등기를 경료해 준 자는 불법점유자에 대하여 소유권에 기한 물권적 청구권을 행사하지 못한다.
④ 물권적 청구권과 불법행위로 인한 손해배상청구권은 동시에 성립할 수 있다.
⑤ 부동산임차권은 채권이지만 그 임차권이 대항력을 갖춘 경우에는 임차권에 기한 방해배제청구권이 인정된다.

난이도 ●●○

06 물권적 청구권에 관한 설명으로 틀린 것은? (다툼이 있으면 판례에 따름)

① 물권적 청구권은 물권과 분리하여 양도할 수 없다.
② 점유를 수반하지 않는 권리인 지역권과 저당권에는 물권적 반환청구권이 인정되지 않는다.
③ 진정명의회복을 위한 소유권이전등기청구권은 소유권에 기한 방해배제청구권의 성질을 가진다.
④ 미등기·무허가건물의 양수인은 소유권이전등기를 경료받기 전이라도 그 건물의 불법점유자에 대하여 직접 건물의 반환을 청구할 수 있다.
⑤ 물권적 청구권이 손해배상청구권을 당연히 포함하는 것은 아니다.

---

04 ⑤ 부동산 담보권자보다 선순위의 가압류채권자가 있는 경우에 그 담보권자가 선순위의 가압류채권자와 채권액에 비례한 평등배당을 받을 수 있는 것과 마찬가지로「주택임대차보호법」에 의하여 우선변제권을 갖게 되는 임차보증금채권자도 선순위의 가압류채권자와는 평등배당의 관계에 있게 된다(대판 92다30597).
③ 최선순위 저당권이 말소기준권리가 되므로, 중간전세권은 저당권과 함께 매각으로 소멸한다.
④ 최종 3개월분 임금과 재해보상금은 선순위 저당권의 피담보채권보다 우선하여 변제된다(「근로기준법」 제38조 제2항).

05 ① 물권적 청구권의 상대방은 현재 방해상태를 지배하고 있는 자로서, 그의 고의·과실 유무는 묻지 않는다. 즉, 상대방에게 귀책사유가 없는 경우에도 물권적 청구권은 성립할 수 있다.
② 대판 80다2968
③ 물권적 청구권은 현재 물권을 가진 자만 행사할 수 있는 권리이다. 따라서 소유권을 상실한 전 소유자(가령 매수인에게 소유권이전등기를 경료해 준 매도인)는 제3자인 불법점유자에 대하여 물권적 청구권에 의한 방해배제를 청구할 수 없다(대판 전합 68다725).
④ 물권적 청구권과 손해배상청구권은 성립요건 및 효과를 달리하는 전혀 별개의 권리이므로 양자는 양립할 수 있다.
⑤ 임차권은 채권이므로 부동산임차인은 원칙적으로 물권적 청구권을 갖지 못하고, 소유자인 임대인을 대위(채권자대위권 행사)하여 물권적 청구권을 행사할 수 있을 뿐이다. 단, 부동산임차권을 등기하였거나 특별법에 따른 대항요건을 갖춘 경우에는 임차인도 직접 자신의 임차권에 기하여 방해배제를 청구할 수 있다.

06 ④ 미등기·무허가건물의 양수인이라 할지라도 그 소유권이전등기를 경료받지 않는 한 그 건물에 대한 소유권을 취득할 수 없고, 그러한 상태의 건물 양수인에게 소유권에 준하는 관습상의 물권이 있다고 볼 수도 없으므로, 그 건물의 불법점거자에 대하여 직접 자신의 소유권 등에 기하여 명도를 청구할 수 없다(대판 2007다11347).
① 물권적 청구권은 언제나 물권과 그 운명을 같이 한다. 즉, 물권이 이전되거나 소멸하면 물권적 청구권도 같이 이전·소멸하고, 물권적 청구권만을 물권과 분리하여 독립하여 양도할 수는 없다.
③ 말소등기에 갈음하여 허용되는 진정명의회복을 원인으로 한 소유권이전등기청구권과 무효등기의 말소청구권은 모두 소유권에 기한 방해배제청구권으로서 그 법적 근거와 성질이 동일하다(대판 2002다44014).
⑤ 물권적 청구권과 손해배상청구권은 그 요건 및 효과를 달리하는 전혀 별개의 권리이므로, 물권적 청구권의 내용 속에 손해배상청구권이 당연히 포함되는 것은 아니다.

정답 04 ⑤ 05 ① 06 ④

07 난이도 ●●○

물권적 청구권에 관한 설명으로 옳은 것은? (다툼이 있으면 판례에 따름)

① 물권적 청구권이 성립하기 위해서는 상대방인 방해자에게 고의나 과실의 귀책사유가 있어야 한다.
② 소유자는 소유권을 방해할 염려가 있는 자에 대하여 그 예방과 함께 손해배상의 담보를 청구할 수 있다.
③ 소유물방해제거청구권은 방해가 있는 날로부터 1년 이내에 행사하여야 한다.
④ 점유자가 상대방의 기망행위로 물건을 인도한 경우, 상대방에 대하여 점유물반환청구권을 행사할 수 있다.
⑤ 토지의 매도인은 소유권이전등기 없이 토지를 인도받은 매수인으로부터 다시 그 토지를 매수하여 점유·사용하고 있는 자에 대하여 소유권에 기한 반환을 청구할 수 없다.

08 난이도 ●●●

물권적 청구권에 관한 설명으로 옳은 것은? (다툼이 있으면 판례에 따름)

① 소유권에 기한 방해배제청구권에 있어서 방해에는 과거에 이미 종결된 손해가 포함된다.
② 소유권에 기한 방해제거청구권은 현재 계속되고 있는 방해의 원인과 함께 방해결과의 제거를 내용으로 한다.
③ 소유자는 물권적 청구권에 의하여 방해제거비용 또는 방해예방비용을 청구할 수 있다.
④ 소유권에 기한 물권적 청구권은 그 소유자가 소유권을 상실하면 더 이상 인정되지 않는다.
⑤ 소유자가 말소등기의무자에 의해 소유권을 상실하여 소유권에 기한 등기말소를 구할 수 없는 경우, 그 의무자에 대해 이행불능으로 인한 손해배상청구권을 가진다.

07 ⑤ 토지의 매수인이 아직 등기를 경료받지 않았더라도 매매계약의 이행으로 그 토지를 인도받은 때에는 매매계약의 효력으로서 토지를 점유·사용할 권리가 생기게 된 것으로 보아야 하고, 또 매수인으로부터 위 토지를 다시 매수한 자는 위와 같은 토지의 점유사용권을 취득한 것으로 봄이 상당하므로 매도인은 매수인으로부터 다시 위 토지를 매수한 자에 대하여 토지소유권에 기한 물권적 청구권을 행사할 수 없다(대판 97다42823).
① 상대방인 방해자의 고의나 과실은 물권적 청구권의 성립요건이 아니다.
② 방해예방청구나 손해배상담보청구 중 하나를 선택하여야 하고, 양자를 함께 청구할 수는 없다(제214조).
③ 소유권에 기한 물권적 청구권에는 제척기간의 제한이 없다.
④ 사기의 의사표시에 의해 물건을 인도해 준 것이라면 물건의 점유를 침탈당한 것이 아니므로 점유자는 점유물반환청구권을 행사할 수 없다(대판 91다17443).

08 ④⑤ 소유자가 자신의 소유권에 기하여 실체관계에 부합하지 않는 등기의 말소나 진정명의회복을 청구하는 권리는 물권적 청구권으로서의 방해배제청구권의 성질을 가진다. 따라서 소유자가 그 후에 소유권을 상실하면 등기말소청구권 등의 물권적 청구권은 그 발생의 기반이 아예 없게 되어 더 이상 그 존재 자체가 인정되지 않는 것이므로, 위와 같은 청구권의 실현이 객관적으로 불능이 되었다고 파악하여 등기말소 등 의무자에 대하여 그 권리의 이행불능을 이유로 「민법」제390조의 손해배상청구권을 가진다고 할 수 없다(대판 전합 2010다28604).
①② 소유권에 기한 방해배제청구권에 있어서 '방해'라 함은 현재에도 지속되고 있는 침해를 의미하고, 법익 침해가 과거에 일어나서 이미 종결된 경우에 해당하는 '손해'의 개념과는 다르다 할 것이어서, 소유권에 기한 방해배제청구권은 방해결과의 제거를 내용으로 하는 것이 되어서는 아니 되며(이는 손해배상의 영역에 해당한다 할 것이다) 현재 계속되고 있는 방해의 원인을 제거하는 것을 내용으로 한다(대판 2003다5917).
③ 「민법」제214조의 규정에 의하면 소유자가 침해자에 대하여 방해제거행위 또는 방해예방행위를 하는 데 드는 비용을 청구할 수 있는 권리는 위 규정에 포함되어 있지 않으므로, 소유자가 「민법」제214조에 기하여 방해배제비용 또는 방해예방비용을 청구할 수는 없다(대판 2014다52612).

정답 07 ⑤   08 ④

09 물권적 청구권에 관한 설명으로 옳은 것은? (다툼이 있으면 판례에 따름)

① 甲의 토지를 乙이 불법점유하는 경우, 甲은 丙에게 토지의 소유권을 양도하면서 乙에 대한 소유물반환청구권을 자신에게 유보할 수 있다.
② 유효하게 부동산을 명의신탁한 자는 자신이 직접 제3자에게 물권적 청구권을 행사하여 신탁재산에 대한 침해의 배제를 구할 수 있다.
③ 토지소유자는 자신의 토지 위에 무단으로 건축된 건물을 임차하여 점유하고 있는 자를 상대로 건물의 철거를 청구할 수 있다.
④ 간접점유자는 직접점유자가 점유의 침탈을 당한 때에도 그 물건의 반환을 청구할 수 없다.
⑤ 점유보조자는 물건의 사실적 지배를 가지고 있더라도 물권적 반환청구권의 상대방이 될 수 없다.

10 물권적 청구권에 관한 설명으로 <u>틀린</u> 것은? (다툼이 있으면 판례에 따름)

① 甲 소유의 부동산을 乙이 불법으로 점유하던 중에 甲이 그 부동산의 소유권을 丙에게 양도한 경우, 甲은 乙에게 물권적 청구권에 기한 방해배제를 청구할 수 없다.
② 甲의 토지에 乙이 무단으로 설치한 비닐하우스를 丙이 매수하여 점유하는 경우, 甲은 乙이 아니라 丙에 대하여 비닐하우스의 철거를 청구하여야 한다.
③ 甲의 토지에 乙이 무단으로 건물을 신축한 후 丙에게 임대하여 현재 丙이 그 건물을 사용하는 경우, 甲은 乙을 상대로 건물의 철거 및 토지의 반환을 청구하여야 한다.
④ 乙이 甲의 자전거를 수리하여 생긴 수리비채권을 변제받기 위하여 甲의 자전거를 유치하고 있던 중 丙이 그 자전거를 절취한 경우, 乙은 丙에게 유치권에 기하여 자전거의 반환을 청구할 수 있다.
⑤ 甲 소유의 건물에 저당권을 취득한 乙은 그 건물을 불법점유하는 丙에 대하여 건물의 반환을 청구할 수 없다.

11 난이도 ●●●

甲 소유의 토지에 乙이 무단으로 건물을 신축하여 거주하고 있다. 이에 관한 설명으로 틀린 것은? (다툼이 있으면 판례에 따름)

① 甲은 乙에 대하여 건물의 철거 및 토지의 인도를 청구할 수 있다.
② 위 ①에서의 甲의 권리는 소멸시효에 걸리지 않는다.
③ 甲은 乙에게 건물에서 퇴거할 것을 청구할 수 있다.
④ 丙이 乙로부터 위 건물을 임차하여 「주택임대차보호법」상의 대항요건을 갖춘 경우에도 甲은 丙에게 건물로부터의 퇴출을 청구할 수 있다.
⑤ 丁이 乙로부터 위 주택을 매수하여 인도받은 경우, 아직 丁 명의로 소유권이전등기가 경료되지 않았더라도 甲은 丁에게 건물의 철거 및 토지의 반환을 청구할 수 있다.

---

09 ⑤ 점유보조자는 점유자가 아니므로(제195조) 물권적 반환청구권의 상대방이 될 수 없다.
① 소유권을 양도함에 있어 소유권에 의하여 발생되는 물권적 청구권을 소유권과 분리하여 소유권이 없는 전 소유자에게 유보하여 제3자에게 행사케 하는 것은 허용될 수 없다(대판 전합 68다725).
② 유효한 명의신탁의 경우 대외적인 관계에 있어서는 수탁자만이 소유권자로서 그 재산에 대한 제3자의 침해에 대하여 배제를 구할 수 있으며, 신탁자는 수탁자를 대위하여 수탁자의 권리를 행사할 수 있을 뿐 직접 제3자에게 신탁재산에 대한 침해의 배제를 구할 수 없다(대판 77다1079).
③ 건물의 임차인은 건물을 철거할 권한이 없으므로 건물철거청구의 상대방이 될 수 없다.
④ 간접점유자에게도 점유권에 기한 반환청구권이 인정된다(제207조).

10 ④ 유치권자가 점유를 상실하면 유치권이 소멸하므로(제328조), 乙은 유치권에 기하여 자전거의 반환을 청구할 수는 없고, 점유침탈을 이유로 점유권에 기한 반환청구권을 행사할 수 있을 뿐이다(제204조).
① 甲은 소유권을 상실하였으므로 더 이상 소유권에 기한 물권적 청구권을 행사할 수 없다.
② 현재의 방해자는 乙이 아니라 丙이므로, 甲은 丙을 상대로 물권적 청구권을 행사하여야 한다.
③ 건물의 임차인은 건물을 철거할 권한이 없고 건물부지의 점유자도 아니므로(대판 2002다57935) 토지소유자 甲은 건물의 소유자인 乙을 상대로 건물철거 및 대지인도를 청구하여야 한다.
⑤ 저당권자는 목적물반환청구권을 갖지 못한다(제370조, 제214조).

11 ③ 건물의 소유자가 그 건물의 소유를 통하여 타인 소유의 토지를 불법점유하고 있다고 하더라도 그 토지소유자로서는 그 건물의 철거와 그 대지부분의 인도를 청구할 수 있을 뿐, 자기 소유의 건물을 점유하고 있는 자에 대하여 그 건물에서 퇴거할 것을 청구할 수는 없다(대판 98다57457).
④ 건물이 그 존립을 위한 토지사용권을 갖추지 못하여 토지소유자가 건물소유자에 대하여 건물철거 및 대지인도를 청구할 수 있는 경우, 건물소유자가 아닌 사람이 건물을 점유하고 있다면 토지소유자는 자신의 소유권에 기한 방해배제로서 건물점유자에 대하여 건물로부터의 퇴출을 청구할 수 있다. 그리고 이는 건물점유자가 건물소유자로부터의 임차인으로서 대항력을 가진다고 해서 달라지지 아니한다(대판 2010다43801).
⑤ 건물을 매수하여 점유하고 있는 자는 등기부상 아직 소유자로서의 등기명의가 없다 하더라도 그 권리의 범위 내에서 그 점유 중인 건물에 대하여 법률상 또는 사실상 처분을 할 수 있는 지위에 있으므로 그 건물의 건립으로 불법점유를 당하고 있는 토지소유자는 위와 같은 지위에 있는 건물점유자에게 그 건물의 철거 및 대지의 인도를 구할 수 있다(대판 2002다61521).

정답 09 ⑤ 10 ④ 11 ③

12 난이도 ●●●

乙은 등기서류를 위조하여 甲 소유의 토지를 자신의 명의로 등기를 이전한 후 그 토지 위에 건물을 신축하였다. 乙로부터 그 토지와 미등기건물을 일괄매수한 丙은 토지에 대한 소유권이전등기는 하였으나 건물은 미등기인 채로 현재까지 점유하고 있다. 이에 관한 설명으로 옳은 것은? (다툼이 있으면 판례에 따름)

종합 판례 응용 사례

① 丙이 선의·무과실인 경우에는 토지소유권을 취득한다.
② 丙은 건물의 소유권만 취득하였으므로 甲의 토지에 대하여 관습상의 법정지상권을 취득한다.
③ 丙은 아직 건물의 소유자가 아니므로 甲은 丙을 상대로 건물의 철거를 청구할 수 없다.
④ 丙은 건물부지의 점유자로 인정되므로 甲은 丙을 상대로 토지의 인도를 청구할 수 있다.
⑤ 甲은 丙에 대하여 진정명의회복을 위한 토지의 소유권이전등기를 청구할 수 없다.

---

12 ④ 건물을 매수하여 점유하고 있는 자는 등기부상 아직 소유자로서의 등기명의가 없다 하더라도 그 건물의 부지를 점유하는 자로 볼 수 있으므로(대판 2002다57935), 甲은 丙을 상대로 토지의 인도를 청구할 수 있다.
① 토지의 매도인인 乙이 그 토지의 소유자가 아니고 등기에는 공신력이 없으므로, 丙은 선의·무과실인 경우에도 토지소유권을 취득하지 못한다.
② 丙은 아직 건물의 소유권을 취득하지 못했을 뿐만 아니라 乙로부터 토지와 건물을 일괄매수하였으므로 건물 소유를 위한 관습법상의 법정지상권을 취득하지 못한다.
③ 미등기건물의 양수인은 등기부상 아직 소유자로서의 등기명의가 없다 하더라도 건물철거청구의 상대방이 될 수 있으므로(대판 2010다43801), 甲은 丙을 상대로 건물의 철거를 청구할 수 있다.
⑤ 토지의 소유자인 甲은 무효등기 명의인인 丙을 상대로 말소등기에 갈음하여 진정명의회복을 위한 소유권이전등기를 청구할 수 있다.

정답 12 ④

제2장 물권의 변동

제1절 부동산물권의 변동

대표유형 〈기본〉 〈판례〉

등기를 하여야 부동산물권변동이 일어나는 경우는? (다툼이 있으면 판례에 따름)

① 공용징수에 의해 부동산의 소유권을 취득하는 경우
 → 수용에 의한 부동산물권의 취득은 등기를 요하지 않는다(제187조).

② 매도인이 매수인의 채무불이행을 이유로 매매계약을 해제하여 소유권을 회복하는 경우
 → 계약이 해제되면 그 계약의 이행으로 변동이 생겼던 물권은 당연히 그 계약이 없었던 원상태로 복귀한다(대판 75다1394).

③ 지상권자가 그 토지의 소유권을 취득하여 지상권이 혼동으로 소멸하는 경우
 → 혼동에 의한 물권의 소멸은 등기를 요하지 않는다.

④ 공유토지에 대한 분할판결이 확정되어 단독소유권을 취득하는 경우
 → 공유물분할판결은 형성판결이므로 분할판결이 확정되면 등기 없이 물권변동의 효과가 발생한다(제187조).

⑤ 타인의 토지를 소유의 의사로 20년간 평온·공연하게 점유하여 소유권을 취득하는 경우
 → 점유취득시효에 의한 부동산물권의 취득은 법률의 규정에 의한 물권변동이지만 「민법」 제187조의 예외로서 등기를 하여야 그 효력이 생긴다(제245조 제1항).

정답 ⑤

난이도 ●●○

01 부동산물권변동에 관한 설명으로 틀린 것은? (다툼이 있으면 판례에 따름)

① 매매를 원인으로 하는 소유권이전등기청구소송에서 매수인의 승소판결이 확정되면 매수인은 즉시 소유권을 취득한다.
② 증여계약의 취소에 의한 소유권의 복귀에는 말소등기를 요하지 않는다.
③ 공유물분할의 소송절차에서 공유자 사이에 현물분할의 협의가 성립하여 조정이 성립한 경우, 그 협의에 따른 등기를 마쳐야 비로소 그 부분에 대한 소유권을 취득한다.
④ 부동산 공유자의 공유지분 포기의 의사표시가 다른 공유자에게 도달하더라도 등기를 하여야 물권변동의 효력이 발생한다.
⑤ 저당권의 피담보채무를 변제하면 그 저당권은 말소등기 없이도 소멸한다.

난이도 ●●○

02 등기를 하여야 부동산물권변동의 효력이 발생하는 경우를 모두 고른 것은? (다툼이 있으면 판례에 따름)

> ㉠ 법원의 이행판결에 의해 소유권이 이전되는 경우
> ㉡ 공유토지의 협의분할에 의해 단독소유권을 취득하는 경우
> ㉢ 존속기간의 만료로 지상권이 소멸하는 경우
> ㉣ 건물전세권이 법정갱신되는 경우
> ㉤ 집합건물의 공용부분에 관한 물권을 취득하는 경우

① ㉠, ㉡   ② ㉠, ㉢   ③ ㉡, ㉢
④ ㉡, ㉣   ⑤ ㉣, ㉤

03 부동산물권을 등기 없이 취득할 수 있는 경우가 아닌 것은? (다툼이 있으면 판례에 따름)

① 건물을 신축하여 소유권을 취득하는 경우
② 분묘기지권을 시효로 취득하는 경우
③ 토지임대인이 그 지상에 있는 임차인 소유의 건물을 압류하여 법정저당권을 취득하는 경우
④ 매매예약완결권을 행사하여 소유권을 취득하는 경우
⑤ 1동의 건물 중 구분된 건물부분이 구조상·이용상 독립성을 갖추고 구분행위로 인하여 구분소유권을 취득하는 경우

---

01 ① 매매를 원인으로 하는 소유권이전등기청구소송에서 매수인의 승소판결이 확정되더라도 이는 이행판결에 불과하여 등기 없이 물권변동을 일으키는 「민법」 제187조 소정의 형성판결에 해당하지 않는다.
③ 공유물분할의 소송절차 또는 조정절차에서 공유자 사이에 공유토지에 관한 현물분할의 협의가 성립하여 그 합의사항을 조서에 기재함으로써 조정이 성립하였다고 하더라도, 그와 같은 사정만으로 재판에 의한 공유물분할의 경우와 마찬가지로 그 즉시 공유관계가 소멸하고 각 공유자에게 그 협의에 따른 새로운 법률관계가 창설되는 것은 아니고, 공유자들이 협의한 바에 따라 토지의 분필절차를 마친 후 각 단독소유로 하기로 한 부분에 관하여 다른 공유자의 공유지분을 이전받아 등기를 마침으로써 비로소 그 부분에 대한 소유권을 취득하게 된다(대판 전합 2011두1917).
④ 공유지분의 포기는 법률행위로서 상대방 있는 단독행위에 해당하므로 등기를 하여야 공유지분 포기에 따른 물권변동의 효력이 발생한다. 그리고 이때의 등기는 해당 지분에 관하여 다른 공유자 앞으로 소유권이전등기를 하는 형태가 되어야 한다(대판 2015다52978).
⑤ 채권이 소멸하면 저당권은 말소등기 없이도 소멸한다(저당권의 부종성).

02 ㉠ 이행판결은 「민법」 제187조 소정의 판결에 해당하지 않으므로 이행판결이 확정되더라도 등기를 하기 전에는 소유권이 이전되지 않는다.
㉡ 협의분할은 지분의 교환이나 매매의 실질을 가지므로 「민법」 제186조에 따라 등기를 해야 단독소유권을 취득한다.
㉢ 존속기간의 만료로 지상권이 소멸하는 것은 법률의 규정에 의한 물권변동이므로 등기를 요하지 않는다(제187조).
㉣ 건물전세권의 법정갱신은 법률의 규정에 의한 부동산물권의 변동이므로(제187조) 갱신에 관한 등기를 필요로 하지 않는다(대판 88다카21029).
㉤ 공용부분에 관한 물권의 득실변경은 등기가 필요하지 아니하다(집합건물법 제13조 제3항).

03 ④ 매매예약완결권의 행사로 매매의 효력이 발생하므로, 그 후 소유권이전등기를 경료해야 소유권을 취득한다.
③ 토지임대인이 변제기를 경과한 최후 2년의 차임채권에 의하여 그 지상에 있는 임차인 소유의 건물을 압류한 때에는 저당권과 동일한 효력이 있다(소위 법정저당권, 제649조). 이 경우 저당권설정등기는 요하지 않는다.
⑤ 구분건물이 물리적으로 완성되기 전에도 건축허가신청이나 분양계약 등을 통하여 장래 신축되는 건물을 구분건물로 하겠다는 구분의사가 객관적으로 표시되면 구분행위의 존재를 인정할 수 있고, 이후 1동의 건물 및 그 구분행위에 상응하는 구분건물이 객관적·물리적으로 완성되면 아직 그 건물이 집합건축물대장에 등록되거나 구분건물로서 등기부에 등기되지 않았더라도 그 시점에서 구분소유가 성립한다(대판 전합 2010다71578).

정답 01 ① 02 ① 03 ④

난이도 ●●○

04 부동산물권변동에 관한 설명으로 틀린 것은? (다툼이 있으면 판례에 따름)

① 신축건물의 보존등기를 건물 완성 전에 하였더라도 그 후 건물이 완성된 이상 그 등기를 무효라고 볼 수 없다.
② 건물전세권이 법정갱신된 경우, 전세권자는 등기 없이도 전세권설정자나 그 목적물을 취득한 제3자에 대하여 갱신된 권리를 주장할 수 있다.
③ 경매로 인한 부동산소유권의 취득시기는 매수인이 매각대금을 완납한 때이다.
④ 무허가건물의 신축자는 등기 없이 소유권을 취득하지만, 이를 양도하는 경우에는 등기 없이 소유권을 이전할 수 없다.
⑤ 구분건물이 물리적으로 완성되었더라도 아직 구분건물로서 등기부에 등기되지 않았다면 구분소유권은 성립하지 않는다.

난이도 ●●●

05 등기를 갖추지 않은 부동산양수인의 법적 지위에 관한 설명으로 옳은 것은? (다툼이 있으면 판례에 따름)

① 미등기·무허가건물의 양수인은 소유권이전등기를 경료받지 않은 한 소유권을 취득할 수 없지만, 소유권에 준하는 관습상의 물권을 취득한 것으로 볼 수 있다.
② 미등기·무허가건물을 매수하였으나 소유권이전등기를 마치지 않은 매수인은 그 건물의 불법점유자에 대하여 직접 건물의 명도를 청구할 수 있다.
③ 건물을 매수하여 점유하고 있는 자가 등기부상 아직 소유자로서의 등기명의가 없다면, 그 건물의 건립으로 불법점유를 당하고 있는 토지소유자는 그러한 건물점유자에게 건물의 철거를 청구할 수 없다.
④ 미등기건물을 양수하여 건물에 관한 사실상의 처분권을 보유하게 된 자는 그 건물부지의 점유자로 볼 수 있다.
⑤ 토지의 매도인은 소유권이전등기 없이 토지를 인도받은 매수인으로부터 다시 그 토지를 매수하여 점유·사용하고 있는 자에 대하여 소유권에 기한 반환을 청구할 수 있다.

04 ⑤ 건물이 집합건축물대장에 등록되거나 구분건물로서 등기부에 등기되지 않았더라도 구분소유권은 성립할 수 있다(대판 전합 2010다71578).
① 대판 2013다59876
② 전세권의 법정갱신(「민법」제312조 제4항)은 법률의 규정에 의한 부동산에 관한 물권의 변동이므로 전세권갱신에 관한 등기를 필요로 하지 아니하고, 전세권자는 그 등기 없이도 전세권설정자나 그 목적물을 취득한 제3자에 대하여 그 권리를 주장할 수 있다(대판 88다카21029).
④
> 제187조【등기를 요하지 아니하는 부동산물권취득】상속, 공용징수, 판결, 경매 기타 법률의 규정에 의한 부동산에 관한 물권의 취득은 등기를 요하지 아니한다. 그러나 등기를 하지 아니하면 이를 처분하지 못한다.

05 ④ 미등기건물을 양수하여 건물에 관한 사실상의 처분권을 보유하게 된 양수인은 건물부지 역시 아울러 점유하고 있다고 볼 수 있다(대판 2009다61193).
①② 미등기·무허가건물의 양수인이라 할지라도 그 소유권이전등기를 경료받지 않는 한 그 건물에 대한 소유권을 취득할 수 없고, 그러한 상태의 건물양수인에게 소유권에 준하는 관습상의 물권이 있다고 볼 수도 없으므로 건물을 신축하여 그 소유권을 원시취득한 자로부터 그 건물을 매수하였으나 아직 소유권이전등기를 갖추지 못한 자는 그 건물의 불법점거자에 대하여 직접 자신의 소유권 등에 기하여 명도를 청구할 수는 없다(대판 2007다11347).
③ 건물을 매수하여 점유하고 있는 자는 등기부상 아직 소유자로서의 등기명의가 없다고 하더라도 그 권리의 범위 내에서 점유 중인 건물에 대하여 법률상·사실상 처분을 할 수 있는 지위에 있으므로 그 건물의 건립으로 불법점유를 당하고 있는 토지소유자는 위와 같은 지위에 있는 건물점유자에게 그 철거를 구할 수 있다(대판 87다카1737).
⑤ 토지의 매수인이 아직 등기를 경료받지 않았더라도 매매계약의 이행으로 그 토지를 인도받은 때에는 매매계약의 효력으로서 토지를 점유·사용할 권리가 생기게 된 것으로 보아야 하고, 또 매수인으로부터 위 토지를 다시 매수한 자는 위와 같은 토지의 점유사용권을 취득한 것으로 봄이 상당하므로 매도인은 매수인으로부터 다시 위 토지를 매수한 자에 대하여 토지소유권에 기한 물권적 청구권을 행사할 수 없다(대판 97다42823).

정답 04 ⑤   05 ④

제 2 절 부동산등기

부동산등기에 관한 설명으로 옳은 것은? (다툼이 있으면 판례에 따름)

① 중간생략등기의 합의도 적법한 등기원인이 될 수 있다.
→ 소유권이전등기에 있어 등기원인이라고 함은 등기를 하는 것 자체에 관한 합의가 아니라 등기하는 것을 정당하게 하는 실체법상의 원인을 뜻하는 것으로서, 등기를 함으로써 일어나게 될 권리변동의 원인행위나 그의 무효, 취소, 해제 등을 가리킨다. 중간생략등기의 합의는 권리변동의 원인이 되는 것이 아니라 등기하는 것 자체에 관한 합의에 불과하므로 소유권이전등기에 대한 적법한 등기원인이라고 할 수 없다(대판 98다50999).

② 등기는 물권의 효력발생요건이자 동시에 존속요건이므로 저당권설정등기가 불법말소된 경우 저당권은 소멸한다.
→ 등기는 물권의 효력발생요건일 뿐 존속요건은 아니므로, 그 등기가 원인 없이 불법말소되더라도 저당권은 소멸하지 않고 저당권자는 말소된 등기의 회복등기를 청구할 수 있다(대판 2009다68408).

③ 중복등기로 인해 무효인 소유권보존등기에 기한 등기부취득시효는 부정된다.
→ 「민법」 제245조 제2항의 '등기'는 구 「부동산등기법」 제15조가 규정한 1부동산1용지주의에 위배되지 아니한 등기를 말하므로, 어느 부동산에 관하여 등기명의인을 달리하여 소유권보존등기가 이중으로 경료된 경우, 뒤에 된 소유권보존등기나 이에 터잡은 소유권이전등기를 근거로 하여서는 등기부취득시효의 완성을 주장할 수 없다(대판 96다12511).

④ 전세권존속기간이 시작되기 전에 마친 전세권설정등기는 원칙적으로 무효이다.
→ 전세권이 용익물권적인 성격과 담보물권적인 성격을 모두 갖추고 있는 점에 비추어, 전세권의 존속기간이 시작되기 전에 마친 전세권설정등기도 특별한 사정이 없는 한 유효한 것으로 추정된다(대판 2017마1093).

⑤ 위조문서에 의한 등기는 그것이 실체관계에 부합하거나 그 등기에 부합하는 물권행위가 있더라도 무효이다.
→ 위조된 등기신청서류에 의하여 경유된 소유권이전등기라 할지라도 그 등기가 실체적 권리관계에 부합되는 경우에는 유효하다(대판 65다365).

정답 ③

난이도 ●●●

06 부동산등기에 관한 설명으로 옳은 것은? (다툼이 있으면 판례에 따름)

① 부동산을 증여하면서 등기원인을 매매로 하였다면 이는 「부동산등기 특별조치법」을 위반한 것으로서 그 등기는 효력이 없다.
② 법률행위가 취소되어 물권이 복귀한 경우에 말소등기를 하지 않고 이전등기를 하면 그 등기는 효력이 없다.
③ 건물을 신축한 자가 등기 없이 이를 처분한 경우 그 처분행위는 무효이므로, 양수인이 그 명의로 한 소유권보존등기는 무효이다.
④ 멸실된 건물의 보존등기는 무효이나, 멸실 후에 신축한 건물의 보존등기로 유용할 수 있다.
⑤ 이중보존등기의 등기명의인이 동일인이 아닌 경우에는 먼저 된 소유권보존등기가 원인무효가 아니라면 뒤에 된 소유권보존등기는 따져볼 필요가 없이 무효가 된다.

---

06 ⑤ 동일 부동산에 관하여 등기명의인을 달리하여 중복된 소유권보존등기가 이루어진 경우, 먼저 이루어진 등기가 원인무효가 되지 않는 한 뒤에 된 등기는 비록 그 부동산의 매수인에 의하여 이루어진 경우에도 무효이다(대판 87다카2961).
① 부동산등기는 현실의 권리관계에 부합하는 한 그 권리취득의 경위나 방법 등이 사실과 다르다고 하더라도 그 등기의 효력에는 아무런 영향이 없는 것이므로 증여에 의하여 부동산을 취득하였지만 등기원인을 매매로 기재하였다고 하더라도 그 등기의 효력에는 아무런 하자가 없다(대판 80다791).
② 그러한 등기도 실체관계에 부합하는 것이므로 이를 무효라고 할 것은 아니다.
③ 중간생략등기의 파생유형으로(이른바 모두생략등기) 실체관계에 부합하여 유효하다.
④ 멸실된 건물과 신축된 건물이 위치나 기타 여러 가지 면에서 서로 같다고 하더라도 그 두 건물이 동일한 건물이라고는 할 수 없으므로 신축건물의 물권변동에 관한 등기를 멸실건물의 등기부에 등재한 경우 그 등기는 무효이다(대판 80다441).

정답 06 ⑤

07 난이도 ●●○

등기청구권의 법적 성질이 <u>다른</u> 것은? (다툼이 있으면 판례에 따름)

① 甲으로부터 부동산을 매수하고 인도받은 乙이 甲에 대하여 소유권이전등기를 청구하는 경우
② 甲이 乙에게 부동산을 매도하고 소유권이전등기를 하였다가 乙의 채무불이행을 이유로 매매계약을 해제한 후, 등기명의의 회복을 위하여 乙에게 소유권이전등기를 청구하는 경우
③ 甲 소유의 부동산에 대한 점유취득시효를 완성한 乙이 甲에 대하여 소유권이전등기를 청구하는 경우
④ 甲이 乙 명의의 근저당권이 설정된 자기 소유의 부동산을 丙에게 매도하고 소유권이전등기를 한 후, 甲이 피담보채권의 소멸을 이유로 乙에게 근저당권설정등기의 말소를 청구하는 경우
⑤ 甲이 부동산의 소유자인 乙에 대하여 환매권을 행사한 후 소유권이전등기를 청구하는 경우

08 난이도 ●●○

등기청구권에 관한 다음 설명 중 판례의 입장과 <u>다른</u> 것은?

① 부동산 매수인이 그 부동산을 인도받아 사용·수익하고 있는 경우, 매수인의 소유권이전등기청구권은 소멸시효에 걸리지 않는다.
② 부동산 매수인이 그 부동산을 인도받아 사용·수익하다가 다른 사람에게 그 부동산을 처분하고 점유를 승계하여 준 경우에도 소유권이전등기청구권의 소멸시효는 진행되지 않는다.
③ 매매로 인한 소유권이전등기청구권의 양도는 채무자인 매도인의 동의나 승낙을 받아야 대항력이 생긴다.
④ 부동산 시효완성자가 취득한 소유권이전등기청구권은 채권적 청구권이지만, 시효완성자가 목적물을 계속 점유하고 있는 한 소멸시효에 걸리지 않는다.
⑤ 취득시효완성으로 인한 소유권이전등기청구권은 시효완성 당시의 등기명의인이 동의해야만 양도할 수 있다.

07 ② 말소등기에 갈음하여 허용되는 진정명의회복을 원인으로 한 소유권이전등기청구권은 소유권에 기한 방해배제 청구권(= 물권적 청구권)이다(대판 2007다51703).
① 부동산 매수인의 소유권이전등기청구권은 채권적 청구권이다.
③ 점유취득시효완성으로 인한 소유권이전등기청구권은 채권적 청구권이다.
④ 근저당권이 설정된 후에 그 부동산의 소유권이 제3자에게 이전된 경우, 현재의 소유자가 자신의 소유권에 기하여 피담보채무의 소멸을 원인으로 그 근저당권설정등기의 말소를 청구할 수 있음은 물론이지만(= 물권적 청구권), 근저당권설정자인 종전의 소유자도 근저당권설정계약의 당사자로서 근저당권 소멸에 따른 원상회복으로 근저당권자에게 근저당권설정등기의 말소를 구할 수 있는 계약상 권리가 있다(= 채권적 청구권)(대판 전합 93다16338).
⑤ 환매로 인한 소유권이전등기청구권은 채권적 청구권이다(대판 90다13420).

08 ⑤ 취득시효완성으로 인한 소유권이전등기청구권은 채권자(= 시효완성자)와 채무자(= 시효완성 당시의 소유자) 사이에 아무런 계약관계나 신뢰관계가 없고, 그에 따라 채권자가 채무자에게 반대급부로 부담하여야 하는 의무도 없다. 따라서 취득시효완성으로 인한 소유권이전등기청구권의 양도의 경우에는 매매로 인한 소유권이전등기청구권에 관한 양도제한의 법리가 적용되지 않는다(대판 2015다36167). 즉, 이 경우는 통상의 채권양도와 같이 채무자에 대한 통지만으로도 대항력이 생긴다.
① 대판 90다카25208
② 대판 전합 98다32175
③ 매매로 인한 소유권이전등기청구권은 특별한 사정이 없는 이상 그 권리의 성질상 양도가 제한되고 그 양도에 채무자의 승낙이나 동의를 요한다고 할 것이므로, 통상의 채권양도와 달리 양도인의 채무자에 대한 통지만으로는 채무자에 대한 대항력이 생기지 않으며 반드시 채무자의 동의나 승낙을 받아야 대항력이 생긴다(대판 2000다51216).
④ 대판 90다카25352

정답 07 ② 08 ⑤

난이도 ●●○

09 등기청구권에 관한 설명으로 틀린 것은? (다툼이 있으면 판례에 따름)

① 점유취득시효의 완성으로 점유자가 소유자에 대해 갖는 소유권이전등기청구권은 통상의 채권양도 법리에 따라 양도될 수 있다.
② 진정명의회복을 위한 소유권이전등기청구권은 소유권에 기한 물권적 청구권이므로 소멸시효에 걸리지 않는다.
③ 명의신탁자가 명의신탁해지를 원인으로 한 소유권이전등기청구권을 양도한 경우, 명의수탁자가 그 양도에 동의하지 않더라도 양수인은 명의수탁자에게 소유권이전등기를 청구할 수 있다.
④ 매매계약의 해제를 원인으로 하는 소유권이전등기의 말소등기청구권은 소유권에 기한 물권적 청구권이므로 소멸시효의 대상이 되지 않는다.
⑤ 점유취득시효완성으로 인한 소유권이전등기청구권은 취득시효를 완성한 점유자가 그 부동산에 대한 점유를 상실한 때로부터 10년간 행사하지 아니하면 소멸시효가 완성한다.

10 난이도 ●●○

중간생략등기에 관한 설명으로 틀린 것은? (다툼이 있으면 판례에 따름)

① 중간생략등기의 합의는 순차적 또는 묵시적으로 할 수 있다.
② 중간생략등기의 합의가 있더라도 최초 매도인과 최종 매수인 사이에 매매계약이 체결되었다고 볼 수는 없다.
③ 중간생략등기의 합의가 있다고 하여 최초 매도인이 매매계약상 상대방에 대하여 가지는 대금청구권의 행사가 제한되는 것은 아니다.
④ 최종 양수인이 최초 양도인에게 직접 소유권이전등기청구권을 행사하기 위하여는 중간생략등기에 대한 최초 양도인과 중간자의 동의 외에 최초 양도인과 최종 양수인 사이에도 중간등기생략의 합의가 있었음이 요구된다.
⑤ 당사자 사이에 적법한 등기원인에 기하여 중간생략등기가 경료되었더라도 중간생략등기의 합의가 없었다면 그 등기는 무효이다.

---

09 ③ 명의신탁자가 명의신탁약정을 해지한 다음 제3자에게 '명의신탁해지를 원인으로 한 소유권이전등기청구권'을 양도한 경우, 명의수탁자가 양도에 대하여 동의하거나 승낙하지 않고 있다면 양수인은 명의수탁자에 대하여 직접 소유권이전등기청구를 할 수 없다(대판 2018다280316).
① 대판 2015다36167
⑤ 대판 95다24241

10 ⑤ 이미 중간생략등기가 경료되어 버린 경우에는 양도계약 당사자들 사이에 양도계약이 적법하게 성립되어 이행된 이상(= 중간 매매가 모두 유효한 이상), 중간생략등기에 관한 합의가 없었다는 사실만으로는 그 등기를 무효라 할 수 없다(대판 69다648).
① 중간생략등기의 합의는 묵시적·순차적으로 이루어질 수도 있다(대판 81다254).
②③ 대판 2003다66431
④ 부동산의 양도계약이 순차 이루어져 최종 양수인이 최초 양도인에게 직접 소유권이전등기청구권을 행사하기 위하여는 관계 당사자 전원의 의사합치, 즉 중간생략등기에 대한 최초 양도인과 중간자의 동의가 있는 외에 최초 양도인과 최종 양수인 사이에도 중간등기생략의 합의가 있었음이 요구된다(대판 93다47738).

정답 09 ③   10 ⑤

11 난이도 ●●○

甲으로부터 토지를 매수한 乙은 소유권이전등기를 경료하지 않은 채 丙에게 그 토지를 매도하여 현재 丙이 이를 점유하여 사용·수익하고 있다. 이에 관한 설명으로 <u>틀린</u> 것은? (다툼이 있으면 판례에 따름)

① 乙이 토지를 인도받아 사용·수익하다가 丙에게 전매한 경우라면 乙의 甲에 대한 소유권이전등기청구권과 丙의 乙에 대한 소유권이전등기청구권은 모두 소멸시효가 진행하지 않는다.
② 甲, 乙, 丙 3인이 甲으로부터 丙 앞으로 직접 소유권이전등기를 하기로 합의한 경우에도 乙의 甲에 대한 소유권이전등기청구권은 소멸하지 않는다.
③ 甲, 乙, 丙 사이에 중간생략등기의 합의가 있은 후에 甲과 乙 사이에 매매대금을 인상하는 약정이 체결된 경우, 甲은 인상분의 미지급을 이유로 丙의 소유권이전등기청구를 거절할 수 있다.
④ 이미 甲에서 丙으로 소유권이전등기가 경료된 경우에는 중간생략등기에 관한 甲, 乙, 丙 전원의 합의가 없었다 하더라도 그 등기를 무효라고 할 수 없다.
⑤ 만약 중간생략등기의 합의가 없다면, 丙은 甲의 동의나 승낙 없이 乙의 소유권이전등기청구권을 양도받아 甲에게 소유권이전등기를 청구할 수 있다.

12 난이도 ●●○

중간생략등기에 관한 설명으로 <u>틀린</u> 것은? (다툼이 있으면 판례에 따름)

①「부동산등기 특별조치법」에 의하여 미등기전매행위는 형사처벌을 받게 되지만, 이것이 순차매도한 당사자 사이의 중간생략등기의 합의를 무효로 하는 것은 아니다.
② 중간생략등기에 관한 당사자 전원의 의사합치가 없는 경우에는 최종 양수인은 중간자를 대위하여 중간자 앞으로의 소유권이전등기를 청구할 수 있을 뿐, 직접 자기 앞으로의 소유권이전등기를 청구할 수 없다.
③ 사망한 자를 등기의무자로 하여 경료된 등기는 그의 상속인들의 의사에 따라 이루어진 것이라도 효력이 없다.
④ 미등기건물의 양수인에 의한 소유권보존등기는 일종의 중간생략등기이지만 실체관계에 부합하므로 유효하다.
⑤ 토지거래허가구역 내의 토지에 대한 중간생략등기는 설사 최초 매도인과 최종 매수인을 당사자로 하는 토지거래허가를 받아 이루어졌다 하더라도 무효이다.

13 난이도 ●●○

기본
판례

가등기에 관한 설명으로 틀린 것은? (다툼이 있으면 판례에 따름)

① 물권적 청구권을 보전하기 위한 가등기는 인정되지 않는다.
② 가등기에 기한 본등기를 한 경우, 본등기의 순위는 가등기의 순위에 따른다.
③ 저당권설정청구권을 보전하기 위한 가등기는 그 가등기 당시에 피담보채권이 없더라도 유효하다.
④ 가등기 이후에 가압류등기가 마쳐지고 가등기에 기한 본등기가 된 경우, 등기관은 그 가압류등기를 직권으로 말소할 수 있다.
⑤ 가등기에 의해 보전되어 있는 소유권이전등기청구권도 소멸시효가 진행한다.

---

11 ⑤ 매매로 인한 소유권이전등기청구권은 특별한 사정이 없는 이상 그 권리의 성질상 양도가 제한되고 그 양도에 채무자의 승낙이나 동의를 요한다고 할 것이므로, 통상의 채권양도와 달리 양도인의 채무자에 대한 통지만으로는 채무자에 대한 대항력이 생기지 않으며 반드시 채무자의 동의나 승낙을 받아야 대항력이 생긴다(대판 2000다51216).
① 매수인이 부동산을 인도받아 계속 점유하는 경우에는 그 소유권이전등기청구권의 소멸시효가 진행하지 않고[丙의 乙에 대한 소유권이전등기청구권(대판 90다카25208)], 매수인이 부동산을 인도받아 사용·수익하다가 제3자에게 처분하고 점유를 승계하여 준 경우에도 소유권이전등기청구권의 소멸시효는 진행되지 않는다[乙의 甲에 대한 소유권이전등기청구권(대판 전합 98다32175)].
② 중간생략등기의 합의가 있었다 하여 중간매수인의 소유권이전등기청구권이 소멸된다거나 첫 매도인의 그 매수인에 대한 소유권이전등기의무가 소멸되는 것은 아니다(대판 91다18316).
③ 중간생략등기에 관한 관계 당사자 전원의 합의가 있은 후에 최초 매도인과 중간 매수인 간에 매매대금을 인상하는 약정이 체결된 경우, 최초 매도인은 인상된 매매대금이 지급되지 않음을 이유로 최종 매수인 명의로의 소유권이전등기의무의 이행을 거절할 수 있다(대판 2003다66431).

12 ③ 사망자를 등기의무자로 하여 경료된 등기라도 그 상속인들의 의사에 따라 이루어진 것이라면 실체상 권리관계에 합치되는 유효한 등기이다(대판 64다685).
① 미등기전매 및 중간생략등기를 금지하는 「부동산등기 특별조치법」 제2조는 단속규정이다(대판 92다39112).
② 대판 69다1351
④ 소위 모두(冒頭)생략등기에 관한 설명이다.
⑤ 대판 97다33218

13 ③ 저당권설정청구권보전을 위한 가등기는 저당권의 순위를 보전하는 데 그 목적이 있는 것이어서 그 가등기 당시에 저당권에 의하여 담보되는 피담보채권이 있어야 하므로, 그 채권이 없다면 다른 특단의 사정이 없는 한 그 가등기는 무효이다(대판 86다카622).
① 가등기는 채권적 청구권을 보전하기 위해서만 할 수 있고, 물권적 청구권을 보전하기 위해서는 가등기를 할 수 없다(대판 81다카1110).
② 가등기의 순위보전적 효력에 관한 설명이다(「부동산등기법」 제91조).
④ 가등기에 의한 소유권이전의 본등기가 마쳐진 경우 그 가등기 후 본등기 전에 행하여진 가압류등기는 효력을 상실하므로 등기공무원은 그 가압류등기를 직권으로 말소할 수 있다(대결 2008마1883).
⑤ 대판 90다카27570

정답 11 ⑤   12 ③   13 ③

14 난이도 ●●○

청구권보전을 위한 가등기에 관한 설명으로 틀린 것은? (다툼이 있으면 판례에 따름)

① 정지조건부 소유권이전청구권을 보전하기 위한 가등기도 허용된다.
② 소유권이전청구권 보전을 위한 가등기가 있으면 소유권이전등기를 청구할 어떠한 법률관계가 있다고 추정된다.
③ 소유권이전청구권을 보전하기 위한 가등기에 기한 본등기를 청구하는 경우, 가등기 후 소유자가 변경되더라도 가등기 당시의 등기명의인을 상대로 하여야 한다.
④ 가등기에 기하여 본등기가 되더라도 본등기에 의한 물권변동의 효력이 가등기한 때로 소급하지 않는다.
⑤ 가등기된 소유권이전청구권은 가등기에 대한 부기등기의 방법으로 타인에게 양도될 수 있다.

15 난이도 ●●○

乙은 甲으로부터 X토지를 매수하고 중도금까지 지급한 후 소유권이전등기청구권을 보전하기 위하여 가등기를 하였다. 그 후 甲은 X토지를 丙에게 매도하고 소유권이전등기를 해주었다. 이에 관한 설명으로 틀린 것은? (다툼이 있으면 판례에 따름)

① 乙은 가등기만으로는 丙 명의의 소유권이전등기의 말소를 구할 수 없다.
② 乙은 甲을 상대로 본등기청구권을 행사하여야 한다.
③ 乙의 가등기에 기하여 본등기가 이루어진 경우, 丙 명의의 소유권이전등기는 등기관에 의해 직권말소된다.
④ 乙이 가등기에 기한 본등기를 하면 乙은 丙에게 그동안의 X토지의 사용·수익에 관하여 부당이득반환을 청구할 수 있다.
⑤ 乙의 본등기로 소유권을 상실한 丙은 甲에 대하여 매도인의 담보책임을 물어 매매계약을 해제하고 손해배상을 청구할 수 있다.

14 ② 소유권이전청구권 보전을 위한 가등기가 있다 하여 소유권이전등기를 청구할 어떠한 법률관계가 있다고 추정되지 않는다(대판 79다239).
① 시기부 청구권이나 정지조건부 청구권 등 장래에 확정될 청구권도 가등기의 대상이 된다(「부동산등기법」 제88조).
③ 가등기 후에 제3자에게 소유권이전등기가 된 경우 가등기권리자는 가등기의무자인 전 소유자를 상대로 본등기청구권을 행사할 것이고 제3자를 상대로 할 것이 아니다(대결 4294민재항675).
④ 본등기에 의한 물권변동의 시기는 본등기를 한 때이고, 물권변동의 효력이 가등기한 때로 소급하여 발생하는 것은 아니다(대판 81다1298).
⑤ 순위보전의 대상이 되는 물권변동의 청구권을 양도한 경우, 양도인과 양수인의 공동신청으로 그 가등기상의 권리의 이전등기를 가등기에 대한 부기등기의 형식으로 경료할 수 있다(대판 전합 98다24105).

15 ④ 가등기에 기한 본등기에 의한 물권변동의 효력에는 소급효가 없으므로, 이 경우 丙의 그동안의 토지의 사용·수익에 의한 이익은 乙에 대한 관계에서 부당이득이 되지 않는다.
① 가등기 후에 제3자에게 소유권이전의 본등기가 된 경우에 가등기권리자는 본등기를 경료하지 아니하고는 가등기 이후의 본등기의 말소를 청구할 수 없다(대결 4294민재항675).
⑤ 가등기의 목적이 된 부동산을 매수한 사람이 그 뒤 가등기에 기한 본등기가 경료됨으로써 그 부동산의 소유권을 상실하게 된 때에는 매매목적 부동산에 설정된 저당권의 행사로 인하여 매수인이 취득한 소유권을 상실한 경우와 유사하므로「민법」제576조의 규정이 준용된다(대판 92다21784). 따라서 이 경우 丙은 계약해제권과 손해배상청구권을 모두 행사할 수 있다.

정답 14 ②   15 ④

16

난이도 ●●●

X토지의 등기부에는 甲 명의로 소유권보존등기가 되어 있고, 乙 앞으로 甲과의 매매계약에 따른 소유권이전등기청구권 보전을 위한 가등기가 되어 있다. 이에 관한 설명으로 옳은 것은? (다툼이 있으면 판례에 따름)

① 乙 명의의 가등기가 되어 있으므로 등기의 추정력에 의하여 甲과 乙 사이의 매매계약의 존재가 추정된다.

② 乙 명의의 가등기가 경료된 후에도 甲이 丙에게 설정해 준 저당권은 유효하며, 후에 乙이 가등기에 기한 본등기를 하면 乙은 저당물의 제3취득자의 지위에 서게 된다.

③ 乙의 가등기보다 선순위의 담보권이나 가압류 등이 없는 경우라도 X토지가 경매절차에서 매각되면 乙의 가등기는 그 효력을 상실한다.

④ 乙의 가등기 이후에 丁 명의의 가압류등기가 마쳐지고 그 후 乙이 가등기에 기한 본등기를 한 경우, 등기관은 丁의 가압류등기를 직권으로 말소할 수 없다.

⑤ 乙은 甲의 동의를 얻어 그의 소유권이전등기청구권을 戊에게 양도할 수 있고, 乙과 戊는 그 가등기상의 권리의 이전등기를 가등기에 대한 부기등기의 형식으로 경료할 수 있다.

17

난이도 ●●○

무효등기의 유용에 관한 설명으로 틀린 것은? (다툼이 있으면 판례에 따름)

① 무효등기의 유용은 그 등기를 유용하기로 하는 합의가 이루어지기 전에 등기상 이해관계 있는 제3자가 생기지 않은 경우에 한하여 허용된다.

② 무효등기의 유용에 관한 합의 내지 추인은 묵시적으로도 이루어질 수 있다.

③ 신축건물의 물권변동에 관한 등기를 멸실된 건물의 등기부에 등재한 경우, 그 등기는 무효이다.

④ 무효인 가등기를 유효한 등기로 전용하기로 약정하면 그 가등기는 소급하여 유효한 등기가 된다.

⑤ 특별한 사정이 없으면 저당권이전의 부기등기를 하는 방법으로 무효인 저당권등기를 다른 채권을 담보하기 위한 등기로 유용할 수 있다.

16 ⑤ 순위보전의 대상이 되는 물권변동의 청구권을 양도한 경우, 양도인과 양수인의 공동신청으로 그 가등기상의 권리의 이전등기를 가등기에 대한 부기등기의 형식으로 경료할 수 있다(대판 전합 98다24105).
② 乙이 가등기에 기한 본등기를 하면 丙의 저당권은 중간처분의 등기로 직권말소되므로 乙은 저당권의 부담이 없는 완전한 소유권을 취득한다.
③ 부동산의 강제경매절차에서 경매목적부동산이 낙찰된 때에도 소유권이전등기청구권의 순위보전을 위한 가등기는 그보다 선순위의 담보권이나 가압류가 없는 이상 담보목적의 가등기와는 달리 말소되지 아니한 채 낙찰인에게 인수된다(대결 2003마1438).

17 ④ 무효인 가등기를 유효한 등기로 전용키로 한 약정은 그때부터 유효하고 이로써 위 가등기가 소급하여 유효한 등기로 전환될 수 없다(대판 91다26546).
① 대판 87다카425
② 무효등기의 유용에 관한 합의 내지 추인은 묵시적으로도 이루어질 수 있으나, 위와 같은 묵시적 합의 내지 추인을 인정하려면 무효등기 사실을 알면서 장기간 이의를 제기하지 아니하고 방치한 것만으로는 부족하고 그 등기가 무효임을 알면서도 유효함을 전제로 기대되는 행위를 하거나 용태를 보이는 등 무효등기를 유용할 의사에서 비롯되어 장기간 방치된 것이라고 볼 수 있는 특별한 사정이 있어야 한다(대판 2006다50055).
③ 멸실된 건물과 신축된 건물이 위치나 기타 여러 가지 면에서 서로 같다고 하더라도 그 두 건물이 동일한 건물이라고는 할 수 없으므로, 신축건물의 물권변동에 관한 등기를 멸실건물의 등기부에 등재한 경우 그 등기는 무효이다(대판 80다441).
⑤ 근저당권설정등기가 채권자가 아닌 제3자의 명의로 경료되어 무효로 된 후 다시 채권자가 위 근저당권설정등기에 대한 부기등기의 방법으로 위 근저당권을 이전받았다면 특별한 사정이 없는 한 그때부터 위 근저당권설정등기는 실체관계에 부합하는 유효한 등기로 볼 수 있다(대판 2006다50055).

정답 16 ⑤   17 ④

18 난이도 ●●●

등기의 추정력에 관한 설명으로 판례의 입장과 <u>다른</u> 것은?

① 소유권이전등기 명의자는 제3자뿐만 아니라 전 소유자에 대해서도 적법한 등기원인에 의하여 소유권을 취득한 것으로 추정된다.
② 허무인으로부터 이어받은 소유권이전등기는 원인무효이므로 그 등기명의자에 대한 소유권추정은 깨어진다.
③ 근저당권등기가 행해지면 피담보채권뿐만 아니라 그 피담보채권을 성립시키는 기본계약의 존재도 추정된다.
④ 소유권이전청구권 보전을 위한 가등기가 있다 하여 소유권이전등기를 청구할 어떠한 법률관계가 있다고 추정되지 않는다.
⑤ 소유권이전등기가 원인 없이 불법말소된 경우, 말소된 등기의 종전 명의인은 말소회복등기를 하기 전이라도 적법한 소유자로 추정된다.

19 난이도 ●●○

등기의 추정력에 관한 설명으로 <u>틀린</u> 것은? (다툼이 있으면 판례에 따름)

① 건물의 소유권보존등기의 명의자가 그 건물을 신축한 것이 아니라면 그 등기의 권리추정력은 깨어진다.
② 등기된 부동산에 관하여도 「민법」 제200조의 점유의 권리추정력이 인정된다.
③ 대리에 의한 매매계약을 원인으로 소유권이전등기가 이루어진 경우, 대리권의 존재도 추정된다.
④ 등기부상 물권변동의 당사자 사이에서도 등기의 추정력이 원용될 수 있다.
⑤ 전 소유자가 사망한 이후에 그 명의의 신청에 의하여 이루어진 소유권이전등기는 원인무효의 등기로서 등기의 추정력을 인정할 수 없다.

18 ③ 근저당권이 성립하기 위하여는 근저당권설정행위와는 별도로 근저당권의 피담보채권을 성립시키는 법률행위가 있어야 하고, 근저당권 성립 당시 근저당권의 피담보채권을 성립시키는 법률행위가 있었는지 여부에 대한 입증책임은 그 존재를 주장하는 측에 있다(대판 2011다26254). 즉, 근저당권설정등기가 있다 하여 그 피담보채권을 성립시키는 기본계약의 존재가 추정되는 것은 아니다.
① 대판 99다65462
② 사자(死者) 또는 허무인(虛無人)으로부터 이어받은 소유권이전등기는 원인무효이므로 추정력이 없다(대판 83다카597).
⑤ 등기는 물권의 효력발생요건이고 존속요건은 아니어서 등기가 원인 없이 말소된 경우에는 그 물권의 효력에 아무런 영향이 없고, 그 회복등기가 마쳐지기 전이라도 말소된 등기의 등기명의인은 적법한 권리자로 추정된다(대판 95다39526).

19 ② 점유의 권리적법추정에 관한 「민법」 제200조는 동산에만 적용되고, 부동산물권에는 적용되지 않는다. 즉, 부동산의 경우에는 등기에 대해서만 권리추정력이 부여된다(대판 81다780).
① 신축된 건물의 소유권은 이를 건축한 사람이 원시취득하는 것이므로 건물 소유권보존등기의 명의자가 이를 신축한 것이 아니라면 그 등기의 권리추정력은 깨어지고, 등기명의자가 스스로 적법하게 그 소유권을 취득한 사실을 입증하여야 한다(대판 95다30734).
③ 전 등기명의인의 직접적인 처분행위에 의한 것이 아니라 제3자가 처분행위에 개입된 경우, 현 등기명의인이 그 제3자가 전 등기명의인의 대리인이라고 주장하면 대리권의 존재도 추정된다(대판 93다18914).
④ 소유권이전등기의 명의자는 제3자에 대하여서뿐만 아니라 그 전 소유자에 대하여서도 적법한 등기원인에 의하여 소유권을 취득한 것으로 추정되므로(대판 99다65462), 등기부상 물권변동의 당사자 사이에서도 등기의 추정력이 원용될 수 있다.
⑤ 대판 83다카597

정답 18 ③ 19 ②

20 난이도 ●●●

소유권이전등기의 추정력에 관한 설명으로 옳은 것은? (다툼이 있으면 판례에 따름)

① 등기의무자의 사망 전에 그 등기원인이 이미 존재하는 때에는 사망자 명의의 등기신청에 의해 경료된 등기라도 추정력을 가진다.
② 매매를 원인으로 하여 甲에서 乙 앞으로 마쳐진 소유권이전등기에 대해 甲이 매매의 부존재를 이유로 그 말소를 청구하는 경우, 乙은 등기의 추정력을 주장할 수 없다.
③ 소유권이전등기의 등기명의자가 등기부에 기재된 등기원인에 의하지 않고 다른 원인으로 취득하였다고 주장하면 그 등기의 추정력은 깨어진다.
④ 소유권이전등기의 원인으로 주장된 계약서가 진정하지 않은 것으로 증명되었다 하더라도 그것만으로는 등기의 추정력이 깨어지지 않는다.
⑤ 제3자가 개입된 처분행위에 의하여 소유권이전등기가 마쳐진 경우, 현 등기명의인이 그 제3자가 전 등기명의인의 대리인이라고 주장하면 그 대리권의 존부에 대한 증명책임은 현 등기명의인이 부담한다.

---

20 ① 등기원인이 이미 존재하고 있으나 아직 등기신청을 하지 않고 있는 동안에 등기권리자 또는 등기의무자에 관하여 상속이 개시된 경우 피상속인이 살아 있다면 그가 신청하였을 등기를 상속인이 구「부동산등기법」제47조의 규정에 따라 신청한 때에는 그 등기를 무효라고 할 수 없으므로, 사망한 등기의무자로부터 경료된 등기라고 하더라도 등기의무자의 사망 전에 그 등기원인이 이미 존재하는 등의 사정이 있는 경우에는, 그 등기는 위와 같은 절차에 따라 적법하게 경료된 것으로 추정되어 그 등기의 추정력을 부정할 수 없다(대판 95다51991).
② 소유권이전등기의 명의자인 乙은 전 소유자인 甲에 대하여도 등기의 추정력을 주장할 수 있다(대판 99다65462).
③ 부동산등기는 현재의 진실한 권리상태를 공시하면 그에 이른 과정이나 태양을 그대로 반영하지 아니하였어도 유효한 것으로서, 등기명의자가 등기부상 기재된 등기원인에 의하지 아니하고 다른 원인으로 적법하게 취득하였다고 하면서 등기원인행위의 태양이나 과정을 다소 다르게 주장한다고 하여 이러한 주장만 가지고 그 등기의 추정력이 깨어진다고 할 수는 없다(대판 2003다40651).
④ 소유권이전등기의 원인으로 주장된 계약서가 진정하지 않은 것으로 증명된 이상 그 등기의 적법추정은 복멸되는 것이고 계속 다른 적법한 등기원인이 있을 것으로 추정할 수는 없다(대판 98다29568).
⑤ 전 등기명의인의 직접적인 처분행위에 의한 것이 아니라 제3자가 처분행위에 개입된 경우, 현 등기명의인이 그 제3자가 전 등기명의인의 대리인이라고 주장하면 대리권의 존재도 추정되므로, 그 등기가 원인무효임을 이유로 말소를 청구하는 전 등기명의인으로서는 그 반대사실, 즉 그 제3자에게 전 등기명의인을 대리할 권한이 없었다든지 또는 그 제3자가 전 등기명의인의 등기서류를 위조하였다는 등의 무효사실에 대한 입증책임을 진다(대판 93다18914).

정답 20 ①

제3절 물권의 소멸

대표유형 (기본)

물권의 소멸에 관한 설명으로 옳은 것은? (다툼이 있으면 판례에 따름)

① 포락된 토지가 다시 성토(盛土)되면 종전의 소유자가 다시 그 소유권을 취득한다.
  → 토지가 포락되어 해면화함으로써 복구가 심히 곤란하여 토지로서의 효용을 상실하면 종전의 소유권은 영구히 소멸되고, 그 후 포락된 토지가 다시 성토화되어도 종전의 소유권자가 다시 소유권을 취득할 수 없다(대판 79다2094).

② 전세권이 저당권의 목적인 경우, 전세권자는 저당권자의 동의 없이 전세권을 포기할 수 있다.
  → 물권의 포기는 원칙적으로 자유롭지만, 그 물권이 제3자의 권리의 목적인 경우에는 제3자의 동의를 요한다(제371조 제2항). 가령 지상권이나 전세권이 저당권의 목적이 되어 있을 때에는 지상권자나 전세권자는 저당권자의 동의 없이 그 권리를 포기할 수 없다.

③ 피담보채권이 존속하는 한 저당권은 단독으로 소멸시효에 걸리지 않는다.
  → 저당권과 같은 담보물권은 피담보채권과 독립하여 소멸시효에 걸리지 않는다.

④ 건물이나 수목 등 지상물이 멸실하면 그 소유를 목적으로 하는 지상권도 소멸한다.
  → 지상물이 멸실되었다고 해서 지상권이 소멸하는 것은 아니다.

⑤ 토지소유권과 광업권이 동일인에게 귀속하면 광업권은 혼동으로 소멸한다.
  → 토지소유권과 광업권이 동일인에게 귀속하더라도 광업권은 혼동으로 소멸하지 않는다.

정답 ③

21 난이도 ●●○

혼동에 관한 설명으로 <u>틀린</u> 것은? (다툼이 있으면 판례에 따름)

① 토지의 저당권자가 그 토지의 소유권을 취득하면 저당권은 혼동으로 소멸한다.
② 지상권이 저당권의 객체가 되어 있는 경우, 저당권자가 저당권의 목적이 된 그 지상권을 취득하면 저당권은 혼동으로 소멸한다.
③ 지상권자가 상속으로 인해 토지의 소유권을 취득하더라도 그 지상권이 타인의 저당권의 목적이 되어있을 때에는 혼동으로 소멸하지 않는다.
④ 지역권자가 승역지의 소유권을 취득하면 지역권은 혼동으로 소멸한다.
⑤ 저당목적물에 후순위의 가압류등기가 경료된 경우, 저당권자가 목적물의 소유권을 취득하면 저당권은 혼동으로 소멸한다.

22 난이도 ●●○

혼동에 관한 설명으로 옳은 것은? (다툼이 있으면 판례에 따름)

① 甲의 지상권에 대하여 乙이 저당권을 취득한 경우, 甲이 지상권의 목적물인 토지에 대한 소유권을 취득하면 甲의 지상권은 소멸한다.
② 甲 소유의 건물에 乙이 임차권의 대항요건을 갖춘 다음 날 丙의 저당권이 설정된 경우, 乙이 그 건물의 소유권을 취득하면 乙의 임차권은 소멸한다.
③ 토지소유자 甲이 그 토지의 지상권자 乙에게 담보목적의 소유권이전등기를 경료해 준 경우, 乙의 지상권은 소멸하지 않는다.
④ 甲 소유의 토지에 저당권을 취득한 乙이 그 토지의 소유권을 취득하여도 乙의 저당권은 소멸하지 않는다.
⑤ 乙이 甲 소유의 토지를 점유한 상태에서 그 토지를 매수하여 소유권을 취득한 경우, 乙의 점유권은 소멸한다.

23 난이도 ●●○

응용
판례

혼동으로 밑줄 친 물권이 소멸하는 경우는? (다툼이 있으면 판례에 따름)

① 甲의 토지에 乙이 1번 저당권, 丙이 2번 저당권을 취득한 후 乙이 토지소유권을 취득하는 경우
② 甲의 건물에 乙이 저당권을 취득한 다음 그 건물을 매수하여 소유권이전등기를 마쳤는데, 그 매매계약이 원인무효임이 밝혀진 경우
③ 甲의 건물에 乙이 1번 저당권, 丙이 2번 저당권을 취득한 후 丙이 건물소유권을 취득하는 경우
④ 甲의 토지에 乙이 지상권을 취득하고 그 지상권 위에 丙이 저당권을 취득한 후 乙이 토지소유권을 취득하는 경우
⑤ 甲의 토지에 대한 乙의 지상권 위에 丙이 1번 저당권, 丁이 2번 저당권을 취득한 뒤, 丙이 乙의 지상권을 취득하는 경우

21 ⑤ 이 경우 저당권이 혼동으로 소멸하게 된다면 가압류채권자는 이로 인하여 부당한 이득을 얻게 되는 반면 저당권자는 손해를 보게 되는 불합리한 결과가 되므로, 저당권은 그 이후의 소유권취득에도 불구하고 혼동으로 소멸하지 않는다(대판 98다18643).

22 ③ 지상권자가 목적토지에 대한 양도담보권을 취득한 경우 지상권은 혼동으로 소멸하지 않는다. 즉, 토지소유자가 지상권자에게 담보목적의 소유권이전등기를 경료해 준 경우, 소유권은 여전히 토지소유자에게 남아 있는 것이므로 지상권은 혼동으로 소멸하지 않는다(대판 80다2176).
① 이 경우 甲의 지상권이 혼동으로 소멸하면 乙의 저당권도 소멸하여 乙의 이익을 해치므로, 甲의 지상권은 혼동으로 소멸하지 않는다.
② 부동산에 대한 소유권과 임차권이 동일인에게 귀속하게 되는 경우 임차권은 혼동에 의하여 소멸하는 것이 원칙이지만, 그 임차권이 대항요건을 갖춘 후에 저당권이 설정된 때에는 임차권은 소멸하지 않는다(대판 2000다12693).
⑤ 점유권과 본권이 동일인에게 귀속하여도 점유권은 혼동으로 소멸하지 않는다(제191조 제3항).

23 ③① 甲의 토지나 건물에 乙이 1번 저당권, 丙이 2번 저당권을 취득한 후, 乙이 소유권을 취득하더라도 乙의 저당권은 혼동으로 소멸하지 않지만, 丙이 토지소유권을 취득하면 丙의 저당권은 혼동으로 소멸한다.
② 근저당권자가 소유권을 취득하면 그 근저당권은 혼동에 의하여 소멸하지만, 그 뒤 그 소유권취득이 무효인 것이 밝혀지면 소멸하였던 근저당권은 당연히 부활한다(대판 71다1386).
④ 이 경우 乙의 지상권이 혼동으로 소멸하면 丙의 저당권도 함께 소멸하여 丙의 이익을 해치는 부당한 결과가 생기므로, 乙의 지상권은 혼동으로 소멸하지 않는다.
⑤ 이 경우 丙의 저당권이 혼동으로 소멸하면 후일 토지가 경매될 때 丙과 丁의 배당순서가 바뀌는 부당한 결과가 생기므로, 丙의 저당권은 혼동으로 소멸하지 않는다.

정답 21 ⑤   22 ③   23 ③

제3장 점유권

제1절 점유 일반

[대표유형] (종합/판례)

점유에 관한 설명으로 옳은 것은? (다툼이 있으면 판례에 따름)

① 상속에 의하여 점유권을 취득한 경우, 상속인은 피상속인의 점유를 떠나 자기만의 점유를 주장할 수 있다.
  → 상속에 의하여 점유권을 취득한 경우에는 상속인이 새로운 권원에 의하여 자기 고유의 점유를 시작하지 않는 한 피상속인의 점유를 떠나 자기만의 점유를 주장할 수 없다(대판 97다40100).

② 건물의 소유자는 건물이나 그 부지를 현실적으로 점거하고 있지 않더라도 그 부지를 점유한다고 보아야 한다.
  → 사회통념상 건물은 그 부지를 떠나서는 존재할 수 없는 것이므로 건물의 부지가 된 토지는 그 건물의 소유자가 점유하는 것으로 볼 것이고, 건물의 소유자가 현실적으로 건물이나 그 부지를 점거하고 있지 않더라도 그 건물의 소유를 위하여 그 부지를 점유한다고 보아야 한다(대판 2002다57935).

③ 점유자는 소유의 의사로 평온·공연하게 선의·무과실로 점유한 것으로 추정한다.
  → 점유자는 소유의 의사로 선의, 평온 및 공연하게 점유한 것으로 추정되지만(제197조 제1항), 점유자의 무과실은 추정되지 않는다.

④ 선의의 점유자라도 본권에 관한 소에서 패소한 때에는 그 판결이 확정된 때로부터 악의의 점유자로 본다.
  → 선의의 점유자라도 본권에 관한 소에서 패소한 때에는 그 소가 제기된 때로부터 악의의 점유자로 본다(제197조 제2항).

⑤ 전후 양 시점의 점유자가 다른 경우에도 점유의 승계가 입증되는 한 점유는 계속된 것으로 본다.
  → 전후 양 시점의 점유자가 다른 경우에도 점유의 승계가 입증되는 한 점유는 계속된 것으로 추정된다(대판 96다24279). 즉, '본다'가 아니라 '추정한다'이다.

정답 ②

01
기본
법조문
용어

난이도 ●○○

점유에 관한 설명으로 <u>틀린</u> 것은?

① 상속인의 경우에는 물건에 대한 사실상의 지배가 없어도 점유가 인정된다.
② 간접점유자는 점유자이지만, 점유보조자는 점유자가 아니다.
③ 간접점유를 성립시키는 점유매개관계는 중첩적으로 있을 수 있다.
④ 점유권의 양도는 점유물의 인도로 그 효력이 생긴다.
⑤ 점유할 권리가 소멸하면 점유권도 소멸한다.

01 ⑤ 점유권은 점유자가 물건에 대한 사실상의 지배, 즉 점유를 상실하면 소멸하는 것이고(제192조 제2항), 점유할 권리(= 본권)가 소멸하였다고 해서 점유권이 소멸하는 것은 아니다.
③ 점유매개관계는 중첩적으로 있을 수 있다. 가령 전전세나 전대차의 경우가 그러하다.
④ 제196조 제1항

정답 01 ⑤

02 난이도 ●●○

점유에 관한 설명으로 옳은 것은? (다툼이 있으면 판례에 따름)

① 피상속인이 토지를 타주점유하다가 사망한 경우, 상속인은 상속을 새로운 권원으로 하여 자주점유로의 전환을 주장할 수 있다.
② 지상권이나 전세권을 설정하여 타인에게 부동산을 인도한 자는 점유를 상실하였으므로 점유권이 인정되지 않는다.
③ 자주점유인지 타주점유인지의 여부는 점유자 내심의 의사에 의하여 결정된다.
④ 점유자의 과실 여부가 문제되는 경우에는 점유자가 스스로 과실이 없음을 입증하여야 한다.
⑤ 등기된 부동산에 관하여도 점유의 권리추정력이 인정된다.

03 난이도 ●●○

점유에 관한 설명으로 틀린 것은? (다툼이 있으면 판례에 따름)

① 선의의 점유자가 얻은 건물의 사용이익은 건물의 과실(果實)에 준하여 취급된다.
② 매매계약이 해제되면 매수인의 점유는 자주점유에서 타주점유로 전환된다.
③ 점유자의 점유취득권원이 분명하지 않은 경우, 점유자는 스스로 자주점유임을 증명하여야 한다.
④ 선의의 점유자라도 본권에 관한 소에 패소하면 그 소가 제기된 때로부터 악의의 점유자로 본다.
⑤ 점유보조자에게 점유보호청구권은 인정되지 않지만 자력구제권은 인정된다.

02 ④ 「민법」에 무과실점유의 추정조항은 없으므로 과실 여부가 문제되는 경우에는 점유자가 스스로 과실이 없음을 입증하여야 한다.
① 선대의 점유가 타주점유인 경우 선대로부터 상속에 의하여 점유를 승계한 자의 점유도 그 성질 내지 태양을 달리하는 것이 아니어서 특별한 사정이 없는 한 그 점유가 자주점유로 될 수 없고, 그 점유가 자주점유가 되기 위하여는 점유자가 소유자에 대하여 소유의 의사가 있는 것을 표시하거나 새로운 권원에 의하여 다시 소유의 의사로써 점유를 시작하여야 한다(대판 97다40100).
② 지상권이나 전세권을 설정하여 타인으로 하여금 물건을 점유하게 한 자는 간접으로 점유권이 있다(제194조).
③ 점유자의 점유가 자주점유인지 타주점유인지의 여부는 점유자의 내심의 의사에 의하여 결정되는 것이 아니라 점유취득의 원인이 된 권원의 성질이나 점유와 관계가 있는 모든 사정에 의하여 외형적·객관적으로 결정되어야 한다(대판 99다72743).
⑤ 점유자의 권리추정에 관한 「민법」 제200조의 규정은 부동산물권에 대하여는 적용되지 않는다. 즉, 부동산의 경우는 그 등기에 대해서만 권리추정력이 부여된다(대판 81다780).

03 ③ 점유자의 점유취득권원이 분명하지 않은 경우에는 일단 소유의 의사를 가지고 점유한 것으로 추정한다(제197조 제1항). 따라서 점유자는 스스로 자신의 점유가 자주점유임을 입증할 책임이 없고 점유자의 점유가 소유의 의사 없는 타주점유임을 주장하는 상대방에게 타주점유에 대한 입증책임이 있다(대판 94다16458).
① 대판 95다44290
② 부동산매매계약이 해제되었다면 매수인의 그 부동산에 대한 점유는 계약해제일부터는 타주점유가 되는 것이다(대판 71다2306).
④ 제197조 제2항

정답 02 ④ 03 ③

04 점유에 관한 설명으로 옳은 것은? (다툼이 있으면 판례에 따름)

① 점유자가 주장한 자주점유의 권원이 인정되지 않은 경우 자주점유의 추정은 깨어진다.
② 국가나 지방자치단체가 부동산을 점유하는 경우에는 자주점유의 추정이 적용되지 않는다.
③ 매수인이 착오로 인접토지의 일부를 그가 매수한 토지에 속하는 것으로 믿고 점유한 경우, 그 점유는 자주점유이다.
④ 선의의 점유자라도 법률상 원인 없이 타인의 건물을 점유·사용하고 이로 말미암아 그에게 손해를 입혔다면 그 점유·사용으로 인한 이득을 반환하여야 한다.
⑤ 건물 소유의 목적으로 타인의 토지를 임차한 자의 토지점유는 자주점유이다.

05 점유에 관한 설명으로 틀린 것은? (다툼이 있으면 판례에 따름)

① 국가나 지방자치단체가 적법한 공공용 재산의 취득절차를 밟는 등 토지를 점유할 수 있는 일정한 권원 없이 사유토지를 도로부지에 편입시킨 경우에는 자주점유의 추정이 깨어진다.
② 점유자의 특정승계인이 자기의 점유와 전(前) 점유자의 점유를 아울러 주장하는 경우에는 그 하자도 승계된다.
③ 전 점유자의 점유가 타주점유라 하여도 점유자의 승계인이 자기의 점유만을 주장하는 경우에는 현 점유자의 점유는 자주점유로 추정된다.
④ 상속인은 새로운 권원이 있는 경우에도 피상속인의 점유를 아울러 주장하여야 하고 자기만의 점유를 주장하지 못한다.
⑤ 점유매개관계의 직접점유자는 타주점유자이다.

4 ③ 토지를 매수·취득하여 점유를 개시함에 있어서 매수인이 인접토지와의 경계선을 정확하게 확인해 보지 아니하고 착오로 인접토지의 일부를 그가 매수·취득한 토지에 속하는 것으로 믿고서 점유하고 있다면 인접토지의 일부에 대한 점유는 소유의 의사에 기한 것(= 자주점유)으로 보아야 한다(대판 2006다84423).
① 점유자가 스스로 매매 또는 증여와 같이 자주점유의 권원을 주장하였으나 이것이 인정되지 않는 경우에도 그 사유만으로 자주점유의 추정이 번복된다거나 또는 점유권원의 성질상 타주점유라고 볼 수 없다(대판 99다72743).
② 부동산의 점유권원의 성질이 분명하지 않을 때에는 「민법」 제197조 제1항에 의하여 점유자는 소유의 의사로 선의, 평온 및 공연하게 점유한 것으로 추정되는 것이며, 이러한 추정은 국가나 지방자치단체가 점유하는 경우에도 마찬가지로 적용된다(대판 2007다42112).
④ 건물을 사용함으로써 얻는 이득은 그 건물의 과실에 준하는 것이므로 선의의 점유자는 법률상 원인 없이 타인의 건물을 점유·사용하고 이로 말미암아 그에게 손해를 입혔다고 하더라도 그 점유·사용으로 인한 이득을 반환할 의무가 없다(대판 95다44290).

5 ④ 상속인도 상속 이외의 새로운 권원이 있다면 자기만의 점유를 주장할 수 있다.
① 대판 2000다64472
② 제199조 제2항
③ 대판 99다72743
⑤ 점유매개관계에서 직접점유자는 간접점유자에게 목적물을 반환할 의무를 지므로, 직접점유자의 점유는 언제나 타주점유이다.

정답 4 ③ 5 ④

06 난이도 ●●○

자주점유와 타주점유에 관한 설명으로 틀린 것은? (다툼이 있으면 판례에 따름)

① 소유의 의사의 유무는 점유취득권원의 성질에 의하여 객관적·외형적으로 결정한다.
② 매매대상 토지의 면적이 등기부상 면적을 상당히 초과하는 경우, 그 초과부분에 대한 매수인의 점유는 특별한 사정이 없는 한 타주점유이다.
③ 처분권한이 없는 자로부터 그 사실을 알면서 부동산을 매수하여 점유하는 경우, 그 점유는 자주점유이다.
④ 타인의 토지에 분묘를 설치·소유하는 자에게는 그 토지에 대한 소유의 의사가 추정되지 않는다.
⑤ 점유자가 주장한 자주점유의 권원이 인정되지 않는 경우에도 그 사유만으로는 자주점유의 추정이 번복되지 않는다.

07 난이도 ●●○

자주점유와 타주점유에 관한 설명으로 틀린 것은? (다툼이 있으면 판례에 따름)

① 제3자가 토지를 경락받아 대금을 납부한 후에는 종래 소유자의 그 토지에 대한 점유는 타주점유가 된다.
② 공유자 1인이 공유토지 전부를 점유하고 있는 경우, 다른 공유자의 지분비율 범위 내에서는 타주점유에 해당한다.
③ 부동산의 등기명의가 신탁된 경우, 명의수탁자의 수탁부동산에 대한 점유는 타주점유이다.
④ 부동산을 타인에게 매도하여 인도의무를 지고 있는 매도인의 점유는 특별한 사정이 없는 한 타주점유로 변경된다.
⑤ 계약명의신탁에서 명의신탁자가 명의신탁약정에 따라 부동산을 점유하는 경우, 그 점유는 자주점유이다.

06 ③ 처분권한이 없는 자로부터 그 사실을 알면서 부동산을 취득하거나 어떠한 법률행위가 무효임을 알면서 그 법률행위에 의하여 부동산을 취득하여 점유하게 된 때에는 점유개시 당시에 소유의 의사로 점유한 것으로 볼 수 없다(대판 99다36778).
② 매매대상건물 부지의 면적이 등기부상의 면적을 상당히 초과하는 경우에는 특별한 사정이 없는 한 계약당사자들이 이러한 사실을 알고 있었다고 보는 것이 상당하며, 따라서 그 점유는 권원의 성질상 타주점유에 해당한다(대판 99다5866).
④ 대판 94다31549
⑤ 점유자가 스스로 매매 또는 증여와 같이 자주점유의 권원을 주장하였으나 이것이 인정되지 않는 경우에도 그 사유만으로 자주점유의 추정이 번복된다거나 또는 점유권원의 성질상 타주점유라고 볼 수 없다(대판 99다72743).

07 ⑤ 계약명의신탁에서 명의신탁자는 부동산의 소유자가 명의신탁약정을 알았는지 여부와 관계없이 부동산의 소유권을 갖지 못할 뿐만 아니라 매매계약의 당사자도 아니어서 소유자를 상대로 소유권이전등기청구를 할 수 없고, 이는 명의신탁자도 잘 알고 있다고 보아야 한다. 명의신탁자가 명의신탁약정에 따라 부동산을 점유한다면 명의신탁자에게 점유할 다른 권원이 인정되는 등의 특별한 사정이 없는 한 명의신탁자는 소유권 취득의 원인이 되는 법률요건이 없이 그와 같은 사실을 잘 알면서 타인의 부동산을 점유한 것이다. 이러한 명의신탁자는 타인의 소유권을 배척하고 점유할 의사를 가지지 않았다고 할 것이므로 소유의 의사로 점유한다는 추정은 깨어진다(대판 2019다249428).
① 대판 96다29335
② 대판 95다51861
③ 대판 91다27655
④ 대판 97다40100

정답 06 ③ 07 ⑤

08 자주점유와 타주점유에 관한 설명으로 틀린 것은? (다툼이 있으면 판례에 따름)

난이도 ●●●

종합
판례

① 타주점유가 자주점유로 전환되기 위해서는 새로운 권원에 의해 다시 소유의 의사로 점유하거나 자기에게 점유시킨 자에게 소유의 의사가 있음을 표시하여야 한다.
② 타인 소유의 토지임을 알면서 매수하여 점유한 자의 점유도 자주점유이다.
③ 타인 소유의 부동산을 악의로 무단점유한 사실이 입증된 경우에는 자주점유의 추정이 깨어진다.
④ 토지의 점유자가 소유자를 상대로 매매를 원인으로 하는 소유권이전등기청구소송을 제기하였다가 패소하였다면, 점유자의 점유는 패소확정 이후부터는 타주점유로 전환된다.
⑤ 토지의 소유자가 점유자 명의의 소유권이전등기의 말소등기청구소송을 제기하여 그 소송사건이 점유자의 패소로 확정되었다면, 점유자의 점유는 패소확정 이후부터는 타주점유로 전환된다.

---

08 ④ 토지의 점유자가 토지소유자를 상대로 매매를 원인으로 한 소유권이전등기청구소송을 제기하였다가 패소하고 그 판결이 확정되었다 하더라도 그 사정만을 들어서는 토지점유자의 자주점유의 추정이 번복되어 타주점유로 전환된다고 할 수 없다(대판 97다30288).
① 대판 91다12868
② 토지의 매수인이 매매계약에 의하여 목적토지의 점유를 취득한 경우에는 설사 그것이 타인의 토지의 매매에 해당하여 그에 의하여 곧바로 소유권을 취득할 수 없다고 하더라도 그것만으로 매수인의 점유가 타주점유라고 단정할 수 없다(대판 97다37661).
③ 점유자가 점유개시 당시 소유권취득의 원인이 될 수 있는 법률행위 기타 법률요건이 없이 그와 같은 법률요건이 없다는 사실을 잘 알면서 타인 소유의 부동산을 무단점유한 것이 밝혀지면 자주점유의 추정은 깨어진다(대판 전합 95다28625).
⑤ 대판 96다19857

정답 08 ④

제2절 점유자와 회복자의 관계

[대표유형] (법조문/응용)

점유자와 회복자의 관계에 관한 설명으로 옳은 것은? (다툼이 있으면 판례에 따름)

① 선의의 점유자가 과실을 취득했을 경우에는 이를 부당이득으로 반환하여야 한다.
→ 선의의 점유자는 과실을 수취할 수 있고(제201조 제1항), 그 범위 내에서 부당이득반환의 문제는 발생하지 않는다.

② 점유자가 유익비를 지출한 경우에는 그 가액의 증가가 현존한 때에 한하여 자신의 선택에 따라 회복자에 대하여 지출금액이나 증가액의 상환을 청구할 수 있다.
→ 유익비는 그 가액의 증가가 현존하는 경우에 한하여 회복자의 선택에 좇아 그 지출금액이나 증가액의 상환을 청구할 수 있다(제203조 제2항).

③ 점유물의 멸실·훼손에 대하여 선의의 타주점유자는 현존이익의 한도 내에서 배상책임을 진다.
→ 점유물의 멸실·훼손에 대하여 타주점유자는 선의인 경우에도 손해의 전부를 배상하여야 한다(제202조).

④ 선의의 점유자가 본권에 관한 소에서 패소한 경우, 소 제기 후 패소판결 확정 전에 취득한 과실은 반환할 의무가 없다.
→ 선의의 점유자라도 본권에 관한 소에서 패소하면 그 소가 제기된 때로부터 악의의 점유자로 간주되므로(제197조 제2항), 제소 후 패소확정 전에 수취한 과실은 회복자에게 부당이득으로 반환하여야 한다.

⑤ 소유권이 있다고 오신한 점유자는 점유물의 멸실·훼손에 대하여 이익이 현존하는 한도에서 배상책임을 진다.
→ 소유권이 있다고 오신한 점유자는 선의의 자주점유자이므로 이익이 현존하는 한도에서 배상책임을 진다(제202조).

정답 ⑤

09 난이도 ●●○

점유자와 회복자의 관계에 관한 설명으로 틀린 것은? (다툼이 있으면 판례에 따름)

① 선의의 점유자라도 법률상 원인 없이 타인의 건물을 점유·사용하고 그로 말미암아 그에게 손해를 입혔다면 그 점유·사용으로 인한 이득을 반환할 의무가 있다.
② 악의의 점유자가 자신의 귀책사유로 과실을 수취하지 못한 경우에는 그 과실의 대가를 보상하여야 한다.
③ 타주점유자가 그의 책임 있는 사유로 점유물을 멸실 또는 훼손한 때에는 선의로 점유했더라도 회복자에 대하여 손해의 전부를 배상하여야 한다.
④ 점유자가 과실을 취득하였다면 회복자에 대하여 통상의 필요비의 상환을 청구할 수 없다.
⑤ 악의의 점유자도 점유물에 지출한 필요비나 유익비의 상환을 청구할 수 있다.

10 난이도 ●●○

점유자와 회복자 사이의 법률관계에 관한 설명으로 틀린 것은? (다툼이 있으면 판례에 따름)

① 점유자가 점유물의 과실을 취득하기 위해서는 과실수취권을 포함하는 권원이 있다고 오신하였어야 하고, 그와 같은 오신을 함에는 오신할 만한 정당한 근거가 있어야 한다.
② 전세권 또는 임차권이 있다고 오신한 선의의 점유자는 점유물의 멸실·훼손에 대하여 이익이 현존하는 한도에서 배상하여야 한다.
③ 악의점유자는 자주점유이든 타주점유이든 그의 귀책사유로 점유물이 멸실·훼손된 경우, 손해 전부에 대한 책임을 진다.
④ 점유물에 관한 필요비상환청구권은 악의의 점유자에게도 인정된다.
⑤ 선의의 점유자가 점유물을 이용한 경우에는 회복자에 대하여 통상의 필요비를 청구하지 못한다.

11

난이도 ●●○

응용 / 사례

乙은 甲 소유의 건물을 자신의 소유로 오신하여 점유·사용하는 자이다. 이에 관한 설명으로 옳은 것은? (다툼이 있으면 판례에 따름)

① 乙은 건물을 점유·사용함으로써 얻은 이득을 甲에게 반환하여야 한다.
② 甲이 제기한 소유권이전등기말소등기청구소송에서 乙이 패소한 경우, 乙은 甲에게 패소확정 이후의 차임 상당액을 부당이득으로 반환하여야 한다.
③ 乙이 건물을 보존하기 위하여 필요비를 지출한 경우, 지출 즉시 甲에게 그 상환을 청구할 수 있다.
④ 乙이 건물을 점유·사용하다가 노후된 보일러의 부품을 교체한 경우, 乙은 甲에게 건물을 반환할 때 그 비용의 상환을 청구할 수 있다.
⑤ 乙이 건물의 개량을 위하여 유익비를 지출한 경우, 乙은 甲의 선택에 따라 지출액이나 증가액의 상환을 甲에게 청구할 수 있다.

---

9 ① 건물을 사용함으로써 얻는 이득은 그 건물의 과실에 준하는 것이므로, 선의의 점유자는 법률상 원인 없이 타인의 건물을 점유·사용하고 이로 말미암아 그에게 손해를 입혔다고 하더라도 그 점유·사용으로 인한 이득을 반환할 의무가 없다(대판 95다44290).
② 제201조 제2항
③ 제202조 제2문
④ 제203조 제1항 단서
⑤ 비용상환청구에 있어서는 점유자의 선의·악의나 소유의 의사의 유무를 묻지 않는다(제203조).

10 ② 소유의 의사가 없는 점유자(= 타주점유자)는 선의인 경우에도 손해의 전부를 배상하여야 한다(제202조 제2문).
① 대판 99다63350

11 ⑤ 제203조 제2항
① 乙은 선의의 점유자이므로 사용이익을 반환할 필요가 없다(제201조 제1항).
② 선의의 점유자라도 본권에 관한 소에 패소한 때에는 그 소가 제기된 때로부터 악의의 점유자로 간주되고(제197조 제2항) 악의의 점유자에게는 과실취득권이 없으므로(제201조 제2항), 乙은 甲에게 패소확정 이후가 아니라 소제기 이후의 차임 상당액을 부당이득으로 반환하여야 한다.
③ 점유자와 회복자의 관계에서는 필요비와 유익비 모두 점유자가 점유물을 회복자에게 반환할 때 상환청구하는 것이다(제203조). 임대인과 임차인의 관계에서 임차인이 지출한 필요비는 지출 즉시 임대인에게 상환을 청구할 수 있는 것과 혼동하지 않도록 유의하여야 한다(제626조 제1항).
④ 乙이 건물을 점유·사용하다가 노후된 보일러의 부품을 교체한 경우, 그 비용은 통상의 필요비에 해당하고 乙은 건물을 점유·사용하여 이익을 얻었으므로 乙은 甲에게 건물을 반환할 때 그 비용의 상환을 청구할 수 없다(제203조 제1항 단서).

정답 9 ① 10 ② 11 ⑤

12

난이도 ●●●

점유자와 회복자의 관계에 관한 설명으로 옳은 것은? (다툼이 있으면 판례에 따름)

① 이행지체로 인해 매매계약이 해제된 경우, 선의의 점유자인 매수인에게 과실취득권이 인정된다.
② 악의의 점유자는 받은 이익에 이자를 붙여 반환하고 그 이자의 이행지체로 인한 지연손해금까지 지급하여야 한다.
③ 악의의 점유자는 통상의 필요비의 상환을 청구할 수 없다.
④ 필요비상환청구권에 대하여 회복자는 법원에 상환기간의 허여를 청구할 수 있다.
⑤ 점유자가 유익비를 지출할 당시에 계약관계 등 적법한 점유권원을 가졌던 경우에도 계약관계의 상대방이 아닌 점유회복 당시의 소유자에 대하여 점유자와 회복자의 관계에 따른 유익비의 상환을 청구할 수 있다.

---

12 ② 한국전력공사가 권원 없이 타인 소유 토지의 상공에 송전선을 설치함으로써 토지를 사용·수익한 경우, 구분지상권에 상응하는 임료 상당의 부당이득금에 대하여 점유일 이후의 법정이자 및 그 이자에 대한 지연손해금을 인정한 사례이다. 악의점유자는 과실을 반환하여야 한다고만 규정한 「민법」 제201조 제2항이 「민법」 제748조 제2항에 의한 악의수익자의 이자지급의무까지 배제하는 취지는 아니므로, 악의수익자는 제748조 제2항에 따라 받은 이익에 이자를 붙여 반환하여야 한다. 그리고 위 조문에서 규정하는 이자는 당해 침해행위가 없었더라면 원고가 위 임료로부터 통상 얻었을 법정이자 상당액을 말하는 것이므로 악의수익자는 위 이자의 이행지체로 인한 지연손해금도 지급하여야 한다(대판 2001다61869).
① 계약해제로 인한 원상회복의무를 부담함에 있어서 반환할 금전에 이자를 부가하는 것(「민법」 제548조 제2항)과 같은 취지에서 금전이 아닌 물건을 반환하는 자는 수령한 날부터의 과실을 반환하여야 한다.
③ 과실수취권이 없는 악의의 점유자에 대해서는 「민법」 제203조 제1항의 단서규정이 적용되지 않는다(대판 2018다261889). 즉, 과실수취권이 없는 악의의 점유자는 통상의 필요비의 상환을 청구할 수 있다.
⑤ 점유자가 비용을 지출할 당시 계약관계 등 적법한 점유권원을 가진 경우에는 그 지출비용의 상환에 관하여는 그 계약관계를 규율하는 법조항이나 법리 등이 적용되는 것이어서, 점유자는 그 계약관계 등의 상대방에 대하여 해당 법조항이나 법리에 따른 비용상환청구권을 행사할 수 있을 뿐 계약관계 등의 상대방이 아닌 점유회복 당시의 소유자에 대하여 「민법」 제203조 제2항에 따른 지출비용의 상환을 구할 수는 없다(대판 2001다64752).

정답 12 ②

제3절 점유 자체의 보호(점유보호청구권 · 자력구제권)

[대표유형] 기본 / 판례

점유물반환청구권에 관한 설명으로 틀린 것은? (다툼이 있으면 판례에 따름)

① 甲의 점유보조자 乙은 점유물반환청구권을 행사할 수 없다.
→ 점유보조자는 자력구제권을 행사할 수 있으나 점유보호청구권을 행사할 수는 없다.

② 乙이 甲을 기망하여 甲으로부터 점유물을 인도받은 경우, 甲은 乙에게 점유물반환청구권을 행사할 수 없다.
→ 사기의 의사표시에 의해 건물을 명도해 준 것이라면 건물의 점유를 침탈당한 것이 아니므로 피해자는 점유물반환청구권을 행사할 수 없다(대판 91다17443).

③ 甲이 점유하는 물건을 乙이 침탈한 경우, 甲은 침탈당한 날로부터 1년 내에 점유물반환청구권을 행사하여야 한다.
→ 점유물반환청구권의 제척기간은 침탈당한 날로부터 1년이다(제204조 제3항).

④ 직접점유자 乙이 간접점유자 甲의 의사에 반하여 점유물을 丙에게 인도한 경우, 甲은 丙에게 점유물반환청구권을 행사할 수 있다.
→ 직접점유자가 임의로 점유를 타에 양도한 경우 그것이 간접점유자의 의사에 반한다 하더라도 점유가 침탈된 경우에 해당하지 않으므로(대판 92다5300), 간접점유자는 점유물반환청구권을 행사할 수 없다.

⑤ 甲이 점유하는 물건을 乙이 침탈한 후 乙이 이를 선의의 丙에게 임대하여 인도한 경우, 甲은 丙에게 점유물반환청구권을 행사할 수 없다.
→ 점유침탈자의 특별승계인은 악의인 경우에만 점유물반환청구의 상대방이 될 수 있다(제204조 제2항).

정답 ④

13 점유 자체의 보호에 관한 설명으로 옳은 것은? (다툼이 있으면 판례에 따름)

① 점유물반환청구권은 점유의 침탈을 당한 날로부터 1년 내에 재판상 또는 재판 외의 방법으로 행사할 수 있다.
② 점유자가 점유의 방해를 받을 염려가 있을 때에는 그 방해의 예방 및 손해배상의 담보를 청구할 수 있다.
③ 점유물반환청구에 대하여 점유침탈자는 점유물에 대한 본권이 있음을 이유로 이를 거부할 수 있다.
④ 점유권에 기인한 소와 본권에 기인한 소는 서로 영향을 미치지 않는다.
⑤ 점유보조자는 점유자가 아니므로 자력구제권을 행사할 수 없다.

14 점유물반환청구권에 관한 설명으로 틀린 것은? (다툼이 있으면 판례에 따름)

① 乙이 甲으로부터 임차한 시계를 丙이 훔쳐간 경우, 甲은 丙을 상대로 乙에게 그 시계를 반환할 것을 청구할 수 있다.
② 甲이 노트북을 절취하여 점유하다가 이를 고가에 팔아주겠다는 乙에게 속아 노트북을 乙에게 인도한 경우, 甲은 乙을 상대로 점유물반환청구권을 행사할 수 없다.
③ 甲이 점유하는 물건을 乙이 침탈한 경우, 甲은 침탈당한 날로부터 1년 내에 점유물의 반환을 청구하여야 하는데, 이 기간은 출소기간(出訴期間)이다.
④ 甲이 불법으로 점유하던 물건이 소유자인 乙에 의해 침탈된 경우, 甲은 乙에게 점유물반환청구권을 행사할 수 없다.
⑤ 甲이 점유하던 물건이 乙에 의해 침탈된 후 선의의 丙, 악의의 丁에게 순차로 인도된 경우, 甲은 丁에게 점유물반환청구권을 행사할 수 없다.

13 ④ 제208조 제1항
① 점유물반환청구권의 행사기간은 재판 외에서 권리행사를 하는 것으로 족한 기간이 아니라 반드시 그 기간 내에 소를 제기하여야 하는 이른바 출소기간(出訴期間)이다(대판 2001다8097).
② 방해의 예방 '또는' 손해배상의 담보를 청구할 수 있다(제206조 제1항).
③ 점유권에 기인한 소는 본권에 관한 이유로 재판하지 못한다(제208조). 즉, 점유침탈자에게 그 물건에 대한 본권이 있는지 여부는 점유자의 점유물반환청구권의 행사에 영향을 미치지 않는다.
⑤ 점유보조자는 점유자가 아니지만 자력구제권은 행사할 수 있다.

14 ④ 점유를 침탈한 자가 그 물건의 소유자인 경우에도 점유자는 침탈자인 소유자를 상대로 점유물반환청구권을 행사할 수 있고, 이때 침탈자는 자신이 그 물건의 소유자라는 이유로 점유물반환청구를 거절할 수 없다.
① 직접점유자가 점유의 침탈을 당한 경우에 간접점유자는 그 물건을 직접점유자에게 반환할 것을 청구할 수 있다(제207조 제2항).
② 상대방에게 속아서 물건을 인도한 것은 점유를 침탈당한 경우가 아니므로 점유물반환청구권을 행사할 수 없다.
⑤ 점유침탈자의 선의의 특별승계인으로부터 다시 점유를 승계한 자는 악의라 하더라도 점유물반환청구의 상대방이 될 수 없다(엄폐물의 법칙).

정답 13 ④   14 ④

제4장 소유권

제1절 부동산소유권의 범위

대표유형 (기본, 법조문)

甲과 乙은 이웃하여 대지와 주택을 소유하고 있다. 이들 상호 간의 법률관계를 바르게 설명한 것은?

① 甲은 경계 근방에서 건물을 축조·수선하기 위하여 乙의 주거에 들어갈 필요가 있는 경우 乙의 승낙을 받아야 하고, 乙이 거절하면 판결로 이에 갈음할 수 있다.
  → 인지사용의 경우와는 달리 이웃 사람의 주거에의 출입은 법원의 판결로 그의 승낙에 갈음할 수 없다.

② 甲과 乙이 대지의 경계에 담을 설치하는 경우, 그 설치비용이나 측량비용은 쌍방이 절반하여 부담한다.
  → 담의 설치비용은 쌍방이 절반하여 부담하지만, 측량비용은 토지의 면적에 비례하여 부담한다(제237조 제2항).

③ 甲이나 乙의 주택의 일부는 대지의 경계표인 담이 될 수 없다.
  → 건물의 일부가 담이 될 수도 있다(제239조).

④ 甲 소유의 수목뿌리가 경계를 넘은 경우, 乙은 甲의 의사에 반하여 임의로 그 뿌리를 제거할 수 없다.
  → 인접지의 수목뿌리가 경계를 넘은 때에는 임의로 제거할 수 있다(제240조 제3항).

⑤ 甲이나 乙이 경계선 부근에서 건물을 축조함에는 경계로부터 반 미터 이상의 거리를 두어야 하는바, 일방이 이를 위반하여 건물을 완성한 경우 상대방은 그 건물의 변경이나 철거를 청구할 수 없다.
  → 인접지 소유자가 「민법」 제242조 제1항의 거리제한규정을 위반하여 건물을 건축한 경우에도 건축에 착수한 후 1년을 경과하거나 건물이 완성된 후에는 건물의 변경이나 철거를 청구할 수는 없고, 손해배상만을 청구할 수 있다(제242조 제2항).

정답 ⑤

난이도 ●●○

상린관계에 관한 설명으로 틀린 것은? (다툼이 있으면 판례에 따름)

① 토지소유자는 타인의 토지를 통과하지 않으면 필요한 수도, 가스관, 전선 등을 시설할 수 없는 경우에는 그의 승낙 없이도 타인의 토지를 통과하여 이를 시설할 수 있다.
② 토지의 경계에 담이 없는 경우, 특별한 사정이 없는 한 인접지 소유자는 공동비용으로 통상의 담을 설치하는 데 협력할 의무가 있다.
③ 경계에 설치된 담이 상린자의 공유인 경우, 상린자는 공유물분할을 청구하지 못한다.
④ 당사자 간의 합의가 있었다면 「민법」 제242조의 법정거리(경계로부터 반 미터)를 두지 않았다고 하여 그 건축을 폐지하거나 변경시킬 수 없다.
⑤ 토지소유자와 이웃하는 건물전세권자 간에는 상린관계의 적용이 없다.

---

01 ⑤ 상린관계에 관한 규정은 부동산 소유자 사이에서만 적용되는 것이 아니라 지상권자나 전세권자에게도 준용된다(제290조, 제319조).
① 수도 등 시설권에 관한 기술이다(제218조 제1항).
② 토지의 경계에 경계표나 담이 설치되어 있지 않다면 특별한 사정이 없는 한 어느 한쪽 토지의 소유자는 인접한 토지의 소유자에 대하여 공동비용으로 통상의 경계표나 담을 설치하는 데에 협력할 것을 요구할 수 있고, 인접 토지소유자는 그에 협력할 의무가 있다고 보아야 하므로, 한쪽 토지소유자의 요구에 대하여 인접토지소유자가 응하지 아니하는 경우에는 한쪽 토지소유자는 민사소송으로 인접토지소유자에 대하여 그 협력의무의 이행을 구할 수 있다(대판 97다6063).
③ 경계표나 담과 같은 공유물에 대해서는 분할을 청구하지 못한다(제268조 제3항, 제239조).
④ 「민법」 제242조는 임의규정으로 보아야 한다(대판 62다567).

정답 01 ⑤

02 난이도 ●●○

주위토지통행권에 관한 설명으로 틀린 것은? (다툼이 있으면 판례에 따름)

① 통행권은 이미 기존통로가 있더라도 그것이 통행권자의 토지이용에 부적합하여 그 기능을 상실한 경우에도 인정된다.
② 주위토지통행권이 인정되는 경우 통로개설비용은 원칙적으로 통행권자가 부담하여야 한다.
③ 통행지 소유자는 통행권자의 허락을 얻어 사실상 통행하고 있는 자에게 손해의 보상을 청구할 수 없다.
④ 포위된 토지가 공로에 접하게 되거나 포위된 토지의 소유자가 주위의 토지를 취득함으로써 주위토지통행권을 인정할 필요성이 없어진 경우에는 통행권은 소멸한다.
⑤ 분할로 인하여 공로에 통하지 못하는 토지가 있는 경우에는 그 토지소유자는 다른 분할자에게 보상하여야 그의 토지를 통행할 수 있다.

03 난이도 ●●○

주위토지통행권에 관한 설명으로 옳은 것은? (다툼이 있으면 판례에 따름)

① 주위토지통행권이 인정되는 경우 통행지 소유자는 원칙적으로 통로개설 등 적극적인 작위의무를 부담한다.
② 주위토지통행권의 범위는 현재의 토지의 용법은 물론 장래의 이용상황까지 미리 대비하여 정할 수 있다.
③ 통행권자가 통행지를 배타적으로 점유하는 경우, 통행지 소유자는 통행지의 인도를 청구할 수 있다.
④ 통행권자가 통행지 소유자에게 손해보상의 지급을 게을리하면 통행권이 소멸한다.
⑤ 동일인 소유의 토지의 일부가 양도되어 공로에 통하지 못하는 토지가 생긴 경우, 포위된 토지를 위한 통행권은 일부양도 전의 양도인 소유의 종전 토지뿐만 아니라 다른 사람 소유의 토지에 대하여도 인정된다.

02 ⑤ 분할로 인하여 공로에 통하지 못하는 토지가 생긴 경우 그 토지소유자에게는 무상통행권이 인정된다(제220조 제1항).
① 대판 2002다53469
② 대판 2005다30993
③ 「민법」 제219조는 포위된 토지소유자에게 그 주위의 토지에 대한 통행권을 인정하면서 그 통행권자로 하여금 통행지 소유자의 손해를 보상하도록 규정하고 있는 것이므로, 통행권자의 허락을 얻어 사실상 통행하고 있는 자에게는 그 손해의 보상을 청구할 수 없다(대판 91다19623).
④ 대판 97다47118

03 ③ 주위토지통행권자가 통행지 소유자의 점유를 배제할 권능까지 있는 것은 아니므로 통행지 소유자는 통행지를 전적으로 점유하고 있는 통행권자에 대하여 통행지의 인도를 청구할 수 있다(대판 2002다53469).
① 주위토지통행권자가 통로를 개설하는 경우 통행지 소유자는 원칙적으로 통행권자의 통행을 수인할 소극적 의무를 부담할 뿐 통로개설 등 적극적인 작위의무를 부담하는 것은 아니다(대판 2005다30993).
② 주위토지통행권은 현재의 토지의 용법에 따른 이용의 범위에서 인정되는 것이지 더 나아가 장차의 이용상황까지를 미리 대비하여 통행로를 정할 것은 아니다(대판 92다30528).
④ 통행권자가 보상의무의 이행을 지체하더라도 채무불이행책임을 질 뿐 통행권이 소멸하는 것은 아니다.
⑤ 동일인 소유의 토지의 일부가 양도되어 공로에 통하지 못하는 토지가 생긴 경우에 일부양도 전의 양도인 소유의 종전 토지에 대하여 무상의 주위토지통행권이 인정되는 이상 제3자 소유의 토지에 대하여는 「민법」 제219조에 따른 주위토지통행권을 주장할 수 없다(대판 2004다65589).

정답 02 ⑤   03 ③

난이도 ●●○

04 주위토지통행권에 관한 설명으로 옳은 것은? (다툼이 있으면 판례에 따름)

① 토지의 용도에 필요한 통로가 이미 있더라도 그 통로를 사용하는 것보다 더 편리하다면 다른 장소로 통행할 권리가 인정된다.
②「건축법」상 도로의 폭 등에 관하여 제한규정이 있다면 그 반사적 이익으로서 포위된 토지소유자에게 이와 일치하는 통행권이 인정된다.
③ 주위토지통행권자는 통행지 소유자가 설치한 담장과 같은 축조물이 통행에 방해가 되더라도 그 철거를 청구할 수 없다.
④ 확정판결에 의하여 특정 구역에 대한 주위토지통행권이 인정된 후에는 주위토지의 현황이나 구체적 이용상황에 변동이 생겼더라도 통행로의 변경을 청구할 수 없다.
⑤ 무상주위통행권에 관한「민법」제220조의 규정은 토지의 직접 분할자 또는 일부 양도의 당사자 사이에만 적용되고, 포위된 토지 또는 피통행지의 특정승계인에게는 적용되지 않는다.

---

04 ⑤ 대판 96다33433
① 이미 그 소유 토지의 용도에 필요한 통로가 있는 경우에는 그 통로를 사용하는 것보다 더 편리하다는 이유만으로 다른 장소를 통행할 권리를 인정할 수 없다(대판 95다1088).
②「건축법」의 규정 자체만으로 당연히 포위된 토지소유자에게「건축법」에서 정하는 도로의 폭이나 면적 등과 일치하는 주위토지통행권이 바로 생긴다고 할 수는 없다(대판 90다12007).
③ 통행지 소유자가 주위토지통행권에 기한 통행에 방해가 되는 담장 등 축조물을 설치한 경우에는 주위토지통행권의 본래적 기능발휘를 위하여 통행지 소유자가 그 철거의무를 부담한다(대판 2005다30993).
④ 주위토지의 현황이나 구체적 이용상황에 변동이 생긴 경우, 기존의 확정판결 등이 인정한 통행장소와 다른 곳을 통행로로 삼아 다시 통행권확인 등의 소를 제기하는 것이 확정판결 등의 기판력에 저촉된다고 볼 수 없다(대판 2004다10268).

정답 04 ⑤

제2절 소유권의 취득

부동산의 점유취득시효에 관한 설명으로 옳은 것은? (다툼이 있으면 판례에 따름)

① 자기 소유의 부동산은 시효취득의 대상이 될 수 없다.
→ 시효취득의 목적물은 타인의 부동산임을 요하지 않고 자기 소유의 부동산이라도 시효취득의 목적물이 될 수 있다(대판 2001다17572).

② 타인의 부동산을 악의로 무단점유한 자는 부동산의 소유권을 시효취득할 수 없다.
→ 점유자가 점유개시 당시에 소유권취득의 원인이 될 수 있는 법률행위 기타 법률요건이 없다는 사실을 잘 알면서 타인 소유의 부동산을 무단점유한 것이 입증된 경우, 특별한 사정이 없는 한 자주점유의 추정은 깨어진다는 것이 판례의 입장이므로(대판 전합 95다28625), 타인의 부동산을 악의로 무단점유한 자는 부동산의 소유권을 시효취득할 수 없다.

③ 시효완성자는 채권적인 등기청구권을 취득하지만, 시효완성 후 부동산의 점유를 상실하면 그 등기청구권은 곧바로 소멸한다.
→ 취득시효를 완성한 점유자가 목적물의 점유를 상실한 경우 이미 취득한 소유권이전등기청구권은 바로 소멸되는 것은 아니나, 점유를 상실한 때로부터 10년간 등기청구권을 행사하지 아니하면 소멸시효가 완성한다(대판 95다34866).

④ 시효완성자는 시효완성 후에 부동산의 소유권을 이전받은 제3자에게도 원칙적으로 시효취득으로 대항할 수 있다.
→ 취득시효기간이 만료된 토지의 점유자는 그 기간만료 당시의 토지소유자에 대하여 시효취득을 원인으로 하는 소유권이전등기청구권을 가짐에 그치고, 취득시효기간 만료 후에 새로이 그 토지의 소유권을 취득한 사람에 대하여는 시효취득으로 대항할 수 없다(대판 89다카1305).

⑤ 부동산의 소유자가 시효완성사실을 알고 제3자에게 소유권이전등기를 경료해 주었다면, 시효완성자는 부동산을 처분한 소유자에게 채무불이행책임을 물을 수 있다.
→ 부동산 점유자에게 시효취득으로 인한 소유권이전등기청구권이 있다고 하더라도 이로 인하여 부동산 소유자와 시효취득자 사이에 계약상의 채권·채무관계가 성립하는 것은 아니므로, 그 부동산을 처분한 소유자에게 채무불이행책임을 물을 수 없다(대판 94다4509).

정답 ②

05 난이도 ●○○

부동산의 취득시효에 관한 설명으로 틀린 것은? (다툼이 있으면 판례에 따름)

① 국유재산 중 일반재산은 시효취득의 대상이 된다.
② 1필의 토지의 일부에 관한 점유취득시효는 인정되지 않는다.
③ 집합건물의 공용부분은 시효취득의 대상이 될 수 없다.
④ 취득시효에 의한 소유권취득의 효과는 점유를 개시한 때에 소급한다.
⑤ 시효완성으로 인한 소유권의 취득은 원시취득이다.

06 난이도 ●●○

취득시효에 관한 설명으로 옳은 것은? (다툼이 있으면 판례에 따름)

① 20년간 소유의 의사로 평온·공연하게 집합건물을 구분소유한 사람은 등기함으로써 대지사용권을 취득할 수 있다.
② 간접점유로는 취득시효를 완성할 수 없다.
③ 시효취득을 주장하는 점유자는 자주점유를 증명할 책임이 있다.
④ 취득시효를 주장하는 자는 점유기간 중 소유자의 변동이 없더라도 취득시효의 기산점을 임의로 선택할 수 없다.
⑤ 미등기 부동산의 경우에는 등기 없이도 취득시효기간의 경과만으로 점유자가 소유권을 취득한다.

05 ② 토지의 일부에 대한 취득시효도 인정된다. 단, 1필의 토지의 일부에 대한 시효취득을 인정하기 위하여는 그 부분이 다른 부분과 구분되어 시효취득자의 점유에 속한다는 것을 인식하기에 족한 객관적인 징표가 계속하여 존재할 것을 요한다(대판 93다5581).
① 구 「국유재산법」 제5조 제2항은 "국유재산은 「민법」 제245조의 규정에 불구하고 시효취득의 대상이 되지 아니한다. 다만, 잡종재산(=現 일반재산)의 경우에는 그러하지 아니하다."라고 규정하고 있으므로, 국유재산에 대한 취득시효가 완성되기 위하여는 그 국유재산이 취득시효기간 동안 계속하여 시효취득의 대상이 될 수 있는 잡종재산이어야 하고, 이러한 점에 대한 증명책임은 시효취득을 주장하는 자에게 있다(대판 2006다19528).
③ 집합건물의 공용부분에 대하여 취득시효의 완성을 인정한다면 전유부분과 분리하여 공용부분의 처분을 허용하고 일정 기간의 점유로 인하여 공용부분이 전유부분으로 변경되는 결과가 되어 집합건물법의 취지에 어긋나게 된다(대판 2011다78200).
④ 제247조 제1항
⑤ 시효로 인한 권리취득은 원시취득에 해당한다.

06 ① 20년간 소유의 의사로 평온·공연하게 집합건물을 구분소유한 사람은 등기함으로써 대지의 소유권을 취득할 수 있다. 이 경우 구분소유자들이 취득하는 대지의 소유권은 전유부분을 소유하기 위한 대지사용권에 해당한다(대판 2012다72469).
② 취득시효의 요건인 점유에는 직접점유뿐만 아니라 간접점유도 포함된다(대판 96다8888).
③ 자주·평온·공연점유는 추정되므로(제197조 제1항), 시효취득을 주장하는 점유자는 이를 입증할 책임이 없다.
④ 취득시효의 기산점은 원칙적으로 점유의 개시일로부터 계산해야 하고 임의로 선택할 수 없다. 단, 점유기간 중 계속해서 등기명의자가 동일하고 소유자의 변동이 없는 경우에는 예외적으로 기산점을 임의로 선택할 수 있다(대판 88다카3618).
⑤ 미등기 부동산이라고 하여 취득시효기간의 완성만으로 등기 없이도 점유자가 소유권을 취득한다고 볼 수 없다(대판 2006다22074).

정답 05 ②   06 ①

07 난이도 ●●○

부동산의 점유취득시효에 관한 설명으로 틀린 것은? (다툼이 있으면 판례에 따름)

① 점유취득시효완성을 원인으로 한 소유권이전등기청구는 시효완성 당시의 소유자를 상대로 하여야 한다.
② 시효완성 당시의 등기부상 소유자의 등기가 무효라면 그 등기명의인은 취득시효완성을 원인으로 하는 소유권이전등기청구의 상대방이 될 수 없다.
③ 취득시효기간완성 전에 부동산에 압류 또는 가압류 조치가 이루어졌다면 이는 취득시효의 중단사유가 된다.
④ 점유취득시효완성 후 등기가 경료되기 전에 그 부동산이 제3자에게 명의신탁된 경우, 점유자는 그러한 제3자가 소유자로서의 권리를 행사하는 것을 저지할 수 있다.
⑤ 부동산이 적법하게 명의신탁되었는데 그 부동산에 대해 제3자의 점유취득시효가 완성된 후 제3자 명의의 등기 전에 명의신탁이 해지되어 등기명의가 명의신탁자에게 이전된 경우, 점유자는 명의신탁자에 대하여 시효완성을 주장할 수 없다.

08 난이도 ●●○

점유취득시효에 관한 설명으로 틀린 것은? (다툼이 있으면 판례에 따름)

① 부동산에 관하여 적법·유효한 등기를 마치고 소유권을 취득한 사람이 부동산을 점유하는 경우, 그러한 점유도 취득시효의 기초가 되는 점유라고 할 수 있다.
② 취득시효기간의 완성 전에 등기부상의 소유명의가 변경되었더라도 이는 취득시효의 중단사유가 될 수 없다.
③ 점유취득시효가 완성된 경우 점유자가 시효기간 중에 수취한 과실은 소유자에게 반환할 필요가 없다.
④ 점유취득시효의 완성 후 등기 전에 토지소유자가 파산선고를 받은 때에는 점유자는 파산관재인을 상대로 취득시효를 이유로 소유권이전등기를 청구할 수 없다.
⑤ 취득시효완성으로 인한 소유권이전등기청구권은 원소유자의 동의가 없어도 제3자에게 양도할 수 있다.

07 ③ 취득시효기간의 완성 전에 부동산에 압류 또는 가압류 조치가 이루어졌다고 하더라도 이로써 종래의 점유상태의 계속이 파괴되었다고는 할 수 없으므로 이는 취득시효의 중단사유가 될 수 없다(대판 2018다296878).
① 대판 96다53420
② 이 경우 시효취득자는 소유자를 대위하여 그 무효등기의 말소를 구하고 다시 그 소유자를 상대로 취득시효완성을 이유로 소유권이전등기를 청구하여야 한다(대판 2006다64573).
④ 제3자가 취득시효기간 만료 당시의 등기명의인으로부터 명의신탁받은 경우라면 종전 등기명의인으로서는 언제든지 이를 해지하고 소유권이전등기를 청구할 수 있고, 점유시효취득자로서는 종전 등기명의인을 대위하여 이러한 권리를 행사할 수 있으므로, 그러한 제3자가 소유자로서의 권리를 행사하는 경우 점유자로서는 취득시효완성을 이유로 이를 저지할 수 있다(대판 2007다43894).
⑤ 명의신탁된 부동산에 대하여 점유취득시효가 완성된 후 시효취득자가 그 소유권이전등기를 경료하기 전에 명의신탁이 해지되어 그 등기명의가 명의수탁자로부터 명의신탁자에게로 이전된 경우에는 명의신탁의 취지에 따라 대외적 관계에서는 등기명의자만이 소유권자로 취급되고 시효완성 당시 시효취득자에게 져야 할 등기의무도 명의수탁자에게만 있을 뿐이므로, 그 명의신탁자는 취득시효완성 후에 소유권을 취득한 자에 해당하여 그에 대하여 취득시효를 주장할 수 없다(대판 2000다8861).

08 ① 부동산에 관하여 적법·유효한 등기를 하여 소유권을 취득한 사람이 당해 부동산을 점유하는 경우에는 사실상태를 권리관계로 높여 보호할 필요가 없고, 부동산의 소유명의자는 소유권을 적법하게 보유하는 것으로 추정되어 소유권에 대한 증명의 곤란을 구제할 필요 역시 없으므로, 그러한 점유는 취득시효의 기초가 되는 점유라고 할 수 없다(대판 2013다206313).
③ 시효완성에 의한 소유권취득의 효과는 점유를 개시한 때로 소급한다(제247조 제1항). 따라서 시효취득자가 점유기간 중에 그 부동산으로부터 수취한 과실은 소유자로서 취득한 것이어서 부당이득반환의 대상이 되지 않는다.
④ 파산선고 전에 부동산에 대한 점유취득시효가 완성되었으나 파산선고시까지 소유권이전등기를 마치지 아니한 자는 그 부동산에 관하여 이해관계를 갖는 제3자의 지위에 있는 파산관재인이 선임된 이상 파산관재인을 상대로 점유취득시효완성을 원인으로 한 소유권이전등기절차의 이행을 청구할 수 없다(대판 2006다32187).
⑤ 취득시효완성으로 인한 소유권이전등기청구권의 양도의 경우에는 매매로 인한 소유권이전등기청구권에 관한 양도제한의 법리가 적용되지 않는다(대판 2015다36167). 즉, 이 경우는 통상의 채권양도와 같이 채무자에 대한 통지만으로도 대항력이 생긴다.

정답 07 ③   08 ①

09

난이도 ●●●

乙은 甲 소유의 토지를 20년간 소유의 의사로 평온·공연하게 점유하였음을 이유로 甲에게 소유권이전등기를 청구할 수 있게 되었다. 이에 관한 설명으로 **틀린** 것은? (다툼이 있으면 판례에 따름)

① 乙이 취득시효기간의 만료로 소유권이전등기청구권을 취득한 후 토지의 점유를 상실하였다면 소유권이전등기청구권은 그때부터 소멸시효가 진행한다.

② 乙이 등기를 경료하지 않고 있는 사이에 甲이 丙에게 그 토지를 처분하고 이전등기까지 마쳤다면, 특별한 사정이 없는 한 乙은 취득시효의 완성으로 丙에게 대항할 수 없다.

③ 위 ②에서 甲이 다시 丙으로부터 그 토지소유권을 취득한 경우, 乙은 甲에게 소유권이전등기를 청구할 수 있다.

④ 乙이 등기를 경료하지 않고 있는 사이에 甲이 丙에게 그 토지를 처분한 후 乙이 소유의 의사로 평온·공연하게 다시 20년 넘게 점유한 경우, 乙은 丙에게 취득시효의 완성을 주장할 수 있다.

⑤ 만약 甲이 취득시효 진행 중에 그 토지를 丙에게 양도하고 등기를 이전해 준 후에 시효가 완성되었다면, 乙은 丙에게 시효취득을 주장할 수 없다.

10

난이도 ●●○

甲 소유의 부동산에 대한 乙의 점유취득시효가 완성되었다. 이에 관한 설명으로 **틀린** 것은? (다툼이 있으면 판례에 따름)

① 甲은 乙에게 불법점유를 이유로 부동산의 인도를 청구할 수 없다.

② 乙이 甲으로부터 아직 소유권이전등기를 경료받지 못한 경우에도 甲은 乙에게 점유로 인한 부당이득반환을 청구할 수 없다.

③ 甲이 乙로부터 시효완성을 이유로 소유권이전등기청구를 받은 후 소유권상실을 염려하여 선의의 丙에게 부동산을 매도하여 이전등기를 경료해 준 경우, 乙은 甲에게 불법행위로 인한 손해배상을 청구할 수 있다.

④ 위 ③에서 만일 丙이 甲의 처분행위에 적극 가담하였다면 甲, 丙 간의 매매계약은 사회질서에 위반하여 무효로 된다.

⑤ 甲이 乙로부터 소유권이전등기청구를 받은 후 丙과 통정하여 허위로 丙 명의로 소유권이전등기를 경료하였다면 乙은 직접 丙 명의의 등기의 말소를 청구할 수 있다.

09 ⑤ ② 취득시효기간 완성 후 아직 그것을 원인으로 소유권이전등기를 경료하지 아니한 자는 종전 소유자로부터 그 부동산에 대한 등기부상 소유명의를 넘겨받은 제3자에 대하여 시효취득을 주장할 수 없으나 취득시효기간 만료 전에 등기명의를 넘겨받은 시효완성 당시의 등기명의자에 대하여는 그 소유권취득을 주장할 수 있다(대판 88다카5843 · 88다카5850).
③ 부동산에 대한 점유취득시효가 완성된 후 이를 등기하지 않고 있는 사이에 그 부동산에 관하여 제3자 명의의 소유권이전등기가 경료되어 점유자가 그 제3자에게 시효취득으로 대항할 수 없게 된 경우에도, 점유자가 취득시효 당시의 소유자에 대한 시효취득으로 인한 소유권이전등기청구권을 상실하게 되는 것이 아니라 단지 그 소유자의 점유자에 대한 소유권이전등기의무가 이행불능으로 된 것에 불과하므로, 그 후 어떠한 사유로 취득시효완성 당시의 소유자에게로 소유권이 회복되면 그 소유자에게 시효취득의 효과를 주장할 수 있다(대판 98다40688).
④ 부동산에 대한 점유취득시효가 완성된 후 취득시효완성을 원인으로 한 소유권이전등기를 하지 않고 있는 사이에 그 부동산에 관하여 제3자 명의의 소유권이전등기가 경료된 경우라 하더라도 당초의 점유자가 계속 점유하고 있고 소유자가 변동된 시점을 기산점으로 삼아도 다시 취득시효의 점유기간이 경과한 경우에는 점유자로서는 제3자 앞으로의 소유권 변동시를 새로운 점유취득시효의 기산점으로 삼아 2차의 취득시효의 완성을 주장할 수 있다(대판 전합 2007다15172).

10 ⑤ 취득시효가 완성된 후에 목적부동산의 소유권을 취득한 제3자 명의의 등기가 무효인 경우에는 시효완성자는 취득시효완성 당시의 소유자를 대위하여 제3자 명의의 등기의 말소를 구할 수 있다(대판 90다6651).
①② 부동산에 대한 취득시효가 완성되면 점유자는 소유명의자에 대하여 취득시효완성을 원인으로 한 소유권이전등기절차의 이행을 청구할 수 있고 소유명의자는 이에 응할 의무가 있으므로 점유자가 그 명의로 소유권이전등기를 경료하지 않아 아직 소유권을 취득하지 못하였다고 하더라도 소유명의자는 점유자에 대하여 부동산의 인도나(대판 87다카1979), 점유로 인한 부당이득반환을 청구할 수 없다(대판 92다51280).
③④ 취득시효완성 사실을 알 수 있는 부동산의 소유자가 그 부동산을 제3자에게 처분하여 소유권이전등기를 넘겨줌으로써 취득시효완성을 원인으로 한 소유권이전등기의무를 이행불능에 빠지게 하였다면 이는 불법행위를 구성한다 할 것이며, 제3자가 부동산 소유자의 이와 같은 불법행위에 적극 가담하였다면 이는 사회질서에 반하는 행위로서 무효이다(대판 97다56495).

정답 09 ⑤   10 ⑤

11

난이도 ●●●

乙은 甲으로부터 2000.3.1. 甲 소유의 임야를 매수하여 인도받았으나 소유권이전등기를 하지 않은 채 2025.5.1. 현재까지 점유하고 있다. 甲은 2010.4.1. 같은 임야를 丙에게 매도하고 소유권이전등기를 마쳤다. 이에 관한 설명으로 옳은 것은? (다툼이 있으면 판례에 따름)

① 매매를 원인으로 한 乙의 甲에 대한 소유권이전등기청구권은 2010.3.1. 시효로 소멸하였다.
② 乙이 매매를 원인으로 점유를 개시하였음을 증명하지 못하면 자주점유의 추정은 깨어진다.
③ 乙은 취득시효완성을 이유로 丙의 임야반환청구를 거절할 수 있다.
④ 丙이 2022.4.1. 丁에게 임야를 매도하여 이전등기를 마친 경우, 乙은 丁에 대하여 취득시효완성을 원인으로 하여 소유권이전등기를 청구할 수 있다.
⑤ 위 ④의 경우, 丙이 취득시효가 완성된 사실을 알고 임야를 丁에게 처분하여 乙에게 손해가 발생하였다면, 乙은 丙에게 채무불이행책임을 물어 손해배상을 청구할 수 있다.

12

난이도 ●●●

부동산의 점유취득시효에 관한 설명으로 판례의 태도와 일치하는 것은?

① 시효완성 후 등기 전에 원 소유자가 해당 부동산에 근저당권을 설정한 경우, 특별한 사정이 없는 한 시효완성자는 소유권이전등기를 경료함으로써 담보권의 제한이 없는 완전한 소유권을 취득한다.
② 시효완성 후 원 소유자에 의해 적법하게 설정된 근저당권의 피담보채무를 시효완성자가 변제한 경우, 시효완성자는 대위변제를 이유로 원 소유자에 대하여 구상권을 행사할 수 있다.
③ 시효완성된 토지가 수용됨으로써 소유권이전등기의무가 이행불능이 된 경우, 시효완성자가 그 이행불능 전에 그 권리를 주장하거나 등기청구권을 행사하였는지 여부와 관계없이 대상청구권(代償請求權)을 행사할 수 있다.
④ 시효완성자는 시효완성 전에 이미 설정되어 있던 가등기에 기하여 시효완성 후 소유권이전의 본등기를 경료한 제3자에 대하여 시효취득을 주장할 수 없다.
⑤ 취득시효가 완성된 점유자는 토지소유자가 시효완성 후 당해 토지에 무단으로 담장 등을 설치하더라도 그 철거를 청구할 수 없다.

11 ③ 丙은 乙의 점유취득시효완성(2020.3.1.) 당시의 소유자로서 乙이 취득한 채권(= 소유권이전등기청구권)의 채무자이므로, 乙이 아직 자신의 명의로 소유권이전등기를 경료하지 않았다 하더라도 丙은 乙에 대하여 임야의 반환을 청구할 수 없다(대판 87다카1979).
① 부동산의 매수인이 부동산을 인도받아 점유하는 경우에는 매수인의 소유권이전등기청구권의 소멸시효는 진행하지 않는다(대판 98다32175).
② 토지점유자인 乙은 자주점유를 하는 것으로 추정받으므로(제197조), 乙이 스스로 매매사실을 증명하지 못하더라도 자주점유의 추정은 깨어지지 않는다.
④ 丁은 乙의 점유취득시효완성(2020.3.1.) 후에 소유권을 취득한 제3자이므로, 특별한 사정이 없는 한 乙은 丁에 대하여 취득시효완성을 원인으로 소유권이전등기를 청구할 수 없다.
⑤ 乙과 丙 사이에 계약상의 채권·채무관계가 성립한 것은 아니므로, 乙은 임야를 처분한 丙에게 채무불이행책임을 물을 수 없고(대판 94다4509), 불법행위로 인한 손해배상을 청구할 수 있다(대판 97다56495).

12 ④ 가등기는 그 성질상 본등기의 순위보전의 효력만이 있어 후일 본등기가 경료된 때에는 본등기의 순위가 가등기한 때로 소급하는 것뿐이지 본등기에 의한 물권변동의 효력이 가등기한 때로 소급하여 발생하는 것은 아니므로, 점유자는 취득시효완성 전에 이미 설정되어 있던 가등기에 기하여 시효완성 후 소유권이전의 본등기를 경료한 제3자에 대하여 시효취득을 주장할 수 없다(대판 92다21258).
①② 점유취득시효가 완성된 후에도 점유자 명의로 소유권이전등기가 마쳐지기까지는 원 소유자는 특별한 사정이 없는 한 소유자로서 적법한 권리를 행사할 수 있으므로, 시효취득자로서는 원 소유자의 적법한 권리행사로 인한 현상의 변경이나 제한물권의 설정 등이 이루어진 그 토지의 사실상 혹은 법률상 현상 그대로의 상태에서 등기에 의하여 그 소유권을 취득하게 된다. 그리고 시효취득자가 원 소유자에 의하여 그 토지에 설정된 근저당권의 피담보채무를 변제하는 것은 시효취득자가 용인하여야 할 토지상의 부담을 제거하여 완전한 소유권을 확보하기 위한 것으로서 그 자신의 이익을 위한 행위라 할 것이니, 위 변제액 상당에 대하여 원 소유자에게 대위변제를 이유로 구상권을 행사하거나 부당이득을 이유로 반환청구권을 행사할 수는 없다(대판 2005다75910).
③ 취득시효가 완성된 토지가 수용됨으로써 취득시효완성을 원인으로 하는 소유권이전등기의무가 이행불능이 된 경우 그 시효완성자는 대상청구권의 행사로서 토지소유자가 그 토지의 대가로서 지급받은 수용보상금의 반환을 청구할 수 있다(대판 95다4209). 단, 취득시효완성을 원인으로 한 등기청구권이 이행불능으로 되었다고 하여 대상청구권을 행사하기 위하여는 그 이행불능 전에 등기명의자에 대하여 그 권리를 주장하였거나 등기청구권을 행사하였어야 하고 그 이행불능 전에 그와 같은 권리의 주장이나 행사에 이르지 않았다면 대상청구권을 행사할 수 없다(대판 94다43825).
⑤ 시효취득자는 점유권에 기한 방해배제청구권의 행사로서 토지소유자를 상대로 담장 등의 철거를 청구할 수 있다(대판 2004다23899).

정답 11 ③ 12 ④

13 난이도 ●●○

등기부취득시효의 요건인 '등기'에 관한 설명으로 틀린 것은? (다툼이 있으면 판례에 따름)

① 반드시 적법·유효한 등기일 필요는 없고 무효인 등기라도 무방하다.
② 상속등기를 경료하지 않은 상속인도 「민법」 제245조 제2항의 '부동산의 소유자로 등기한 자'에 해당한다.
③ 등기부취득시효를 주장하는 자는 10년간 반드시 그의 명의로 등기되어 있어야 한다.
④ 지적공부 소관청의 분필절차를 거치지 않은 채 등기부상으로만 분할된 토지에 대한 등기부취득시효는 인정되지 않는다.
⑤ 먼저 된 유효한 소유권보존등기로 인해 뒤에 된 이중보존등기가 무효인 경우, 뒤에 된 등기를 근거로 하여서는 등기부취득시효를 주장할 수 없다.

14 난이도 ●●○

등기부취득시효에 관한 설명으로 틀린 것은? (다툼이 있으면 판례에 따름)

① 등기부취득시효의 완성을 위해서는 앞 사람의 등기까지 아울러 10년간 소유자로 등기되어 있으면 된다.
② 등기부취득시효가 완성되기 위해서는 점유자가 과실 없이 점유를 개시하여야 한다.
③ 등기부취득시효에서 점유자의 과실 여부에 관한 입증책임은 등기부취득시효를 주장하는 점유자에게 있다.
④ 등기부취득시효가 완성된 후 점유자 명의의 등기가 불법말소되거나 제3자 명의로 이전되더라도 점유자는 이미 취득한 소유권을 상실하지 않는다.
⑤ 명의수탁자도 10년간 신탁부동산을 점유하면 등기부취득시효를 완성할 수 있다.

15 난이도 ●●○

소유권의 취득에 관한 설명으로 틀린 것은?

① 무주물선점에 의해 소유권을 취득하기 위해서는 자주점유를 하여야 한다.
② 무주의 부동산은 선점의 대상이 되지 않고 국유로 한다.
③ 유실물은 법률에 정한 바에 의하여 공고한 후 6개월 내에 그 소유자가 권리를 주장하지 않으면 습득자가 그 소유권을 취득한다.
④ 타인의 토지로부터 발견한 매장물은 법률에 정한 바에 의하여 공고한 후 1년 내에 그 소유자가 권리를 주장하지 않으면 그 토지소유자와 발견자가 절반하여 취득한다.
⑤ 부합으로 인하여 소유권을 상실하더라도 부당이득을 이유로 보상을 청구할 수 없다.

---

13 ③ 등기부취득시효를 주장하는 자는 10년간 반드시 그의 명의로 등기되어 있어야 하는 것은 아니고, 앞 사람의 등기까지 아울러 10년 동안 부동산의 소유자로 등기되어 있으면 된다(대판 87다카2176).
① 대판 93다23367
② 대판 89다카6140
④ 등기부상만으로 어떤 토지 중 일부가 분할되고 그 분할된 토지에 대하여 지번과 지적이 부여되어 등기되어 있어도 지적공부 소관청에 의한 지번, 지적, 지목, 경계확정 등의 분필절차를 거친 바가 없다면 그 등기가 표상하는 목적물은 특정되었다고 할 수는 없으니, 그 등기는 그가 점유하는 토지부분을 표상하는 등기로 볼 수 없어 그 점유자는 등기부취득시효의 요건인 '부동산의 소유자로 등기한 자'에 해당하지 아니하므로 그가 점유하는 부분에 대하여 등기부시효취득을 할 수는 없다(대판 94다4615).
⑤ 「민법」 제245조 제2항의 '등기'는 1부동산1용지주의에 위배되지 아니한 등기를 말하므로, 어느 부동산에 관하여 등기명의인을 달리하여 소유권보존등기가 이중으로 경료된 경우 먼저 이루어진 소유권보존등기가 원인무효가 아니어서 뒤에 된 소유권보존등기가 무효로 되는 때에는, 뒤에 된 소유권보존등기나 이에 터잡은 소유권이전등기를 근거로 하여서는 등기부취득시효의 완성을 주장할 수 없다(대판 96다12511).

14 ⑤ 명의수탁자는 타주점유자이므로 부동산의 소유자로 등기된 채로 10년간 점유하더라도 그 부동산의 소유권을 시효취득할 수 없다.
① 대판 87다카2176
② 대판 93다21132
③ 부동산의 등기부시효취득에 있어서 점유의 시초에 과실이 없었음을 필요로 하며, 이와 같은 무과실에 대하여는 그 주장자에게 입증책임이 있다(대판 83다카531).
④ 등기는 물권의 효력발생요건이지 존속요건이 아니므로 등기부취득시효가 완성된 후에 그 등기가 불법말소되거나 적법한 원인 없이 다른 사람 앞으로 이전되었다 하더라도 이미 취득한 소유권을 상실하는 것은 아니다(대판 98다20110).

15 ⑤ 첨부(부합, 혼화, 가공)로 인하여 손해를 받은 자는 부당이득에 관한 규정에 의하여 보상을 청구할 수 있다(제261조).
① 무주의 동산을 '소유의 의사로 점유'한 자는 그 소유권을 취득한다(제252조 제1항).
② 제252조 제2항
③ 제253조
④ 제254조

정답 13 ③   14 ⑤   15 ⑤

16

난이도 ●●○

부합에 관한 설명으로 틀린 것은? (다툼이 있으면 판례에 따름)

① 부동산에 부합하는 물건은 동산에 한하고, 부동산에 부동산이 부합하는 일은 없다.
② 건물은 언제나 토지와 별개의 부동산이므로 건물이 토지에 부합하는 경우는 없다.
③ 농작물은 경작자의 권원 유무를 불문하고 토지에 부합하지 않는다.
④ 부동산에 부합하는 물건의 가격이 부동산의 가격을 초과하는 경우에도 부동산의 소유자가 소유권을 취득한다.
⑤ 토지소유자와 사용대차계약을 맺은 사용차주가 그 토지에 수목을 식재한 경우, 그 수목의 소유자는 사용차주이다.

17

난이도 ●●○

부동산에의 부합에 관한 설명으로 틀린 것은? (다툼이 있으면 판례에 따름)

① 건물의 증축부분이 기존건물에 부합된 경우에도 기존건물에 대한 경매절차에서 경매목적물로 평가되지 않았다면 경락인은 증축부분의 소유권을 취득하지 못한다.
② 건물임차인이 건물소유자의 승낙을 얻어 증축한 부분이 구조상으로나 이용상으로 기존건물과 구분되는 독립성이 있는 때에는 구분소유권이 성립하여 증축된 부분은 독립한 소유권의 객체가 된다.
③ 타인의 토지에 권원 없이 식재한 수목의 소유권은 토지의 소유자에게 귀속한다.
④ 토지의 임차인이 그 권원에 기하여 식재한 수목의 소유권은 임차인에게 있다.
⑤ 정당한 권원 없이 타인의 토지에서 경작한 농작물일지라도 경작자의 소유로 귀속된다.

18 난이도 ●●○

부합에 관한 설명으로 틀린 것은? (다툼이 있으면 판례에 따름)

① 건물임차인이 부착한 벽걸이 에어컨은 건물에 부합되지 않는다.
② 타인의 권원에 의하여 부동산에 부합된 물건이 독립한 권리의 객체성을 상실하고 부동산의 구성부분이 된 경우, 그 부합물의 소유권은 부동산의 소유자에게 귀속된다.
③ 건물임차인이 권원에 기하여 증축한 부분은 구조상·이용상 독립성이 없더라도 임차인의 소유에 속한다.
④ 토지임차권에 기하여 식재된 수목은 그 토지가 경매되더라도 경락인이 그 소유권을 취득하지 못한다.
⑤ 토지소유자의 승낙은 받지 않고 토지임차인의 승낙만 받아 그 토지에 나무를 심은 사람은 토지소유자에 대하여 그 나무의 소유권을 주장할 수 없다.

---

16 ① 부동산에 부합하는 물건은 동산인 것이 보통이지만, 반드시 동산에 한하지 않고 부동산도 포함된다는 것이 판례의 태도이다(대판 90다11967). 가령 건물을 증축한 경우 증축한 부분이 기존건물과 구분되는 독립성이 없으면 증축부분은 기존건물에 부합되어 기존건물의 소유자가 그 증축부분의 소유권을 취득하는 것이 그 예이다.
③ 농작물은 권원 없이 타인의 토지에 경작한 것일지라도 경작자의 소유에 속한다는 것이 판례이다(대판 79다784).
⑤ 토지의 사용대차권에 기하여 식재된 수목은 식재한 자에게 소유권이 있고 토지에 부합되지 않는다(대판 89다카21095).

17 ① 건물의 증축부분이 기존건물에 부합하여 기존건물과 분리하여서는 별개의 독립물로서의 효용을 갖지 못하는 이상 기존건물에 대한 근저당권은 「민법」 제358조에 의하여 부합된 증축부분에도 효력이 미치는 것이므로 기존건물에 대한 경매절차에서 경매목적물로 평가되지 아니하였다고 할지라도 경락인은 부합된 증축부분의 소유권을 취득한다(대판 2000다63110).
② 대판 99다14518
③④ 타인의 토지에 권원 없이 식재한 수목은 토지에 부합하여 토지소유자에 그 소유권이 귀속하지만, 권원(지상권이나 임차권)에 의하여 식재한 경우에는 식재한 자에게 소유권이 귀속한다.
⑤ 농작물은 권원 없이 타인의 토지에 경작한 것일지라도 경작자의 소유에 속한다(대판 79다784).

18 ③ 건물의 증축부분이 구조상·이용상 독립성이 없으면 독립한 소유권의 객체가 될 수 없다.
② 부동산에 부합된 물건이 사실상 분리복구가 불가능하여 거래상 독립한 권리의 객체성을 상실하고 그 부동산과 일체를 이루는 부동산의 구성부분이 된 경우에는 타인이 권원에 의하여 부합시켰더라도 그 물건의 소유권은 부동산의 소유자에게 귀속된다(대판 2007다36933).
⑤ 제3자가 토지소유자의 승낙을 받음이 없이 임차인의 승낙만을 받아 그 토지 위에 나무를 심었다면 특별한 사정이 없는 한 토지소유자에 대하여 그 나무의 소유권을 주장할 수 없다(대판 88다카9067). 즉, 그 나무는 토지에 부합되어 토지소유자의 소유가 된다.

정답 16 ①　17 ①　18 ③

제3절 공동소유

[대표유형] (기본 / 법조문 / 판례)

공유에 관한 설명으로 틀린 것은? (다툼이 있으면 판례에 따름)

① 각 공유자는 자기의 지분을 자유롭게 처분할 수 있다.
→ 공유자는 다른 공유자의 동의 없이 자기의 지분을 처분할 수 있다(제263조).

② 공유물의 소수지분권자가 다른 공유자와 협의 없이 공유물의 전부 또는 일부를 독점적으로 점유·사용하는 경우, 다른 소수지분권자는 공유물의 보존행위로서 공유물의 인도를 청구할 수 없다.
→ 공유물의 소수지분권자가 다른 공유자와 협의 없이 공유물의 전부 또는 일부를 독점적으로 점유·사용하고 있는 경우, 다른 소수지분권자는 공유물의 보존행위로서 그 인도를 청구할 수는 없고, 다만 자신의 지분권에 기초하여 공유물에 대한 방해상태를 제거하거나 공동점유를 방해하는 행위의 금지 등을 청구할 수 있다(대판 전합 2018다287522).

③ 과반수 지분의 공유자라도 공유물의 특정부분을 배타적으로 사용·수익하는 것을 공유물의 관리방법으로 결정할 수 없다.
→ 공유물의 관리는 지분의 과반수로써 결정하므로 과반수 지분의 공유자는 다른 공유자와 협의 없이 단독으로 공유물의 관리방법을 정할 수 있고(대판 2002다9738), 과반수 지분의 공유자가 공유물의 특정부분을 배타적으로 사용·수익하기로 정하는 것도 공유물의 관리방법으로 적법하다(대판 2002다9738).

④ 공유자 간에 분할에 관한 협의가 성립한 후에는 공유물분할청구의 소를 제기하는 것은 허용되지 않는다.
→ 공유자 사이에 이미 분할에 관한 협의가 성립된 경우에는 일부 공유자가 분할에 따른 이전등기에 협조하지 않더라도 소유권이전등기를 청구함은 별 문제이나 또다시 소로써 분할을 청구하는 것은 허용되지 않는다(대판 94다30348).

⑤ 공유자 1인의 보존권 행사 결과가 다른 공유자의 이해와 충돌하는 경우, 그 보존권 행사는 공유물의 보존행위로 볼 수 없다.
→ 공유물의 보존행위는 공유물의 멸실·훼손을 방지하고 그 현상을 유지하기 위하여 하는 사실적·법률적 행위이다. 민법 제265조 단서가 이러한 공유물의 보존행위를 각 공유자가 단독으로 할 수 있도록 한 취지는 그 보존행위가 긴급을 요하는 경우가 많고 다른 공유자에게도 이익이 되는 것이 보통이기 때문이므로, 어느 공유자가 보존권을 행사하는 때에 그 행사의 결과가 다른 공유자의 이해와 충돌될 때에는 그 행사는 보존행위로 될 수 없다(대판 2023다240879).

정답 ③

난이도 ●●○

19 공유에 관한 설명으로 틀린 것은? (다툼이 있으면 판례에 따름)

① 공유자의 지분이 다를 경우에는 이를 등기하여야 제3자에게 대항할 수 있다.
② 공유물을 처분·변경하기 위해서는 공유자 전원의 동의가 있어야 한다.
③ 공유자 중 1인은 공유물의 보존행위로서 다른 공유자의 지분권을 대외적으로 주장할 수 있다.
④ 공유자가 그 지분을 포기하거나 상속인 없이 사망한 때에는 그 지분은 다른 공유자에게 각 지분의 비율로 귀속한다.
⑤ 등기된 분할금지특약은 지분의 양수인에게도 효력이 있다.

---

19 ③ 공유자가 다른 공유자의 지분권을 대외적으로 주장하는 것을 공유물의 멸실·훼손을 방지하고 공유물의 현상을 유지하는 사실적·법률적 행위인 공유물의 보존행위에 속한다고 할 수 없다(대판 94다35008).
① 제262조 제2항
② 제264조
④ 제267조
⑤ 공유물에 대한 분할금지특약은 등기한 경우에만 제3자(가령 지분의 양수인)에게 대항할 수 있다.

정답 19 ③

20 공유에 관한 설명으로 틀린 것은? (다툼이 있으면 판례에 따름)

① 부동산의 공유자는 다른 공유자의 동의 없이 자기의 지분 위에 저당권을 설정할 수 없다.
② 토지의 1/2 지분권자가 나머지 1/2 지분권자와의 협의 없이 토지를 배타적으로 점유·사용하는 경우, 나머지 지분권자는 공유물의 보존행위로서 그 토지의 인도를 청구할 수 없다.
③ 제3자가 공유물을 불법점유한 경우, 공유자는 단독으로 공유물 전부의 반환을 청구할 수 있다.
④ 공유물 무단점유자에 대한 차임 상당 부당이득반환청구권은 특별한 사정이 없는 한 각 공유자에게 지분 비율만큼 귀속된다.
⑤ 공유자 전원이 임대인으로 되어 공유물을 임대한 경우, 그 임대차계약을 해지하는 것은 특별한 사정이 없는 한 공유물의 관리행위이다.

21 공유에 관한 설명으로 옳은 것은? (다툼이 있으면 판례에 따름)

① 공유물의 사용·수익·관리에 관한 공유자 사이의 특약은 원칙적으로 그 특정승계인에 대하여는 승계되지 않는다.
② 공유부동산에 대해 공유자 중 1인의 단독 명의로 원인무효의 소유권이전등기가 행해졌다면 다른 공유자는 등기명의인인 공유자를 상대로 등기 전부의 말소를 청구할 수 있다.
③ 부동산 공유자 중 1인의 공유지분 포기에 따른 물권변동은 그 포기의 의사표시가 다른 공유자에게 도달함은 물론 등기를 하여야 그 효력이 발생한다.
④ 과반수지분권자가 단독으로 공유토지를 임대한 경우, 소수지분권자는 과반수지분권자에게 부당이득반환을 청구할 수 없다.
⑤ 공유자 중 1인의 지분 위에 설정된 저당권은 공유물의 분할로 인하여 그 저당권설정자 앞으로 분할된 부분에 집중된다.

20 ① 각 공유자는 자신의 지분을 다른 공유자의 동의 없이 자유롭게 처분할 수 있다(제263조). 여기서 처분이란 지분을 타인에게 양도하거나 담보로 제공하거나 포기하는 행위 등을 말한다.
② 공유물의 소수지분권자가 다른 공유자와 협의 없이 공유물의 전부 또는 일부를 독점적으로 점유·사용하고 있는 경우, 다른 소수지분권자는 공유물의 보존행위로서 그 인도를 청구할 수는 없고, 다만 자신의 지분권에 기초하여 공유물에 대한 방해상태를 제거하거나 공동점유를 방해하는 행위의 금지 등을 청구할 수 있다(대판 전합 2018다287522).
③ 보존행위는 공유자 각자가 할 수 있다(제265조 단서).
④ 공유물 무단점유자에 대한 차임 상당 부당이득반환청구권은 특별한 사정이 없는 한 각 공유자에게 지분 비율만큼 귀속된다(대판 2021다257255).
⑤ 공유자가 공유물을 타인에게 임대하는 행위 및 그 임대차계약을 해지하는 행위는 공유물의 관리행위에 해당하므로「민법」제265조 본문에 의하여 공유자의 지분의 과반수로써 결정하여야 한다(대판 2010다37905).

21 ③ 부동산 공유자의 공유지분 포기의 의사표시가 다른 공유자에게 도달하더라도 이로써 곧바로 공유지분 포기에 따른 물권변동의 효력이 발생하는 것은 아니고, 이후「민법」제186조에 의하여 등기를 하여야 공유지분 포기에 따른 물권변동의 효력이 발생한다(대판 2015다52978).
① 공유물의 사용·수익·관리에 관한 공유자 사이의 특약은 유효하며 그 특정승계인에 대하여도 승계되지만, 그 특약이 지분권자로서의 사용·수익권을 사실상 포기하는 등으로 공유지분권의 본질적 부분을 침해하는 경우에는 특정승계인이 그러한 사실을 알고도 공유지분권을 취득하였다는 등의 특별한 사정이 없다면 특정승계인에게 당연히 승계된다고 볼 수 없다(대판 2011다58701).
② 그 소유권이전등기는 그 공유자의 공유지분에 관하여는 실체관계에 부합하는 등기라고 할 것이므로, 다른 공유자는 단독 명의로 등기를 하고 있는 공유자에 대하여 그 공유자의 공유지분을 제외한 나머지 공유지분 전부에 관하여만 말소를 청구할 수 있다(대판 2012다2408).
④ 이 경우 과반수지분권자는 소수지분권자에 대하여 그 지분에 상응하는 임료 상당의 부당이득을 반환할 의무가 있다(대판 2002다9738).
⑤ 甲, 乙의 공유인 부동산 중 甲의 지분 위에 설정된 근저당권 등 담보물권은 특단의 합의가 없는 한 공유물분할이 된 뒤에도 종전의 지분비율대로 공유물 전부의 위에 그대로 존속하고 근저당권설정자인 甲 앞으로 분할된 부분에 당연히 집중되는 것은 아니다(대판 88다카24868).

정답 20 ① 21 ③

22 난이도 ●●○

甲과 乙이 X건물을 공유하고 있는 경우에 관한 설명으로 옳은 것은? (다툼이 있으면 판례에 따름)

① 1/3지분권자 乙은 甲의 동의 없이 자신의 지분을 丙에게 처분하지 못한다.
② 1/3지분권자 乙이 甲의 동의 없이 X건물을 丙에게 임대한 경우, 그 임대차계약은 효력이 없다.
③ 甲이 X건물 전부에 관하여 무단으로 자기 앞으로 소유권이전등기를 경료한 경우, 乙은 甲에 대하여 그 등기 전부의 말소를 청구할 수 있다.
④ X건물의 임차인인 丙이 「상가건물 임대차보호법」에 따른 계약갱신요구권을 행사한 경우, 이를 거절하려면 甲과 乙 전원의 동의가 있어야 한다.
⑤ 2/3지분권자 甲이 乙의 동의 없이 X건물 전부를 丙에게 사용하게 한 경우, 乙은 丙에 대하여 자신의 1/3지분에 상응하는 차임 상당액을 부당이득으로 반환할 것을 청구할 수 없다.

23 난이도 ●●○

甲과 乙은 각각 2/3, 1/3의 지분으로 X토지를 공유하고 있다. 이에 관한 설명으로 옳은 것은? (다툼이 있으면 판례에 따름)

① 甲이 乙의 동의 없이 X토지 전부를 丙에게 매도한 경우, 그 매매계약은 효력이 있다.
② 甲이 乙의 동의 없이 X토지를 丁에게 임대하여 인도한 경우, 乙은 丁에게 점유의 배제를 청구할 수 있다.
③ 甲이 乙의 동의 없이 X토지 위에 건물을 축조한 경우, 乙은 甲에게 그 건물의 철거를 청구하지 못한다.
④ X토지에 대해 戊 명의로 원인무효의 소유권이전등기가 경료된 경우, 乙은 戊를 상대로 그 등기 전부의 말소를 청구할 수 없다.
⑤ 己가 X토지를 불법으로 점유한 경우, 甲은 己에 대하여 乙의 지분에 관한 손해에 대하여도 그 배상을 청구할 수 있다.

22 ⑤ 과반수지분의 공유자로부터 공유물의 특정부분의 사용·수익을 허락받은 제3자의 점유는 다수지분권자의 공유물 관리권에 터잡은 적법한 점유이므로 그 제3자는 소수지분권자에 대하여 그 점유로 인하여 법률상 원인 없이 이득을 얻고 있다고 볼 수 없다(대판 2002다9738). 따라서 乙은 丙이 아니라 甲에 대하여 자신의 1/3지분에 상응하는 차임 상당액을 부당이득으로 반환할 것을 청구하여야 한다.
① 공유자는 자신의 지분을 다른 공유자의 동의 없이 자유롭게 처분(양도, 담보제공, 포기)할 수 있다(제263조).
② 임대차계약은 처분행위가 아니라 의무부담행위, 즉 채권계약이므로 임대권한이 없는 자의 임대차계약도 당사자 사이에서는 효력이 있다. 따라서 1/3지분권자 乙이 甲의 동의 없이 X건물을 丙에게 임대한 경우에도 그 임대차계약은 유효하다. 다만, 丙은 그 임차권으로 甲에게 대항할 수는 없다.
③ 甲이 X건물 전부에 관하여 무단으로 자기 앞으로 소유권이전등기를 경료한 경우, 그러한 등기도 甲의 지분 범위 내에서는 유효하므로, 乙은 甲에 대하여 그 등기 전부의 말소를 청구할 수는 없다.
④ 상가건물의 공유자인 임대인이 임차인에게 갱신거절의 통지를 하는 행위는 실질적으로 임대차계약의 해지와 같이 공유물의 임대차를 종료시키는 것이므로 공유물의 관리행위에 해당하여 공유자의 지분의 과반수로써 결정하여야 한다(대판 2010다37905).

23 ① 매매계약은 채권계약(의무부담행위)이므로 무권리자가 한 경우에도 효력이 있다. 즉, 甲, 丙 간의 X토지매매계약은 乙의 1/3 지분에 관하여는 무권리자가 한 매매계약에 해당하지만, 그럼에도 불구하고 매매계약은 전체적으로 유효하다. 단, 甲이 丙에게 토지 전체에 대한 소유권이전등기를 경료해 주었다면, 이는 부분적으로는 무권리자의 처분행위가 되어 丙 명의의 등기는 2/3 지분 범위에서만 유효하고 1/3 지분 범위에서는 무효가 된다.
② 과반수 지분의 공유자로부터 사용·수익을 허락받은 점유자에 대하여 소수 지분의 공유자는 점유의 배제(건물의 철거나 퇴거 등)나 임료 상당액에 대한 부당이득반환을 청구할 수 없다(대판 2002다9738).
③ 과반수지분권자라 하여 나대지에 새로이 건물을 건축한다든지 하는 것은 '관리'의 범위를 넘는 것이다(대판 2000다33638). 따라서 이 경우 乙은 甲에게 보존행위를 이유로 건물의 철거를 청구할 수 있다.
④ 공유하는 부동산에 제3자 명의의 무효등기가 경료되어 있는 경우 공유자 각자는 공유물에 대한 보존행위로서 그 등기 전부의 말소를 청구할 수 있다(대판 92다52870).
⑤ 공유물에 끼친 불법행위를 이유로 하는 손해배상청구권은 특별한 사유가 없는 한 각 공유자가 지분에 대응하는 비율의 한도 내에서만 행사할 수 있다(대판 70다171). 따라서 甲은 자신의 지분에 관한 손해배상만 청구할 수 있고, 乙의 지분에 관한 손해에 대하여는 그 배상을 청구할 수 없다.

정답 22 ⑤   23 ①

24 난이도 ●●○

甲, 乙, 丙은 각각 5분의 3, 5분의 1, 5분의 1의 비율로 X토지를 공유하고 있다. 이에 관한 설명으로 틀린 것은? (다툼이 있으면 판례에 따름)

① 甲은 乙이나 丙과의 사이에 협의가 없더라도 X토지의 특정 부분을 배타적으로 사용·수익할 것을 공유물의 관리방법으로 정할 수 있다.
② 乙이나 丙은 甲으로부터 X토지의 사용·수익을 허락받은 점유자에 대하여 그 점유의 배제나 부당이득반환을 청구할 수 없다.
③ 甲이 단독으로 X토지(나대지)에 건물을 건축하기로 결정한 경우, 乙이나 丙은 협의가 없었음을 이유로 이의를 제기할 수 있다.
④ 甲이 X토지 전부를 乙과 丙의 동의 없이 매도하여 매수인 명의로 소유권이전등기를 마친 경우, 甲의 지분 범위 내에서 등기는 유효하다.
⑤ 甲의 지분 위에 저당권이 설정된 상태에서 X토지가 현물분할된 경우, 그 저당권은 甲이 분할받은 토지 위로 그 효력이 집중된다.

25 난이도 ●●○

공유물의 분할에 관한 설명으로 옳은 것은? (다툼이 있으면 판례에 따름)

① 공유물분할청구권은 채권적 청구권으로서, 공유관계가 성립한 때로부터 10년간 행사하지 않으면 시효로 인해 소멸한다.
② 재판상 분할의 경우, 법원은 현물분할과 대금분할 중 자유로운 재량에 따라 그 방법을 선택할 수 있다.
③ 공유물을 공유자 중의 1인의 단독소유로 하되 현물을 소유하게 되는 공유자로 하여금 다른 공유자에 대하여 그 지분의 가격을 배상시키는 분할방법은 허용되지 않는다.
④ 부동산의 일부 공유지분 위에 저당권이 설정된 후 분할된 경우, 분할된 각 부동산은 저당권의 공동담보가 된다.
⑤ 공유물분할의 효과는 공유관계가 성립한 때로 소급한다.

24 ⑤ 甲, 乙, 丙의 공유인 부동산 중 甲의 지분 위에 설정된 근저당권 등 담보물권은 특단의 합의가 없는 한 공유물 분할이 된 뒤에도 종전의 지분비율대로 공유물 전부의 위에 그대로 존속하고 근저당권설정자인 甲 앞으로 분할된 부분에 당연히 집중되는 것은 아니다(대판 88다카24868).
① 대판 2002다9738
② 대판 2002다9738
③ 대판 2000다33638
④ 매수인 명의의 등기는 3/5 지분 범위에서만 유효하고 2/5 지분 범위에서는 무효가 된다.

25 ④ 부동산의 일부 공유지분에 관하여 저당권이 설정된 후 부동산이 분할된 경우, 그 저당권은 분할된 각 부동산 위에 종전의 지분비율대로 존속하고, 분할된 각 부동산은 저당권의 공동담보가 된다(대판 2011다74932).
① 공유물분할청구권은 형성권이므로 공유관계가 존속하는 한 그 분할청구권만 독립하여 시효로 소멸될 수 없다(대판 80다1888).
② 재판에 의하여 분할하는 경우에는 현물분할을 하는 것이 원칙이다(제269조 제2항).
③ 공유물을 공유자 중의 1인의 단독소유 또는 수인의 공유로 하되 현물을 소유하게 되는 공유자로 하여금 다른 공유자에 대하여 그 지분의 적정하고도 합리적인 가격을 배상시키는 방법에 의한 분할도 현물분할의 하나로 허용된다(대판 2004다30583).
⑤ 공유물의 분할은 지분의 교환이나 매매의 실질을 가지므로 분할의 효과에는 소급효가 없다.

정답 24 ⑤ 25 ④

26 공유물분할의 방법에 관한 설명으로 <u>틀린</u> 것은? (다툼이 있으면 판례에 따름)

① 공유자 전원이 분할절차에 참여하지 않은 공유물분할은 무효이다.
② 토지를 현물분할하는 경우, 각 공유자가 취득하는 토지의 면적이 그 공유지분의 비율과 반드시 같아야 하는 것은 아니다.
③ 공유물을 현물분할하는 경우, 분할청구자의 지분한도 안에서 현물분할을 하고 분할을 원하지 않는 나머지 공유자는 공유자로 남게 하는 방법도 허용된다.
④ 협의분할의 경우에는 등기시에, 재판상 분할의 경우에는 판결확정시에 물권변동의 효과가 생긴다.
⑤ 공유자 중 1인 소유의 건물이 있는 공유대지를 분할하여 그 대지와 지상건물의 소유자가 달라지게 되는 경우, 특별한 사정이 없는 한 건물소유자는 관습상의 법정지상권을 취득하지 못한다.

27 합유에 관한 설명으로 <u>틀린</u> 것은? (다툼이 있으면 판례에 따름)

① 합유물을 처분 또는 변경함에는 합유자 전원의 동의가 있어야 한다.
② 합유자는 다른 합유자의 동의 없이 합유지분을 처분할 수 있다.
③ 합유자는 합유물의 분할을 청구하지 못한다.
④ 합유는 조합체의 해산 또는 합유물의 양도로 인하여 종료한다.
⑤ 합유자 중 일부가 사망한 경우 그 상속인은 합유자로서의 지위를 승계하지 않는다.

28

난이도 ●○○

공동소유의 법률관계에 관한 설명으로 틀린 것은? (다툼이 있으면 판례에 따름)

① 합유자는 합유물을 처분할 때는 물론 합유물의 지분을 처분할 때도 합유자 전원의 동의를 얻어야 한다.
② 합유물의 보존행위는 합유자 각자가 할 수 있다.
③ 부동산에 관한 합유지분의 포기는 등기하여야 효력이 생긴다.
④ 총유물의 관리 및 처분은 사원총회의 결의에 의한다.
⑤ 비법인사단의 사원은 단독으로 총유물의 보존행위를 할 수 있다.

26 ⑤ 공유지상에 공유자의 1인 또는 수인 소유의 건물이 있을 경우 위 공유지의 분할로 그 대지와 지상건물이 소유자를 달리하게 될 때에는 다른 특별한 사정이 없는 한 건물소유자는 그 건물부지상에 그 건물을 위하여 관습상의 법정지상권을 취득한다(대판 73다353).
① 협의분할이든 재판상 분할이든 공유자 전원이 분할절차에 참여하여야 한다. 공유자 중 일부가 제외된 분할은 무효이다.
② 토지를 분할하는 경우에는 원칙적으로는 각 공유자가 취득하는 토지의 면적이 그 공유지분의 비율과 같아야 할 것이나, 토지의 형상이나 위치, 그 이용상황이나 경제적 가치가 균등하지 아니할 때에는 제반 사정을 고려하여 경제적 가치가 지분비율에 상응되도록 분할하는 것도 허용된다(대판 93다27819).
③ 여러 사람이 공유하는 물건을 현물분할하는 경우에는 분할을 원하지 않는 나머지 공유자는 공유로 남는 방법도 허용된다(대판 93다27819).

27 ② 합유자는 다른 합유자의 동의 없이 합유지분을 처분하지 못한다(제273조 제1항). 즉, 합유자가 자신의 합유지분을 처분하기 위해서는 합유자 전원의 동의가 있어야 한다.
① 제272조
③ 제273조 제2항
④ 제274조 제1항
⑤ 부동산의 합유자 중 일부가 사망한 경우 합유자 사이에 특별한 약정이 없는 한 사망한 합유자의 상속인은 합유자로서의 지위를 승계하는 것이 아니므로 해당 부동산은 잔존 합유자가 2인 이상일 경우에는 잔존 합유자의 합유로 귀속되고 잔존 합유자가 1인인 경우에는 잔존 합유자의 단독소유로 귀속된다(대판 96다23238).

28 ⑤ 총유물의 경우는 보존행위도 사원총회의 결의에 의하고 각 사원이 할 수 없다.
① 합유물의 처분(제272조), 합유지분의 처분(제273조 제1항) 모두 합유자 전원의 동의를 요한다.
② 제272조 단서
③ 합유지분 포기는 법률행위이므로 등기하여야 효력이 있다(대판 96다16896).
④ 제276조 제1항

정답 26 ⑤   27 ②   28 ⑤

29 난이도 ●●●
종합
판례

공동소유에 관한 판례의 태도를 잘못 설명한 것은?

① 합유지분권을 포기하더라도 그에 따른 등기가 이루어지지 않는 한 지분을 포기한 지분권자는 제3자에 대하여 여전히 합유지분권자로서의 지위를 가진다.
② 합유물에 관하여 경료된 원인무효의 소유권이전등기의 말소를 구하는 소송은 합유물에 관한 보존행위로서 합유자 각자가 할 수 있다.
③ 합유재산에 관하여 합유자 중 1인이 임의로 자기 단독 명의의 소유권보존등기를 한 경우, 자신의 지분 범위 내에서는 유효한 등기이다.
④ 종중원이 종산(宗山)에 분묘를 설치하는 것은 단순한 사용·수익에 불과한 것이 아니라 처분행위에 해당하므로 총유체인 종중의 결의가 필요하다.
⑤ 법인 아닌 사단의 구성원은 설령 그가 대표자라거나 사원총회의 결의를 거쳤다 하더라도 총유재산에 관한 소송의 당사자가 될 수 없다.

---

29 ③ 합유재산을 합유자 1인의 단독소유로 소유권보존등기를 한 경우 이는 실질관계에 부합하지 않는 원인무효의 등기이므로, 다른 합유자는 등기명의인인 합유자를 상대로 소유권보존등기 말소청구의 소를 제기하는 등의 방법으로 원인무효의 등기를 말소시킨 다음 새로이 합유의 소유권보존등기를 신청할 수 있다(대판 2016다6309).
① 합유지분 포기가 적법하다면 그 포기된 합유지분은 나머지 잔존 합유지분권자들에게 균분으로 귀속하게 되지만, 그와 같은 물권변동은 합유지분권의 포기라고 하는 법률행위에 의한 것이므로 등기하여야 효력이 있고, 지분을 포기한 합유지분권자로부터 잔존 합유지분권자들에게 합유지분권 이전등기가 이루어지지 아니하는 한 지분을 포기한 지분권자는 제3자에 대하여 여전히 합유지분권자로서의 지위를 가지고 있다고 보아야 한다(대판 96다16896).
② 대판 96다16896
④ 종산에 대한 분묘설치행위는 단순한 사용·수익에 불과한 것이 아니고 관습에 의한 지상권 유사의 물권을 취득하게 되는 처분행위에 해당하므로 총유체인 종중의 결의가 필요하다(대판 2007다16885).
⑤ 총유물에 대한 보존행위로서 소를 제기하는 것은 사원총회의 결의를 얻어 법인 아닌 사단이 그 명의로 또는 구성원 전원이 필수적 공동소송의 형태로 할 수 있을 뿐, 사단의 구성원은 설령 그가 사단의 대표자라 하더라도 그 소송의 당사자가 될 수 없다(대판 전합 2004다44971).

정답 29 ③

제5장 용익물권

제1절 지상권

[대표유형] (기본, 판례)

지상권에 관한 설명으로 옳은 것은? (다툼이 있으면 판례에 따름)

① 지료의 지급은 지상권의 성립요소이다.
→ 지료는 지상권성립의 요소가 아니다.

② 지상권의 존속기간을 영구로 약정하는 것은 허용되지 않는다.
→ 지상권의 존속기간을 영구로 약정하는 것도 허용된다(대판 99다66410).

③ 토지소유자가 아니어서 처분권한이 없는 자도 해당 토지에 관하여 지상권설정계약을 체결할 수 있다.
→ 「민법」 제569조는 매매의 목적이 된 권리가 매도인이 아닌 타인에게 속한 경우에도 매도인은 매매계약을 체결할 수 있고, 단지 매도인은 그 권리를 취득하여 매수인에게 이전하여야 할 의무를 부담하는 것으로 규정하고 있다. 한편 「민법」 제567조에 의하면 매매에 관한 규정은 계약의 성질상 허용되지 않는 경우를 제외하고는 매매 이외의 유상계약에 준용한다. 따라서 유상계약인 지상권설정계약에도 「민법」 제569조를 준용하여 부동산의 소유자가 아닌 자라도 향후 해당 부동산에 지상권을 설정하여 줄 것을 내용으로 하는 계약을 체결할 수 있고, 단지 그 계약상 의무자는 향후 처분권한을 취득하거나 소유자의 동의를 얻어 해당 부동산에 지상권을 설정하여 줄 의무를 부담할 뿐이라고 보아야 한다. 그리고 지상권설정계약의 계약상 의무자가 비록 「부동산등기법」상 등기의무자는 아니라고 하더라도 법원은 지상권설정계약에 근거하여 계약상 의무자를 상대로 계약의 내용대로 지상권설정등기절차의 이행을 명할 수 있다(대판 2018다37949).

④ 지상권자가 토지소유권의 양도 전후에 걸쳐서 지료지급을 지체한 경우, 양도인과 양수인에 대하여 연체된 지료의 합이 2년분이 되면 양수인은 지상권의 소멸을 청구할 수 있다.
→ 지상권자의 지료지급 연체가 토지소유권의 양도 전후에 걸쳐 이루어진 경우, 토지양수인에 대한 연체기간이 2년이 되지 않는다면 양수인은 지상권소멸청구를 할 수 없다(대판 99다17142).

⑤ 지상권은 저당권의 객체가 될 수 있지만, 당사자는 설정행위로 이를 금지할 수 있다.
→ 지상권의 양도를 규정한 「민법」 제282조는 편면적 강행규정이므로 지상권의 처분성은 특약으로도 이를 배제할 수 없다. 즉, 당사자는 설정행위로 지상권의 담보제공을 금지할 수 없다.

정답 ③

01 난이도 ●○○

지상권에 관한 설명으로 옳은 것은? (다툼이 있으면 판례에 따름)

① 지상권자와 지상물의 소유자는 반드시 일치하여야 한다.
② 지상권에도 법정갱신(묵시적 갱신)제도가 있다.
③ 지상권자는 토지소유자에 대하여 필요비 및 유익비의 상환을 청구할 수 있다.
④ 지상권이 설정된 토지를 양수한 자는 지상권자에게 그 토지의 인도를 청구할 수 없다.
⑤ 지상권이 설정된 토지 위에 지상권자가 신축한 건물이 그의 과실로 소실되면 지상권도 함께 소멸한다.

02 난이도 ●○○

지상권에 관한 설명으로 틀린 것은? (다툼이 있으면 판례에 따름)

① 수목의 소유를 목적으로 한 지상권의 최단존속기간은 30년이다.
② 지상권자는 토지소유자의 동의 없이 지상권을 양도하거나 지상권의 존속기간 내에서 토지를 임대할 수 있다.
③ 지상권자가 2년 이상의 지료를 지급하지 아니한 때에는 지상권설정자는 지상권의 소멸을 청구할 수 있으나, 당사자의 약정으로 그 기간을 단축할 수 있다.
④ 지상권이 소멸한 경우에 지상권설정자가 상당한 가액을 제공하여 지상물의 매수를 청구한 때에는 지상권자는 정당한 이유 없이 이를 거절하지 못한다.
⑤ 지상권이 소멸한 경우에 지상권자가 계약갱신청구권을 행사하기 위해서는 지상물이 현존하고 있어야 한다.

03

지상권에 관한 설명으로 옳은 것은? (다툼이 있으면 판례에 따름)

① 지상권설정 당시에 소유할 공작물의 종류와 구조를 정하지 않은 경우에는 그 지상권의 존속기간은 30년으로 한다.
② 지상권자는 건물을 축조한 뒤 지상권을 유보한 채 건물만을 양도할 수도 있고, 건물소유권을 유보한 채 지상권만을 양도할 수도 있다.
③ 지료등기를 하지 않은 지상권이 양도된 경우에도 지료증액청구권이 발생할 수 있다.
④ 토지소유자가 지상권자의 지료연체를 이유로 지상권소멸청구를 하여 지상권이 소멸된 경우에도 지상권자는 토지소유자를 상대로 건물 기타 공작물이나 수목의 매수를 청구할 수 있다.
⑤ 토지에 근저당권을 취득한 자가 토지의 담보가치 저감을 막기 위해 지상권을 취득한 경우, 그 피담보채권이 시효로 소멸하더라도 지상권은 소멸하지 않는다.

---

01 ④ 지상권은 물권(절대권)이므로 토지의 양수인에게도 대항할 수 있다.
① 지상권자는 지상권을 유보한 채 지상물의 소유권만을 양도할 수도 있고, 지상물의 소유권을 유보한 채 지상권만을 양도할 수도 있는 것이어서, 지상권자와 그 지상물의 소유권자가 반드시 일치하여야 하는 것은 아니다(대판 2006다6126).
② 지상권에는 법정갱신제도가 없다.
③ 지상권자는 토지소유자에 대하여 유익비의 상환을 청구할 수 있으나, 필요비의 상환은 청구할 수 없다.
⑤ 지상권은 토지를 객체로 한 권리이므로, 지상물이 멸실하더라도 지상권은 소멸하지 않는다.

02 ③ "지상권자가 2년 이상의 지료를 지급하지 아니한 때에는 지상권설정자는 지상권의 소멸을 청구할 수 있다."는 「민법」제287조는 편면적 강행규정으로 이에 위반되는 약정으로 지상권자에 불리한 것은 무효이다. 따라서 당사자의 약정으로 그 기간을 단축할 수 없다.
① 제280조 제1항 제1호
② 제282조
④ 제285조 제2항
⑤ 제283조 제1항

03 ② 지상권자가 지상물과 지상권 중 한쪽만 처분하는 것도 가능하다.
① 지상권설정 당시에 공작물의 종류와 구조를 정하지 않은 때에는 일반 건물의 소유를 목적으로 한 것으로 보아 존속기간은 15년이 된다(제281조 제2항).
③ 지료액 또는 그 지급시기 등의 약정은 등기하여야만 제3자에게 대항할 수 있고, 등기되지 않은 경우에는 무상의 지상권으로서 지료증액청구권도 발생할 수 없다(대판 99다24874).
④ 지상권자의 지상물매수청구권은 지상권이 존속기간의 만료로 인하여 소멸하는 때에 행사할 수 있는 권리이므로, 지상권자의 지료연체를 이유로 토지소유자가 지상권소멸청구를 하여 지상권이 소멸된 경우에는 지상권자의 매수청구권이 인정되지 않는다(대판 93다10781).
⑤ 이른바 담보지상권의 경우, 그 피담보채권이 변제 등으로 만족을 얻어 소멸한 경우는 물론이고 시효소멸한 경우에도 그 지상권은 피담보채권에 부종하여 소멸한다(대판 2011다6342).

정답 01 ④ 02 ③ 03 ②

04 난이도 ●●●

지상권에 관한 설명으로 옳은 것은? (다툼이 있으면 판례에 따름)

① 지상권의 존속기간을 정하지 않은 경우, 토지소유자는 언제든지 지상권의 소멸을 청구할 수 있다.
② 지상권의 양도를 금지하는 특약은 원칙적으로 유효하다.
③ 지상권이 저당권의 목적인 경우, 2년 이상의 지료연체를 이유로 하는 지상권소멸청구는 인정되지 않는다.
④ 지상권설정계약 당시 건물 기타 공작물이 없다면 지상권은 유효하게 성립할 수 없다.
⑤ 채권담보를 위하여 토지에 저당권과 함께 무상의 담보지상권을 취득한 자는 제3자가 그 토지를 불법점유하더라도 임료 상당의 손해배상청구를 할 수 없다.

05 난이도 ●●○

乙은 甲 소유의 토지에 지상권을 취득하였다. 이에 관한 설명으로 옳은 것은? (다툼이 있으면 판례에 따름)

① 지료가 1년 연체된 상태에서 토지가 丙에게 양도되고 다시 지료가 1년 6개월 연체된 경우, 丙은 乙에 대하여 지료연체를 이유로 지상권의 소멸을 청구할 수 있다.
② 乙이 甲의 동의 없이 丁에게 지상권을 목적으로 하는 저당권을 설정해 준 경우, 甲은 이를 이유로 乙에 대하여 지상권의 소멸을 청구할 수 있다.
③ 위 ②에서 지료연체를 원인으로 하는 甲의 지상권소멸청구는 丁에게 통지한 후 상당한 기간이 경과함으로써 그 효력이 생긴다.
④ 甲, 乙 간에 乙이 그 토지를 타인에게 임대하지 않는다는 특약이 있는 경우, 乙이 이를 위반하여 戊에게 토지를 임대하고 인도하였다면 甲은 戊에게 토지의 인도를 청구할 수 있다.
⑤ 乙의 토지사용을 방해하지 않는 범위 내라면 甲은 乙의 승낙 없이도 그 토지의 지하부분에 己를 위하여 구분지상권을 설정할 수 있다.

난이도 ●○○

06 구분지상권에 관한 설명으로 옳은 것은? (다툼이 있으면 판례에 따름)

① 지하 또는 지상의 공간은 상하의 범위를 정하여 건물 기타 공작물 또는 수목을 소유하기 위한 지상권의 목적으로 할 수 있다.
② 1필의 토지의 일부에 대하여는 구분지상권을 설정할 수 없다.
③ 구분지상권의 존속기간을 영구로 약정하는 것은 허용되지 않는다.
④ 이미 제3자가 전세권이나 지상권을 가지고 있는 토지에 대하여는 구분지상권을 설정할 수 없다.
⑤ 구분지상권의 행사를 위하여 토지소유자의 토지사용을 제한하는 특약을 구분지상권 설정행위에서 할 수 있다.

---

04 ⑤ 채권자가 채권의 담보를 위하여 토지에 저당권과 함께 지료 없는 지상권을 설정하면서 채무자의 사용·수익권을 배제하지 않은 경우에는 불법점유가 없었더라도 지상권자에게 임료 상당 이익이나 소득이 발생할 여지가 없으므로, 지상권자는 그 토지 위에 도로개설·옹벽축조 등의 행위를 한 무단점유자에 대하여 지상권 자체의 침해를 이유로 한 임료 상당 손해배상을 청구할 수 없다(대판 2006다586).
① 계약으로 지상권의 존속기간을 정하지 않은 경우에는 최단존속기간을 그 존속기간으로 한다(제281조 제1항).
② 지상권의 양도에 관한 제282조는 편면적 강행규정이므로 지상권의 양도를 금지하는 특약은 지상권자에게 불리하여 무효로 된다(제289조). 즉, 지상권의 양도성은 절대적으로 보장된다.
③ 지상권이 저당권의 목적이 된 경우에도 지상권자가 2년 이상 지료를 연체하면 토지소유자는 지상권의 소멸을 청구할 수 있다. 단, 이 경우 지상권소멸청구는 저당권자에게 통지한 후 상당한 기간이 경과함으로써 그 효력이 생긴다(제288조).
④ 지상권설정계약 당시 건물 기타 공작물이 없더라도 지상권은 유효하게 성립할 수 있다.

05 ③ 제288조
① 지상권자의 지료지급 연체가 토지소유권의 양도 전후에 걸쳐 이루어진 경우, 토지양수인에 대한 연체기간이 2년이 되지 않는다면 양수인은 지상권소멸청구를 할 수 없다(대판 99다17142).
② 지상권자는 토지소유자의 동의 없이 지상권 위에 저당권을 설정할 수 있으므로(제282조), 토지소유자는 이를 이유로 지상권소멸을 청구할 수 없다.
④ 토지소유자와 지상권자 간의 토지임대금지특약은 효력이 없으므로, 토지소유자는 지상권자로부터 토지를 임차한 임차인에게 토지의 인도를 청구할 수 없다.
⑤ 토지소유자는 지상권자의 승낙 없이는 그 토지의 지하부분에 구분지상권을 설정해 줄 수 없다(제289조의2 제2항).

06 ⑤ 제289조의2 제1항 제2문
① 구분지상권은 건물 기타 공작물을 소유하기 위해서만 설정될 수 있고, 수목 소유를 목적으로는 설정할 수 없다(제289조의2 제1항).
② 1필의 토지의 일부에 대해서도 구분지상권을 설정할 수 있다.
③ 구분지상권의 존속기간을 영구로 약정하는 것도 허용된다(대판 99다66410).
④ 제3자가 토지를 사용·수익할 권리를 가진 때에도 그 권리자 및 그 권리를 목적으로 하는 권리를 가진 자 전원의 승낙이 있으면 구분지상권을 설정할 수 있다(제289조의2 제2항).

정답 04 ⑤   05 ③   06 ⑤

07 난이도 ●●○

분묘기지권에 관한 설명으로 틀린 것은? (다툼이 있으면 판례에 따름)

① 분묘기지권의 범위는 「장사 등에 관한 법률」이 규정한 분묘의 제한면적 범위 내로 한정된다.
② 분묘기지권의 효력이 미치는 지역의 범위 내라도 단분형태로 합장을 하는 것은 허용되지 않는다.
③ 분묘기지권을 시효로 취득한 경우, 분묘기지권자는 토지소유자가 지료를 청구한 날부터 지료지급의무를 부담한다.
④ 양도형 분묘기지권의 경우, 분묘기지권자는 분묘기지권이 성립한 때부터 지료지급의무를 부담한다.
⑤ 분묘기지권을 취득한 자가 판결에 따라 정해진 지료를 판결확정 전후에 걸쳐 2년분 이상 지체한 경우, 토지소유자는 분묘기지권의 소멸을 청구할 수 있다.

08 난이도 ●●○

관습법상 법정지상권에 관한 설명으로 틀린 것은? (다툼이 있으면 판례에 따름)

① 무허가·미등기건물을 위해서도 관습법상의 법정지상권이 성립할 수 있다.
② 동일인 소유의 토지와 건물이 매매로 인해 소유자가 다르게 되었으나, 당사자 사이에 건물을 철거하기로 하는 합의가 있었던 때에는 관습법상의 법정지상권이 성립하지 않는다.
③ 법정지상권이 있는 건물이 증·개축되더라도 법정지상권은 소멸하지 않는다.
④ 법정지상권자는 등기를 하여야 토지를 양수한 제3자에게 대항할 수 있다.
⑤ 법정지상권을 타인에게 양도하기 위해서는 등기를 하여야 한다.

07 ① 「장사 등에 관한 법률」이 분묘의 점유면적을 1기당 30m²로 제한하고 있으나, 여기서 말하는 분묘의 점유면적이라 함은 분묘의 기지면적만을 가리키며 분묘기지 주위의 공지까지 포함한 묘지면적을 가리키는 것은 아니므로 분묘기지권의 범위가 위 법령이 규정한 제한면적 범위 내로 한정되는 것은 아니다(대판 94다15530).
② 분묘기지권의 효력이 미치는 지역의 범위 내라도 새로운 분묘를 신설할 권능은 없으므로 쌍분형태로 새로운 분묘를 설치하거나(대판 95다29086), 단분형태로 합장을 하는 것은 허용되지 않는다(대판 2001다28367).
③ 분묘기지권을 시효로 취득한 경우, 분묘기지권자는 토지소유자가 지료를 청구하면 그 청구한 날부터의 지료를 지급할 의무가 있다(대판 전합 2017다228007).
④ 자기 소유 토지에 분묘를 설치한 사람이 그 토지를 양도하면서 분묘를 이장하겠다는 특약을 하지 않음으로써 분묘기지권을 취득한 경우, 특별한 사정이 없는 한 분묘기지권자는 분묘기지권이 성립한 때부터 토지소유자에게 그 분묘의 기지에 대한 토지사용의 대가로서 지료를 지급할 의무가 있다(대판 2020다295892).
⑤ 자기 소유의 토지 위에 분묘를 설치한 후 토지의 소유권이 경매 등으로 타인에게 이전되면서 분묘기지권을 취득한 자가, 판결에 따라 분묘기지권에 관한 지료의 액수가 정해졌음에도 판결확정 후 책임 있는 사유로 상당한 기간 동안 지료의 지급을 지체하여 지체된 지료가 판결확정 전후에 걸쳐 2년분 이상이 되는 경우에는 「민법」 제287조를 유추적용하여 새로운 토지소유자는 분묘기지권자에 대하여 분묘기지권의 소멸을 청구할 수 있다(대판 2015다206850).

08 ④ 법정지상권은 법률의 규정에 의한 부동산에 관한 물권취득이므로 등기 없이도 지상권취득의 효력이 발생하고, 이를 취득할 당시의 토지소유자나 그로부터 토지소유권을 전득한 제3자에 대하여도 등기 없이 지상권을 주장할 수 있다(대판 87다카279).
① 동일인의 소유에 속하였던 토지와 건물이 매매, 증여, 강제경매, 「국세징수법」에 의한 공매 등으로 그 소유권자를 달리하게 된 경우에 그 건물을 철거한다는 특약이 없는 한 건물소유자는 그 건물의 소유를 위하여 그 부지에 관하여 관습상의 법정지상권을 취득하는 것이고, 그 건물은 건물로서의 요건을 갖추고 있는 이상 무허가건물이거나 미등기건물이거나를 가리지 않는다(대판 87다카2404).
② 토지와 건물이 동일한 소유자에게 속하였다가 건물 또는 토지가 매매 기타 원인으로 인하여 양자의 소유자가 다르게 되었더라도, 당사자 사이에 그 건물을 철거하기로 하는 합의가 있었던 경우에는 건물소유자는 토지소유자에 대하여 그 건물을 위한 관습상의 법정지상권을 취득할 수 없다(대판 98다58467).
③ 법정지상권이 성립한 후에 건물을 개축 또는 증축하는 경우는 물론 건물이 멸실되거나 철거된 후에 신축하는 경우에도 법정지상권은 성립하나, 다만 그 법정지상권의 범위는 구 건물을 기준으로 하여 그 유지 또는 사용을 위하여 일반적으로 필요한 범위 내의 대지부분에 한정된다(대판 98다58696).
⑤ 법정지상권의 취득에는 등기를 요하지 않지만(제187조 본문), 그 법정지상권을 타인에게 양도하기 위해서는 등기를 하여야 한다(제187조 단서).

정답 07 ① 08 ④

난이도 ●●●

09 관습법상의 법정지상권에 관한 설명으로 틀린 것은? (다툼이 있으면 판례에 따름)

① 토지와 건물이 동일인의 소유였다가 매매 등의 적법한 원인으로 소유자가 달라진 경우, 토지의 점유·사용에 관하여 당사자 간에 약정이 있다면 관습상의 법정지상권은 성립하지 않는다.

② 공유하는 토지 위에 건물을 소유하고 있는 토지공유자 중 1인이 그 토지의 지분만을 처분한 경우, 관습상의 법정지상권은 성립하지 않는다.

③ 미등기건물을 그 대지와 함께 매도하여 대금이 완납되었으나 건물이 미등기인 관계로 대지에 관하여만 매수인 앞으로 소유권이전등기가 경료된 경우, 매도인에게 관습상의 법정지상권이 인정된다.

④ 관습상 법정지상권이 성립하기 위해 토지와 그 지상건물이 애초부터 동일인의 소유에 속하였을 필요는 없고, 그 소유권이 유효하게 변동될 당시에 동일인이 토지와 그 지상건물을 소유하였던 것으로 족하다.

⑤ 관습상의 법정지상권을 취득한 건물소유자는 취득 당시의 토지소유자뿐만 아니라 그로부터 토지소유권을 전득한 제3자에 대하여도 등기 없이 지상권을 주장할 수 있다.

난이도 ●●○

10 관습상의 법정지상권에 관한 설명으로 틀린 것은? (다툼이 있으면 판례에 따름)

① 토지를 매수하여 이전등기를 받은 매수인이 그 지상에 건물을 신축하였으나 그 후 토지의 소유권등기가 원인무효임이 밝혀져 그 등기가 말소됨으로써 건물과 토지의 소유자가 달라진 경우, 관습상의 법정지상권이 인정되지 않는다.

② 강제경매에 있어 관습상 법정지상권이 인정되기 위해서는 매각대금 완납시를 기준으로 해서 토지와 그 지상건물이 동일인의 소유에 속하여야 한다.

③ 乙이 토지와 건물의 소유자 甲으로부터 건물을 매수하여 취득한 경우, 乙이 건물 소유를 위해 甲과 대지의 임대차계약을 체결하였다면 관습상 법정지상권을 포기한 것으로 본다.

④ 공유자 중 1인 소유의 건물이 있는 공유대지를 분할하여 대지의 소유권이 공유에서 단독소유로 바뀐 경우, 특별한 사정이 없는 한 건물소유자는 관습상의 법정지상권을 취득한다.

⑤ 구분소유적 공유관계에 있는 자가 자신의 특정 소유가 아닌 부분에 건물을 신축한 경우, 관습상 법정지상권이 성립될 여지가 없다.

09 ③ 원소유자로부터 대지와 건물이 한 사람에게 매도되었으나 대지에 관하여만 그 소유권이전등기가 경료되고 건물의 소유 명의가 매도인 명의로 남아 있게 되어 형식적으로 대지와 건물이 그 소유 명의자를 달리하게 된 경우에 있어서는, 그 대지의 점유·사용 문제는 매매계약 당사자 사이의 계약에 따라 해결할 수 있는 것이므로 양자 사이에 관습에 의한 법정지상권을 인정할 필요는 없다(대판 98다4798).

① 대지와 건물의 소유자가 건물만을 양도하고 양수인과 대지에 대하여 임대차계약을 체결하였다면 특별한 사정이 없는 한 양수인은 대지에 관한 관습상의 법정지상권을 포기하였다고 볼 것이다(대판 67다2007).

② 이 경우 관습상의 법정지상권이 성립된 것으로 본다면 이는 토지공유자의 1인으로 하여금 다른 공유자의 지분에 대해서까지 지상권설정의 처분행위를 허용하는 셈이 되어 부당하다(대판 86다카2188).

④ 관습법상의 법정지상권이 성립되기 위하여는 토지와 건물 중 어느 하나가 처분될 당시에 토지와 그 지상건물이 동일인의 소유에 속하였으면 족하고 원시적으로 동일인의 소유였을 필요는 없다(대판 95다9075).

⑤ 법정지상권은 법률의 규정에 의한 부동산에 관한 물권취득이므로 등기 없이도 지상권취득의 효력이 발생하고, 이를 취득할 당시의 토지소유자나 그로부터 토지소유권을 전득한 제3자에 대하여도 등기 없이 지상권을 주장할 수 있다(대판 87다카279).

10 ② 토지 또는 그 지상건물의 소유권이 강제경매로 인하여 경락인에게 이전된 경우에 건물의 소유를 위한 관습상 법정지상권이 성립하는가 하는 문제에 있어서는 그 매수인이 소유권을 취득하는 매각대금의 완납시가 아니라 그 압류의 효력이 발생하는 때를 기준으로 하여 토지와 그 지상건물이 동일인에 속하였는지가 판단되어야 한다(대판 전합 2010다52140). 이 판결로 종래 '매각대금 완납시'를 기준으로 토지와 지상건물이 동일인에 속하였는지 여부를 판단해야 한다는 과거의 판례는 폐기되었다.

① 원래 동일인에게의 소유권귀속이 원인무효로 이루어졌다가 그 뒤 그 원인이 무효임이 밝혀져 등기가 말소됨으로써 그 건물과 토지의 소유자가 달라지게 된 경우에는 관습상의 법정지상권을 허용할 수 없다(대판 98다64189).

③ 대지와 건물의 소유자가 건물만을 양도하고 양수인과 대지에 대하여 임대차계약을 체결하였다면 특별한 사정이 없는 한 양수인은 대지에 관한 관습상의 법정지상권을 포기하였다고 볼 것이다(대판 67다2007).

④ 공유지상에 공유자의 1인 또는 수인 소유의 건물이 있을 경우, 공유지의 분할로 그 대지와 지상건물이 소유자를 달리하게 된 때에는 다른 특별한 사정이 없는 한 건물소유자는 그 건물부지상에 그 건물을 위하여 관습상의 법정지상권을 취득한다(대판 73다353).

⑤ 이는 당초부터 건물과 토지의 소유자가 서로 다른 경우에 해당되어 그에 관하여는 관습상의 법정지상권이 성립될 여지가 없다(대판 93다49871).

정답 9 ③ 10 ②

11 난이도 ●●●

관습법상 법정지상권에 관한 설명으로 틀린 것은? (다툼이 있으면 판례에 따름)

① 채권담보를 위하여 나대지상에 가등기가 경료된 후 대지소유자가 그 지상에 건물을 신축하였는데, 그 후 가등기에 기한 본등기가 경료되어 대지와 건물의 소유자가 달라진 경우, 관습상의 법정지상권은 성립하지 않는다.

② 가압류가 본압류로 이행되어 경매절차가 진행된 경우, 관습상의 법정지상권의 성립요건인 '토지와 그 지상건물이 동일인 소유에 속하였는지' 여부는 가압류의 효력발생시를 기준으로 판단하여야 한다.

③ 관습법상의 법정지상권도 2년 이상의 지료가 연체되면 「민법」 제287조에 따른 지상권소멸청구의 의사표시에 의하여 소멸한다.

④ 당사자 사이의 협의나 법원의 결정에 의하여 지료가 결정된 바 없다면, 법정지상권자가 2년 이상의 지료를 지급하지 않았더라도 토지소유자는 지료연체를 이유로 지상권소멸청구를 할 수 없다.

⑤ 지료액수가 판결에 의하여 정해진 경우, 토지소유자는 지상권자가 판결확정일로부터 2년 이상 지료지급을 지체하여야 지상권의 소멸을 청구할 수 있다.

12 난이도 ●●○

甲 소유의 토지와 그 지상건물 중 건물에 관하여만 강제경매가 이루어져 乙 소유가 되었고, 乙은 그 건물을 丙에게 매도하고 이전등기를 해 주었다. 한편 현재 지상권에 관한 등기는 전혀 없는 상태이다. 이에 관한 설명으로 옳은 것은? (다툼이 있으면 판례에 따름)

① 지상권에 관한 아무런 등기가 없는 현재 상황에서는 乙과 丙 모두 지상권자로 인정되지 않는다.

② 丙은 甲을 상대로 직접 지상권설정등기를 청구할 수 있다.

③ 甲은 丙에게 건물의 철거 및 대지의 인도를 청구할 수 있다.

④ 甲은 丙에게 대지의 점유·사용으로 인한 부당이득반환을 청구할 수 없다.

⑤ 만약 丙이 경매에 의하여 건물의 소유권을 취득한 경우라면, 특별한 사정이 없는 한 丙은 등기 없이도 관습상의 법정지상권을 취득한다.

11 ⑤ 법정지상권이 성립되고 지료액수가 판결에 의하여 정해진 경우, 지체된 지료가 판결확정의 전후에 걸쳐 2년분 이상일 경우 토지소유자는 제287조에 의하여 지상권의 소멸을 청구할 수 있다(대판 2005다37208).
① 이 경우에 관습상 법정지상권을 인정하면 애초에 대지에 채권담보를 위하여 가등기를 경료한 사람의 이익을 크게 해하기 때문에 특별한 사정이 없는 한 건물을 위한 관습상 법정지상권이 성립한다고 할 수 없다(대판 94다5458).
② 토지 또는 그 지상건물의 소유권이 강제경매로 인하여 그 절차상의 매수인에게 이전되는 경우에는 그 매수인이 소유권을 취득하는 매각대금의 완납시가 아니라 강제경매개시결정으로 압류의 효력이 발생하는 때를 기준으로 토지와 지상건물이 동일인에게 속하였는지에 따라 관습상 법정지상권의 성립 여부를 가려야 하고, 강제경매의 목적이 된 토지 또는 그 지상건물에 대하여 강제경매개시결정 이전에 가압류가 되어 있다가 그 가압류가 강제경매개시결정으로 인하여 본압류로 이행되어 경매절차가 진행된 경우에는 애초 가압류의 효력이 발생한 때를 기준으로 토지와 그 지상건물이 동일인에 속하였는지에 따라 관습상 법정지상권의 성립 여부를 판단하여야 한다(대판 2009다62059).
③ 관습상의 법정지상권에 대하여는 다른 특별한 사정이 없는 한 「민법」의 지상권에 관한 규정을 준용하여야 할 것이므로 지상권자가 2년분 이상의 지료를 지급하지 아니하였다면 관습상의 법정지상권도 「민법」 제287조에 따른 지상권소멸청구의 의사표시에 의하여 소멸한다(대판 93다10781).
④ 대판 99다17142

12 ⑤ 건물 소유를 위하여 법정지상권을 취득한 자로부터 경매에 의하여 그 건물의 소유권을 이전받은 경락인은 특별한 사정이 없는 한 건물의 경락취득과 함께 위 지상권도 당연히 취득한다(대판 84다카1578).
① 乙은 관습법에 의해 법정지상권을 취득하였으므로 등기 없이도 지상권자로 인정되지만(제187조), 丙은 그 지상권을 건물과 함께 매수하였으므로 등기 없이는 지상권자로 인정되지 않는다(제186조).
② 丙은 乙을 대위하여 甲에게 지상권설정등기를 청구하고, 순차로 乙에게 지상권이전등기를 청구하여야 한다(대판 94다39925).
③ 장차 법정지상권을 취득할 지위에 있는 건물양수인(丙)에 대하여 대지소유자(甲)가 건물의 철거를 구하는 것은 지상권의 부담을 용인하고 지상권설정등기절차를 이행할 의무가 있는 자가 그 권리자를 상대로 한 것이어서 신의성실의 원칙상 허용될 수 없다(대판 91다6658).
④ 법정지상권이 있는 건물의 양수인(丙)으로서 장차 법정지상권을 취득할 지위에 있어 대지소유자(甲)의 건물 철거나 대지인도청구를 거부할 수 있다 하더라도, 그 대지를 점유·사용함으로 인하여 얻은 이득은 부당이득으로서 대지소유자(甲)에게 반환할 의무가 있다(대판 96다34665).

정답 11 ⑤   12 ⑤

제2절 지역권

대표유형 〔기본〕〔판례〕

지역권에 관한 설명으로 옳은 것은? (다툼이 있으면 판례에 따름)

① 토지의 소유자가 아닌 지상권자나 전세권자도 자기가 이용하는 토지를 위하여 또는 그 토지 위에 지역권을 설정할 수 있다.
 → 지상권자나 전세권자도 자기가 이용하는 토지를 위하여 또는 그 토지 위에 지역권을 설정할 수 있다.

② 지역권이 유상인 경우에는 「부동산등기법」의 규정에 따라 그 대가를 등기하여야 한다.
 → 지역권의 경우에는 지료의 약정이 있더라도 「부동산등기법」상 등기사항이 아니므로 등기할 수 없다.

③ 승역지는 반드시 1필의 토지이어야 하며, 토지의 일부 위에 지역권을 설정할 수 없다.
 → 요역지는 반드시 1필의 토지이어야 하지만, 승역지는 1필의 토지의 일부라도 무방하다.

④ 계약의 의한 지역권의 이전은 지역권이전등기를 하여야 그 효력이 생긴다.
 → 지역권은 요역지의 소유권이 이전되면 따라서 이전되는 것이므로(제292조 제1항), 별도의 지역권이전등기는 요하지 않는다.

⑤ 일정한 장소를 오랜 시일 동안 통행한 사실이 있다면 통로의 개설이 없더라도 지역권을 시효취득할 수 있다.
 → 통로의 개설이 없다면 계속된 지역권이 아니므로 시효취득의 대상이 되지 않는다(제294조). 판례도 "통로의 개설이 없이 일정한 장소를 오랜 시일 통행하였거나 토지소유자가 이웃하여 사는 교분으로 통행을 묵인하여 온 사실만으로는 지역권을 시효취득할 수 없다(대판 65다2305)."라고 판시하여 같은 태도를 취한다.

정답 ①

13 난이도 ●○○

지역권에 관한 설명으로 틀린 것은?

① 지료는 지역권의 요소가 아니다.
② 어느 토지에 대한 통행지역권을 주장하려면 그 토지의 통행으로 편익을 얻는 요역지가 있음을 입증하여야 한다.
③ 다른 약정이 없는 한 지역권은 요역지소유권에 부종하여 이전한다.
④ 요역지가 수인의 공유인 경우, 공유자 중 1인이 지역권을 취득하면 다른 공유자도 이를 취득한다.
⑤ 요역지가 수인의 공유인 경우, 그 1인에 의한 지역권 소멸시효의 중단은 다른 공유자에게는 효력이 없다.

---

13 ⑤ 요역지가 수인의 공유인 경우에 그 1인에 의한 지역권 소멸시효의 중단은 다른 공유자를 위하여 효력이 있다(제296조).
② 지역권은 일정한 목적을 위하여 타인의 토지를 자기의 토지의 편익에 이용하는 용익물권으로서 요역지와 승역지 사이의 권리관계에 터 잡은 것이므로, 어느 토지에 대하여 통행지역권을 주장하려면 그 토지의 통행으로 편익을 얻는 요역지가 있음을 주장·입증하여야 한다(대판 92다22725).
③ 제292조 제1항
④ 제295조 제1항

정답 13 ⑤

14 난이도 ●●○

지역권에 관한 설명으로 틀린 것은?

① 지역권은 유상·무상을 불문하고 설정될 수 있다.
② 요역지 공유자의 1인은 자신의 지분에 관하여 지역권을 소멸시킬 수 없다.
③ 당사자 간의 특약에 의해 지역권을 요역지와 분리하여 양도하는 것도 가능하다.
④ 점유로 인한 지역권 취득기간의 중단은 지역권을 행사하는 모든 공유자에 대한 사유가 아니면 그 효력이 없다.
⑤ 지역권자에게 방해제거청구권과 방해예방청구권은 인정되지만, 반환청구권은 인정되는 않는다.

15 난이도 ●●○

지역권에 관한 설명으로 틀린 것은? (다툼이 있으면 판례에 따름)

① 1필의 토지의 일부를 위해서는 지역권을 설정할 수 없다.
② 지역권은 요역지와 분리하여 양도하거나 다른 권리의 목적으로 하지 못한다.
③ 승역지 소유자는 지역권에 필요한 부분의 토지소유권을 지역권자에게 위기(委棄)함으로써 계약상 부담하는 공작물 수선의무를 면할 수 있다.
④ 취득시효의 대상이 되는 지역권은 계속되고 표현된 것에 한한다.
⑤ 통행지역권을 시효취득한 자는 특별한 사정이 없는 한 도로 설치로 인해 승역지 소유자가 입은 손해를 보상할 의무가 없다.

난이도 ●○○

16 지역권에 관한 설명으로 <u>틀린</u> 것은? (다툼이 있으면 판례에 따름)

기본
판례

① 요역지와 승역지는 서로 인접하고 있을 필요가 없다.
② 요역지의 불법점유자는 통행지역권의 시효취득을 주장할 수 없다.
③ 요역지소유권의 처분은 다른 약정이 없는 한 지역권의 처분을 수반한다.
④ 요역지와 분리하여 지역권만을 저당권의 목적으로 할 수 없다.
⑤ 승역지의 점유가 침탈된 경우, 지역권자는 그 침탈자에 대하여 승역지의 반환을 청구할 수 있다.

---

14 ③ 지역권은 요역지와 분리하여 양도하거나 다른 권리의 목적으로 하지 못한다(제292조 제2항). 이에 반하는 당사자 간의 특약은 무효이다.
② 제293조 제1항
④ 제295조 제2항
⑤ 지역권은 승역지의 점유를 수반하는 권리가 아니므로 지역권자에게 승역지에 대한 반환청구권은 인정되지 않는다(제301조).

15 ⑤ 종전의 승역지 사용이 무상으로 이루어졌다는 등의 특별한 사정이 없다면 통행지역권을 시효취득한 경우에도 주위토지통행권의 경우와 마찬가지로 요역지 소유자는 승역지에 대한 도로 설치 및 사용에 의하여 승역지 소유자가 입은 손해를 보상하여야 한다(대판 2012다17479).
① 승역지는 1필의 토지의 일부라도 무방하나, 요역지는 반드시 1필의 토지이어야 한다. 1필의 토지의 일부를 위한 지역권이란 요역지가 1필의 토지의 일부라는 의미이므로, 그러한 지역권은 설정될 수 없다.
② 제292조 제2항
③ 제299조
④ 제294조

16 ⑤ 지역권은 승역지의 점유를 수반하는 권리가 아니므로 지역권자에게 승역지에 대한 반환청구권은 인정되지 않는다(제301조).
② 통행지역권은 토지의 소유자 또는 지상권자, 전세권자 등 토지사용권을 가진 자에게 인정되는 권리이므로 토지의 불법점유자는 통행지역권의 시효취득을 주장할 수 없다(대판 76다1694).
③ 지역권은 요역지소유권에 부종하여 이전한다(제292조 제1항).
④ 제292조 제2항

정답 14 ③   15 ⑤   16 ⑤

제3절 전세권

[대표유형] 종합 / 판례

전세권에 관한 설명으로 옳은 것은? (다툼이 있으면 판례에 따름)

① 독립성이 없는 1동의 건물의 일부는 전세권의 목적으로 할 수 없다.
→ 독립성이 없는 건물의 일부도 전세권의 목적이 될 수 있다(대결 2001마212).

② 전세금은 반드시 현실적으로 수수되어야 한다.
→ 전세금은 반드시 현실적으로 수수되어야만 하는 것은 아니고, 기존의 채권으로 전세금의 지급에 갈음할 수 있다(대판 94다18508).

③ 전세권이 존속하는 동안에는 전세금반환채권을 전세권과 분리하여 확정적으로 양도할 수 없다.
→ 전세금은 전세권과 분리될 수 없는 요소이므로 전세권이 존속하는 동안은 전세권을 존속시키기로 하면서 전세금반환채권만을 전세권과 분리하여 확정적으로 양도하는 것은 허용되지 않는다(대판 2001다69122).

④ 전세목적 부동산의 소유권이 이전된 경우, 전세권자는 양도인에게 전세금의 반환을 청구하여야 한다.
→ 전세권의 목적인 부동산의 소유권이 이전되는 경우에는 전세권관계로 생기는 법률관계는 양수인에게 이전하므로, 전세권자는 양수인에게만 전세금의 반환을 청구할 수 있고 양도인에게는 청구할 수 없다(대판 2006다6072).

⑤ 전세권자는 집행권원 없이는 임의로 목적부동산의 경매를 청구할 수 없다.
→ 전세권설정자가 전세금반환을 지체하는 경우 전세권자는 별도의 집행권원 없이 전세목적 부동산에 대한 경매를 청구할 수 있다(제318조).

정답 ③

17 기본 / 법조문 / 판례
난이도 ●○○

전세권에 관한 설명으로 틀린 것은? (다툼이 있으면 판례에 따름)

① 전세권의 존속기간이 시작되기 전에 마친 전세권설정등기는 특별한 사정이 없는 한 무효이다.
② 건물전세권의 최단존속기간은 1년이다.
③ 전세권자가 목적물을 타인에게 임대한 경우, 임대하지 않았으면 면할 수 있었던 불가항력으로 인한 손해에 대하여도 책임을 부담한다.
④ 전세목적물의 인도는 전세권의 성립요건이 아니다.
⑤ 전세권이 성립된 후 목적물의 소유권이 이전된 경우, 종전 소유자는 전세권설정자의 지위를 상실하여 전세금반환의무를 면한다.

18

난이도 ●●○

전세금에 관한 설명으로 틀린 것은? (다툼이 있으면 판례에 따름)

① 전세금의 지급이 반드시 현실적으로 수수되어야만 하는 것은 아니고, 기존의 채권으로 전세금의 지급에 갈음할 수 있다.
② 전세권 존속 중에도 장래에 그 전세권이 소멸하는 경우에 전세금반환채권이 발생하는 것을 조건으로 그 장래의 조건부채권을 양도할 수 있다.
③ 전세권이 존속기간의 만료나 합의해지 등에 의해 소멸한 때에는 전세금반환채권만을 전세권과 분리하여 양도할 수 있다.
④ 존속기간의 경과로 본래의 용익물권적 권능이 소멸하고 담보물권적 권능만 남은 전세권은 제3자에게 양도할 수 없다.
⑤ 전세권이 소멸한 때에는 목적물의 인도 및 말소등기서류의 교부와 동시에 전세금의 반환을 받게 된다.

---

17 ① 전세권이 용익물권적인 성격과 담보물권적인 성격을 모두 갖추고 있는 점에 비추어 전세권의 존속기간이 시작되기 전에 마친 전세권설정등기도 특별한 사정이 없는 한 유효한 것으로 추정된다(대결 2017마1093).
② 제312조 제2항
③ 제308조
④ 대판 94다18508
⑤ 전세권이 성립한 후 목적물의 소유권이 이전된 경우, 전세권은 전세권자와 신 소유자 사이에서 계속 동일한 내용으로 존속하게 된다. 따라서 신 소유자는 전세권이 소멸하는 때에 전세권자에 대하여 전세권설정자의 지위에서 전세금반환의무를 부담하고, 구 소유자는 전세권설정자의 지위를 상실하여 전세금반환의무를 면하게 된다(대판 2006다6072).

18 ④ 전세권은 용익물권적 성격과 담보물권적 성격을 겸비한 것으로서, 전세권의 존속기간이 만료되면 전세권의 용익물권적 권능은 전세권설정등기의 말소 없이도 당연히 소멸하고 전세금반환채권을 담보하는 담보물권적 권능의 범위 내에서 전세금반환시까지 그 전세권설정등기의 효력이 존속하는바, 이와 같이 존속기간의 경과로서 본래의 용익물권적 권능이 소멸하고 담보물권적 권능만 남은 전세권도 그 피담보채권인 전세금반환채권과 함께 제3자에게 양도할 수 있다(대판 2003다35659).
① 대판 94다18508
② 대판 2001다69122
③ 전세권이 존속기간의 만료로 소멸하였거나 전세계약의 합의해지 또는 당사자 간의 특약에 의하여 전세권반환채권의 처분에도 불구하고 전세권의 처분이 따르지 않는 특별한 사정이 있는 때에는 전세금반환채권만을 양도할 수 있고, 이 경우 채권양수인은 담보물권이 없는 무담보의 채권을 양수한 것이 된다(대판 97다29790).
⑤ 제317조

정답 17 ①   18 ④

19 난이도 ●○○

전세권에 관한 설명으로 틀린 것은? (다툼이 있으면 판례에 따름)

① 전세권자는 다른 약정이 없는 한 전세권설정자의 동의 없이 목적물을 전전세할 수 있다.
② 전세권자는 목적물의 현상을 유지하기 위하여 지출한 필요비의 상환을 전세권설정자에게 청구할 수 있다.
③ 전세권이 성립한 후 전세목적물의 소유권이 이전된 경우, 전세권은 전세권자와 목적물의 신 소유자 사이에서 계속 동일한 내용으로 존속한다.
④ 존속기간이 만료되면 전세권의 용익물권적 권능은 전세권설정등기의 말소 없이도 당연히 소멸한다.
⑤ X건물에 대해 1순위 저당권자 甲, 2순위 전세권자 乙, 3순위 저당권자 丙이 있고, 그중 丙이 경매신청을 하여 丁에게 매각된 경우, 乙의 전세권은 소멸하되 2순위로 우선변제권을 가진다.

20 난이도 ●●○

전세권에 관한 설명으로 옳은 것을 모두 고른 것은? (다툼이 있으면 판례에 따름)

㉠ 전세권자와 인접 토지소유자 사이에는 상린관계에 관한 규정이 적용되지 않는다.
㉡ 1동의 건물의 일부에도 전세권이 성립할 수 있으나, 이는 그 일부가 구조상으로나 이용상으로 독립성이 있어서 구분소유권의 객체로 분할할 수 있을 것을 전제로 한다.
㉢ 장차 목적물에 대한 사용·수익을 완전히 배제하는 것이 아니라면 주로 채권담보의 목적으로 설정된 전세권도 유효하다.
㉣ 토지의 전세권자는 그 토지 위에 무단으로 건물을 건축한 자에 대하여 직접 건물의 철거를 청구할 수 있다.
㉤ 대지와 건물이 동일한 소유자에 속한 경우에 건물에 전세권을 설정한 때에는 그 대지소유권의 특별승계인은 전세권자에 대하여 지상권을 설정한 것으로 본다.

① ㉠, ㉡   ② ㉢, ㉣   ③ ㉢, ㉤
④ ㉠, ㉡, ㉤   ⑤ ㉢, ㉣, ㉤

21 난이도 ●●○

전세권에 관한 설명으로 옳은 것은? (다툼이 있으면 판례에 따름)

① 타인의 토지에 있는 건물에 전세권을 설정한 경우, 전세권의 효력은 그 건물의 소유를 목적으로 한 지상권 또는 임차권에까지 미친다.
② 전세권에는 최장존속기간의 제한이 없다.
③ 건물전세권이 법정갱신되는 경우, 그 존속기간은 1년으로 본다.
④ 전세권의 존속기간을 약정하지 않은 경우, 각 당사자는 언제든지 전세권의 소멸을 청구하여 전세권을 즉시 소멸시킬 수 있다.
⑤ 전세권 위에 저당권이 설정된 경우, 저당권자는 전세권의 존속기간이 만료하더라도 전세권 자체에 대하여 저당권을 실행할 수 있다.

---

19 ② 전세권의 경우에는 전세권자가 유지·수선의무를 부담하기 때문에(제309조), 전세권자는 목적부동산에 필요비를 지출하더라도 전세권설정자에 대하여 필요비의 상환을 청구할 수 없다.
① 제306조 본문
③ 대판 2006다6072
④ 대판 2003다35659
⑤ 경매시 용익권 말소의 기준이 되는 것은 최선순위 저당권이므로, 중간 전세권은 후순위 저당권자가 경매신청을 한 경우에도 매각으로 소멸한다.

20 ㉢ 당사자가 주로 채권담보의 목적으로 전세권을 설정하였고, 설정과 동시에 목적물을 인도하지 않은 경우라도 장차 전세권자가 목적물을 사용·수익하는 것을 완전히 배제하는 것이 아니라면 그 전세권의 효력을 부인할 수 없다(대판 94다18508).
㉣ 전세권의 내용의 실현이 방해되는 경우, 전세권자는 전세권에 기한 물권적 청구권을 행사할 수 있다(제319조).
㉠ 전세권자에게도 상린관계에 관한 규정이 준용된다(제319조).
㉡ 구조상 또는 이용상의 독립성이 없는 건물의 일부에도 전세권이 성립할 수 있다(대결 2001마212).
㉤ 대지와 건물이 동일한 소유자에 속한 경우에 건물에 전세권을 설정한 때에는 그 대지소유권의 특별승계인은 '전세권자'가 아니라 '전세권설정자'에 대하여 지상권을 설정한 것으로 본다(제305조 제1항).

21 ① 제304조 제1항
② 전세권의 존속기간은 10년을 넘지 못한다(제312조 제1항).
③ 건물전세권이 법정갱신된 경우, 전세권의 존속기간은 정함이 없는 것으로 본다(제312조 제4항).
④ 전세권의 존속기간을 약정하지 않은 때에는 각 당사자는 언제든지 전세권의 소멸을 통고할 수 있고, 상대방이 이 통고를 받은 날로부터 6월이 경과하면 전세권은 소멸한다(제313조).
⑤ 전세권에 대하여 저당권이 설정된 경우 그 저당권의 목적물은 물권인 전세권 자체이지 전세금반환채권이 아니고 전세권의 존속기간이 만료되면 전세권은 소멸하므로, 더 이상 전세권 자체에 대하여 저당권을 실행할 수 없게 된다(대판 98다31301).

정답 19 ② 20 ② 21 ①

22 난이도 ●●○

전세권에 관한 설명으로 옳은 것은? (다툼이 있으면 판례에 따름)

① 건물전세권이 법정갱신된 경우, 그 존속기간은 전(前) 전세권의 존속기간과 동일하다.
② 전세권설정자는 목적물의 현상을 유지하고 그 통상의 관리에 속한 수선을 하여야 한다.
③ 전세권자는 전세권설정자의 동의 없이 전세권을 양도·담보제공하거나 목적물을 전전세·임대할 수 있는바, 당사자는 설정행위로 이를 금지할 수 없다.
④ 독립성이 없는 건물의 일부에 전세권이 설정된 경우, 전세권자는 건물 전부에 대하여 전세금의 우선변제를 받을 권리가 있다.
⑤ 전세권자는 전세권설정자의 동의를 얻지 않고 부속시킨 물건에 대해서도 그 매수를 청구할 수 있다.

23 난이도 ●●●

전세권에 관한 설명으로 옳은 것은? (다툼이 있으면 판례에 따름)

① 건물전세권이 법정갱신된 경우, 전세권자는 갱신에 관한 등기 없이도 건물을 양수한 제3자에 대하여 갱신된 전세권을 주장할 수 있다.
② 지상권을 가진 건물소유자가 그 건물에 전세권을 설정한 경우에는 그가 2년 이상의 지료를 지급하지 않더라도 토지소유자는 전세권자의 동의 없이는 지상권소멸청구를 할 수 없다.
③ 전세권의 존속기간이 만료된 경우, 전세권자는 목적물의 인도와 전세권설정등기말소의무의 이행제공을 하지 않고서도 목적물에 대한 경매를 청구할 수 있다.
④ 독립성이 없는 건물의 일부에 전세권이 설정된 경우, 전세권자는 건물 전부에 대하여 전세권에 기한 경매를 청구할 수 있다.
⑤ 후순위 저당권자가 신청한 경매절차에서 선순위 전세권이 소멸하는 경우는 없다.

22 ④ 건물의 일부에 대하여 전세권이 설정된 경우 전세권의 목적물이 아닌 나머지 건물부분에 대하여는 우선변제권은 별론(別論)으로 하고 경매신청권은 없으므로 전세권의 목적이 된 부분을 초과하여 건물 전부의 경매를 청구할 수 없다는 것이 판례의 입장이다(대결 2001마212). 즉, 건물의 일부에 대한 전세권자가 건물 전부를 경매할 수는 없지만, 건물 전부의 환가대금에서 전세금의 우선변제를 받을 수는 있다.
① 건물전세권이 법정갱신된 경우, 전세권의 존속기간은 정함이 없는 것으로 본다(제312조 제4항).
② 전세권자는 목적물의 현상을 유지하고 그 통상의 관리에 속한 수선을 하여야 한다(제309조).
③ 당사자는 설정행위로 전세권의 처분을 금지할 수 있다(제306조 단서). 단, 이러한 처분금지특약은 등기를 하여야 제3자에 대항할 수 있다(「부동산등기법」 제72조 제1항).
⑤ 전세권설정자의 동의를 얻어 부속한 물건 또는 전세권설정자로부터 매수하여 부속한 물건에 대하여만 부속물매수청구권이 인정된다(제316조 제2항).

23 ① 건물전세권의 법정갱신은 법률의 규정에 의한 부동산물권의 변동이므로 갱신에 관한 등기를 필요로 하지 않고(제187조), 전세권자는 그 등기 없이도 전세권설정자나 그 목적물을 취득한 제3자에 대하여 그 권리를 주장할 수 있다(대판 88다카21029).
② 건물에 대하여 전세권 또는 대항력 있는 임차권을 설정해 준 지상권자가 그 지료를 지급하지 않음을 이유로 토지소유자가 한 지상권소멸청구는 그에 대한 전세권자 또는 임차인의 동의가 없더라도 그 효력이 생긴다(대판 2010다43801).
③ 전세권자의 전세목적물 인도의무 및 전세권설정등기말소등기의무와 전세권설정자의 전세금반환의무는 서로 동시이행관계에 있으므로, 전세권자가 전세목적물에 대한 경매를 청구하려면 우선 전세권설정자에 대하여 전세목적물의 인도의무 및 전세권설정등기말소의무의 이행제공을 완료하여 전세권설정자를 이행지체에 빠뜨려야 한다(대결 77마90).
④ 건물의 일부에 대하여 전세권이 설정된 경우 전세권의 목적이 된 부분을 초과하여 건물 전부의 경매를 청구할 수는 없는바, 이는 전세권의 목적이 된 부분이 구조상 또는 이용상의 독립성이 없어 독립한 소유권의 객체로 분할할 수 없어서 그 부분만의 경매신청이 불가능하다고 하여 달리 볼 것은 아니다(대결 2001마212).
⑤ 후순위 저당권자가 경매를 신청한 경우에도 선순위 전세권자가 배당요구를 하면 전세권은 매각으로 소멸한다(「민사집행법」 제91조 제4항 단서).

정답 22 ④   23 ①

24

난이도 ●●○

전세권이 소멸한 경우의 법률관계에 대한 설명으로 <u>틀린</u> 것을 모두 고른 것은? (다툼이 있으면 판례에 따름)

㉠ 전세권자는 목적물의 개량을 위하여 지출한 유익비에 관하여 그 가액의 증가가 현존한 경우에 한하여 소유자의 선택에 좇아 그 지출액이나 증가액의 상환을 청구할 수 있다.
㉡ 건물의 소유를 목적으로 한 토지전세권이 기간만료로 소멸한 경우에 그 지상건물이 현존한 때에는, 토지전세권자도 토지임차인의 지상물매수청구권에 관한 「민법」 제643조의 규정을 유추적용하여 건물매수청구권을 행사할 수 있다.
㉢ 전세권설정자는 전세권자가 목적물을 인도하더라도 말소등기에 필요한 서류를 교부하거나 그 이행을 제공하지 않으면 전세금의 반환을 거부할 수 있으나, 그 경우에도 전세금에 대한 이자 상당액은 전세권자에게 부당이득으로 반환하여야 한다.
㉣ 건물의 일부에 전세권이 설정된 경우, 전세권의 목적이 된 부분이 구조상·이용상 독립성이 없어서 그 부분만의 경매신청이 불가능하다면 전세권자는 건물 전부에 대한 경매를 신청할 수 있다.

① ㉠, ㉢   ② ㉠, ㉣   ③ ㉡, ㉢
④ ㉡, ㉣   ⑤ ㉢, ㉣

25

난이도 ●●●

甲은 乙에게 자신의 토지에 대한 전세권을 설정해 주었고, 丙은 乙의 전세권 위에 저당권을 취득하였다. 그 후 乙의 전세권은 존속기간이 만료되었다. 이에 관한 설명으로 옳은 것은? (다툼이 있으면 판례에 따름)

① 乙의 전세권이 기간 만료로 종료되어도 그 전세권을 목적으로 한 丙의 저당권이 당연히 소멸하는 것은 아니다.
② 乙이 丙에게 채무를 이행하지 않는 경우, 丙은 乙의 전세권 자체에 대해 저당권을 실행할 수 있다.
③ 丙이 乙의 전세금반환채권을 압류하더라도 丙은 그 전세금반환채권으로부터 자기 채권의 우선변제를 받을 수 없다.
④ 甲은 전세금반환채권에 대한 제3자의 압류가 없는 한 乙에 대해서만 전세금반환의 무를 부담한다.
⑤ 乙이 甲에게 토지를 반환하였다면 甲은 말소등기에 필요한 서류를 반환받지 못하였다고 하여 전세금의 반환을 거절할 수 없다.

24 ㉢ 전세권자가 목적물을 인도하였다고 하더라도 전세권설정등기의 말소등기에 필요한 서류를 교부하거나 그 이행의 제공을 하지 아니하는 이상 전세권설정자는 전세금의 반환을 거부할 수 있고, 이 경우 다른 특별한 사정이 없는 한 전세권설정자가 전세금에 대한 이자 상당액의 이득을 법률상 원인 없이 얻는다고 볼 수 없다(대판 2001다62091).
㉣ 건물의 일부에 대하여 전세권이 설정된 경우 전세권의 목적이 된 부분을 초과하여 건물 전부의 경매를 청구할 수는 없는바, 이는 전세권의 목적이 된 부분이 구조상 또는 이용상의 독립성이 없어 독립한 소유권의 객체로 분할할 수 없어서 그 부분만의 경매신청이 불가능하다고 하여 달리 볼 것은 아니다(대결 2001마212).
㉠ 제310조 제1항
㉡ 「민법」에는 토지전세권자에게 계약갱신청구권 및 지상물매수청구권을 인정하는 명문의 규정이 없다. 그런데 판례는 토지임차인의 지상물매수청구권에 관한 「민법」 제643조의 규정을 유추하여 토지전세권자에게도 그와 같은 권리를 인정하였다(대판 2005다41740).

25 ④ 전세권저당권의 경우 전세권이 기간 만료로 소멸되면 전세권설정자는 전세금반환채권에 대한 제3자의 압류 등이 없는 한 전세권자에 대하여만 전세금반환의무를 부담한다(대판 98다31301).
① 전세권저당권의 경우 전세권이 기간 만료로 종료되면 전세권은 전세권설정등기의 말소등기 없이도 당연히 소멸하고, 저당권의 목적물인 전세권이 소멸하면 저당권도 당연히 소멸하는 것이므로 전세권을 목적으로 한 저당권자는 전세권의 목적부동산의 소유자에게 더 이상 저당권을 주장할 수 없다(대판 98다31301).
②③ 전세권저당권의 경우 저당권의 목적물은 물권인 전세권 자체이지 전세금반환채권이 아니고, 전세권의 존속기간이 만료되면 전세권은 소멸하므로 더 이상 전세권 자체에 대하여 저당권을 실행할 수 없게 되므로, 이러한 경우에는 저당권의 목적물인 전세권에 갈음하여 존속하는 것으로 볼 수 있는 전세금반환채권에 대하여 압류 및 추심명령 또는 전부명령을 받거나 제3자가 전세금반환채권에 대하여 실시한 강제집행절차에서 배당요구를 하는 등의 방법(소위 '물상대위'를 의미)으로 자신의 권리를 행사하여 전세권설정자에 대해 전세금의 지급을 구할 수 있다(대판 98다31301).
⑤ 전세권자가 목적물을 인도하였다고 하더라도 전세권설정등기의 말소등기에 필요한 서류를 교부하거나 그 이행의 제공을 하지 아니하는 이상 전세권설정자는 전세금의 반환을 거부할 수 있고, 이 경우 다른 특별한 사정이 없는 한 전세권설정자가 전세금에 대한 이자 상당액의 이득을 법률상 원인 없이 얻는다고 볼 수 없다(대판 2001다62091).

정답 24 ⑤   25 ④

제6장 담보물권

제1절 유치권

대표유형 (기본, 판례)

유치권에 관한 설명으로 옳은 것은? (다툼이 있으면 판례에 따름)

① 채권자가 불법으로 점유를 취득한 경우에도 유치권이 성립할 수 있다.
→ 불법행위로 인해 물건을 점유한 자에게는 유치권이 인정되지 않는다(제320조 제2항).

② 유치권자가 소유자의 승낙 없이 제3자에게 유치물을 임대한 경우, 임차인은 소유자에게 임대차의 효력을 주장할 수 없다.
→ 유치권자는 채무자의 승낙 없이 유치물을 타인에게 임대할 수 있는 권한이 없으므로, 유치권자의 그러한 임대행위(무단임대)는 소유자의 처분권한을 침해하는 것으로서 소유자에게 그 임대의 효력을 주장할 수 없다(대결 2002마3516).

③ 유치권을 행사하는 동안에는 채권의 소멸시효가 진행하지 않는다.
→ 유치권의 행사는 채권의 소멸시효의 진행에 영향을 미치지 않는다(제326조). 즉, 유치권을 행사하고 있더라도 별도로 채권을 행사하지 않는 한 채권의 소멸시효는 계속해서 진행한다.

④ 유치권에는 우선변제적 효력이 없으므로, 유치권자는 채권의 변제를 받기 위하여 유치물을 경매할 수 없다.
→ 유치권자는 채권의 변제를 받기 위하여 유치물을 경매할 수 있다(제322조 제1항). 즉, 유치권자는 우선변제권은 없지만 경매권은 있다.

⑤ 유치권자는 유치물의 보존에 필요한 경우라도 채무자의 승낙 없이는 유치물을 사용할 수 없다.
→ 유치권자는 유치물의 보존에 필요한 경우에는 채무자의 승낙 없이도 유치물을 사용할 수 있다(제324조 제2항 단서).

정답 ②

01 유치권에 관한 설명으로 <u>틀린</u> 것은? (다툼이 있으면 판례에 따름)

난이도 ●●○

① 유치권은 일정한 요건을 갖추면 법률상 당연히 성립하는 권리로서, 당사자의 합의에 의하여 성립하는 약정담보물권이 아니다.
② 타인의 물건을 횡령한 자는 그 물건을 수선하더라도 수선비채권에 관하여 유치권을 주장할 수 없다.
③ 물건에 관한 채권이 그 물건을 점유하기 전에 발생한 경우에도 채권자가 나중에 그 물건의 점유를 취득하면 유치권이 성립한다.
④ 유치권자가 유치물의 보존에 필요한 사용을 한 경우에는 차임에 상당하는 이득을 소유자에게 반환할 의무가 없다.
⑤ 유치권의 효력은 유치물의 멸실·훼손으로 인하여 소유자가 받을 금전 그 밖의 물건에 대하여 미치지 않는다.

---

01 ④ 유치권자가 유치물의 보존에 필요한 사용을 한 경우에도 특별한 사정이 없는 한 차임에 상당한 이득을 소유자에게 반환할 의무가 있다(대판 2009다40684).
② 불법행위로 인해 점유한 자에게는 유치권이 인정되지 않는다(제320조 제2항).
③ 유치권이 성립하기 위하여 채권과 물건의 견련성은 요하지만, 채권과 물건의 점유와의 견련성은 요하지 않는다. 즉, 채권이 물건에 관하여 생긴 것이면 충분하고 그 물건의 점유 중에 생겼을 필요까지는 없다. 따라서 어떤 물건에 관한 채권이 먼저 발생하고 채권자가 나중에 그 물건의 점유를 취득한 경우에도 유치권이 성립한다.
⑤ 유치권에는 물상대위성이 없음을 기술한 지문이다. 유치권에는 우선변제적 효력이 없으므로 물상대위성도 없다.

정답 01 ④

02

난이도 ●●○

유치권에 관한 설명으로 옳은 것은? (다툼이 있으면 판례에 따름)

① 건물수리공사 수급인이 수리대금을 지급받기 위하여 건물을 유치하던 중 제3자의 방화로 그 건물이 소실된 경우, 수급인은 소유자의 화재보험금청구권을 압류하여 그로부터 수리대금의 우선변제를 받을 수 있다.
② 유치권은 법정담보물권이므로 당사자의 특약에 의해 그 발생을 배제할 수 없다.
③ 유치물이 분할가능한 경우, 채무자가 피담보채무의 일부를 변제하면 그 범위에서 유치권은 일부 소멸한다.
④ 정당한 이유가 있는 때에는 유치권자는 법원에 청구하지 않고 유치물로 직접 변제에 충당할 수 있다.
⑤ 경매개시결정의 기입등기 전에 유치권을 취득한 자는 유치물이 경매되더라도 자신의 채권이 완제될 때까지 경락인에 대하여 목적물의 인도를 거절할 수 있다.

03

난이도 ●●○

유치권에 관한 설명으로 옳은 것은? (다툼이 있으면 판례에 따름)

① 특별한 사정이 없는 한 수급인은 자신의 재료와 노력으로 신축한 건물에 대하여는 유치권을 가질 수 없다.
② 채무자 이외의 제3자 소유의 물건에 대해서는 유치권이 성립할 수 없다.
③ 유치권의 불가분성은 그 목적물이 분할가능하거나 수개의 물건인 경우에는 적용되지 않는다.
④ 유치권자로부터 유치물을 유치하기 위한 방법으로 유치물의 점유 내지 보관을 위탁받은 자는 소유자의 소유물반환청구를 거부할 수 없다.
⑤ 유치권자가 유치물의 점유를 침탈당한 경우, 유치권에 기하여 점유를 회복할 수 있다.

02 ⑤ 유치권은 물권이므로 채무자뿐만 아니라 제3자에게도 주장할 수 있다. 가령 채무자가 아닌 목적물의 소유자나 목적물의 양수인에게도 유치권을 주장할 수 있고, 유치물이 경매된 경우 경락인에 대하여도 유치권을 행사할 수 있다. 단, 경락인에게 피담보채권의 변제를 청구할 수는 없다.
① 유치권에는 물상대위성이 없다. 따라서 유치권자는 유치물이 제3자의 방화로 소실되어 유치물의 소유자가 화재보험금청구권을 취득하는 경우에도 그 화재보험금청구권을 압류하여 그로부터 채권의 우선변제를 받을 수 없다.
② 유치권의 성립요건을 정한 「민법」제320조는 임의규정이므로 당사자는 특약으로 유치권의 발생을 배제할 수 있고, 그러한 특약이 있는 경우에는 유치권이 성립하지 않는다.
③ 유치권의 불가분성은 목적물이 분할가능하거나 수개의 물건인 경우에도 적용된다(대판 2005다16942). 즉, 유치물이 분할가능한 경우에도 유치권자는 채권 전부의 변제를 받을 때까지 목적물 전부를 유치할 수 있다.
④ 정당한 이유 있는 때에는 유치권자는 감정인의 평가에 의하여 유치물로 직접 변제에 충당할 것을 법원에 청구할 수 있다(제322조 제2항). 이를 '간이변제충당'이라고 한다.

03 ① 수급인의 재료와 노력으로 건축되었고 독립한 건물에 해당되는 기성부분은 수급인 자신의 소유라 할 것이므로 수급인은 공사대금을 지급받을 때까지 이에 대하여 유치권을 가질 수 없다(대판 91다14116).
② 유치권은 채무자 소유의 물건뿐만 아니라 제3자 소유의 물건에도 성립할 수 있다.
③ 유치권의 불가분성은 목적물이 분할가능하거나 수개의 물건인 경우에도 적용된다(대판 2005다16942).
④ 소유자는 그 소유에 속한 물건을 점유한 자에 대하여 반환을 청구할 수 있다. 그러나 점유자가 그 물건을 점유할 권리가 있는 때에는 반환을 거부할 수 있다(제213조). 여기서 반환을 거부할 수 있는 점유할 권리에는 유치권도 포함되고, 유치권자로부터 유치물을 유치하기 위한 방법으로 유치물의 점유 내지 보관을 위탁받은 자는 특별한 사정이 없는 한 점유할 권리가 있음을 들어 소유자의 소유물반환청구를 거부할 수 있다(대판 2011다62618).
⑤ 유치권은 점유의 상실로 소멸하므로(제328조), 유치권자가 유치물의 점유를 잃은 경우 유치권 자체에 기한 반환청구권은 인정되지 않는다. 다만, 유치권자가 점유의 침탈을 당한 경우라면 점유권에 기하여 점유를 회복할 수 있다(제204조).

정답 02 ⑤   03 ①

04 난이도 ●●●

유치권에 관한 설명으로 틀린 것은? (다툼이 있으면 판례에 따름)

① 유치권자가 제3자와의 점유매개관계에 의하여 유치물을 간접점유하는 경우, 유치권은 소멸하지 않는다.
② 유치권자가 유치물에 관하여 지출한 필요비나 유익비에 대한 상환청구권을 담보하기 위한 유치권도 인정된다.
③ 공사대금채권에 기하여 유치권을 행사하는 자가 스스로 유치물인 주택에 거주하며 사용하는 것은 특별한 사정이 없는 한 유치물의 보존에 필요한 사용에 해당한다.
④ 유치권의 목적부동산이 제3자에게 양도된 경우, 유치권자는 특별한 사정이 없는 한 제3자에게도 유치권을 주장할 수 있다.
⑤ 건물에 가압류등기가 경료된 후에 유치권을 취득한 자는 그 건물의 강제경매절차에서 건물을 낙찰받은 경락인에게 유치권을 주장할 수 없다.

05 난이도 ●●○

건축업자 乙은 공사대금 1억원에 甲 소유의 대지 위에 건물을 신축해 주기로 하는 계약을 체결하여 공사를 완성하였으나 공사대금을 받지 못하자 그 건물을 점유하고 있다. 이에 관한 설명으로 틀린 것은? (다툼이 있으면 판례에 따름)

① 乙은 공사대금채권을 변제받을 때까지 건물을 유치할 수 있다.
② 乙의 재료와 노력으로 건물을 신축하였다면 특별한 사정이 없는 한 乙은 그 건물에 대한 유치권을 가질 수 없다.
③ 乙이 보존행위로서 건물을 사용한 경우, 乙은 甲에 대하여 불법점유로 인한 손해배상책임을 지지 않는다.
④ 위 ③에서 乙이 건물을 사용함으로써 얻은 이익은 부당이득이 아니므로 甲에게 반환할 필요가 없다.
⑤ 乙이 건물을 유치하고 있는 동안에도 공사대금채권의 소멸시효는 진행한다.

04 ⑤ 부동산에 가압류등기가 경료되면 채무자가 당해 부동산에 관한 처분행위를 하더라도 이로써 가압류채권자에게 대항할 수 없게 되는데, 여기서 처분행위란 당해 부동산을 양도하거나 이에 대해 용익물권, 담보물권 등을 설정하는 행위를 말하고 특별한 사정이 없는 한 점유의 이전과 같은 사실행위는 이에 해당하지 않는다. 즉, 부동산에 가압류등기가 경료되어 있을 뿐 현실적인 매각절차가 이루어지지 않고 있는 상황하에서는 채무자의 점유이전으로 인하여 제3자가 유치권을 취득하게 된다고 하더라도 이를 처분행위로 볼 수 없다. 따라서 이 경우 유치권자는 경락인에게 유치권을 주장할 수 있다(대판 2009다19246).
① 유치권자의 점유는 직접점유이든 간접점유이든 관계가 없다.
② 유치권자의 비용상환청구권도 유치물과의 견련성이 인정되는 채권이므로 이 비용상환청구권을 담보하기 위한 유치권도 인정된다.
③ 공사대금채권에 기하여 유치권을 행사하는 자가 스스로 유치물인 주택에 거주하며 사용하는 것은 특별한 사정이 없는 한 유치물인 주택의 보존에 도움이 되는 행위로서 유치물의 보존에 필요한 사용에 해당한다고 할 것이다. 그리고 유치권자가 유치물의 보존에 필요한 사용을 한 경우에도 특별한 사정이 없는 한 차임에 상당한 이득을 소유자에게 반환할 의무가 있다(대판 2009다40684).
④ 유치권은 물권이므로 채무자뿐만 아니라 제3자에게도 주장할 수 있다.

05 ④ 공사대금채권에 기하여 유치권을 행사하는 자가 스스로 유치물인 주택에 거주하며 사용하는 것은 특별한 사정이 없는 한 유치물의 보존에 필요한 사용에 해당한다. 단, 유치권자가 유치물의 보존에 필요한 사용을 한 경우에도 차임에 상당한 이득을 소유자에게 반환할 의무가 있다(대판 2009다40684).
② 수급인의 재료와 노력으로 건축되었고 독립한 건물에 해당되는 기성부분은 수급인 자신의 소유라 할 것이므로 수급인은 공사대금을 지급받을 때까지 이에 대하여 유치권을 가질 수 없다(대판 91다14116).
③ 유치권자가 유치물에 대한 보존행위로서 목적물을 사용하는 것은 적법행위이므로 불법점유로 인한 손해배상책임이 없다(대판 71다2414).
⑤ 유치권을 행사하고 있더라도 별도로 채권을 행사하지 않는 한 채권의 소멸시효는 진행한다(제326조).

정답 04 ⑤   05 ④

06 유치권에 관한 설명으로 옳은 것은? (다툼이 있으면 판례에 따름)

① 채권자가 채무자를 직접점유자로 하여 물건을 간접점유하는 경우에도 유치권이 성립할 수 있다.
② 피담보채권의 변제기가 도래하기 전에도 유치권이 성립할 수 있다.
③ 건축업자가 건물을 점유하기 전에 취득한 건축비채권이라면 그 후 건물을 적법하게 점유하더라도 유치권이 성립하지 않는다.
④ 건물의 임차인이 점유할 권원이 없음을 알면서 계속 건물을 점유하여 유익비를 지출한 경우, 그 비용상환청구권에 관하여는 유치권이 성립하지 않는다.
⑤ 유치권의 목적물에 대하여 담보권실행을 위한 경매가 진행되어 매각이 이루어지면 유치권은 소멸한다.

07 유치권이 성립하는 경우는? (다툼이 있으면 판례에 따름)

① 신축건물의 소유권을 도급인에게 귀속시키기로 약정한 수급인이 공사대금을 받기 위해서 완성된 건물을 점유하는 경우
② 타인의 시계를 훔친 자가 그 시계의 수리비를 받기 위하여 시계를 점유하는 경우
③ 주택임대차계약이 종료된 후 임차인이 보증금을 돌려받기 위하여 임차주택을 점유하는 경우
④ 점포임대차가 임대인 측의 사정에 의해 중도해지된 후 임차인이 권리금의 일부를 돌려받기 위하여 점포를 점유하는 경우
⑤ 부속물매수청구권을 행사한 건물임차인이 부속물에 대한 매매대금을 받기 위하여 임차건물을 점유하는 경우

08 난이도 ●●○

사례

유치권이 성립하는 경우로만 묶인 것은? (다툼이 있으면 판례에 따름)

> ㉠ 물건에 대한 채권이 먼저 발생한 후에 그 물건의 점유를 취득한 경우
> ㉡ 채권자가 제3자를 직접점유자로 하여 물건을 간접점유하는 경우
> ㉢ 전세권자가 전세목적물을 보존하기 위하여 필요비를 지출한 경우
> ㉣ 건물의 임대인이 임대차계약을 적법하게 해지하였는데, 임차인이 계속 건물을 점유하여 유익비를 지출한 경우
> ㉤ 임차인이 지출한 유익비의 상환에 관하여 법원이 임대인의 청구에 의해 상당한 상환기간을 허여한 경우

① ㉠, ㉡ ② ㉡, ㉢ ③ ㉣, ㉤
④ ㉠, ㉡, ㉢ ⑤ ㉡, ㉢, ㉣

---

06 ④ 불법행위로 인해 점유한 자에게는 유치권이 인정되지 않으므로(제320조 제2항), 점유할 권원을 상실한 이후에 지출한 수리비에 대하여는 유치권을 행사할 수 없다.
① 유치권은 목적물을 유치함으로써 채무자의 변제를 간접적으로 강제하는 것을 본체적 효력으로 하는 권리인 점에 비추어, 그 직접점유자가 채무자인 경우에는 유치권의 요건으로서의 점유에 해당하지 않는다(대판 2007다27236).
② 채권의 변제기도래는 유치권의 성립요건이다.
③ 유치권이 성립하기 위하여 채권과 물건의 견련성은 요하지만 채권과 물건의 점유와의 견련성은 요하지 않는다. 즉, 물건과 채권 사이에 견련성만 인정된다면 사실관계의 순서가 '점유취득 후 채권발생'이거나 '채권발생 후 점유취득'이거나를 가리지 않고 유치권이 성립할 수 있다. 판례도 "유치권자가 유치물을 점유하기 전에 발생된 채권(건축비채권)이라도 그 후 그 물건(건물)의 점유를 취득했다면 유치권은 성립한다."라고 판시하였다(대판 64다1977).
⑤ 유치권은 매각으로 소멸하지 않는다.

07 ① 건물의 신축공사를 한 수급인이 그 건물을 점유하고 있고 또 그 건물에 관하여 생긴 공사금채권이 있다면 수급인은 그 채권을 변제받을 때까지 건물을 유치할 권리가 있다(대판 95다16202).
② 불법행위로 인해 점유한 자에게는 유치권이 인정되지 않는다(제320조 제2항).
③ 건물의 임대차에서 임차인의 임대인에게 지급한 보증금반환청구권은 그 건물에 관하여 생긴 채권이라 할 수 없다(대판 75다1305).
④ 권리금반환청구권은 건물에 관하여 생긴 채권이라 할 수 없으므로 그와 같은 채권을 가지고 건물에 대한 유치권을 행사할 수 없다(대판 93다62119).
⑤ 부속물매수청구권이 인정되는 경우라고 할지라도 부속물매매대금은 임차건물 자체에 관하여 생긴 채권이 아니므로 임차인은 임차건물에 대한 유치권을 주장할 수 없다.

08 ㉠ 물건에 관한 채권이 먼저 발생한 후에 그 물건의 점유를 취득한 경우에도 유치권은 성립한다.
㉡ 유치권자의 점유는 직접점유이든 간접점유이든 관계가 없다.
㉢ 전세권자에게는 필요비상환청구권이 없으므로, 필요비상환청구권을 담보하기 위한 유치권은 성립할 수 없다.
㉣ 불법점유 중에 생긴 채권에 관하여는 유치권이 인정되지 않는다(제320조 제2항).
㉤ 유익비상환청구권에 대하여 법원이 상당한 상환기간을 허여하면 그 채권은 변제기가 도래하지 않은 상태가 되므로, 그 유익비상환청구권을 피담보채권으로 하는 유치권은 성립하지 않는다.

정답 06 ④ 07 ① 08 ①

09 난이도 ●●○

유치권에 관한 설명으로 틀린 것은? (다툼이 있으면 판례에 따름)

① 동시이행의 항변권과 유치권이 동시에 성립하는 경우, 권리자는 이를 선택적으로 행사할 수 있다.
② 물건의 인도청구소송에서 피고의 유치권 항변이 인용되는 경우, 법원은 그 물건에 관하여 생긴 채권의 변제와 상환으로 물건을 인도할 것을 명하여야 한다.
③ 점유침탈로 유치권을 상실한 자가 점유회수의 소를 제기하여 승소판결을 받아 점유를 회복하면 유치권은 되살아난다.
④ 유치권을 사후에 포기하면 점유를 상실하지 않더라도 곧바로 유치권이 소멸한다.
⑤ 유치권 포기로 인한 유치권의 소멸은 유치권 포기의 의사표시의 상대방만 주장할 수 있고 그 이외의 사람은 주장할 수 없다.

10 난이도 ●●○

유치권에 관한 설명으로 옳은 것은? (다툼이 있으면 판례에 따름)

① 유치권자는 자기 재산과 동일한 주의로 유치물을 점유하여야 한다.
② 경매개시결정의 기입등기 후 그 소유자인 채무자가 건물에 관한 공사대금채권자에게 그 건물의 점유를 이전한 경우, 공사대금채권자의 유치권은 성립할 수 없다.
③ 저당권설정 이후에 취득한 유치권은 경매절차에서 매각으로 소멸한다.
④ 유치권자는 매수인(경락인)에 대해서도 피담보채권의 변제를 청구할 수 있다.
⑤ 유치권자는 유치물의 과실을 수취하여 다른 채권보다 먼저 자신의 채권의 변제에 충당할 수 있다.

11 난이도 ●●○

유치권에 관한 설명으로 틀린 것은? (다툼이 있으면 판례에 따름)

① 채무자는 상당한 담보를 제공하고 유치권의 소멸을 청구할 수 있다.
② 강제경매개시결정의 기입등기가 경료되어 압류의 효력이 발생한 이후에 취득한 유치권으로는 경매절차의 매수인에게 대항할 수 없다.
③ 계약명의신탁의 명의신탁자는 매매대금 상당의 부당이득반환청구권을 피담보채권으로 하여 자신이 점유하는 신탁부동산에 대해 유치권을 행사할 수 있다.
④ 유치권은 소멸시효의 대상이 되지 않는다.
⑤ 유치권은 점유의 상실로 인하여 소멸한다.

---

09 ⑤④ 유치권을 사전에 포기한 경우 다른 법정요건이 모두 충족되더라도 유치권이 발생하지 않는 것과 마찬가지로 유치권을 사후에 포기한 경우 곧바로 유치권은 소멸한다. 그리고 유치권 포기로 인한 유치권의 소멸은 유치권 포기의 의사표시의 상대방뿐 아니라 그 이외의 사람도 주장할 수 있다(대판 2014다52087).
② 물건의 인도를 청구하는 소송에서 피고의 유치권 항변이 인용되는 경우, 법원은 상환이행판결(원고일부승소판결)을 선고해야 한다(대판 69다1592).
③ 대판 2011다72189

10 ⑤ 제323조 제1항
① 유치권자는 선량한 관리자의 주의로 유치물을 점유하여야 한다(제324조 제1항).
② 채무자 소유의 건물 등 부동산에 강제경매개시결정의 기입등기가 경료되어 압류의 효력이 발생한 이후에 채무자가 위 부동산에 관한 공사대금 채권자에게 그 점유를 이전함으로써 그로 하여금 유치권을 취득하게 한 경우, 그와 같은 점유의 이전은 목적물의 교환가치를 감소시킬 우려가 있는 처분행위에 해당하여 압류의 처분금지효에 저촉되므로 점유자로서는 위 유치권을 내세워 그 부동산에 관한 경매절차의 매수인에게 대항할 수 없다(대판 2005다22688). 즉, 경매개시결정 기입등기(= 압류) 후에도 유치권은 성립할 수 있으나, 그 유치권으로 경락인에게 대항할 수 없을 뿐이다.
③ 유치권은 매각으로 소멸하지 않는다.
④ 유치권자는 경락인에 대하여도 유치권을 행사할 수 있다. 단, 경락인에게 피담보채권의 변제를 청구할 수는 없다.

11 ③ 계약명의신탁에서 명의신탁자가 명의수탁자에 대하여 가지는 매매대금 상당의 부당이득반환청구권은 신탁부동산과의 견련관계가 없으므로, 명의신탁자는 그 부당이득반환청구권을 피담보채권으로 하여 신탁부동산에 대한 유치권을 행사할 수 없다(대판 2008다34828).
① 제327조
② 경매개시결정 기입등기(= 압류) 후에도 유치권은 성립할 수 있으나, 그 유치권으로 경락인에게 대항할 수는 없다(대판 2005다22688).
⑤ 제328조

정답 09 ⑤   10 ⑤   11 ③

12

난이도 ●●●

유치권에 관한 판례의 태도를 잘못 설명한 것은?

① 건물신축공사 수급인인 乙과의 계약으로 자재를 납품한 甲은 그 자재가 사용되어 건물이 완공된 경우, 자재대금 미지급을 이유로 그 건물에 대한 유치권을 행사할 수 있다.

② 건물신축공사를 도급받은 수급인이 사회통념상 독립한 건물이라고 볼 수 없는 정착물을 토지에 설치한 상태에서 공사가 중단된 경우, 수급인은 공사중단시까지 발생한 공사금채권을 변제받기 위하여 그 정착물이나 토지에 대하여 유치권을 행사할 수 없다.

③ 부동산 매도인 甲이 매매대금의 일부를 지급받지 못한 상태에서 매수인 乙에게 소유권이전등기를 마쳐주었으나 부동산을 계속 점유하고 있는 경우, 甲은 그 대금채권을 피담보채권으로 하여 乙로부터 부동산 소유권을 취득한 丙을 상대로 유치권을 주장할 수 없다.

④ 다세대주택의 창호공사를 완성한 수급인이 공사대금채권의 변제를 받기 위하여 그 중 한 세대를 점유한 경우, 그 유치권은 다세대주택 전체에 대하여 시행한 공사대금채권 전부를 피담보채권으로 하여 성립한다.

⑤ 건물의 임차인이 임대차관계 종료시 건물을 원상으로 복구하여 임대인에게 명도하기로 약정한 경우, 임차인은 비용상환청구권을 피담보채권으로 하여 임차건물에 대하여 유치권을 주장할 수 없다.

---

12 ① 甲이 건물신축공사 수급인인 乙 주식회사와 체결한 약정에 따라 공사현장에 시멘트와 모래 등의 건축자재를 공급한 경우, 甲의 건축자재대금채권은 매매계약에 따른 매매대금채권에 불과할 뿐 건물 자체에 관하여 생긴 채권이라고 할 수는 없으므로 건물에 관한 유치권의 피담보채권이 될 수 없다(대판 2011다96208).

② 이 경우 그 정착물은 토지의 부합물에 불과하여 이러한 정착물에 대하여 유치권을 행사할 수 없는 것이고, 또한 공사중단시까지 발생한 공사금채권은 토지에 관하여 생긴 것이 아니므로 위 공사금채권에 기하여 토지에 대하여 유치권을 행사할 수도 없다(대결 2007마98).

③ 부동산 매도인이 매매대금을 다 지급받지 않은 상태에서 매수인에게 소유권이전등기를 마쳐주어 목적물의 소유권을 매수인에게 이전한 경우에는 매도인의 목적물인도의무에 관하여 동시이행의 항변권 외에 물권적 권리인 유치권까지 인정할 것은 아니다. 따라서 매도인이 부동산을 점유하고 있고 소유권을 이전받은 매수인에게서 매매대금 일부를 지급받지 못하고 있다고 하여 매매대금채권을 피담보채권으로 매수인이나 그에게서 부동산 소유권을 취득한 제3자를 상대로 유치권을 주장할 수 없다(대결 2011마2380).

④ 유치권의 불가분성은 그 목적물이 분할가능하거나 수개의 물건인 경우에도 적용된다(대판 2005다16942).

⑤ 건물의 임차인이 임대차관계 종료시 건물을 원상으로 복구하여 임대인에게 명도하기로 약정한 경우, 이는 건물에 지출한 각종 유익비 또는 필요비의 상환청구권을 미리 포기하기로 한 취지의 특약이라고 볼 수 있어 임차인은 임차건물에 대하여 유치권을 주장할 수 없다(대판 73다2010).

정답 12 ①

제2절 저당권

[대표유형] **[기본] [판례]**

저당권에 관한 설명으로 틀린 것은? (다툼이 있으면 판례에 따름)

① 저당권이 설정된 후 저당부동산의 소유권이 이전된 경우, 저당권설정자인 종전의 소유자도 피담보채무가 소멸하면 저당권설정등기의 말소를 청구할 수 있다.

→ 근저당권이 설정된 후에 그 부동산의 소유권이 제3자에게 이전된 경우에는 현재의 소유자가 자신의 소유권에 기하여 피담보채무의 소멸을 원인으로 그 근저당권설정등기의 말소를 청구할 수 있음은 물론이지만, 근저당권설정자인 종전의 소유자도 근저당권설정계약의 당사자로서 근저당권소멸에 따른 원상회복으로 근저당권자에게 근저당권설정등기의 말소를 구할 수 있는 계약상 권리가 있다(대판 전합 93다16338).

② 저당권은 경매에서의 매각으로 인하여 소멸한다.

→ 매각부동산 위에 존재하던 모든 저당권은 순위에 관계없이 매각으로 소멸한다(「민사집행법」 제91조 제2항).

③ 저당권은 피담보채권과 분리하여 타인에게 양도하거나 다른 채권의 담보로 하지 못한다.

→ 저당권의 수반성에 대한 기술이다(제361조).

④ 저당권이 설정된 후에 저당부동산에 부합된 물건에는 저당권의 효력이 미치지 않는다.

→ 저당권의 효력은 저당부동산에 부합된 물건에 미친다(제358조). 이때 부합이 된 시기가 저당권설정 전인지 후인지는 묻지 않는다. 즉, 저당권이 설정된 후에 저당부동산에 부합된 물건에도 저당권의 효력이 미친다.

⑤ 부동산에 관하여 저당권설정등기가 경료되었다가 그 등기가 위조서류에 의하여 원인 없이 말소되었다 하더라도 저당권이 소멸하는 것은 아니다.

→ 등기는 물권의 효력발생요건이고 존속요건은 아니어서 등기가 원인 없이 말소된 경우에는 그 물권의 효력에 아무런 영향이 없다(대판 2009다68408).

정답 ④

13 난이도 ●○○
기본

저당권에 관한 설명으로 틀린 것은?

① 저당권설정은 처분행위이므로 목적물에 대한 처분의 권리 또는 권한을 가진 자만이 저당권을 설정할 수 있다.
② 채무자가 아닌 제3자도 저당권설정자가 될 수 있다.
③ 저당권에 의하여 담보할 수 있는 채권은 금전채권에 한한다.
④ 저당권설정계약에도 조건이나 기한을 붙일 수 있다.
⑤ 채무의 변제로 피담보채권이 소멸하면 말소등기를 하지 않아도 저당권은 소멸한다.

14 난이도 ●●○
기본
판례

저당권에 관한 설명으로 틀린 것은? (다툼이 있으면 판례에 따름)

① 채권자와 채무자 및 제3자 사이에 합의가 있고 채권이 제3자에게 실질적으로 귀속되었다고 볼 수 있는 특별한 사정이 있으면 제3자 명의의 저당권설정등기도 유효하다.
② 당사자는 설정계약으로 저당권의 효력이 종물에 미치지 않는 것으로 정할 수 있다.
③ 乙이 甲 소유의 토지를 임차하여 건물을 신축한 후 그 건물에 저당권을 설정한 경우, 후에 그 저당권이 실행되어 丙이 건물의 소유권을 취득하면 특별한 사정이 없는 한 乙의 토지임차권도 丙에게 이전된다.
④ 저당권의 효력은 저당토지가 저당권실행으로 압류된 후 그 토지에 관하여 발생한 저당권설정자의 차임채권에 미친다.
⑤ 저당권의 목적토지가「공익사업을 위한 토지 등의 취득 및 보상에 관한 법률」에 따라 협의취득된 경우, 저당권자는 그 보상금청구권에 대해 물상대위권을 행사할 수 있다.

15

난이도 ●●○

타인 소유의 토지 위에 있는 건물에 저당권이 설정된 경우, 저당권의 효력이 미치는 것을 모두 고른 것은? (단, 건물에 대한 압류가 있기 전이며, 다툼이 있으면 판례에 따름)

㉠ 건물의 임차인이 건물의 상용(常用)에 제공하기 위해 부속시킨 물건
㉡ 건물의 임차인이 증축하였으나 독립적 효용이 없는 부분
㉢ 건물로부터 발생하는 법정과실
㉣ 건물의 소유자가 그 건물의 소유를 목적으로 토지에 대해 가지고 있는 지상권
㉤ 건물이 화재로 전소되어 건물의 소유자가 이미 수령한 화재보험금

① ㉠, ㉡ ② ㉠, ㉢ ③ ㉡, ㉣
④ ㉡, ㉤ ⑤ ㉣, ㉤

---

13 ③ 저당권의 피담보채권은 금전채권인 것이 보통이지만, 반드시 금전채권에 한하는 것은 아니다. 비금전채권을 담보하기 위하여 저당권설정등기를 할 때에는 등기관은 그 채권의 평가액을 기록하여야 한다(「부동산등기법」 제77조).
① 처분권한이 없는 자의 저당권설정행위는 무효이다.
② 저당권설정자는 보통은 채무자이지만, 반드시 채무자에 한하는 것은 아니고 제3자라도 무방하다(물상보증인).
④ 저당권설정은 단독행위가 아닌 계약이므로, 당사자 간의 합의에 의해 조건이나 기한을 붙일 수 있다.

14 ⑤ 이 경우 협의취득은 사법상의 매매계약과 같은 성질을 가진 것에 불과하여 공용징수에 해당되지 아니하므로 토지소유권이 이전된다 할지라도 그 저당권으로서 그 토지에 추급할 수 있다 할 것이니, 저당권자는 토지소유자가 위 협의에 따라 지급받을 보상금(실질은 매매대금)에 대하여 물상대위권을 행사할 수 없다(대판 80다2109).
① 대판 99다48948
② 저당권의 효력은 부합물과 종물에 미친다는 「민법」 제358조는 임의규정이다.
③ 건물의 소유를 목적으로 하여 토지를 임차한 사람이 그 토지 위에 소유하는 건물에 저당권을 설정한 때에는 「민법」 제358조 본문에 따라 저당권의 효력이 건물뿐만 아니라 건물의 소유를 목적으로 한 토지임차권에도 미치기 때문이다(대판 92다24950).
④ 저당권의 효력은 저당부동산에 대한 압류가 있은 후에 저당부동산의 과실에 미친다(제359조).

15 ㉡ 독립성이 없는 증축부분은 건물의 부합물이므로 저당권의 효력이 미친다(제358조).
㉣ 저당권의 효력은 종물뿐만 아니라 종된 권리에도 미친다. 가령 건물에 대한 저당권의 효력은 그 건물에 종된 권리인 지상권이나 임차권에도 미친다(대판 95다52864).
㉠ 부동산의 상용에 공하여진 물건일지라도 그 물건이 부동산의 소유자가 아닌 다른 사람의 소유인 때에는 종물이라고 할 수 없으므로 부동산에 대한 저당권의 효력에 미칠 수 없다(대판 2007다36933).
㉢ 저당부동산의 과실에는 원칙적으로 저당권의 효력이 미치지 않는다(제359조).
㉤ 저당권자가 금전 또는 물건의 인도청구권을 압류하기 전에 저당물의 소유자가 그 인도청구권에 기하여 금전 등을 수령한 경우 저당권자는 더 이상 물상대위권을 행사할 수 없다(대판 2008다17656).

정답 13 ③ 14 ⑤ 15 ③

16 난이도 ●●○

저당권의 물상대위에 관한 설명으로 틀린 것은? (다툼이 있으면 판례에 따름)

① 저당권자가 물상대위권을 행사하기 위해서는 저당물의 소유자가 받을 가치변형물을 그 지급 또는 인도 전에 압류하여야 한다.

② 저당목적물의 변형물인 금전에 대해 이미 제3자가 압류한 경우, 저당권자는 스스로 압류하지 않고서도 물상대위권을 행사할 수 있다.

③ 저당권자가 물상대위권의 행사로 금전 등 인도청구권을 압류하기 전에 저당물의 소유자가 그 금전을 수령한 경우, 저당목적물의 소유자는 저당권자에게 피담보채권액 상당을 부당이득으로 반환하여야 한다.

④ 저당권자가 물상대위권을 행사하지 않아 다른 채권자가 그 보상금으로부터 이득을 얻은 경우, 저당권자는 다른 채권자에 대하여 부당이득반환을 청구할 수 있다.

⑤ 저당권설정자가 저당목적물을 타인에게 매도한 경우 그 매매대금에 대하여는 물상대위권을 행사할 수 없다.

난이도 ●●○

17 저당권의 효력이 미치는 범위에 관한 설명으로 틀린 것은? (다툼이 있으면 판례에 따름)

① 채무불이행으로 인한 지연배상에 대하여는 원본의 이행기일을 경과한 1년분에 한하여 저당권을 행사할 수 있다.
② 저당권설정행위에서 저당권의 효력이 종물에 미치지 않는다고 약정한 경우, 이를 등기하여야 제3자에게 대항할 수 있다.
③ 대위할 물건이 저당권설정자에게 인도된 후에 저당권자가 그 물건을 압류한 경우에는 물상대위권을 행사할 수 없다.
④ 구분건물의 전유부분에 설정된 저당권의 효력은 그 전유부분의 소유자가 나중에 취득한 대지사용권에도 미친다.
⑤ 저당부동산에 대한 압류 이전에 저당부동산으로부터 발생한 저당권설정자의 차임채권에도 저당권의 효력이 미친다.

---

16 ④ 저당권자가 물상대위권의 행사에 나아가지 아니하여 우선변제권을 상실한 이상 다른 채권자가 그 보상금 또는 이에 관한 변제공탁금으로부터 이득을 얻었다고 하더라도 저당권자는 이를 부당이득으로서 반환청구할 수 없다(대판 2010다46756).
② 저당목적물의 변형물인 금전 기타 물건에 대하여 이미 제3자가 압류하여 그 금전 또는 물건이 특정된 이상 저당권자는 스스로 이를 압류하지 않고서도 물상대위권을 행사할 수 있다(대판 96다21058).
③ 대판 2008다17656
⑤ 저당물이 매매된 경우에는 저당권이 소멸하지 않고 그대로 존속하므로 매매대금에 대해서는 물상대위를 인정할 필요가 없다.

17 ⑤ 저당권이 설정된 이후에도 저당물에 대한 사용·수익권은 저당권설정자에 있기 때문에 저당권이 실행되기 전까지는(= 부동산이 압류되기 전까지는) 저당부동산의 과실(천연과실, 법정과실 불문)에는 저당권의 효력이 미치지 않는다.
① 제360조 단서
② 「부동산등기법」제75조 제1항 제7호
③ 물상대위권을 행사하기 위해서는 대위할 물건이 지급 또는 인도되기 전에 압류하여야 한다.
④ 구분건물의 전유부분에 관하여 설정된 저당권의 효력은 대지사용권의 분리처분이 가능하도록 규약으로 정하는 등의 특별한 사정이 없는 한 그 대지사용권에까지 미친다(대판 2000다62179).

정답 16 ④ 17 ⑤

18 난이도 ●●○

저당권의 효력에 관한 설명으로 옳은 것은? (다툼이 있으면 판례에 따름)

① 원본의 반환이 2년간 지체된 경우, 채무자는 원본 및 지연배상금의 전부를 변제하여야 저당권등기의 말소를 청구할 수 있다.
② 저당권의 효력은 저당부동산에 부합된 물건에 미치므로, 명인방법을 갖춘 수목에도 토지저당권의 효력이 미친다.
③ 토지저당권의 효력은 제3자가 그 토지에서 무단으로 경작한 수확기의 농작물에 미친다.
④ 전세권을 저당권의 목적으로 한 경우 저당권자에게 물상대위권이 인정되지 않는다.
⑤ 저당권이 설정된 토지의 소유자가 그 토지 위에 건물을 신축하여 보존등기를 경료한 경우, 토지저당권의 우선변제적 효력은 건물에도 미친다.

19 난이도 ●○○

부동산이 경매되는 경우에 관한 설명으로 틀린 것은?

① 저당권보다 먼저 설정된 지상권은 저당권자의 경매신청에 따른 매각으로 매수인에게 인수되지만, 저당권보다 나중에 설정된 지상권은 매각으로 소멸한다.
② 후순위 저당권의 실행으로 저당물이 매각된 경우, 선순위 저당권은 소멸하지 않는 것이 원칙이다.
③ 저당권보다 먼저 설정된 전세권이 있는 경우, 저당권자가 신청한 경매절차에서 전세권자가 배당요구를 하였다면 그 전세권은 매각으로 소멸한다.
④ 유치권은 매각으로 소멸하지 않으므로, 유치권자는 경락인에게도 유치권으로 대항할 수 있다.
⑤ 담보가등기를 마친 부동산에 경매가 행하여진 경우, 담보가등기권리는 매각으로 소멸한다.

18 ① 「민법」 제360조가 지연배상에 대하여는 원본의 이행기일을 경과한 후의 1년분에 한하여 저당권을 행사할 수 있다고 규정하고 있는 것은 저당권자의 제3자에 대한 관계에서의 제한이며 채무자나 저당권설정자가 저당권자에 대하여 대항할 수 있는 것이 아니다(대판 90다8855). 따라서 원본반환이 2년간 지체되었다면 채무자는 지체된 2년분의 원본을 모두 변제하여야 저당권등기의 말소를 청구할 수 있다.
② 명인방법을 갖춘 수목은 토지의 부합물이 아니라 독립된 물건이므로 토지저당권의 효력이 미치지 않는다.
③ 농작물은 토지의 부합물이 아닌 별개의 독립한 물건이기 때문에 토지저당권의 효력이 미치지 않는다.
④ 전세권을 목적으로 한 저당권이 설정된 경우, 전세권의 존속기간이 만료되면 전세권의 용익물권적 권능이 소멸하기 때문에 더 이상 전세권 자체에 대하여 저당권을 실행할 수 없게 되고, 저당권자는 저당권의 목적물인 전세권에 갈음하여 존속하는 것으로 볼 수 있는 전세금반환채권에 대하여 압류 및 추심명령 또는 전부명령을 받거나 제3자가 전세금반환채권에 대하여 실시한 강제집행절차에서 배당요구를 하는 등의 방법으로 물상대위권을 행사하여 전세금의 지급을 구하여야 한다(대판 2013다91672).
⑤ 건물은 토지의 부합물도 종물도 아닌 별개의 독립한 물건이다. 따라서 토지저당권의 효력이 그 지상건물에 미치는 일은 결코 없다.

19 ② 매각부동산 위에 존재하던 모든 저당권은 순위에 관계없이 매각으로 소멸한다(「민사집행법」 제91조 제2항).
①③ 최선순위 저당권보다 선순위 용익권은 경락인이 인수하고 그보다 후순위 용익권은 매각으로 소멸한다. 단, 최선순위 전세권이라도 전세권자가 배당요구를 하면 매각으로 소멸한다(「민사집행법」 제91조 제3항·제4항).
④ 경락인은 유치권자에게 그 유치권으로 담보되는 채권을 변제할 책임이 있다(「민사집행법」 제91조 제5항). 즉, 유치권은 매각으로 소멸하지 않고 유치권자는 경락인에게도 유치권으로 대항할 수 있다.
⑤ 담보가등기를 마친 부동산에 대하여 강제경매 등이 행하여진 경우에는 담보가등기권리는 그 부동산의 매각에 의하여 소멸한다(「가등기담보 등에 관한 법률」 제15조).

정답 18 ① 19 ②

20 난이도 ●●○

저당권의 우선변제적 효력에 관한 설명으로 틀린 것은? (다툼이 있으면 판례에 따름)

① 가압류등기가 먼저 된 후 저당권이 설정된 경우, 물권자인 저당권자가 가압류채권자에 우선하여 변제를 받는다.
② 주택에 대한 저당권설정등기의 경료와 임차인(보증금 2억원)의 입주 및 전입신고, 임대차계약서상의 확정일자 구비가 모두 같은 날에 이루어졌다면, 저당권자가 임차인에 우선하여 변제를 받는다.
③ 저당목적물에 부과된 국세(이른바 당해세)와 그 가산금은 그 법정기일 전에 설정된 저당권에 대해서도 우선하여 징수된다.
④ 「주택임대차보호법」상 소액임차인은 주택에 대한 경매신청의 등기 이전에 대항요건을 갖춘 경우에 한하여 보증금 중 일정액에 관하여 선순위 저당권자보다 우선하여 변제받을 권리가 있다.
⑤ 근로자의 최종 3개월분의 임금과 재해보상금은 저당권에 의하여 담보된 채권에 우선하여 변제된다.

21 난이도 ●●●

「민법」 제366조의 법정지상권이 성립하는 경우를 모두 고른 것은? (다툼이 있으면 판례에 따름)

㉠ 甲이 乙에게 자기 소유의 나대지에 저당권을 설정해 준 후 乙의 승낙을 얻어 건물을 신축하였으나 乙의 저당권실행으로 대지가 경락된 경우
㉡ 甲이 건물의 규모나 종류를 외형상 예상할 수 있을 정도로 건축이 진전된 자신의 토지에 대하여 乙에게 저당권을 설정해 주었는데, 그 후 독립된 건물의 요건을 갖춘 상태에서 乙의 저당권이 실행된 경우
㉢ 甲으로부터 미등기건물을 대지와 함께 매수한 乙이 대지에 관하여만 등기를 경료하고 건물에 대하여는 등기를 이전받지 못한 상태에서 대지에 대하여 丙에게 저당권을 설정해 주었다가 그 저당권이 실행된 경우
㉣ 甲 소유의 토지 및 지상건물에 관하여 乙의 공동저당권이 설정되었다가 건물이 철거되고 甲에 의해 새로 건물이 신축된 후에 乙이 토지에 대한 저당권을 실행한 경우
㉤ 구분소유적 공유관계에 있는 토지의 공유자인 甲과 乙이 그 토지 위에 각자 독자적으로 별개의 건물을 소유하면서 그 건물 또는 토지지분에 저당권을 설정하였다가 그 저당권이 실행된 경우

① ㉠, ㉡ ② ㉡, ㉢ ③ ㉡, ㉤
④ ㉢, ㉤ ⑤ ㉣, ㉤

20 ① 부동산에 대하여 가압류등기가 먼저 되고 나서 근저당권설정등기가 마쳐진 경우에 그 근저당권등기는 가압류에 의한 처분금지의 효력 때문에 가압류채권자에 대한 관계에서만 상대적으로 무효이다. 따라서 이 경우 후순위 근저당권자는 선순위 가압류채권자에 대하여는 우선변제권을 주장할 수 없으므로 채권액에 따른 안분비례에 의한 평등배당을 받는다(대판 94마417).
② 주택임차인의 입주 및 전입신고, 임대차계약서상의 확정일자 구비가 같은 날에 이루어졌다면 임차인의 우선변제권은 입주 및 전입신고를 마친 다음 날 0시에 대항력과 함께 발생하므로(대판 97다22393), 임차인은 같은 날 등기를 갖춘 저당권자보다 후순위로 배당을 받게 된다.
③ 「국세기본법」제35조
④ 「주택임대차보호법」제8조
⑤ 「근로기준법」제38조

21 ⓒ 토지에 저당권이 설정될 당시 토지소유자에 의하여 그 지상에 건물이 건축 중이었던 경우 그것이 사회관념상 독립된 건물로 볼 수 있는 정도에 이르지 않았다 하더라도 건물의 규모, 종류가 외형상 예상할 수 있는 정도까지 건축이 진전되어 있었고, 그 후 경매절차에서 매수인이 매각대금을 다 낸 때까지 최소한의 기둥과 지붕 그리고 주벽이 이루어지는 등 독립된 부동산으로서 건물의 요건을 갖춘 경우에는 법정지상권이 성립한다(대판 92다7221).
ⓜ 공유로 등기된 토지의 소유관계가 구분소유적 공유관계에 있는 경우에는 공유자 중 1인이 소유하고 있는 건물과 그 대지는 다른 공유자와의 내부관계에 있어서는 그 공유자의 단독소유로 되었다 할 것이므로, 건물을 소유하고 있는 공유자가 그 건물 또는 토지지분에 대하여 저당권을 설정하였다가 그 후 저당권의 실행으로 소유자가 달라지면 건물소유자는 그 건물의 소유를 위한 법정지상권을 취득한다(대판 2004다13533).
㉠ 건물이 없는 토지(나대지)에 저당권이 설정된 후 저당권설정자가 그 위에 건물을 지은 때에는 그 후 저당권의 실행으로 인하여 토지와 건물의 소유자가 달라지더라도 그 건물을 위한 법정지상권은 성립하지 않는바, 이는 저당권설정자가 저당권자로부터 법정지상권의 성립을 인정한다는 양해를 얻어 건물을 건축한 경우에도 마찬가지이다(대판 2003다26051).
ⓒ 이 경우에는 저당권설정 당시에 이미 대지와 건물이 각각 다른 사람의 소유에 속하고 있었으므로 법정지상권이 성립될 여지가 없다(대판 전합 2002다9660).
㉣ 동일인의 소유에 속하는 토지 및 그 지상건물에 관하여 공동저당권이 설정된 후 그 지상건물이 철거되고 새로 건물이 신축된 경우에는 특별한 사정이 없는 한 저당물(토지)의 경매로 인하여 토지와 신축건물이 다른 소유자에 속하게 되더라도 그 신축건물을 위한 법정지상권은 성립하지 않는다(대판 전합 98다43601).

정답 20 ① 21 ③

22 난이도 ●●●

저당권과 용익관계에 관한 설명으로 틀린 것은? (다툼이 있으면 판례에 따름)

① 저당권설정 당시 토지상에 존재하는 건물이 미등기라는 사정은 「민법」 제366조에 의한 법정지상권의 성립에 영향을 미치지 않는다.
② 동일인 소유의 토지와 건물 중 토지에 관해서만 저당권이 설정된 후 그 지상건물이 철거되고 새로 건물이 신축된 경우, 그 후 저당권이 실행되면 신축건물을 위한 법정지상권이 성립한다.
③ 동일인의 소유에 속하는 토지 및 그 지상건물에 관하여 공동저당권이 설정된 후 건물이 철거되고 토지소유자에 의하여 새로 건물이 신축된 경우, 특별한 사정이 없는 한 저당권자는 토지와 신축건물에 대하여 일괄경매를 청구할 수 있다.
④ 저당부동산에 대한 후순위 저당권자는 저당권의 피담보채권을 변제하고 그 저당권의 소멸을 청구할 수 있는 제3취득자에 해당하지 않는다.
⑤ 저당물의 제3취득자가 그 부동산의 보존·개량을 위하여 필요비 또는 유익비를 지출한 때에는 그 비용상환청구권을 피담보채권으로 하여 유치권을 행사할 수 있다.

23 난이도 ●●○

「민법」 제366조의 법정지상권에 관한 설명으로 틀린 것을 모두 고른 것은? (다툼이 있으면 판례에 따름)

㉠ 가설건축물에 관하여는 제366조의 법정지상권이 성립하지 않는다.
㉡ 토지에 저당권이 설정될 당시에 지상에 건물이 존재하고 양자가 동일인의 소유에 속하였더라도 그 후 저당권이 실행되기 전에 건물이 제3자에게 양도된 경우에는, 저당권실행으로 인한 제366조의 법정지상권은 성립하지 않는다.
㉢ 저당권설정 당사자 간의 특약으로 법정지상권의 성립을 배제한 경우에는 법정지상권이 성립하지 아니한다.

① ㉡ ② ㉢ ③ ㉠, ㉡
④ ㉡, ㉢ ⑤ ㉠, ㉡, ㉢

22 ⑤ 「민법」 제367조는 저당물의 제3취득자가 그 부동산의 보존·개량을 위하여 필요비 또는 유익비를 지출한 때에는 제203조 제1항·제2항의 규정에 의하여 저당물의 경매대가에서 우선상환을 받을 수 있다고 규정하고 있다. (中略) 「민법」 제367조에 의한 우선상환은 제3취득자가 경매절차에서 배당받는 방법으로 「민법」 제203조 제1항, 제2항에서 규정한 비용에 관하여 경매절차의 매각대금에서 우선변제받을 수 있다는 것이지 이를 근거로 제3취득자가 직접 저당권설정자, 저당권자 또는 경매절차 매수인 등에 대하여 비용상환을 청구할 수 있는 권리가 인정될 수 없다. 따라서 제3취득자는 「민법」 제367조에 의한 비용상환청구권을 피담보채권으로 주장하면서 유치권을 행사할 수 없다.
② 「민법」 제366조 소정의 법정지상권이 성립하려면 저당권설정 당시 저당권의 목적이 되는 토지 위에 건물이 존재하여야 하는데, 저당권설정 당시의 건물을 그 후 개축·증축한 경우는 물론이고 그 건물이 멸실되거나 철거된 후 재건축·신축한 경우에도 법정지상권이 성립하며, 이 경우 신건물과 구건물 사이에 동일성이 있거나 소유자가 동일할 것을 요하는 것은 아니라 할 것이지만, 그 법정지상권의 내용인 존속기간·범위 등은 구건물을 기준으로 하여야 할 것이다(대판 2000다48517).
③ 동일인의 소유에 속하는 토지 및 지상건물에 관하여 공동저당권이 설정된 후 건물이 철거되고 새로 건물이 신축된 경우에는 저당물의 경매로 인하여 토지와 신축건물이 다른 소유자에 속하게 되더라도 신축건물을 위한 법정지상권이 성립하지 않으므로, 토지와 신축건물에 대하여 「민법」 제365조에 의하여 일괄경매를 청구할 수 있다(대판 2011다54587).
④ 근저당부동산에 대하여 후순위 근저당권을 취득한 자는 「민법」 제364조에서 정한 권리를 행사할 수 있는 제3취득자에 해당하지 않는다(대판 2005다17341).

23 ⓒ 제366조의 법정지상권이 성립하기 위해서는 저당권설정 당시에 토지와 건물이 동일인의 소유인 것으로 족하고, 실행시까지 동일인 소유일 필요는 없다. 토지에 저당권을 설정할 당시에 토지와 건물이 동일 소유자에게 속하였다가 그 후 저당권의 실행으로 토지가 낙찰되기 전에 건물이 제3자에게 양도된 경우에도 그 후 토지에 대한 저당권이 실행되면 건물을 양수한 제3자는 「민법」 제366조 소정의 법정지상권을 취득한다(대판 99다52602).
ⓒ 「민법」 제366조는 가치권과 이용권의 조절을 위한 공익상의 이유로 지상권의 설정을 강제하는 것이므로 저당권설정 당사자 간의 특약으로 저당목적물인 토지에 대하여 법정지상권을 배제하는 약정을 하더라도 그 특약은 효력이 없다(대판 87다카1564).
㉠ 제366조의 법정지상권이 성립하려면 경매절차에서 매수인이 매각대금을 다 낸 때까지 건물이 독립된 부동산으로서의 요건을 갖추고 있어야 한다. 독립된 부동산으로서 건물은 토지에 정착되어 있어야 하는데, 가설건축물은 설치 당시부터 일정한 존치기간이 지난 후 철거가 예정되어 있어 토지에 정착되어 있다고 볼 수 없으므로 독립된 부동산으로서 건물의 요건을 갖추지 못하여 법정지상권이 성립하지 않는다(대판 2020다224821).

정답 22 ⑤   23 ④

24 난이도 ●●○

乙은 甲에 대한 채무를 담보하기 위하여 자기 소유의 나대지에 甲 명의의 저당권을 설정해 준 후 그 지상에 건물을 신축하였다. 그런데 그 후 乙이 채무를 이행하지 않아 甲으로부터 강제집행을 받기에 이르렀다. 이에 관한 설명으로 옳은 것은? (다툼이 있으면 판례에 따름)

① 甲이 토지에 대해서 경매를 신청하여 丙이 그 토지를 낙찰받은 경우, 丙은 乙에 대하여 건물의 철거를 청구할 수 없다.
② 甲은 토지와 함께 그 지상건물에 대하여도 경매신청을 하여야 한다.
③ 토지와 건물이 일괄경매되는 경우, 甲은 건물의 경매대가에서 우선변제를 받을 수 있다.
④ 甲은 토지의 경매대금만으로 충분히 변제를 받을 수 있는 때에는 지상건물까지 일괄하여 경매를 청구할 수 없다.
⑤ 乙로부터 나대지의 용익권을 설정받은 丁이 건물을 신축하여 소유하고 있는 경우, 甲의 일괄경매청구권은 인정되지 않는다.

25 난이도 ●●○

乙은 甲 소유의 X토지에 저당권을 취득하였다. X토지에 Y건물이 존재할 때, 乙이 X토지와 Y건물에 대해 일괄경매를 청구할 수 있는 경우를 모두 고른 것은? (다툼이 있으면 판례에 따름)

㉠ 乙이 저당권을 취득하기 전에 이미 X토지 위에 甲의 Y건물이 존재한 경우
㉡ 乙이 저당권을 취득한 후에 甲이 X토지 위에 Y건물을 축조하여 丙에게 양도한 경우
㉢ 乙이 저당권을 취득한 후에 丁이 X토지에 지상권을 취득하여 Y건물을 축조한 뒤 지상권의 존속기간이 만료되자 甲에게 매수청구권을 행사하여 처분한 경우

① ㉠　　　② ㉡　　　③ ㉠, ㉢
④ ㉡, ㉢　　⑤ ㉠, ㉡, ㉢

24 ⑤ 저당권설정자가 건물을 축조하여 제3자에게 양도한 경우에는 경매 당시 토지와 건물의 소유자가 동일하지 않으므로 일괄경매청구권이 인정되지 않는다(대결 99마146).
① 甲이 토지에 대해서 경매를 신청하여 丙이 그 토지를 낙찰받은 경우, 乙은 법정지상권을 취득하지 못하므로 丙은 乙에 대하여 건물의 철거를 청구할 수 있다.
② 일괄경매청구권은 권능만을 인정한 것일 뿐 그 의무를 정한 것이 아니므로, 일괄경매청구를 할 수 있는 저당권자라도 토지에 대해서만 경매를 신청할 수 있다(대판 77다77).
③ 일괄경매를 하는 경우에도 토지저당권의 효력이 건물에 미치는 것은 아니므로 저당권자는 건물의 경매대가에서는 우선변제를 받을 수 없다(제365조 단서).
④ 「민사집행법」의 과잉경매금지의 원칙은 일괄경매청구의 경우에는 그 적용이 없다(대결 67마162). 즉, 甲은 토지의 경매대금만으로 충분히 변제를 받을 수 있는 때에도 지상건물까지 일괄하여 경매를 청구할 수 있다.

25 ⓒ 저당권설정자로부터 저당토지에 대한 용익권을 설정받은 자가 그 토지에 건물을 축조한 경우라도 그 후 저당권설정자가 그 건물의 소유권을 취득한 경우에는 일괄경매청구가 허용된다(대판 2003다3850).
㉠ 일괄경매청구권은 토지에 저당권이 설정될 당시에 건물이 없었던 경우에만 인정된다.
㉡ 일괄경매청구권은 저당권설정자가 건물을 축조하여 소유하고 있는 경우에 한하여 인정된다(대결 99마146).

정답 24 ⑤   25 ②

26 난이도 ●●●

甲 소유의 X토지에는 乙의 甲에 대한 채권을 담보하기 위한 저당권이 설정되어 있다. 이에 관한 설명으로 틀린 것은? (다툼이 있으면 판례에 따름)

① 甲의 채무불이행 시 乙은 X토지를 경매하여 그 매각대금으로부터 원본, 이자, 위약금, 채무불이행으로 인한 손해배상 및 저당권의 실행비용을 우선변제받을 수 있다.
② X토지가 수용되어 제3자가 甲의 보상금청구권을 압류한 경우, 乙은 스스로 이를 압류하지 않고서도 그 보상금으로부터 일반 채권자보다 자기 채권의 우선변제를 받을 수 있다.
③ 乙의 저당권이 설정된 후에 甲이 X토지에 건물을 축조하여 소유하고 있는 경우, 乙은 X토지와 함께 그 건물에 대해서도 경매를 청구하여 토지와 건물의 매각대금으로부터 우선변제를 받을 수 있다.
④ 甲의 귀책사유로 X토지의 가액이 현저히 감소된 경우, 乙은 甲에게 원상회복 또는 상당한 담보제공을 청구할 수 있다.
⑤ 乙의 채권이 소멸된 후에 乙이 별도로 취득한 甲에 대한 채권을 담보하기 위하여 종전의 저당권등기를 유용하기로 합의한 경우, 그 합의 이전에 X토지에 丁의 지상권이 설정되었다면 乙은 丁에게 저당권의 효력을 주장할 수 없다.

27 난이도 ●●○

저당권의 침해에 관한 설명으로 옳은 것은? (다툼이 있으면 판례에 따름)

① 건물의 저당권자는 건물의 불법점유자에 대하여 저당권의 침해를 이유로 자신에게 건물을 반환할 것을 청구할 수 있다.
② 이미 소멸한 선순위 저당권의 설정등기가 말소되지 않고 있는 경우, 후순위 저당권자는 방해배제청구로서 선순위 저당권등기의 말소를 청구할 수 없다.
③ 저당권이 설정된 토지의 소유자가 그 토지 위에 건물을 신축하기 시작하였으나 채무를 변제하지 못하여 저당권이 실행에 이르렀거나 실행이 예상되는 경우, 저당권자는 저당권에 기한 방해배제청구로서 건축공사의 중지를 청구할 수 있다.
④ 저당물에 제3자 명의로 원인무효의 소유권이전등기가 있는 경우, 저당권자는 그 등기의 말소를 청구할 수 있다.
⑤ 저당권등기는 효력존속요건이므로 저당권등기가 불법말소되면 저당권은 소멸한다.

26 ③ 제365조의 일괄경매청구가 인정되는 경우에도 건물의 경매대가에 대해서는 우선변제를 받을 수 없다.
② 저당목적물의 변형물인 금전 기타 물건에 대하여 이미 제3자가 압류하여 그 금전 또는 물건이 특정된 이상 저당권자가 스스로 이를 압류하지 않고서도 물상대위권을 행사하여 일반 채권자보다 우선변제를 받을 수 있다(대판 2002다33137).
④ 담보물(저당물)보충청구권에 관한 기술이다(제362조).
⑤ 실질관계의 소멸로 무효로 된 등기의 유용은 그 등기를 유용하기로 하는 합의가 이루어지기 전에 등기상 이해관계가 있는 제3자가 생기지 않은 경우에 한하여 허용된다(대판 87다카425). 丁은 乙의 저당권등기가 무효로 된 후 그 유용의 합의 전에 이해관계를 맺은 제3자이므로, 이 경우 乙은 丁에게 저당권의 효력을 주장할 수 없다.

27 ③ 이 상황에서도 토지소유자가 신축공사를 계속한다면 신축건물을 위한 법정지상권이 성립하지 않는다고 할지라도 경락인으로서는 신축건물의 소유자로 하여금 이를 철거하게 하고 대지를 인도받기까지 별도의 비용과 시간을 들여야 하므로, 이는 경매절차에서 매수희망자를 감소시키거나 매각가격을 저감시켜 결국 저당권자가 지배하는 교환가치의 실현을 방해하거나 방해할 염려가 있는 사정에 해당한다(대판 2003다58454).
② 후순위 저당권자는 선순위 저당권의 피담보채무가 변제되었음에도 그 등기가 말소되지 않고 있는 경우 저당권에 기한 방해제거청구의 일환으로 선순위 저당권설정등기의 말소등기절차의 이행을 청구할 수 있다(대판 2000다19526).
④ 이는 저당권에 대한 침해라고 할 수 없으므로 저당권자는 그 무효등기의 말소를 청구할 수 없다.
⑤ 등기는 물권의 효력발생요건이고 존속요건은 아니어서 등기가 원인 없이 말소된 경우에는 그 물권의 효력에 아무런 영향이 없으므로, 근저당권설정등기가 불법행위로 인하여 원인 없이 말소되었다 하더라도 말소된 근저당권설정등기의 등기명의인이 곧바로 근저당권 상실의 손해를 입게 된다고 할 수는 없다(대판 2009다68408).

정답 26 ③   27 ③

28 난이도 ●●●

저당권의 처분과 소멸에 관한 설명으로 옳은 것은? (다툼이 있으면 판례에 따름)

① 저당권의 양도에 있어서 물권적 합의는 양도인과 양수인 사이뿐만 아니라 채무자 사이에까지 있어야 한다.
② 저당권자는 저당권을 피담보채권과 분리하여 제3자에게 양도할 수 있다.
③ 저당권의 피담보채권 소멸 후 그 말소등기 전에 피담보채권의 전부명령을 받아 저당권이전등기를 경료한 자는 저당권을 취득한다.
④ 불법말소된 저당권등기가 회복되기 전에 경매가 행하여져 매수인이 매각대금을 완납하였다면 저당권말소등기의 회복등기를 청구할 수 없다.
⑤ 저당권설정 후 저당목적물의 소유권이 제3자에게 이전된 경우, 종전의 소유자는 피담보채무가 소멸하더라도 저당권설정등기의 말소를 청구할 수 없다.

29 난이도 ●○○

근저당권에 관한 설명으로 틀린 것은? (다툼이 있으면 판례에 따름)

① X건물에 대해 甲이 근저당권을 가지고 있는 경우, 甲의 채권이 일시적으로 소멸하면 甲의 근저당권도 함께 소멸한다.
② 근저당으로 담보할 채권의 최고액은 반드시 등기해야 한다.
③ 채권최고액은 근저당권자인 채권자가 저당물로부터 우선변제를 받을 수 있는 한도액을 의미한다.
④ 채권최고액에는 채권의 이자가 포함된 것으로 본다.
⑤ 근저당권의 실행비용은 채권최고액에 포함되지 않는다.

30 난이도 ●●○

근저당에 관한 설명으로 옳은 것은? (다툼이 있으면 판례에 따름)

① 근저당의 채권최고액이란 근저당권설정자인 채무자의 책임의 한도액을 의미한다.
② 근저당권의 존속기간은 반드시 등기하여야 한다.
③ 이자는 등기한 경우에만 근저당에 의해 담보된다.
④ 지연배상은 원본의 이행기일을 경과한 1년분에 한하여 근저당에 의해 담보된다.
⑤ 확정된 채권액이 채권최고액을 초과하는 경우, 물상보증인은 채권최고액을 초과하는 부분의 채권액까지 변제할 의무가 없다.

---

28 ④ 부동산이 경매절차에서 경락되면 그 부동산에 존재하였던 저당권은 당연히 소멸하는 것이므로, 근저당권설정등기가 원인 없이 말소된 이후에 근저당목적물인 부동산에 관하여 다른 권리자의 신청에 따라 경매절차가 진행되어 경락허가결정이 확정되고 경락인이 경락대금을 완납하였다면, 원인 없이 말소된 근저당권은 소멸하였다고 할 것이므로 말소회복등기가 불가능하다(대판 97다43406).
① 저당권의 양도에 있어서 물권적 합의는 저당권의 양도·양수받는 당사자 사이에 있으면 족하고 그 외에 그 채무자나 물상보증인 사이에까지 있어야 하는 것은 아니다(대판 2002다15412).
② 저당권은 피담보채권과 분리하여 타인에게 양도하지 못한다(제361조).
③ 피담보채권이 소멸하면 저당권은 그 부종성에 의하여 당연히 소멸하므로, 그 말소등기가 경료되기 전에 그 저당권부채권을 가압류하고 압류 및 전부명령을 받아 저당권이전(移轉)의 부기등기를 경료하였더라도 그 가압류 이전(以前)에 그 저당권의 피담보채권이 소멸된 이상 근저당권을 취득할 수 없다(대판 2002다27910).
⑤ 근저당권이 설정된 후에 그 부동산의 소유권이 제3자에게 이전된 경우에는 현재의 소유자가 자신의 소유권에 기하여 피담보채무의 소멸을 원인으로 그 근저당권설정등기의 말소를 청구할 수 있음은 물론이지만, 근저당권설정자인 종전의 소유자도 근저당권설정계약의 당사자로서 근저당권소멸에 따른 원상회복으로 근저당권자에게 근저당권설정등기의 말소를 구할 수 있는 계약상 권리가 있다(대판 전합 93다16338).

29 ① 피담보채권이 확정되기 전에는 채권이 일시적으로 소멸하더라도 근저당권은 소멸하지 않는바, 이를 '부종성의 완화'라고 한다(제357조 제1항 제2문).
② 근저당이라는 취지와 채권의 최고액은 필요적 등기사항이다(「부동산등기법」 제75조 제2항).
③ 대판 92다1896
④ 제357조 제2항
⑤ 근저당권의 실행비용은 최고액에 포함되지 않는다(대결 71마251).

30 ⑤ 근저당권의 물상보증인은 제357조에서 말하는 채권의 최고액만을 변제하면 근저당권설정등기의 말소청구를 할 수 있고, 채권최고액을 초과하는 부분의 채권액까지 변제할 의무가 있는 것이 아니다(대판 74다998).
① 근저당권의 채권최고액은 후순위 담보권자나 제3취득자에 대한 우선변제의 한도로서의 의미를 갖는 것에 불과하고, 그 부동산으로써는 그 최고액 범위 내의 채권에 한하여서만 변제를 받을 수 있다는 책임의 한도라고까지는 볼 수 없다(대판 92다1896).
② 기본계약의 결산기나 근저당권의 존속기간은 임의적 등기사항이다(「부동산등기법」 제75조 제2항).
③ 이자는 최고액 중에 산입된 것으로 보므로(제357조 제2항) 별도의 등기 없이도 근저당권에 의해 담보된다.
④ 근저당의 경우 보통저당권과는 달리 지연배상도 1년분에 한하지 않고 최고액의 범위 내라면 제한 없이 담보된다.

정답 28 ④   29 ①   30 ⑤

31 난이도 ●●○

근저당권에 관한 설명으로 틀린 것은? (다툼이 있으면 판례에 따름)

① 피담보채권이 확정되기 전에는 채무원인의 변경에 관하여 후순위 권리자의 승낙을 요하지 않는다.
② 근저당권의 피담보채권이 확정되기 전에 그 채권의 일부를 양도하거나 대위변제하여도 근저당권은 양수인이나 대위변제자에게 이전하지 않는다.
③ 후순위 근저당권자가 경매를 신청한 경우, 선순위 근저당권의 피담보채권은 경락인이 매각대금을 완납한 때에 확정된다.
④ 결산기에 확정된 채권액이 최고액을 초과하는 경우, 근저당권설정자인 채무자는 최고액과 지연손해금 및 집행비용을 변제하고 근저당권의 말소를 청구할 수 있다.
⑤ 피담보채권이 확정되면 그 후에 발생하는 원금채권은 채권최고액에 미치지 못하더라도 더 이상 근저당권에 의하여 담보되지 않는다.

32 난이도 ●●○

근저당권에 관한 설명으로 틀린 것은? (다툼이 있으면 판례에 따름)

① 근저당권자가 피담보채무의 불이행을 이유로 경매신청을 한 때에는 그 근저당권의 피담보채권은 매수인이 매각대금을 완납한 때에 확정된다.
② 근저당권자가 피담보채무의 불이행을 이유로 경매신청을 하여 경매개시결정이 있은 후에 경매신청이 취하되더라도 채무확정의 효과는 번복되지 않는다.
③ 피담보채무의 확정 전에는 채무자를 변경할 수 있다.
④ 근저당권자의 경매신청으로 피담보채권이 확정된 경우, 확정 전에 발생한 원본채권에 기한 이자나 지연손해금채권은 그 이후에 발생한 것이라도 채권최고액의 범위 내에서 여전히 담보된다.
⑤ 결산기의 정함이 없는 경우, 근저당권설정자는 언제든지 근저당권자를 상대로 해지의 의사표시를 함으로써 피담보채무를 확정시킬 수 있다.

31 ④ 채무자의 채무액이 근저당 채권최고액을 초과하는 경우에 채무자 겸 근저당권설정자가 그 채무의 일부인 채권최고액과 지연손해금 및 집행비용만을 변제하였다면 채권 전액의 변제가 있을 때까지 근저당권의 효력은 잔존 채무에 미치는 것이므로 위 채무 일부의 변제로써 위 근저당권의 말소를 청구할 수 없다(대판 80다2712).
① 근저당권을 설정한 후에 근저당설정자와 근저당권자의 합의로 채무의 범위 또는 채무자를 추가하거나 교체하는 등으로 피담보채무를 변경할 수 있다. 후순위 저당권자 등 이해관계인은 근저당권의 채권최고액에 해당하는 담보가치가 근저당권에 의하여 이미 파악되어 있는 것을 알고 이해관계를 맺었기 때문에 이러한 변경으로 예측하지 못한 손해를 입었다고 볼 수 없으므로, 피담보채무의 범위 또는 채무자를 변경할 때 이해관계인의 승낙을 받을 필요가 없다(대판 2021다255648).
② 대판 95다53812
③ 후순위 근저당권자가 경매를 신청한 경우 선순위 근저당권의 피담보채권은 그 근저당권이 소멸하는 시기, 즉 경락인이 경락대금을 완납한 때에 확정된다(대판 99다26085).
⑤ 근저당권자가 그 피담보채무의 불이행을 이유로 경매신청한 때에는 그 경매신청시에 근저당권은 확정되는 것이며, 근저당권이 확정되면 그 이후에 발생하는 원금채권은 그 근저당권에 의하여 담보되지 않는다(대판 87다카545).

32 ①② 근저당권자가 피담보채무의 불이행을 이유로 경매신청을 한 경우에는 경매신청시에 근저당채무액이 확정되고, 그 이후부터 근저당권은 부종성을 가지게 되어 보통의 저당권과 같은 취급을 받게 되는바, 위와 같이 경매신청을 하여 경매개시결정이 있은 후에 경매신청이 취하되었다고 하더라도 채무확정의 효과가 번복되는 것은 아니다(대판 2001다73022).
③ 대판 2021다255648
④ 대판 2005다38300
⑤ 대판 2001다47528

정답 31 ④   32 ①

33
난이도 ●●○

종합 / 판례 / 응용 / 사례

甲은 채무자 A 소유의 X토지에 채권최고액을 5억원, 존속기간을 2년으로 하는 근저당권을 취득하였고, 그 후 乙이 다시 그 토지에 근저당권을 취득하였다. 이에 관한 설명으로 틀린 것은? (다툼이 있으면 판례에 따름)

① X토지에 대한 경매가 진행되는 경우, 그 경매신청이 누구에 의해 이루어진 것인지에 관계없이 甲과 乙의 근저당권은 모두 매각으로 소멸한다.
② 甲의 근저당권의 존속기간이 2년으로 등기되어 있지만 2년이 경과한 이후에 발생한 甲의 새로운 채권도 5억원의 범위 내라면 근저당에 의해 담보된다.
③ 乙이 경매를 신청하는 경우, 경매실행비용도 피담보채권의 범위에 포함되지만 그것이 채권최고액에는 포함되지 않는다.
④ 甲의 채권액이 실제로 6억원인 경우, 甲이 X토지의 매각대금으로부터 우선변제받을 수 있는 한도액은 5억원이지만, A는 甲에게 6억원 전액을 변제하지 않는 한 근저당권설정등기의 말소를 청구할 수 없다.
⑤ 甲이 경매를 신청하는 경우에는 甲의 피담보채권은 경매신청시에 확정되지만, 乙이 경매를 신청하는 경우에는 甲의 피담보채권은 경락인이 매각대금을 완납하는 때에 확정된다.

34
난이도 ●●●

종합 / 판례 / 출제가능

공동저당에 관한 설명으로 틀린 것은? (다툼이 있으면 판례에 따름)

① 저당권설정계약 후 다른 목적물을 추가로 공동저당에 편입시킬 수도 있다.
② 여러 개의 목적물에 성립되는 공동저당권은 각각의 저당목적물마다 그 소유자가 다르거나 그 저당권의 순위가 달라도 무방하다.
③ 공동저당권의 목적물 전부를 경매하여 동시에 배당하는 경우에는 각 부동산의 경매대가에 비례하여 그 채권의 분담을 정하여야 한다.
④ 위 ③과 같은 동시배당의 법리는 저당목적물의 일부는 채무자 소유이고 일부는 물상보증인 소유인 경우에도 그대로 적용된다.
⑤ 공동근저당권이 설정된 목적부동산에 대하여 동시배당이 이루어지는 경우, 공동근저당권자는 채권최고액 범위 내에서 피담보채권을 부동산별로 나누어 각 환가대금에 비례한 액수로 배당받는다.

33 ② 근저당권의 피담보채권이 확정된 이후에는 근저당권은 보통의 저당권으로 전환되고, 그 이후에 발생하는 원금채권은 그 근저당권에 의해 담보되지 않는다(대판 87다카545).
① 매각부동산 위에 존재하던 모든 저당권은 순위에 관계없이 매각으로 소멸한다(「민사집행법」 제91조 제2항).
③ 근저당권의 실행비용은 최고액에 포함되지 않는다(대결 71마251). 여기서 '근저당권의 실행비용은 최고액에 포함되지 않는다'는 것은 근저당권의 실행비용이 근저당권에 의해 담보되지 않는다는 뜻이 아니라, 최고액과 관계없이 근저당권에 의해서 별도로 담보된다는 뜻이다.
④ 채무자의 채무액이 근저당 채권최고액을 초과하는 경우에 채무자가 채권최고액과 지연손해금 및 집행비용만을 변제하였다면 이는 채무 일부의 변제로 근저당권의 말소를 청구할 수 없다(대판 80다2712).
⑤ 근저당권자가 피담보채무의 불이행을 이유로 경매신청을 한 때에는 그 경매신청시에 근저당권은 확정된다(대판 87다카545). 다만, 후순위 근저당권자가 경매를 신청한 경우 선순위 근저당권의 피담보채권은 그 근저당권이 소멸하는 시기, 즉 경락인이 경락대금을 완납한 때에 확정된다(대판 99다26085).

34 ④ 공동저당권이 설정되어 있는 수개의 부동산 중 일부는 채무자의 소유이고 일부는 물상보증인의 소유인 경우, 각 부동산의 경매대가를 동시에 배당하는 때에는 「민법」 제368조 제1항(안분배당)은 적용되지 않는다. 이 경우에는 채무자 소유 부동산의 경매대가에서 공동저당권자에게 우선적으로 배당을 하고, 부족분이 있는 경우에 한하여 물상보증인 소유 부동산의 경매대가에서 추가로 배당을 하여야 한다(대판 2008다41475).
① 공동저당에 있어서 수개의 저당권은 각각 다른 시기에 설정되어도 좋다.
③ 제368조 제1항

> 제368조【공동저당과 대가의 배당, 차순위자의 대위】① 동일한 채권의 담보로 수개의 부동산에 저당권을 설정한 경우에 그 부동산의 경매대가를 동시에 배당하는 때에는 각 부동산의 경매대가에 비례하여 그 채권의 분담을 정한다.

⑤ 공동근저당권이 설정된 목적부동산에 대하여 동시배당이 이루어지는 경우에 공동근저당권자는 채권최고액 범위 내에서 피담보채권을 「민법」 제368조 제1항에 따라 부동산별로 나누어 각 환가대금에 비례한 액수로 배당받으며, 공동근저당권의 각 목적부동산에 대하여 채권최고액만큼 반복하여, 이른바 누적적으로 배당받지 아니한다(대판 전합 2013다16992). 즉, 「민법」 제368조는 공동근저당권의 경우에도 적용된다.

정답 33 ② 34 ④

35 난이도 ●●○ 기본 판례

공동저당에 관한 설명으로 틀린 것은? (다툼이 있으면 판례에 따름)

① 일부 목적물에 설정된 저당권이 무효라도 나머지 목적물에 대한 저당권의 효력에는 영향을 미치지 않는다.
② 동시배당시 안분배당에 관한 「민법」규정은 후순위 저당권자가 없는 경우에도 적용된다.
③ 일부 부동산의 매각대금을 먼저 배당하는 경우, 공동저당권자는 그 대금에서 피담보채권 전부를 우선변제받을 수 있다.
④ 순차배당에서 공동저당권자가 일부변제를 받은 경우에도 차순위 저당권자의 대위권이 인정된다.
⑤ 공동저당의 목적인 채무자 소유의 부동산과 물상보증인 소유의 부동산 중 채무자 소유의 부동산에 대한 저당권이 먼저 실행된 경우, 그 부동산의 후순위 저당권자는 선순위 공동저당권자를 대위하여 물상보증인 소유의 부동산에 대하여 저당권을 행사할 수 있다.

36 난이도 ●●○ 사례 계산

甲은 乙로부터 1억 5천만원을 차용하면서 자신의 A, B, C 부동산에 공동저당권을 설정해 주었는데, 그 후 甲이 채무를 변제하지 않자 乙이 위 부동산을 모두 경매하여 각각 9천만원(A), 6천만원(B) 및 3천만원(C)에 매각되었다. 乙이 B부동산에서 배당받게 되는 금액은 얼마인가? (단, 각 부동산에 대한 乙의 저당권은 모두 1순위임)

① 2천5백만원 ② 3천만원
③ 5천만원   ④ 5천5백만원
⑤ 7천5백만원

37 난이도 ●●●
사례 / 계산

甲은 乙로부터 6억원을 차용하면서 자기 소유의 X부동산(시가 6억원)과 Y부동산(시가 4억원)에 공동저당권을 설정해 주었고, 그 후 X부동산에는 丙(채권 3억원)이, Y부동산에는 丁(채권 2억원)이 각각 후순위 저당권을 취득하였다. X부동산과 Y부동산이 모두 경매되어 그 경매대가를 동시에 배당하는 경우, 乙, 丙, 丁의 배당액은 각각 얼마인가? (단, 각 부동산은 시가대로 매각되었다고 가정하고, 경매비용 등 기타 사항은 고려하지 않음)

	乙	丙	丁
①	2억 4천만원	2억 4천만원	1억 6천만원
②	3억 6천만원	2억 4천만원	1억 6천만원
③	6억원	0원	1억 6천만원
④	6억원	2억 4천만원	0원
⑤	6억원	2억 4천만원	1억 6천만원

---

35 ⑤ 공동저당의 목적인 채무자 소유의 부동산과 물상보증인 소유의 부동산 중 채무자 소유의 부동산에 대하여 먼저 경매가 이루어져 그 경매대금의 교부에 의하여 1번 공동저당권자가 변제를 받더라도, 채무자 소유의 부동산에 대한 후순위저당권자는 「민법」 제368조 제2항 후단에 의하여 1번 공동저당권자를 대위하여 물상보증인 소유의 부동산에 대하여 저당권을 행사할 수 없다(대결 95마500).
① 공동저당의 경우 일부 부동산에 설정된 저당권이 무효라도 특별한 사정이 없는 한 다른 부동산에 대한 저당권은 유효하다.
② 다른 배당참가자(가령 집행권원을 가진 배당요구자, 가압류채권자 등)의 이익도 고려해야 하기 때문이다.
③ 제368조 제2항

36 ③ A, B, C부동산의 책임분담비율은 9 : 6 : 3이다. 따라서 동시배당시의 안분배당의 법리(제368조 제1항)에 따라 甲은 B부동산으로부터 1억 5천만원의 $\frac{1}{3}(=\frac{6}{9+6+3})$인 5천만원을 배당받는다.

37 ⑤ X부동산과 Y부동산의 책임분담비율은 6 : 4이다. 따라서 동시배당시의 안분배당의 법리(제368조 제1항)에 따라 乙은 X부동산으로부터 3억 6천만원(= 6억원 × $\frac{3}{5}$), Y부동산으로부터 2억 4천만원(= 6억원 × $\frac{2}{5}$)을 각각 배당받아 결국 6억원 전액을 배당받게 된다. 한편 丙은 X부동산의 매각대금 잔액인 2억 4천만원을, 丁은 Y부동산의 매각대금 잔액인 1억 6천만원을 각각 배당받는다.

정답 35 ⑤ 36 ③ 37 ⑤

제6장 담보물권 | **239**

38 난이도 ●●●

乙에 대하여 1억 5천만원의 채권을 가진 甲은 乙 소유의 X가옥과 제3자 丙 소유의 Y토지에 대한 1번 공동저당권자이고, 丁은 X가옥에, 戊는 Y토지에 대하여 각각 2번 저당권자다. 매각대금이 X가옥은 1억원이고, Y토지는 2억원이다. 이에 관한 설명으로 틀린 것은? (다툼이 있으면 판례에 따름)

① X가옥 및 Y토지에 대하여 동시배당이 행해지면 甲은 X가옥으로부터 1억원, Y토지로부터 5천만원을 각각 배당받게 된다.

② 甲이 X가옥에 대해 저당권을 실행하여 채권 일부를 배당받은 경우, 丁은 甲을 대위하여 Y토지에 대한 1번 저당권을 행사할 수 없다.

③ 甲이 Y토지에 대해 저당권을 실행하여 채권 전액을 배당받은 경우, 丙은 甲을 대위하여 X가옥에 대한 1번 저당권을 취득한다.

④ 위 ③에서 戊는 丙을 대위하여 X가옥에 대한 1번 저당권에 대하여 물상대위를 할 수 있다.

⑤ 甲이 Y토지에 대해 저당권을 실행하여 채권 전액을 배당받은 경우, 乙은 피담보채무가 소멸되었음을 이유로 甲에 대하여 X가옥에 대한 1번 저당권의 말소등기를 청구할 수 있다.

---

38 ⑤③④ 공동저당의 목적인 채무자 소유의 부동산과 물상보증인 소유의 부동산에 각각 채권자를 달리하는 후순위 저당권이 설정되어 있는 경우, 물상보증인 소유의 부동산에 대하여 먼저 경매가 이루어져 그 경매대금의 교부에 의하여 1번 저당권자가 변제를 받은 때에는 물상보증인은 채무자에 대하여 구상권을 취득함과 동시에 「민법」 제481조, 제482조의 규정에 의한 변제자대위에 의하여 채무자 소유의 부동산에 대한 1번 저당권을 취득하고, 물상보증인 소유의 부동산에 대한 후순위 저당권자는 1번 저당권에 대하여 물상대위를 할 수 있다. … 따라서 아직 경매되지 아니한 공동저당물의 소유자로서는 1번 저당권자에 대한 피담보채무가 소멸하였다는 이유로 말소등기를 청구할 수 없다(대판 93다25417).

① 공동저당권이 설정되어 있는 수개의 부동산 중 일부는 채무자의 소유이고 일부는 물상보증인의 소유인 경우, 각 부동산의 경매대가를 동시에 배당하는 때에는 채무자 소유 부동산의 경매대가에서 공동저당권자에게 우선적으로 배당을 하고, 부족분이 있는 경우에 한하여 물상보증인 소유 부동산의 경매대가에서 추가로 배당을 한다(대판 2008다41475).

② 공동저당의 목적인 채무자 소유의 부동산과 물상보증인 소유의 부동산 중 채무자 소유의 부동산에 대하여 먼저 경매가 이루어져 그 경매대금의 교부에 의하여 1번 공동저당권자가 변제를 받더라도, 채무자 소유의 부동산에 대한 후순위 저당권자는 「민법」 제368조 제2항 후단에 의해 1번 공동저당권자를 대위하여 물상보증인 소유의 부동산에 대하여 저당권을 행사할 수 없다(대결 95마500).

정답 38 ⑤

MEMO

제 3 편

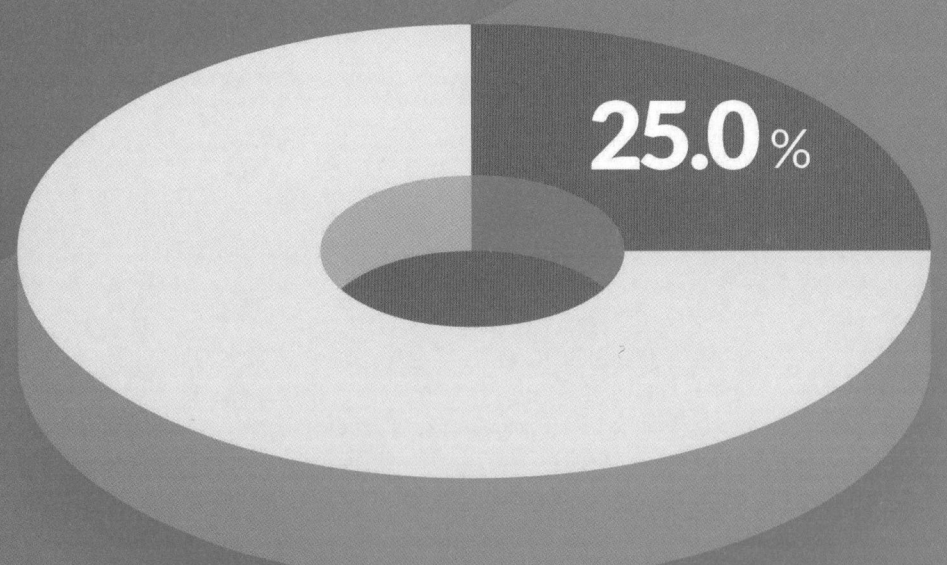

계약법

제1장 계약법 총론

제2장 계약법 각론

제1장 계약법 총론

제1절 계약 서론

대표유형 (기본)

계약에 관한 설명으로 옳은 것은?

① 사용대차계약은 당사자 일방이 목적물을 사용·수익하게 할 채무를 지고 상대방은 이를 반환해야 할 대가적 채무를 지므로 쌍무계약이다.
  → 사용대차계약은 쌍방이 채무를 부담하더라도 양 채무가 대가적 의미를 갖지 않으므로 편무계약이다.
② 유상계약은 모두 쌍무계약이다.
  → 쌍무계약은 모두 유상계약이다. 그러나 유상계약이라고 해서 모두 쌍무계약인 것은 아니다. 가령 현상광고(제675조)는 유상계약이지만 편무계약이다.
③ 교환계약에서 금전의 보충지급에 대한 약정이 있는 경우, 그에 대하여는 매매대금에 관한 규정을 준용한다.
  → 교환계약의 보충금에 대하여는 매매대금에 관한 규정을 준용한다(제597조).
④ 유상계약과 무상계약을 구별하는 실익은 유상계약에 한하여 위험부담의 문제가 발생한다는 데 있다.
  → 유상계약과 무상계약의 구별실익은 유상계약에 한하여 담보책임의 문제가 발생한다는 데 있다.
⑤ 임대인이 임대목적물에 대한 소유권 등의 처분권한을 갖고 있어야 임대차계약이 유효하게 성립한다.
  → 임대차계약은 채권계약(의무부담행위)이므로, 임대인이 목적물에 대한 소유권 등의 처분권한이 없는 경우에도 유효하게 성립할 수 있다.

정답 ③

01 난이도 ●○○

계약의 유형에 관한 설명으로 옳은 것은?

① 매매계약은 요물, 유상계약이다.
② 교환계약은 무상, 계속적 계약이다.
③ 임대차계약은 편무, 유상계약이다.
④ 현상광고계약은 낙성계약이다.
⑤ 예약은 언제나 채권계약이다.

02 난이도 ●○○

당사자 간의 합의 외에 물건의 인도 기타 급부를 하여야만 성립하는 계약인 것은?

① 증여계약
② 매매계약
③ 계약금계약
④ 교환계약
⑤ 임대차계약

---

1 ⑤ 예약에 의하여 당사자들은 본계약을 체결할 의무를 부담하기 때문에, 예약은 언제나 채권계약이다.
   ① 매매계약은 낙성, 유상계약이다.
   ② 교환계약은 유상, 일시적 계약이다.
   ③ 임대차계약은 쌍무, 유상계약이다.
   ④ 현상광고계약은 요물계약이다.

2 ③ 계약금계약은 금전 기타 유가물의 교부를 요건으로 하는 요물계약이다(대판 2007다73611).
   ①②④⑤ 모두 낙성계약이다.

정답 1 ⑤ 2 ③

제2절 계약의 성립

[대표유형] 기본 / 법조문 / 판례

계약의 성립에 관한 설명으로 옳은 것은? (다툼이 있으면 판례에 따름)

① 숨은 불합의의 경우 당사자는 착오를 이유로 계약을 취소할 수 있다.
→ 숨은 불합의의 경우 계약 자체가 성립하지 않아 취소의 문제가 생기지 않는다.

② 상가나 아파트의 분양광고의 내용은 일반적으로 청약에 해당되어 분양계약의 내용이 된다.
→ 상가나 아파트의 분양광고의 내용은 청약의 유인에 불과할 뿐 분양계약의 내용으로 되었다고 볼 수 없다(대판 99다55601).

③ 격지자 간의 계약에서 청약은 그 통지가 상대방에게 발송된 때에 효력이 생긴다.
→ 청약은 격지자 · 대화자를 불문하고 상대방에게 도달한 때에 효력이 발생한다(제111조 제1항).

④ 청약자가 그 통지를 발송한 후 도달 전에 사망한 경우, 청약은 효력을 상실한다.
→ 청약자가 청약을 발송한 후 사망하더라도 청약의 효력에는 영향을 미치지 않는다(제111조 제2항).

⑤ 청약의 상대방이 청약에 대하여 조건을 붙이거나 변경을 가하여 승낙하면 종전의 청약은 실효된다.
→ 청약에 대하여 조건을 붙이거나 변경을 가하여 승낙한 때에는 그 청약의 거절과 동시에 새로 청약한 것으로 보는 것이고 그로 인하여 종전의 청약은 실효된다(대판 2000다17834).

정답 ⑤

난이도 ●○○

03 기본 / 법조문 / 판례

청약에 관한 설명으로 옳은 것은? (다툼이 있으면 판례에 따름)

① 청약에는 계약의 내용을 결정할 수 있을 정도의 사항이 포함되어야 한다.
② 계약의 청약은 상대방에게 도달한 후에도 상대방이 승낙을 하기 전이라면 자유롭게 철회할 수 있다.
③ 청약은 상대방 있는 의사표시로서 상대방이 특정되어야 한다.
④ 청약을 할 때에는 반드시 승낙기간을 정하여야 한다.
⑤ 청약의 상대방이 제한능력자인 경우, 그의 법정대리인이 청약이 도달한 사실을 알았더라도 청약자는 그 청약으로써 상대방에게 대항할 수 없다.

04 계약의 성립에 관한 설명으로 <u>틀린</u> 것은? (다툼이 있으면 판례에 따름)

난이도 ●●○

① 청약은 구체적·확정적 의사표시이어야 한다.
② 청약자가 청약의 의사표시를 발송한 후 제한능력자가 된 경우, 청약자나 그 법정대리인은 그 청약을 취소할 수 있다.
③ 승낙자가 청약에 대해 조건을 붙여 승낙한 때에는 그 청약을 거절하고 새로 청약한 것으로 본다.
④ 당사자 사이에 동일한 내용의 청약이 교차된 경우, 두 청약이 모두 도달한 때에 계약이 성립한다.
⑤ 청약자의 의사표시나 관습에 의하여 승낙의 통지가 필요하지 않은 경우, 계약은 승낙의 의사표시로 인정되는 사실이 있는 때에 성립한다.

---

03 ① 청약은 그에 응하는 승낙만 있으면 곧 계약이 성립하는 구체적·확정적 의사표시여야 하므로, 청약은 계약의 내용을 결정할 수 있을 정도의 사항을 포함시키는 것이 필요하다(대판 2003다41463).
② 청약의 효력이 발생하면 청약자도 마음대로 이를 철회하지 못한다(제527조).
③ 청약의 상대방은 반드시 특정될 필요가 없고, 불특정다수인에 대한 청약도 가능하다.
④ 청약자는 청약을 할 때 승낙기간을 정할 수도 있고(제528조), 정하지 않을 수도 있다(제529조).
⑤ 의사표시의 상대방이 제한능력자인 경우에도 그 법정대리인이 의사표시가 도달한 사실을 안 후에는 표의자는 그 의사표시로써 상대방에게 대항할 수 있다(제112조 단서).

04 ② 청약자가 청약을 발송한 후 사망하거나 제한능력자가 되어도 청약의 효력에는 영향을 미치지 않는다(제111조 제2항). 즉, 청약자가 청약을 발송한 후에 사망하더라도 그 청약은 무효로 되지 않고, 청약자가 청약발송 후에 제한능력자가 되더라도 그 청약을 취소할 수 있게 되는 것은 아니다.
① 청약의 의사표시는 그 내용이 이에 대한 승낙만 있으면 곧 계약이 성립될 수 있을 정도로 구체적이어야 한다(대판 92다29696).
③ 제534조
④ 제533조
⑤ 제532조

정답 03 ① 04 ②

난이도 ●●○

05 계약의 성립에 관한 설명으로 틀린 것은? (다툼이 있으면 판례에 따름)

① 계약이 성립하기 위해서는 계약의 내용을 이루는 모든 사항에 관하여 의사의 합치가 있어야 한다.
② 청약은 불특정 다수인에 대하여 할 수 있으나, 불특정 다수인에 대한 승낙은 허용되지 않는다.
③ 승낙기간을 정하지 않은 청약은 청약자가 상당한 기간 내에 승낙의 통지를 받지 못한 때에는 그 효력을 잃는다.
④ 연착된 승낙은 청약자가 이를 새로운 청약으로 볼 수 있다.
⑤ 교차청약에 의해 계약이 성립하기 위해서는 두 개의 청약이 서로 내용상 합치하여야 한다.

난이도 ●●●

06 甲, 乙 간에 계약이 성립하는 경우를 모두 고른 것은?

> ㉠ 甲의 청약에 대한 乙의 승낙이 승낙기간이 경과한 후에 도착하였으나, 甲이 이에 대해 다시 승낙한 경우
> ㉡ 甲이 일정한 기간 내에 회답이 없으면 승낙한 것으로 간주하겠다는 뜻을 표시하여 乙에게 청약하였는데, 乙이 그 기간 내에 아무런 회답을 하지 않은 경우
> ㉢ 甲이 청약과 함께 송부한 물건을 乙이 사용하였으나, 甲이 그 사실을 알지 못하는 경우
> ㉣ 甲의 청약에 대한 乙의 승낙이 우체국의 배달사고로 연착되었는데, 甲이 그 사실을 알고도 乙에게 연착사실을 통지하지 않은 경우
> ㉤ 甲이 매매가격을 제시하여 한 청약에 대하여 乙이 분할지급의 조건을 붙여 승낙한 경우
> ㉥ 甲은 乙에게 특정 물건을 100만원에 사라는 내용의 청약을 하였는데, 乙이 그 사실을 모른 채 甲에게 그 물건을 100만원에 팔라는 내용의 청약을 하여 양 청약이 모두 상대방에게 도달한 경우

① ㉠, ㉣, ㉥
② ㉠, ㉢, ㉣, ㉥
③ ㉡, ㉣, ㉤, ㉥
④ ㉢, ㉣, ㉤, ㉥
⑤ ㉠, ㉢, ㉣, ㉤, ㉥

05 ① 계약이 성립하기 위해서는 당사자 사이에 계약의 내용에 관한 의사의 합치가 있어야 한다. 이러한 의사의 합치는 계약의 내용을 이루는 모든 사항에 관하여 있어야 하는 것은 아니고, 본질적 사항이나 중요 사항에 관하여 구체적으로 의사가 합치되거나 적어도 장래 구체적으로 특정할 수 있는 기준과 방법 등에 관한 합의가 있으면 충분하다(대판 2015다34437).
② 청약은 상대방 있는 의사표시이지만 그 상대방은 특정인이 아니라도 무방하다. 즉, 불특정 다수인에 대한 청약도 유효하다(가령 자동판매기의 설치). 반면 승낙은 청약과 달리 반드시 특정의 청약자에 대해 하여야 한다.
③ 승낙의 기간을 정하지 아니한 계약의 청약은 청약자가 상당한 기간 내에 승낙의 통지를 받지 못한 때에는 그 효력을 잃는다(제529조).
④ 제530조
⑤ 당사자 간에 동일한 내용의 청약이 상호교차된 경우에는 양 청약이 상대방에게 도달한 때에 계약이 성립한다(제533조).

06 ㉠ 연착된 승낙은 청약자가 이를 새 청약으로 볼 수 있으므로(제530조), 乙의 연착된 승낙에 甲이 다시 승낙을 하면 계약이 성립한다.
㉢ 제532조의 의사실현에 의한 계약성립의 경우에는 청약자가 그 사실을 알지 못하더라도 계약이 성립한다.
㉣ 제528조 제2항 및 제3항에 의해 乙의 승낙은 연착되지 않은 것으로 간주되므로, 계약이 성립한다.
㉥ 교차청약에 의해 계약이 성립한다(제533조).
㉡ 청약의 상대방에게 청약을 받아들일 것인지 여부에 관하여 회답할 의무가 있는 것은 아니므로, 청약자가 미리 정한 기간 내에 이의를 하지 아니하면 승낙한 것으로 간주한다는 뜻을 청약시 표시하였다고 하더라도 이는 상대방을 구속하지 않는다(대판 98다48903).
㉤ 승낙자가 청약에 대하여 조건을 붙여 승낙한 때에는 그 청약의 거절과 동시에 새로 청약한 것으로 보므로(제534조), 甲이 그 새로운 청약에 대해 승낙하지 않는 한 계약이 성립하지 않는다.

정답 05 ① 06 ②

07 난이도 ●●●

甲이 乙에게 승낙기간을 8월 31일로 하여 물건을 매도하겠다는 내용의 서신을 발송하여 8월 10일에 그 서신이 乙에게 도달하였다. 이에 관한 설명으로 옳은 것은?

① 8월 30일에 발송한 乙의 승낙통지가 9월 1일에 甲에게 도달한 경우, 승낙기간 내에 승낙이 발송되었으므로 8월 30일자로 계약이 성립한다.

② 위 ①에서 乙의 승낙이 연착되었으므로, 甲이 乙의 승낙에 대해 다시 승낙을 하더라도 계약은 성립하지 않는다.

③ 乙이 8월 25일에 발송한 승낙통지가 8월 27일에 甲에게 도달한 경우, 계약은 8월 27일자로 성립한다.

④ 乙이 8월 20일에 발송한 승낙통지가 9월 1일에 甲에게 도달한 경우, 甲이 서신의 발송일을 확인하고도 연착사실을 乙에게 알려주지 않았다면 8월 20일자로 계약이 성립한다.

⑤ 甲의 서신이 乙에게 도달하기 전에 甲이 사망하였다면 乙이 甲의 상속인인 丙에게 승낙통지를 발송하여 그 통지가 승낙기간 내에 丙에게 도달하더라도 乙과 丙 사이에 계약이 성립하지 않는다.

08

난이도 ●○○

계약체결상의 과실책임의 성립요건과 효과에 관한 설명으로 틀린 것은?

① 계약이 체결되었으나 목적의 원시적 불능으로 체결된 계약이 무효이어야 한다.
② 당사자의 일방이 불능이라는 사실을 알았거나 알지 못한 데에 과실이 있어야 한다.
③ 상대방은 불능이라는 사실을 몰랐고 그 점에 과실이 없어야 한다.
④ 악의 또는 과실 있는 당사자는 선의·무과실의 상대방에 대하여 계약이 유효함으로 인하여 생길 이익액을 배상하여야 한다.
⑤ 계약체결상의 과실로 인한 손해배상은 이행이익을 넘지 않는 범위 내에서만 인정된다.

7 ④ 승낙기간 내에 도달할 수 있는 발송이었으므로 甲은 지체 없이 乙에게 연착사실을 통지해야 하고(제528조 제2항), 만일 그 통지를 하지 않으면 승낙은 연착되지 않은 것으로 간주되어(제528조 제3항), 甲과 乙 사이에 계약이 성립한다. 단, 이때 계약의 성립시기는 격지자 간의 계약의 성립시기에 관한 특칙(제531조)이 적용되어 승낙을 발송한 날인 8월 20일이 된다.
① 승낙의 효력발생, 즉 계약의 성립은 승낙이 승낙기간 내에 청약자에게 도달한 것을 전제로 한다. 乙이 승낙기간 내에 승낙을 발송하였더라도 그 승낙이 승낙기간이 경과한 후에 청약자에게 도달하였으므로(甲의 청약은 이미 실효된 상태임) 계약이 성립하지 않는다.
② 연착된 승낙은 청약자가 이를 새 청약으로 볼 수 있으므로(제530조), 甲이 연착된 乙의 승낙을 새 청약으로 보아 이에 대해 다시 승낙을 하면 계약이 성립할 수 있다.
③ 격지자 간의 계약은 승낙의 통지를 발송한 때에 성립하므로(제531조), 계약은 승낙통지의 발송일인 8월 25일 자로 성립한다.
⑤ 청약자가 청약을 발송한 후 사망하거나 제한능력자가 되어도 청약의 효력에는 영향을 미치지 않으므로(제111조 제2항), 乙이 甲의 상속인인 丙에게 승낙통지를 발송하여 그 통지가 승낙기간 내에 丙에게 도달하면 乙과 丙 사이에 계약이 성립한다.

8 ④ 악의 또는 과실 있는 당사자는 선의·무과실의 상대방에 대하여 상대방이 계약의 유효를 믿었음으로 인하여 받은 손해(= 신뢰이익의 손해)를 배상하여야 한다(제535조 제1항).

정답 7 ④   8 ④

09 난이도 ●●○
종합 판례 응용

계약체결상의 과실책임이 발생할 수 있는 경우는? (다툼이 있으면 판례에 따름)

① 계약체결에 대한 신뢰가 형성된 상태에서 일방이 교섭 중인 계약을 부당하게 파기한 경우
② 토지에 대한 매매계약체결 전에 이미 그 토지 전부가 수용된 경우
③ 가옥매매계약 체결 후 제3자의 방화로 그 가옥이 전소한 경우
④ 수량을 지정한 토지매매계약에서 실제면적이 계약면적에 미달하는 경우
⑤ 계약이 의사의 불합치로 성립하지 않은 경우

10 난이도 ●●○
종합 판례

계약체결상의 과실책임에 관한 설명으로 틀린 것은? (다툼이 있으면 판례에 따름)

① 계약체결상의 과실책임은 신뢰이익에 대한 배상을 그 내용으로 한다.
② 쌍방 당사자가 모두 과실로 인하여 그 불능을 알지 못한 경우에는 계약체결상의 과실책임이 성립하지 않는다.
③ 계약이 의사의 불합치로 성립하지 않는다는 사실을 알지 못하여 손해를 입은 당사자는 계약체결 당시 계약이 성립되지 않을 수 있다는 것을 안 상대방에게 계약체결상의 과실책임을 물을 수 있다.
④ 계약교섭 중의 부당파기로 계약의 성립이 좌절된 경우에는 계약체결상의 과실이 아니라 일반 불법행위의 문제로 다루어야 한다.
⑤ 수량을 지정한 매매에서 수량이 부족한 경우, 매수인은 매도인에 대하여 담보책임을 물을 수 있을 뿐, 그 부족한 부분만큼 원시적 불능임을 이유로 계약체결상의 과실책임을 물을 수는 없다.

09 ② 목적의 원시적 불능으로 계약이 무효인 경우로서, 계약체결상의 과실책임이 발생할 수 있다(제535조).
① 판례는 계약교섭 중의 부당파기의 사안을 계약체결상의 과실의 문제가 아닌 일반 불법행위의 문제로 다루고 있다. ⇨ 어느 일방이 교섭단계에서 계약이 확실하게 체결되리라는 정당한 기대 내지 신뢰를 부여하여 상대방이 그 신뢰에 따라 행동하였음에도 상당한 이유 없이 계약의 체결을 거부하여 손해를 입혔다면 이는 계약자유의 원칙의 한계를 넘는 위법한 행위로서 불법행위를 구성한다(대판 2001다53059).
③ 채무자의 귀책사유 없는 후발적 불능으로, 위험부담의 문제이다(제537조).
④ 매매의 목적물의 수량이 부족한 경우로서, 매도인의 담보책임의 문제이다. ⇨ 부동산매매계약에 있어서 실제면적이 계약면적에 미달하는 경우에는 그 매매가 수량지정매매에 해당할 때에 한하여 제574조, 제572조에 의한 대금감액청구권을 행사함은 별론으로 하고, 그 매매계약이 그 미달 부분만큼 일부무효임을 들어 이와 별도로 일반 부당이득반환청구를 하거나 그 부분의 원시적 불능을 이유로 제535조가 규정하는 계약체결상의 과실에 따른 책임의 이행을 구할 수 없다(대판 99다47396).
⑤ 계약이 의사의 불합치로 성립하지 아니한 경우 그로 인하여 손해를 입은 당사자가 상대방에게 부당이득반환청구 또는 불법행위로 인한 손해배상청구를 할 수 있는지는 별론으로 하고, 상대방이 계약이 성립되지 아니할 수 있다는 것을 알았거나 알 수 있었음을 이유로 민법 제535조를 유추적용하여 계약체결상의 과실로 인한 손해배상청구를 할 수는 없다(대판 2015다10929).

10 ③ 계약이 의사의 불합치로 성립하지 아니한 경우 그로 인하여 손해를 입은 당사자가 상대방에게 부당이득반환청구 또는 불법행위로 인한 손해배상청구를 할 수 있는지는 별론으로 하고, 상대방이 계약이 성립되지 아니할 수 있다는 것을 알았거나 알 수 있었음을 이유로 「민법」 제535조를 유추적용하여 계약체결상의 과실로 인한 손해배상청구를 할 수는 없다(대판 2015다10929).
② 계약체결상의 과실책임이 성립하려면 일방은 그 불능에 대한 악의 또는 과실이 있어야 하고, 상대방은 그 불능에 대해 선의 · 무과실이어야 한다. 따라서 쌍방이 모두 과실이 있다면 계약체결상의 과실책임은 성립할 수 없다.
④ 어느 일방이 교섭단계에서 계약이 확실하게 체결되리라는 정당한 기대 내지 신뢰를 부여하여 상대방이 그 신뢰에 따라 행동하였음에도 상당한 이유 없이 계약의 체결을 거부하여 손해를 입혔다면 이는 계약자유의 원칙의 한계를 넘는 위법한 행위로서 불법행위를 구성한다(대판 2001다53059). ⇨ 판례는 계약교섭 중의 부당파기의 사안을 계약체결상의 과실의 문제가 아닌 일반 불법행위의 문제로 다루고 있다.
⑤ 부동산매매계약에 있어서 실제면적이 계약면적에 미달하는 경우에는 그 매매가 수량지정매매에 해당할 때에 한하여 제574조, 제572조에 의한 대금감액청구권을 행사함은 별론으로 하고, 그 매매계약이 그 미달 부분만큼 일부무효임을 들어 이와 별도로 일반 부당이득반환청구를 하거나 그 부분의 원시적 불능을 이유로 제535조가 규정하는 계약체결상의 과실에 따른 책임의 이행을 구할 수 없다(대판 99다47396).

정답 09 ② 10 ③

제3절 계약의 효력

대표유형 (기본, 판례)

동시이행의 항변권에 관한 설명으로 옳은 것은? (다툼이 있으면 판례에 따름)

① 쌍방이 각각 별개의 약정으로 상대방에 대하여 채무를 지게 된 경우에도 특별한 사정이 없는 한 동시이행의 항변권을 행사할 수 있다.
→ 당사자 쌍방이 각각 별개의 약정으로 채무를 부담하게 된 경우에는 당사자 간의 특약으로 동시이행을 하기로 한 사실이 없는 한 동시이행의 항변권이 생긴다고 할 수 없다(대판 89다카23794).

② 선이행의무자가 채무를 이행하지 않은 상태에서 상대방 채무의 이행기가 도래한 경우, 선이행의무자는 동시이행의 항변권을 행사할 수 없다.
→ 선이행의무자가 이행을 지체하고 있던 중 상대방의 채무의 변제기가 도래한 경우, 특별한 사정이 없는 한 쌍방의 의무는 동시이행관계가 된다.

③ 당사자 일방의 이행제공이 계속되지 않더라도 과거에 유효한 이행의 제공이 있었던 경우에는 상대방은 동시이행의 항변권을 행사할 수 없다.
→ 쌍무계약의 당사자 일방이 먼저 한번 현실의 제공을 하고 상대방을 수령지체에 빠지게 하였다 하더라도 그 이행의 제공이 계속되지 않는 경우는 과거에 이행의 제공이 있었다는 사실만으로 상대방이 가지는 동시이행의 항변권이 소멸하는 것은 아니다(대판 98다13754).

④ 동시이행의 항변권이 있는 채무자는 상대방 채무의 이행제공이 없는 한 동시이행의 항변권을 행사하지 않더라도 지체책임을 지지 않는다.
→ 동시이행의 항변권이 있는 채무자는 이행기에 그 채무를 이행하지 않아도 이행지체의 책임을 지지 않는 것이며(지체저지효), 이와 같은 효과는 이행지체의 책임이 없다고 주장하는 자가 반드시 동시이행의 항변권을 행사하여야만 발생하는 것은 아니다(대판 2001다3764).

⑤ 원고의 이행청구에 대하여 피고가 동시이행의 항변권을 행사하여 법원이 이를 인용한 경우, 법원은 원고패소판결을 선고하여야 한다.
→ 원고의 이행청구에 대하여 피고가 동시이행의 항변권을 주장하여 그것이 인정된 경우, 법원은 피고에게 원고의 이행과 상환으로 이행할 것을 명하는 상환이행판결(원고일부패소판결)을 선고한다.

정답 ④

11 난이도 ●●○

甲과 乙 사이에 甲 소유의 부동산에 대한 매매계약이 체결된 경우에 관한 설명으로 <u>틀린</u> 것은? (다툼이 있으면 판례에 따름)

① 특별한 사정이 없는 한 甲의 소유권이전의무는 물론 부동산인도의무도 乙의 대금지급의무와 동시이행관계에 있다.

② 만일 위 부동산에 근저당권이 설정되어 있었다면, 특별한 사정이 없는 한 乙은 그 근저당권이 말소될 때까지 잔대금의 지급을 거절할 수 있다.

③ 乙이 부동산을 인도받기 전에 먼저 잔대금을 지급하기로 약정하였더라도, 부동산이 인도기일까지 인도되지 않았다면 잔대금의 지급을 거절할 수 있다.

④ 甲의 이행제공으로 수령지체에 빠진 乙은 그 후 甲이 이행제공 없이 이행을 청구하더라도 동시이행의 항변권을 주장할 수 없다.

⑤ 乙에게 동시이행의 항변권이 존재하면 乙은 그 항변권을 행사하지 않더라도 이행지체의 책임을 지지 않는다.

---

11 ④ 甲의 이행제공으로 수령지체에 빠진 乙도 그 후 甲이 재차 자기 채무 이행제공 없이 이행을 청구하면 동시이행의 항변권을 주장할 수 있다.
① 부동산매매에 있어서 특별한 사정이 없다면 매매 부동산의 인도 및 명도의무도 그 잔대금지급의무와 동시이행의 관계에 있다(대판 80다725).
② 근저당권설정등기가 되어 있는 부동산을 매매하는 경우, 매수인이 근저당권의 피담보채무를 인수하여 그 채무금 상당을 매매잔대금에서 공제하기로 하는 특약을 하는 등 특별한 사정이 없는 한 매도인의 근저당권말소 및 소유권이전등기의무와 매수인의 잔대금지급의무는 동시이행의 관계에 있는 것이다(대판 91다23103).
③ 매수인이 매매의 목적이 된 부동산을 명도받기 전에 잔대금을 먼저 지급하기로 약정한 경우, 매수인이 잔대금지급채무를 이행하지 않았다고 하더라도 매매계약이 해제되지 않은 상태에서 부동산의 명도기일이 지날 때까지 부동산이 명도되지 않았다면, 그때부터는 매수인의 잔대금지급채무와 매도인의 부동산명도의무는 동시이행관계에 있게 된다(대판 91다13144).
⑤ 동시이행의 항변권이 있는 채무자는 이행기에 그 채무를 이행하지 않아도 이행지체의 책임을 지지 않는 것이며(지체저지효), 이와 같은 효과는 이행지체의 책임이 없다고 주장하는 자가 반드시 동시이행의 항변권을 행사하여야만 발생하는 것은 아니다(대판 2001다3764).

정답 11 ④

12 매도인 甲과 매수인 乙은 X토지를 1억원에 매매하기로 합의하였고, 乙은 甲에 대하여 1억원의 대여금채권을 가지고 있다. 이에 관한 설명으로 옳은 것은? (다툼이 있으면 판례에 따름)

① 甲은 乙의 동시이행항변권이 붙은 자신의 매매대금채권을 가지고 乙의 대여금채권과 상계할 수 있다.
② 甲과 乙은 동시이행항변권을 가지는 경우에도 이행기에 채무를 이행하지 않으면 이행지체에 빠진다.
③ 甲이 약정한 일자에 소유권이전등기 서류를 교부하였는데 乙이 정당한 이유 없이 수령을 거절한 경우, 후에 甲이 재차 자기 채무의 이행제공 없이 대금지급을 청구하면 乙은 그 지급을 거절할 수 있다.
④ 만일 乙의 채무불이행을 이유로 甲이 계약을 해제하였다면, 乙은 甲에 대하여 먼저 원상회복을 하여야 한다.
⑤ 만일 甲과 乙이 동시이행의 항변권을 배제하는 특약을 하였다면 그러한 특약은 무효이다.

13 동시이행의 항변권에 관한 설명으로 틀린 것은? (다툼이 있으면 판례에 따름)

① 가압류등기가 있는 부동산의 매매계약에 있어서 매도인의 소유권이전등기의무 및 가압류등기말소의무와 매수인의 대금지급의무는 동시이행관계에 있다.
② 동시이행관계에 있는 어느 일방의 채권이 양도되더라도 그 동일성이 인정되는 한 동시이행관계는 존속한다.
③ 동시이행의 관계에 있는 쌍방의 채무 중 어느 한 채무가 이행불능이 됨으로 인하여 발생한 손해배상채무도 여전히 다른 채무와 동시이행의 관계에 있다.
④ 매수인이 중도금을 지급하지 않고 있던 중에 매도인이 소유권이전등기서류를 제공하지 않은 상태에서 잔금지급기일이 도과된 경우, 매수인은 잔금지급일 이후부터는 중도금 미지급에 대한 지체책임을 지지 않는다.
⑤ 부동산매매계약 해제시 매도인의 매매대금반환의무와 매수인의 소유권이전등기말소의무는 동시이행관계에 있으므로, 매도인은 반환할 매매대금에 법정이자를 부가하여 지급할 필요가 없다.

14 난이도 ●●○

종합
판례

쌍방의 의무가 동시이행관계에 있는 것은? (다툼이 있으면 판례에 따름)

① 매수인이 양도소득세를 부담하기로 약정한 경우, 매도인의 소유권이전의무와 매수인의 양도소득세액 제공의무
② 채무자의 채무변제와 저당권자의 저당권설정등기말소의무
③ 매도인의 토지거래허가신청절차 협력의무와 매수인의 대금지급의무
④ 임차권등기명령에 의해 임차권등기가 경료된 경우, 임대인의 보증금반환의무와 임차인의 임차권등기말소의무
⑤ 채무자의 채무변제와 담보목적의 가등기말소의무

---

12 ③ 甲이 재차 자기 채무의 이행제공 없이 대금지급을 청구하면 乙은 동시이행의 항변권을 내세워 그 지급을 거절할 수 있다.
① 동시이행의 항변권이 붙은 채권을 자동채권으로 하는 상계는 허용되지 않으므로, 甲은 자신의 매매대금채권을 가지고 乙의 대여금채권과 상계할 수 없다. 반면 乙은 자신의 대여금채권을 가지고 甲의 매매대금채권과 상계할 수 있다.
② 동시이행의 항변권을 가지는 채무자는 이행기에 이행을 하지 않아도 이행지체의 책임을 지지 않는다.
④ 계약이 해제된 경우 양 당사자의 원상회복의무는 서로 동시이행관계에 있다(제549조).
⑤ 동시이행의 항변권에 관한 「민법」규정(제536조)은 임의규정이므로, 당사자는 특약에 의해 동시이행항변권의 발생을 배제할 수 있다.

13 ⑤ 법정해제권 행사의 경우 당사자 일방이 그 수령한 금전을 반환함에 있어 그 받은 때로부터 법정이자를 부가하는 것은 일종의 부당이득반환의 성질을 가지는 것이고 반환의무의 이행지체로 인한 것이 아니므로, 부동산 매매계약이 해제된 경우 매도인의 매매대금반환의무와 매수인의 소유권이전등기 말소의무가 동시이행관계에 있는지 여부와 관계없이 매도인이 반환하여야 할 매매대금에 대하여는 그 받은 날로부터 법정이자를 부가하여 지급하여야 한다(대판 2000다9123).
① 대판 2000다8533
② 채권양도, 채무인수, 상속 등 채권·채무의 동일성이 유지되는 경우에는 동시이행항변권이 존속한다.
③ 대판 97다30066
④ 잔금지급일이 도래하여 매수인이 동시이행의 항변권을 행사할 수 있게 되었으므로 매수인은 잔금지급일 이후부터는 중도금지급채무의 이행지체로 인한 책임을 지지 않는다. 단, 중도금지급일 이후 잔금지급일까지의 중도금지급채무 이행지체로 인한 손해배상책임은 여전히 져야 한다.

14 ① 부동산의 매매계약시 그 부동산의 양도로 인하여 매도인이 부담할 양도소득세를 매수인이 부담하기로 하는 약정이 있는 경우, 매도인의 소유권이전등기의무와 매수인의 양도소득세액 제공의무는 동시이행의 관계에 있다(대판 92다56490).
② 채무자의 채무변제는 저당권설정등기말소등기에 앞서는 선행의무이며 채무의 변제와 동시이행관계에 있는 것이 아니다(대판 69다1173).
③ 매도인의 토지거래허가신청절차에 협력할 의무와 매수인의 매매대금지급의무 사이에는 상호 이행상의 견련성이 있다고 할 수 없으므로, 매도인으로서는 매수인의 대금지급의무이행의 제공이 있을 때까지 협력의무의 이행을 거절할 수 있는 것이 아니다(대판 96다23825). ⇨ 매도인의 협력의무가 선이행의무이다.
④ 임대인의 임대차보증금의 반환의무가 임차인의 임차권등기말소의무보다 먼저 이행되어야 할 의무이다(대판 2005다4529).
⑤ 채무자의 채무변제는 담보목적의 가등기말소에 선행하는 의무이다.

정답 12 ③   13 ⑤   14 ①

15 난이도 ●●○

동시이행의 항변권에 관한 판례의 태도를 잘못 설명한 것은?

① 구분소유적 공유관계가 해소되는 경우, 공유지분권자 상호 간의 지분이전등기의무는 동시이행관계에 있다.
② 채무의 담보를 위하여 채권자 명의의 소유권이전등기가 경료된 경우, 채무자는 피담보채무의 변제와 교환적으로 그 소유권이전등기의 말소를 구할 수 있다.
③ 토지임차인이 건물매수청구권을 행사한 경우, 임차인의 건물명도 및 소유권이전등기의무와 임대인의 매매대금지급의무는 동시이행의 관계에 있다.
④ 법원은 항변권자의 원용이 없는 한 직권으로 동시이행의 항변권의 존재를 고려하지 못한다.
⑤ 원고의 이행청구에 대해 피고가 동시이행의 항변권을 행사하여 법원이 이를 인용한 경우, 법원은 피고에게 원고의 이행과 상환으로 이행할 것을 명하는 판결을 선고하여야 한다.

16 난이도 ●●●

동시이행의 항변권에 관한 설명으로 틀린 것은? (다툼이 있으면 판례에 따름)

① 甲의 乙에 대한 매매대금채권이 전부명령에 의해 압류채권자인 丙에게 이전된 경우, 乙은 丙의 대금청구에 대해 동시이행의 항변권을 행사할 수 있다.
② 동시이행의 항변권이 붙은 채권을 수동채권으로 하는 상계는 허용된다.
③ 가등기담보에 있어 채권자의 청산금지급의무와 채무자의 목적부동산에 대한 본등기 및 인도의무는 동시이행관계에 있다.
④ 甲, 乙, 丙이 X토지를 순차로 매도하고 이들 간에 중간생략등기의 합의가 있은 후에 甲과 乙이 매매대금을 인상하는 약정을 체결하였다면, 甲은 乙로부터 인상된 매매대금을 지급받지 못하였음을 이유로 丙의 소유권이전등기청구를 거절할 수 있다.
⑤ 근저당권실행경매가 무효로 된 경우, 근저당권자의 배당금반환채무와 낙찰자의 소유권이전등기말소의무는 서로 동시이행관계에 있다.

17 난이도 ●●○

종합
응용

위험부담의 법리가 적용되는 경우를 모두 고른 것은?

㉠ 매매의 목적이 된 건물이 매매계약 체결 전에 이미 천재지변으로 멸실되었던 경우
㉡ 증여계약 성립 후 증여의 목적물이 제3자의 방화로 멸실된 경우
㉢ 매매계약 체결 후 매수인의 잘못으로 매도인의 채무가 이행불능이 된 경우
㉣ 매매계약 체결 후 매수인의 수령지체 중에 쌍방에게 책임 없는 사유로 매도인의 채무를 이행할 수 없게 된 경우
㉤ 교환계약 체결 후 일방 당사자의 채무가 그의 책임 있는 사유로 이행할 수 없게 된 경우
㉥ 매매계약 체결 후 목적물인 토지가 수용되어 소유권이전이 불가능하게 된 경우

① ㉠, ㉡, ㉢   ② ㉡, ㉢, ㉣   ③ ㉢, ㉣, ㉥
④ ㉢, ㉤, ㉥   ⑤ ㉣, ㉤, ㉥

---

15 ② 특정채무의 담보를 위하여 경료된 채권자 명의의 소유권이전등기의 말소를 구하는 소송에 있어서, 채무자로서는 피담보채무를 변제한 후 그 담보목적의 소멸을 이유로 하여 이전등기의 말소를 구할 수 있으나 피담보채무의 변제와 교환적으로 그 말소를 구할 수는 없다(대판 88다카29351).
① 대판 2004다32992
③ 대판 91다3260
⑤ 상환이행판결(원고일부승소판결)

16 ⑤ 이 경우 채권자(= 근저당권자)가 낙찰자에 대하여 부담하는 배당금반환채무와 낙찰자가 채무자에 대하여 부담하는 소유권이전등기 말소의무는 서로 이행의 상대방을 달리하는 것으로서, 위 두 채무는 동시이행관계에 있지 않다(대판 2006다24049).
① 채권압류 및 추심 · 전부명령은 동시이행관계에 영향을 미치지 않는다(대판 2000다73490).
② 동시이행의 항변권이 붙은 채권을 자동채권으로 하는 상계는 허용되지 않지만, 동시이행의 항변권이 붙은 채권을 수동채권으로 하는 상계는 허용된다.
③ 「가등기담보 등에 관한 법률」 제4조 제3항
④ 중간생략등기의 합의가 있었다 하여 최초의 매도인이 자신이 당사자가 된 매매계약상의 매수인인 중간자에 대하여 갖고 있는 매매대금청구권의 행사가 제한되는 것은 아니므로, 최초의 매도인은 인상된 매매대금이 지급되지 않았음을 이유로 최종매수인 명의로의 소유권이전등기의무의 이행을 거절할 수 있다(대판 2003다66431).

17 ③ 위험부담의 법리는 '쌍무계약'의 일방 당사자의 채무가 '채무자의 책임 없는 사유'로 인해 '후발적으로 불능'이 되어 소멸한 경우에 적용된다.
㉢ 채권자인 매수인이 위험을 부담한다(제538조 제1항 제1문).
㉣ 채권자인 매수인이 위험을 부담한다(제538조 제1항 제2문).
㉥ 채무자인 매도인이 위험을 부담한다(제537조).
㉠ 원시적 불능이므로 위험부담의 법리가 적용되지 않는다.
㉡ 편무계약이므로 위험부담의 법리가 적용되지 않는다.
㉤ 채무자의 책임 있는 사유로 불능이 되었으므로 위험부담의 법리가 적용되지 않는다.

정답   15 ②   16 ⑤   17 ③

18 甲과 乙이 甲 소유의 건물에 대한 매매계약을 체결한 후 소유권이전 및 인도 전에 화재가 발생하여 건물이 전소되었다. 이에 관한 설명으로 틀린 것은? (다툼이 있으면 판례에 따름)

① 甲과 乙 쌍방의 책임 없는 사유로 화재가 발생한 경우, 甲은 乙에게 대금지급을 청구할 수 없다.
② 위 ①에서 甲이 乙로부터 계약금과 중도금을 이미 지급받았다면 甲은 乙에게 이를 부당이득으로 반환하여야 한다.
③ 乙의 책임 있는 사유로 화재가 발생한 경우라면 甲은 乙에게 대금지급을 청구할 수 있다.
④ 그 화재가 乙이 수령을 지체하던 중에 甲과 乙의 책임 없는 사유로 발생한 경우라면 甲은 乙에게 대금지급을 청구할 수 있다.
⑤ 위 ④에서 乙이 수령지체 중이었으므로 甲이 채무를 면함으로써 이익을 얻는다 하더라도 그 이익을 乙에게 상환할 필요가 없다.

19 위험부담에 관한 설명으로 틀린 것은? (다툼이 있으면 판례에 따름)

① 「민법」 제537조가 정한 채무자위험부담주의는 강행규정이 아니므로 이와 다른 약정이 있으면 그에 따른다.
② 편무계약의 경우 원칙적으로 위험부담의 법리가 적용되지 않는다.
③ 쌍무계약의 당사자 일방의 채무가 쌍방의 귀책사유 없이 이행불능된 경우, 이미 이행한 급부는 부당이득의 법리에 따라 반환청구할 수 있다.
④ 쌍무계약의 당사자 일방의 채무가 채무자의 책임 있는 사유로 이행할 수 없게 된 때에도 위험부담의 법리가 적용된다.
⑤ 쌍무계약의 당사자 일방의 채무가 채권자의 책임 있는 사유로 이행할 수 없게 된 때에는 채무자는 상대방의 이행을 청구할 수 있다.

20 난이도 ●●●

종합 / 판례 / 응용 / 사례

甲은 자신의 토지를 乙에게 매도하였으나 소유권이전등기의무의 이행기가 도래하기 전에 그 토지에 대한 丙의 강제수용(재결수용)으로 보상금을 받게 되었다. 이에 관한 설명으로 틀린 것은? (다툼이 있으면 판례에 따름)

① 甲의 乙에 대한 소유권이전의무는 소멸한다.
② 乙은 대상청구권(代償請求權)의 행사로써 甲에게 수용보상금청구권의 양도를 청구할 수 있다.
③ 甲이 丙으로부터 보상금을 수령하였다면 乙은 甲에게 보상금의 반환을 청구할 수 있다.
④ 乙이 수용보상금에 대하여 대상청구권을 행사하려면 甲에 대하여 매매대금을 지급하여야 한다.
⑤ 乙이 매매대금을 전부 지급하면 甲의 수용보상금청구권 자체가 乙에게 귀속한다.

---

18 ⑤ 채권자가 위험을 부담하는 경우에 채무자는 채무를 면함으로써 얻은 이익을 채권자에게 상환하여야 한다(제538조 제2항).
①② 제537조는 채무자위험부담주의를 채택하고 있는바, 쌍무계약에서 당사자 쌍방의 귀책사유 없이 채무가 이행불능된 경우 채무자는 급부의무를 면함과 더불어 반대급부도 청구하지 못하므로, 쌍방 급부가 없었던 경우에는 계약관계는 소멸하고 이미 이행한 급부는 법률상 원인 없는 급부가 되어 부당이득의 법리에 따라 반환청구할 수 있다(대판 2008다98655).
③④ 채권자위험부담의 예외(제538조 제1항)

19 ④ 채무자의 책임 있는 사유로 후발적 불능이 된 경우는 위험부담의 문제가 아니라 채무불이행(해제, 손해배상)의 문제로 된다.
① 위험부담에 관한「민법」규정은 임의규정이므로 당사자 사이에 이와 다른 특약을 하는 것도 가능하다.
② 편무계약의 경우에는 위험부담의 법리가 적용되지 않는다.
③ 쌍무계약에서 당사자 쌍방의 귀책사유 없이 채무가 이행불능된 경우 채무자는 급부의무를 면함과 더불어 반대급부도 청구하지 못하므로, 쌍방 급부가 없었던 경우에는 계약관계는 소멸하고 이미 이행한 급부는 법률상 원인 없는 급부가 되어 부당이득의 법리에 따라 반환청구할 수 있다(대판 2008다98655).
⑤ 제538조 제1항 제1문

20 ⑤②③ 소유권이전등기의무의 목적부동산이 수용되어 그 소유권이전등기의무가 이행불능이 된 경우, 등기청구권자는 등기의무자에게 대상청구권의 행사로써 등기의무자가 지급받은 수용보상금의 반환을 구하거나 또는 등기의무자가 취득한 수용보상금청구권의 양도를 구할 수 있을 뿐 그 수용보상금청구권 자체가 등기청구권자에게 귀속되는 것은 아니다(대판 95다56910).
① 채무자의 책임 없는 사유로 이행할 수 없게 된 채무는 그로 인해 소멸한다.
④ 대상청구권은 채무자의 급부가 후발적으로 불능하게 된 사정의 결과로 채무자가 채권의 목적물에 '대신하는 이익'을 취득한 경우에 인정되는 것이므로, 채권자가 채무자를 상대로 대상청구권을 행사하려면 자신의 채무도 그대로 이행하여야 한다. 따라서 매수인이 매도인에게 대상청구권을 행사하면 매도인은 매수인에게 대금지급청구권을 행사할 수 있다.

정답 18 ⑤ 19 ④ 20 ⑤

21 난이도 ●●○

제3자를 위한 계약에 관한 설명으로 틀린 것은? (다툼이 있으면 판례에 따름)

① 제3자의 수익의 의사표시는 제3자를 위한 계약의 성립요건이 아니다.
② 제3자는 계약이 성립될 당시에 반드시 현존할 필요가 없다.
③ 제3자가 수익의 의사표시를 한 후에는 요약자와 낙약자는 그들 사이의 합의로 제3자의 권리를 변경시키거나 소멸시키지 못한다.
④ 수익자의 이행청구에 대하여 낙약자는 요약자와의 계약에 기한 항변으로 대항할 수 없다.
⑤ 낙약자가 수익자에 대한 채무를 이행하지 않는 경우, 수익자는 이를 이유로 계약을 해제할 수 없다.

22 난이도 ●●○

제3자를 위한 계약에 관한 설명으로 틀린 것은? (다툼이 있으면 판례에 따름)

① 채무자와 인수인의 계약으로 체결되는 병존적 채무인수는 제3자를 위한 계약으로 볼 수 있다.
② 부동산을 매매하면서 중도금 및 잔금은 매수인이 매도인의 채권자에게 직접 지급하기로 약정하였다면 이는 제3자를 위한 계약이자 동시에 매수인이 매도인의 채무를 인수하는 병존적 채무인수에 해당한다.
③ 태아나 설립 중인 법인을 제3자로 하여 계약이 체결될 수도 있다.
④ 요약자는 낙약자가 채무를 이행하지 않으면 수익자의 동의 없이도 계약을 해제할 수 있다.
⑤ 계약당사자는 제3자의 권리가 발생한 후에도 합의해제를 할 수 있고, 그로써 제3자가 취득한 권리는 소멸한다.

21 ④ 낙약자는 보상관계(= 요약자와의 관계)에 기한 항변으로 수익자에게 대항할 수 있다(제542조). 가령 계약의 무효·취소의 항변, 동시이행의 항변 등을 할 수 있다.
① 제3자의 수익의 의사표시는 자신의 권리발생요건일 뿐 제3자를 위한 계약의 성립요건은 아니다.
② 제3자는 계약당사자가 아니므로 계약성립 당시에 현존·특정되어 있을 필요가 없다.
③ 제541조
⑤ 제3자를 위한 계약의 당사자가 아닌 수익자는 계약의 해제권이나 해제를 원인으로 한 원상회복청구권이 있다고 볼 수 없다(대판 92다41559).

22 ⑤ 계약당사자는 제3자의 권리가 발생한 후에는 합의해제를 할 수 없고, 설사 합의해제를 하더라도 그로써 이미 제3자가 취득한 권리에는 아무런 영향을 미치지 못한다(대판 97다28698).
① 병존적(= 중첩적) 채무인수는 제3자를 위한 계약에 해당하나, 면책적 채무인수나 이행인수는 제3자를 위한 계약에 해당하지 않는다.
② 채무자와 인수인의 계약으로 체결되는 병존적 채무인수는 채권자로 하여금 인수인에 대하여 새로운 권리를 취득하게 하는 것으로 제3자를 위한 계약의 하나로 볼 수 있다. 한편 부동산을 매매하면서 매도인과 매수인 사이에 중도금 및 잔금은 매도인의 채권자에게 직접 지급하기로 약정한 경우, 그 약정은 매도인의 채권자로 하여금 매수인에 대하여 그 중도금 및 잔금에 대한 직접청구권을 행사할 권리를 취득케 하는 제3자를 위한 계약에 해당하고 동시에 매수인이 매도인의 그 제3자에 대한 채무를 인수하는 병존적 채무인수에도 해당한다(대판 97다28698).
③ 제3자는 계약당사자가 아니므로 계약성립 당시에 현존·특정되어 있을 필요가 없다. 따라서 태아나 설립 중의 법인도 제3자가 될 수 있다.
④ 제3자를 위한 유상·쌍무계약의 경우, 요약자는 낙약자의 채무불이행을 이유로 제3자의 동의 없이 계약을 해제할 수 있다(대판 69다1410).

정답   21 ④   22 ⑤

23 난이도 ●●○

甲은 자신의 토지를 乙에게 매도하면서 매매대금은 乙이 직접 자신의 채권자인 丙에게 지급해 줄 것을 요청하였고 乙은 이를 승낙하였다. 丙이 乙에게 수익의 의사표시를 한 이후의 법률관계에 관한 설명으로 옳은 것은? (다툼이 있으면 판례에 따름)

① 甲과 丙 사이의 법률관계가 존재하지 않거나 효력을 상실하였다면 乙은 이를 이유로 丙의 대금지급청구를 거절할 수 있다.
② 甲, 乙 간의 매매계약이 통정허위표시로서 무효인 경우, 乙은 선의의 丙에 대하여는 대금지급을 거절할 수 없다.
③ 甲의 채무불이행을 이유로 乙이 매매계약을 해제한 경우, 乙은 丙에게 이미 지급한 대금의 반환을 청구할 수 없다.
④ 乙의 채무불이행을 이유로 甲이 매매계약을 해제한 경우, 丙은 乙에게 손해배상을 청구하지 못한다.
⑤ 乙은 甲과의 계약에 기한 항변으로 丙에게 대항할 수 없다.

24 난이도 ●●○

甲은 乙에게 자신의 아파트를 매도하면서 매매대금은 乙이 직접 甲의 채권자인 丙에게 지급하기로 하였다. 丙의 수익의 의사표시 이후의 법률관계에 관한 설명으로 틀린 것은? (다툼이 있으면 판례에 따름)

① 乙이 甲의 기망에 의해 계약을 체결한 경우 乙은 이를 이유로 甲과의 계약을 취소할 수 있으나, 丙이 그 사실을 몰랐다면 그 취소로 丙에게 대항할 수 없다.
② 乙이 丙에 대한 대금 지급의무를 지체하더라도 丙은 이를 이유로 매매계약을 해제할 수 없다.
③ 甲과 乙이 매매대금을 감액하기로 합의하였더라도 그 효력은 丙에게 미치지 않는다.
④ 甲은 丙과의 법률관계의 부존재나 효력의 상실을 이유로 乙에 대해 부담하는 채무의 이행을 거부할 수 없다.
⑤ 甲과 乙이 乙의 甲에 대한 대금지급에 갈음하여 丙의 乙에 대한 채무를 면제하는 계약을 체결한 경우, 이러한 계약도 제3자를 위한 계약에 준하는 것으로 유효하다.

23 ③ 제3자를 위한 계약이 해제된 경우 그 계약관계의 청산은 계약의 당사자인 요약자와 낙약자 사이에 이루어져야 하므로, 낙약자가 제3자에게 급부한 것이 있더라도 제3자를 상대로 계약해제에 기한 원상회복 또는 부당이득 반환을 구할 수 없다(대판 2005다7566).
① 제3자를 위한 계약의 체결원인이 된 요약자와 제3자(수익자) 사이의 법률관계(= 대가관계)의 효력은 제3자를 위한 계약 자체는 물론 그에 기한 요약자와 낙약자 사이의 법률관계(= 기본관계)의 성립이나 효력에 영향을 미치지 않으므로, 낙약자는 요약자와 수익자 사이의 법률관계에 기한 항변으로 수익자에게 대항하지 못한다(대판 2003다49771).
② 제3자는 요약자와 낙약자 사이의 계약으로부터 직접 발생한 권리를 취득한 자이지 자신의 새로운 법률원인으로써 이해관계를 맺은 자가 아니므로 「민법」의 각종 제3자 보호규정에 의해 보호되는 제3자가 될 수 없다. 예컨대 제3자를 위한 계약이 요약자와 낙약자의 통정허위표시로 이루어진 가장매매였던 경우, 매수인은 제3자가 선의인 경우에도 가장매매의 무효를 들어 대금지급을 거절할 수 있다.
④ 제3자를 위한 계약에 있어서 수익의 의사표시를 한 수익자는 낙약자에게 직접 그 이행을 청구할 수 있을 뿐만 아니라 요약자가 계약을 해제한 경우에는 낙약자에게 자기가 입은 손해의 배상을 청구할 수 있다(대판 92다41559).
⑤ 낙약자는 보상관계(= 요약자와의 관계)에 기한 항변으로 수익자에게 대항할 수 있다(제542조). 가령 계약의 무효 · 취소의 항변, 동시이행의 항변 등을 할 수 있다.

24 ① 제3자를 위한 계약에서의 수익자는 사기로 인한 취소로부터 보호받는 「민법」 제110조 제3항의 선의의 제3자에 해당하지 않는다. 즉, 乙은 사기를 이유로 한 취소로 선의의 丙에게 대항할 수 있다.
② 제3자는 계약의 당사자가 아니므로 계약에 취소사유가 있거나 해제사유가 있더라도 계약을 취소하거나 해제할 권리가 없다.
③ **제541조【제3자의 권리의 확정】** 제539조의 규정에 의하여 제삼자의 권리가 생긴 후에는 당사자는 이를 변경 또는 소멸시키지 못한다.
④ 요약자는 대가관계의 부존재나 효력의 상실을 이유로 자신이 기본관계에 기하여 낙약자에게 부담하는 채무의 이행을 거부할 수 없다(대판 2003다49771).
⑤ 계약의 당사자가 제3자에 대하여 가진 채권에 관하여 그 채무를 면제하는 계약도 제3자를 위한 계약에 준하는 것으로서 유효하다(대판 2002다37405).

정답 23 ③   24 ①

25

난이도 ●●○

甲은 자신의 건물을 乙에게 매도하면서 매매대금 중 잔금채권은 자신의 채권자인 丙에게 귀속시키기로 乙과 약정하였다. 이에 관한 설명으로 옳은 것은? (다툼이 있으면 판례에 따름)

① 乙이 丙에게 상당한 기간을 정하여 잔금수령 여부의 확답을 최고하였으나 그 기간 내에 확답을 받지 못하였다면, 丙이 잔금을 수령하겠다는 의사를 표시한 것으로 본다.
② 丙의 권리가 확정된 후에는 甲은 착오가 있더라도 이를 이유로 매매계약을 취소할 수 없다.
③ 甲이 소유권을 이전하지 않으면 乙은 특별한 사정이 없는 한 丙의 대금지급청구를 거절할 수 있다.
④ 丙이 乙에게 잔금을 지급받겠다는 의사를 표시한 이후 甲, 丙 간의 금전소비대차계약이 취소되었다면 乙은 이를 이유로 丙의 잔금지급청구를 거절할 수 있다.
⑤ 丙이 대금을 수령하였으나 매매계약이 무효인 것으로 판명된 경우, 특별한 사정이 없는 한 乙은 丙에게 대금반환을 청구할 수 있다.

---

25 ③ 낙약자는 요약자와의 관계(= 기본관계, 보상관계)에 기한 항변으로 수익자에게 대항할 수 있다. 가령 甲이 소유권을 이전하지 않으면 乙은 동시이행항변권을 행사하여 丙의 대금지급청구를 거절할 수 있다.
① 제3자를 위한 계약이 성립한 경우에 낙약자는 상당한 기간을 정하여 계약의 이익의 향수 여부의 확답을 제3자에게 최고할 수 있다. 낙약자가 그 기간 내에 확답을 받지 못한 때에는 제3자가 계약의 이익을 받을 것을 거절한 것으로 본다(제540조).
② 제3자의 권리가 확정된 후에도 당사자는 착오나 사기·강박을 이유로 계약을 취소하고 그 효과를 제3자에게 주장할 수 있다.
④ 낙약자는 요약자와 수익자 사이의 법률관계(= 대가관계)에 기한 항변으로 수익자에게 대항하지 못한다(대판 2003다49771).
⑤ 제3자를 위한 계약이 무효인 경우 그 계약관계의 청산은 계약의 당사자인 낙약자와 요약자 사이에 이루어져야 하므로, 특별한 사정이 없는 한 낙약자가 이미 제3자에게 급부한 것이 있더라도 낙약자는 부당이득을 원인으로 제3자를 상대로 그 반환을 구할 수 없다(대판 2010다31860).

정답 25 ③

제4절 계약의 해제와 해지

대표유형 (종합/판례)

계약의 해제에 관한 설명으로 옳은 것은? (다툼이 있으면 판례에 따름)

① 계약의 목적달성과 관련이 없는 부수적 채무의 위반을 이유로 한 해제권의 행사도 허용된다.
→ 채무불이행을 이유로 계약을 해제하려면 당해 채무가 주된 채무이어야 하고 부수적 채무의 불이행을 이유로는 해제권이 생기지 않는다(대결 97마575).

② 채무자의 채무불이행을 이유로 계약을 해제한 채권자가 채무자에게 원상회복을 청구하여 지급한 급부를 전부 반환받았다면 이와 별도로 채무불이행을 이유로 손해배상을 청구할 수 없다.
→ 계약의 해제는 손해배상의 청구에 영향을 미치지 않으므로(제551조), 계약을 해제하여 원상회복을 받은 경우에도 그것으로 전보(塡補)되지 않은 손해에 대해서는 또다시 그 배상을 청구할 수 있다.

③ 채무불이행을 이유로 계약해제와 아울러 손해배상을 청구하는 경우에는 신뢰이익의 배상을 구하는 것이 원칙이다.
→ 채무불이행을 이유로 계약해제와 아울러 손해배상을 청구하는 경우에 그 계약이행으로 인하여 채권자가 얻을 이익, 즉 이행이익의 배상을 구하는 것이 원칙이다(대판 2002다2539).

④ 부동산매매계약이 해제된 경우 매도인의 매매대금반환의무와 매수인의 소유권이전등기말소의무는 동시이행의 관계에 있으므로, 매도인은 매수인에게 반환할 매매대금에 법정이자를 부가하여 지급할 필요가 없다.
→ 법정해제권 행사의 경우 당사자 일방이 그 수령한 금전을 반환함에 있어 그 받은 때로부터 법정이자를 부가하는 것은 일종의 부당이득반환의 성질을 가지는 것이고 반환의무의 이행지체로 인한 것이 아니므로, 부동산 매매계약이 해제된 경우 매도인의 매매대금반환의무와 매수인의 소유권이전등기 말소의무가 동시이행관계에 있는지 여부와 관계없이 매도인이 반환하여야 할 매매대금에 대하여는 그 받은 날로부터 법정이자를 부가하여 지급하여야 한다(대판 2000다9123).

⑤ 계약이 해제된 경우 해제 이전에 해제로 인하여 소멸되는 계약상의 채권을 양수한 자는 해제의 효과에 반하여 자신의 권리를 주장할 수 없다.
→ 계약의 해제로 인하여 소멸되는 계약상의 채권을 양수한 자는 「민법」 제548조 제1항 단서가 말하는 제3자에 해당하지 않는바, 계약해제 이전에 해제로 인하여 소멸되는 채권을 양수한 자는 계약해제의 효과에 반하여 자신의 권리를 주장할 수 없음은 물론이고, 나아가 특단의 사정이 없는 한 채무자로부터 이행받은 급부를 원상회복하여야 할 의무가 있다(대판 2000다22850).

정답 ⑤

26 난이도 ●●○

계약의 해제에 관한 설명으로 옳은 것은? (다툼이 있으면 판례에 따름)

① 성질상 일정한 기간 내에 이행하지 않으면 그 목적을 달성할 수 없는 계약에서 당사자 일방이 그 시기에 이행하지 않으면 해제의 의사표시가 없더라도 해제의 효과가 발생한다.
② 채무자가 미리 이행거절의사를 명백히 표시하더라도 채권자는 이행기 도래 전에는 최고 없이 해제할 수 없다.
③ 당사자의 쌍방이 수인인 경우, 계약의 해제는 그 1인에 대하여 하더라도 효력이 있다.
④ 해제된 계약으로부터 생긴 법률효과에 기초하여 해제 후 말소등기 전에 양립할 수 없는 새로운 이해관계를 맺은 제3자는 그 선의·악의를 불문하고 해제에 의하여 영향을 받지 않는다.
⑤ 매도인이 매매계약을 적법하게 해제하였더라도, 매수인은 계약해제의 효과로 발생하는 불이익을 면하기 위하여 착오를 이유로 그 계약을 취소할 수 있다.

27 난이도 ●●○

계약의 해제에 관한 설명으로 틀린 것은? (다툼이 있으면 판례에 따름)

① 이행불능의 경우 채권자는 이행의 최고는 물론 이행기까지 기다릴 필요도 없이 계약을 해제할 수 있다.
② 매수인의 귀책사유에 의하여 매도인의 소유권이전의무가 이행불능이 된 경우, 매수인은 불능을 이유로 매매계약을 해제할 수 있다.
③ 당사자의 일방이 해제로 인하여 반환할 목적물을 이용한 경우에는 그 사용이익도 상대방에게 반환하여야 한다.
④ 당사자 일방의 계약위반을 이유로 계약이 해제된 경우, 특별한 사정이 없는 한 계약을 위반한 당사자도 계약해제의 효과를 주장할 수 있다.
⑤ 계약의 해제로써 대항하지 못하는 제3자에는 해제 후 그로 인한 원상회복등기 전에 선의로 목적물에 권리를 취득한 자도 포함된다.

26 ⑤ 매도인이 매수인의 채무불이행을 이유로 매매계약을 해제한 후라도 매수인으로서는 계약해제의 효과로서 발생하는 손해배상책임을 면하기 위하여 착오를 이유로 한 취소권을 행사하여 매매계약 전체를 무효로 돌리게 할 수 있다(대판 95다24982).
① 정기행위의 이행지체로 인한 계약해제의 경우 최고를 요하지 않을 뿐 해제의 의사표시는 하여야 해제의 효과가 발생한다.
② 채무자가 미리 이행거절의사를 명백히 표시한 경우에는 채권자는 이행기를 기다릴 필요 없이 곧바로 계약을 해제할 수 있다.
③ 당사자 쌍방이 수인인 경우에는 계약의 해제는 그 전원으로부터 전원에 대하여 해야 한다(제547조 제1항).
④ 계약해제 후 말소등기 전에 이해관계를 가진 제3자는 선의인 경우에 한하여 보호된다(대판 84다카130).

27 ② 이행불능을 이유로 계약을 해제하기 위해서는 그것이 채무자의 귀책사유에 의한 것이어야 하므로, 매도인의 소유권이전의무가 이행불능이 되었다고 할지라도 그 이행불능이 매수인의 귀책사유에 의한 경우에는 매수인은 계약을 해제할 수 없다(대판 2000다50497).
① 이행불능의 경우는 최고 없이 곧바로 해제권이 발생한다(제546조).
③ 계약해제로 인하여 계약당사자가 원상회복의무를 부담함에 있어 당사자 일방이 목적물을 이용한 경우에는 그 사용에 의한 이익도 상대방에게 부당이득으로 반환하여야 한다(대판 97다30066).
④ 일방 당사자의 계약위반을 이유로 한 상대방의 계약해제 의사표시에 의하여 계약이 해제되었음에도 상대방이 계약이 존속함을 전제로 계약상 의무의 이행을 구하는 경우, 계약을 위반한 당사자도 당해 계약이 상대방의 해제로 소멸되었음을 들어 그 이행을 거절할 수 있다(대판 2001다21441).
⑤ 계약해제 후 해제로 인한 원상회복등기(말소등기)가 이루어지기 전에 이해관계를 가진 선의의 제3자도 계약해제로부터 보호되는 「민법」 제548조 제1항 단서의 제3자에 포함된다(대판 84다카130).

정답 26 ⑤   27 ②

28 난이도 ●●○

계약의 해제에 관한 설명으로 틀린 것은? (다툼이 있으면 판례에 따름)

① 이행지체로 인한 계약해제의 전제요건인 이행의 최고는 상당한 기간을 정하지 않은 경우에도 유효하다.
② 당사자의 일방이 채무를 이행하지 않겠다는 의사를 명백히 표시하였다가 이를 적법하게 철회한 경우에도 상대방은 최고 없이 계약을 해제할 수 있다.
③ 계약해제로 인한 원상회복의무의 이행으로서 이미 지급한 급부의 반환을 구하는 경우에는 과실상계가 적용되지 않는다.
④ 소유권이전등기를 마친 부동산매매계약을 매도인이 해제한 경우, 매수인에게 이전되었던 소유권은 말소등기 없이도 당연히 매도인에게 복귀한다.
⑤ 상대방이 동의하면 해제의 의사표시에 조건을 붙이는 것이 허용된다.

29 난이도 ●●○

계약의 해제에 관한 설명으로 틀린 것은? (다툼이 있으면 판례에 따름)

① 당사자의 일방 또는 쌍방이 수인인 경우에는 계약의 해지나 해제는 당사자 중 1인이 하면 된다.
② 계약의 해제는 손해배상의 청구에 영향을 미치지 않는다.
③ 계약해제의 효과로 반환할 이익의 범위는 특별한 사정이 없으면 이익의 현존 여부나 선의·악의를 불문하고 받은 이익의 전부이다.
④ 계약해제로 인한 양 당사자의 원상회복의무는 동시이행관계에 있다.
⑤ 소유권이전등기를 경료받은 매수인과 전세권설정계약을 체결하고 전세권설정등기를 한 자는 계약해제로부터 보호받는 제3자에 해당된다.

28 ② 계약당사자의 일방은 상대방이 채무를 이행하지 아니할 의사를 명백히 표시한 경우에는 최고나 자기 채무의 이행제공 없이 그 계약을 적법하게 해제할 수 있으나, 그 이행거절의 의사표시가 적법하게 철회된 경우 상대방으로서는 자기 채무의 이행을 제공하고 상당한 기간을 정하여 이행을 최고한 후가 아니면 채무불이행을 이유로 계약을 해제할 수 없다(대판 2000다40995).
① 최고기간이 상당하지 않거나 기간을 정하지 않은 최고도 최고로서의 효력은 있고, 다만 객관적으로 상당한 기간이 경과한 후에 해제권이 발생한다.
③ 과실상계는 본래 채무불이행 또는 불법행위로 인한 손해배상책임에 대하여 인정되는 것이고, 매매계약이 해제되어 소급적으로 효력을 잃은 결과 매매당사자에게 당해 계약에 기한 급부가 없었던 것과 동일한 재산상태를 회복시키기 위한 원상회복의무의 이행으로서 이미 지급한 매매대금 기타의 급부 반환을 구하는 경우에는 적용되지 아니한다(대판 2013다34143).
④ 계약이 해제되면 그 계약의 이행으로 변동이 생겼던 물권은 당연히 그 계약이 없었던 원상태로 복귀한다(대판 75다1394).
⑤ 해제는 단독행위이므로 원칙적으로 조건을 붙일 수 없지만, 상대방이 동의하면 조건부 계약해제도 가능하다.

29 ① 당사자의 일방 또는 쌍방이 수인인 경우에는 계약의 해지나 해제는 그 전원으로부터 또는 전원에 대하여 하여야 한다(제547조 제1항).
② 제551조
③ 계약해제의 효과로서의 원상회복의무를 규정한 「민법」 제548조 제1항 본문은 부당이득에 관한 특별규정의 성격을 가진 것이라 할 것이어서, 그 이익 반환의 범위는 이익의 현존 여부나 선의·악의에 불문하고 특단의 사유가 없는 한 받은 이익의 전부라고 할 것이다(대판 98다43175).
④ 제549조
⑤ 계약해제 전에 전세권설정등기를 마친 자는 계약의 목적물에 완전한 권리를 취득하였으므로, 계약이 해제되더라도 자신의 전세권으로 소유권을 회복하는 매도인에게 대항할 수 있다.

정답 28 ②　29 ①

30 난이도 ●●○

甲과 乙 사이에 甲 소유의 X토지에 대한 매매계약이 성립하였다. 이에 관한 설명으로 옳은 것은? (다툼이 있으면 판례에 따름)

① 계약이 성립한 후에 X토지가 가압류된 경우, 乙은 그 사유만으로는 甲의 계약위반을 이유로 계약을 해제할 수 없다.
② 계약체결 후 X토지가 수용되어 소유권이전이 불가능하게 되었다면, 乙은 이행불능을 이유로 계약을 해제할 수 있다.
③ 계약체결 후 甲의 귀책사유로 소유권이전이 불가능하게 된 경우, 乙이 이행불능을 이유로 계약을 해제하기 위해서는 동시이행관계에 있는 잔대금지급채무의 이행제공을 하여야 한다.
④ 만일 X토지가 丙의 소유였고 乙이 그 사실을 알고 매수하였다면, 甲의 귀책사유 없이 소유권이전이 불가능하게 된 경우 乙은 계약을 해제할 수 없다.
⑤ 계약체결 후 X토지의 지가가 폭등하였다면 甲은 사정변경을 이유로 매매계약을 해제할 수 있다.

31 난이도 ●●○

2025.2.5. 甲은 乙에게 자신 소유의 X주택을 대금 1억원에 매도하면서 계약금 1천만원을 수령하였고, 중도금 7천만원은 2025.2.25. X주택의 소유권이전에 필요한 서류 일체를 교부함과 동시에 지급받기로 하였으며, 잔금 2천만원은 2025.3.5. 지급받기로 하였다. 2025.2.25. 乙이 중도금을 지급하고 자신의 명의로 X주택의 소유권이전등기를 마쳤으나, 2025.4.15. 甲은 乙의 잔금 미지급을 이유로 위 매매계약을 적법하게 해제하였다. 이에 관한 설명으로 옳은 것은? (다툼이 있으면 판례에 따름)

① 만약 계약 당시 乙이 계약금의 일부인 5백만원을 지급하였더라도 계약의 이행 착수 전이라면, 甲은 1천만원을 상환하고 위 매매계약을 해제할 수 있다.
② 甲의 채권자 丙이 2025.2.27. 甲의 잔대금채권을 가압류한 경우라면, 丙은 「민법」 제548조 제1항 단서에 의해 보호받을 수 있는 제3자에 해당한다.
③ 2025.3.1. 丁이 乙과 X주택에 대하여 매매예약을 하고 그에 기해 소유권이전등기청구권 보전을 위한 가등기를 마쳤다면, 위 매매계약의 해제에도 불구하고 丁은 가등기에 기한 본등기를 할 수 있다.
④ 乙 명의의 등기말소 전인 2025.4.20. 乙로부터 X주택의 일부를 임차하여 「주택임대차보호법」상 대항력을 갖춘 임차인은 위 매매계약이 해제된 사실을 알고 있었더라도 X주택에 대한 甲의 명도청구에 대항할 수 있다.
⑤ X주택을 사용한 乙이 계약의 해제로 이를 甲에게 반환하는 경우, X주택이 乙의 사용으로 인해 훼손되었다고 볼 수 없는 경우에도 그 사용이익 외에 감가상각비를 별도로 산정하여 반환하여야 한다.

30 ① 매매목적물에 대하여 가압류집행이 되었다고 하여 매매에 따른 소유권이전등기가 불가능한 것은 아니므로, 이러한 경우 매수인으로서는 그 사유만으로 매도인의 계약 위반을 이유로 매매계약을 해제할 수는 없다(대판 99다11045).
② 수용의 경우 채무자(= 매도인)에게 이행불능에 대한 귀책사유가 없으므로, 乙은 이행불능을 이유로 계약을 해제할 수 없다(제546조).
③ 매도인의 소유권이전등기의무의 이행불능을 이유로 매수인이 매매계약을 해제함에 있어서는 매수인의 잔대금 지급의무가 매도인의 소유권이전등기의무와 동시이행관계에 있다고 하더라도 그 이행의 제공을 필요로 하는 것이 아니다(대판 2000다22850).
④ 매도인 甲의 귀책사유 없이 소유권이전이 불가능하게 되었다면 채무불이행으로 인한 해제권은 발생하지 않지만(제546조), 매수인 乙은 타인의 권리를 매매한 매도인의 담보책임을 물어 계약을 해제할 수 있다(제570조). 매도인의 담보책임은 매도인의 귀책사유를 요건으로 하지 않는 무과실책임이기 때문이다.
⑤ 판례는 계약체결 후 화폐가치의 극심한 변동(대판 63다452)이나 매매목적물의 시가의 상승(대판 90다19664)은 계약을 해제할 만한 사정변경이라고 볼 수 없다고 한다.

31 ③ 매수인과 매매예약을 체결한 후 그에 기한 소유권이전청구권 보전을 위한 가등기를 마친 사람도 「민법」 제548조 제1항 단서에서 말하는 제3자에 포함된다(대판 2013다14569).
① 매도인이 계약금의 일부로서 지급받은 금원의 배액을 상환하는 것으로는 매매계약을 해제할 수 없다(대판 2014다231378).
② 계약상의 채권을 양수한 자나 그 채권 자체를 압류 또는 전부한 채권자는 「민법」 제548조 제1항 단서에서 말하는 제3자에 해당하지 않는다(대판 99다51685).
④ 계약해제 후 해제로 인한 원상회복등기(말소등기)가 이루어지기 전에 이해관계를 가진 선의의 제3자도 계약해제로부터 보호되는 제3자에 포함되는데(대판 84다카130), 이 경우의 임차인은 악의이므로 보호되는 제3자에 포함되지 않는다.
⑤ 계약해제로 인하여 계약당사자가 원상회복의무를 부담함에 있어서 당사자 일방이 목적물을 이용한 경우 그 사용에 의한 이익을 상대방에게 반환해야 하지만, 그 사용으로 인하여 감가 내지 소모가 되는 요인이 발생하였다 하여도 그것을 훼손으로 볼 수 없는 한 그 감가비 상당은 원상회복의무로서 반환할 성질의 것이 아니다(대판 97다30066).

정답 30 ① 31 ③

32

종합 / 판례 / 응용 / 사례

난이도 ●●○

甲은 乙에게 자신의 부동산을 매도하고 소유권이전등기를 경료해 주었다. 이에 관한 설명으로 옳은 것은? (다툼이 있으면 판례에 따름)

① 매매계약이 합의해제된 경우에는 특별한 사정이 없는 한 甲이나 乙은 상대방에 대하여 채무불이행으로 인한 손해배상을 청구할 수 없다.
② 매매계약이 해제되었더라도 아직 등기명의를 회복하지 못한 甲은 乙에 대하여 소유물반환청구권을 행사할 수 없다.
③ 매매계약이 해제된 경우 甲은 乙로부터 수령한 매매대금 및 그 받은 날로부터의 법정이자를 반환해야 하는데, 이때 부가하는 법정이자는 매매대금반환의무의 이행지체로 인한 손해배상의 의미를 가진다.
④ 매매계약이 해제되었으나 등기명의가 아직 乙에게 남아 있는 상태에서 해제사실을 모르는 丙이 乙로부터 부동산을 매수하여 등기를 경료한 경우, 丙은 선의라도 그 부동산의 소유권을 취득하지 못한다.
⑤ 甲이 乙의 채무불이행을 이유로 매매계약을 해제한 이후에 다시 乙에게 계약상의 의무이행을 청구하는 경우, 계약을 위반한 乙로서는 그 이행을 거절할 수 없다.

33

기본 / 판례

난이도 ●●○

계약해제의 소급효로부터 보호되는 제3자에 해당하는 자는? (다툼이 있으면 판례에 따름)

① 계약해제 전 계약상의 채권을 양수하여 이를 피보전권리로 하여 처분금지가처분결정을 받은 채권자
② 해제대상 매매계약에 의하여 채무자 명의로 이전등기된 부동산을 가압류한 가압류채권자
③ 계약해제 전 해제대상인 계약상의 채권 자체를 압류 또는 전부(轉付)한 채권자
④ 주택의 임대권한을 부여받은 매수인으로부터 매매계약이 해제되기 전에 주택을 임차한 후 대항요건을 갖추지 않은 임차인
⑤ 해제대상 매매계약의 매수인으로부터 목적부동산을 증여받은 후 소유권이전등기를 마치지 않은 수증자

32 ① 계약이 합의해제된 경우에는 당사자 일방이 상대방에게 손해배상을 하기로 특약을 하는 등의 특별한 사정이 없는 한 채무불이행으로 인한 손해배상을 청구할 수 없다(대판 86다카1147).
② 매매계약이 해제되면 매수인에게 이전되었던 소유권은 말소등기 없이도 매도인에게 복귀하므로(대판 75다1394), 甲은 아직 등기명의를 회복하지 못한 상태에서도 乙에 대하여 소유물반환청구권을 행사할 수 있다.
③ 법정해제권 행사의 경우 당사자 일방이 그 수령한 금전을 반환함에 있어 그 받은 때로부터 법정이자를 부가하는 것은 원상회복의 범위에 속하는 것이며 일종의 부당이득반환의 성질을 가지는 것이고 반환의무의 이행지체로 인한 것이 아니다(대판 2000다9123).
④ 계약해제 후 해제로 인한 원상회복등기(말소등기)가 이루어지기 전에 이해관계를 가진 선의의 제3자도 계약해제로부터 보호되는 제3자에 포함되므로(대판 84다카130), 선의의 丙은 부동산의 소유권을 취득한다.
⑤ 일방 당사자의 계약위반을 이유로 한 상대방의 계약해제 의사표시에 의하여 계약이 해제되었음에도 상대방이 계약이 존속함을 전제로 계약상 의무의 이행을 구하는 경우, 계약을 위반한 당사자도 당해 계약이 상대방의 해제로 소멸되었음을 들어 그 이행을 거절할 수 있다(대판 2001다21441).

33 ② 해제된 계약에 의하여 채무자의 책임재산이 된 계약의 목적물을 가압류한 가압류채권자는 「민법」 제548조 제1항 단서에서 말하는 제3자에 포함된다(대판 99다40937).
① 계약이 해제되기 이전에 계약상의 채권을 양수하여 이를 피보전권리로 하여 처분금지가처분결정을 받은 경우, 그 권리는 채권에 불과하고 대세적 효력을 갖는 완전한 권리가 아니므로 그 채권자는 「민법」 제548조 제1항 단서 소정의 해제의 소급효가 미치지 아니하는 제3자에 해당하지 아니한다(대판 2000다23433).
③ 계약상의 채권을 양수한 자나 그 채권 자체를 압류 또는 전부한 채권자는 「민법」 제548조 제1항 단서에서 말하는 제3자에 해당하지 아니한다(대판 99다51685).
④ 대항요건을 갖추지 않은 임차인은 완전한 권리를 취득한 것이 아니므로 「민법」 제548조 제1항 단서의 제3자에 해당하지 않는다.
⑤ 소유권이전등기를 경료하지 않은 수증자는 완전한 권리를 취득한 것이 아니므로 「민법」 제548조 제1항 단서의 제3자에 포함되지 않는다.

정답 32 ① 33 ②

34 난이도 ●●○

계약해제의 소급효로부터 보호되는 「민법」 제548조 제1항 단서의 제3자에 해당하는 자를 모두 고른 것은? (다툼이 있으면 판례에 따름)

㉠ 계약에 의해 발생한 채권을 양수한 자
㉡ 부동산의 소유권을 취득한 매수인으로부터 저당권을 설정받은 자
㉢ 토지의 소유권을 취득한 매수인으로부터 그 토지 위에 신축된 건물을 매수한 자
㉣ 주택의 소유권을 취득한 매수인으로부터 주택을 임차하여 「주택임대차보호법」상의 대항요건을 갖춘 임차인

① ㉠, ㉡   ② ㉠, ㉢   ③ ㉡, ㉢
④ ㉡, ㉣   ⑤ ㉢, ㉣

35 난이도 ●●○

계약의 합의해제에 관한 설명으로 <u>틀린</u> 것은? (다툼이 있으면 판례에 따름)

① 계약을 합의해제하기 위해서는 계약이 성립하는 경우와 마찬가지로 기존 계약의 효력을 소멸시키기로 하는 내용의 청약과 승낙이 합치되어야 한다.
② 계약의 합의해제는 명시적으로뿐만 아니라 묵시적으로도 이루어질 수 있다.
③ 계약이 합의해제된 경우에도 특약이 없는 한 반환할 금전에는 그 받은 날로부터 이자를 가하여야 한다.
④ 계약이 합의해제된 경우에는 특약이 없는 한 채무불이행으로 인한 손해배상을 청구할 수 없다.
⑤ 계약을 합의해제한 경우에도 「민법」상 해제의 효과에 따른 제3자 보호규정이 적용된다.

34 ⓒ 저당권은 판례가 말하는 완전한 권리이므로, 저당권자는 「민법」 제548조 제1항 단서의 제3자에 해당한다.
② 주택의 소유권을 취득하였다가 계약해제로 인하여 소유권을 상실한 임대인으로부터 그 계약이 해제되기 전에 주택을 임차받아 주택의 인도와 주민등록을 마침으로써 「주택임대차보호법」 소정의 대항요건을 갖춘 임차인은 등기된 임차권자와 마찬가지로 「민법」 제548조 제1항 단서 소정의 제3자에 해당한다고 봄이 상당하고, 그렇다면 그 계약해제 당시 이미 동법 소정의 대항요건을 갖춘 임차인은 임대인의 임대권원의 바탕이 되는 계약의 해제에도 불구하고 자신의 임차권을 새로운 소유자(= 계약해제로 소유권을 회복하는 주택의 매도인을 의미)에게 대항할 수 있다(대판 96다17653).
ⓒ 계약당사자의 일방이 계약을 해제하여도 제3자의 권리를 침해할 수 없지만, 여기에서 그 제3자는 계약의 목적물에 관하여 권리를 취득하고 또 이를 가지고 계약당사자에게 대항할 수 있는 자를 말하므로, 토지를 매도하였다가 대금지급을 받지 못하여 그 매매계약을 해제한 경우에 있어 그 토지 위에 신축된 건물의 매수인은 위 계약해제로 권리를 침해당하지 않을 제3자에 해당하지 아니한다(대판 90다카16761).

35 ③ 당사자 사이에 약정이 없는 이상 합의해제로 인하여 반환할 금전에 그 받은 날로부터의 이자를 가하여야 할 의무가 있는 것은 아니다(대판 95다16011).
① 대판 93다28836
② 계약의 합의해제는 명시적으로 이루어진 경우뿐만 아니라 묵시적으로 이루어질 수도 있는 것으로, 계약의 성립 후에 당사자 쌍방의 계약실현의사의 결여 또는 포기로 인하여 쌍방 모두 이행의 제공이나 최고에 이름이 없이 장기간 이를 방치하였다면, 그 계약은 당사자 쌍방이 계약을 실현하지 아니할 의사가 일치됨으로써 묵시적으로 합의해제되었다고 해석함이 상당하다(대판 93다28836).
④ 계약이 합의해제된 경우에는 당사자 일방이 상대방에게 손해배상을 하기로 특약을 하는 등 다른 사정이 없는 한 채무불이행으로 인한 손해배상을 청구할 수 없다(대판 86다카1147).
⑤ 계약이 합의해제된 경우에도 합의해제 전에 그 계약으로부터 생긴 법률효과를 기초로 하여 등기·인도 등으로 완전한 권리를 취득한 제3자는 보호된다(대판 2002다73203).

정답 34 ④　35 ③

제2장 계약법 각론

제1절 매매

대표유형

기본
판례

매매에 관한 설명으로 옳은 것은? (다툼이 있으면 판례에 따름)

① 소유권이 아닌 지상권이나 전세권은 매매의 대상이 될 수 없다.
  → 매도인이 이전하기로 한 재산권은 반드시 소유권에 한하지 않고 지상권, 전세권과 같은 물권이나 그 밖의 채권도 매매의 대상이 될 수 있다.

② 타인 소유의 물건은 매매의 목적물이 될 수 없다.
  → 매매의 목적이 되는 재산권에는 제한이 없으므로 타인의 물건이나 권리 또는 장래에 성립하는 권리도 매매의 목적물이 될 수 있다.

③ 매매의 목적물과 대금은 반드시 계약체결 당시에 구체적으로 확정되어 있어야 한다.
  → 매매목적물과 대금은 반드시 계약체결 당시에 구체적으로 확정되어 있어야 하는 것은 아니고, 이행기까지 확정할 수 있는 방법과 기준만 정해져 있으면 족하다(대판 94다34432).

④ 매매계약의 비용, 채무의 이행시기 및 이행장소 등에 관한 합의가 없다면 매매계약은 성립할 수 없다.
  → 매매계약은 재산권이전과 대금지급의 합의로 성립한다(제563조). 따라서 계약비용, 이행기, 변제의 장소 등 부수적 사항에 관한 합의가 없더라도 매매계약은 성립할 수 있는바, 이에 관하여 「민법」은 제566조, 제585조, 제586조 등에 의사해석을 위한 보충규정을 두고 있다.

⑤ 매매계약 체결 당시에 매도인과 매수인이 누구인지 구체적으로 특정되어 있어야만 매매계약이 성립할 수 있다.
  → 매매계약은 매도인이 재산권을 이전하는 것과 매수인이 대금을 지급하는 것에 관하여 쌍방당사자가 합의함으로써 성립하므로 매매계약 체결 당시에 반드시 매매목적물과 대금을 구체적으로 특정할 필요는 없지만, 적어도 매매계약의 당사자인 매도인과 매수인이 누구인지는 구체적으로 특정되어 있어야만 매매계약이 성립할 수 있다(대판 2018다223054).

정답 ⑤

난이도 ●●○

01 매매의 예약에 관한 설명으로 틀린 것은? (다툼이 있으면 판례에 따름)

① 매매의 예약은 언제나 채권계약이다.
② 당사자 사이에 예약완결권의 행사기간에 대한 약정이 없는 때에는 예약이 성립한 때부터 10년 내에 행사하여야 한다.
③ 예약완결권의 제척기간이 도과하였는지 여부는 당사자의 주장이 없더라도 법원이 직권으로 조사하여 재판에 고려하여야 한다.
④ 매매예약이 성립한 이후 예약완결권 행사 전에 목적물이 멸실되어 이전할 수 없게 된 경우에는 예약완결권을 행사할 수 없다.
⑤ 예약완결권이 가등기된 후 목적부동산이 제3자에게 양도된 경우, 완결권을 행사한 자가 소유권을 취득하기 위해서는 양수인에게 소유권이전등기를 청구하여야 한다.

---

01 ⑤ 가등기 후에 제3자에게 소유권이전등기가 된 경우 가등기권리자는 가등기의무자인 전 소유자를 상대로 본등기청구권을 행사할 것이고 제3자를 상대로 할 것이 아니다(대결 4294민재항675).
① 예약에 의하여 당사자들은 본계약을 체결할 의무를 부담하기 때문에, 예약은 언제나 채권계약이다.
②③ 매매예약의 완결권은 일종의 형성권으로서 당사자 사이에 그 행사기간을 약정한 때에는 그 기간 내에, 그러한 약정이 없는 때에는 그 예약이 성립한 때부터 10년 내에 이를 행사하여야 하고 그 기간이 지난 때에는 예약완결권은 제척기간의 경과로 인하여 소멸한다. 예약완결권의 제척기간이 도과하였는지 여부는 직권조사사항으로서 이에 대한 당사자의 주장이 없더라도 법원이 당연히 직권으로 조사하여 재판에 고려하여야 한다(대판 2019다227817).
④ 매매예약이 성립한 이후 상대방의 매매예약 완결의 의사표시 전에 목적물이 멸실 기타의 사유로 이전할 수 없게 되어 예약완결권의 행사가 이행불능이 된 경우에는 예약완결권을 행사할 수 없고, 이행불능 이후에 상대방이 매매예약 완결의 의사표시를 하여도 매매의 효력이 생기지 아니한다(대판 2013다28247).

정답 01 ⑤

02

난이도 ●●○

매매의 예약에 관한 설명으로 틀린 것은? (다툼이 있으면 판례에 따름)

① 매매의 일방예약이 성립하려면 예약에 터 잡아 맺어질 본계약의 요소가 되는 매매목적물, 이전방법, 매매가액 및 지급방법 등의 내용이 확정되어 있거나 확정할 수 있어야 한다.
② 예약완결권은 재산권이므로 특별한 사정이 없는 한 타인에게 양도할 수 있다.
③ 부동산소유권이전을 내용으로 하는 매매의 예약완결권은 가등기할 수 있다.
④ 당사자가 약정한 예약완결권의 행사기간이 10년을 넘는 경우, 그 행사기간은 10년으로 단축된다.
⑤ 상대방이 예약목적물인 부동산을 인도받은 경우라도 예약완결권은 제척기간의 경과로 소멸한다.

03

난이도 ●●○

계약금에 관한 설명으로 틀린 것은? (다툼이 있으면 판례에 따름)

① 계약금계약은 주된 계약에 부수하여 체결되는 종된 계약이므로 주된 계약과 동시에 체결되어야 한다.
② 계약금계약은 금전 기타 유가물의 교부를 요건으로 하는 요물계약이다.
③ 계약금은 다른 약정이 없는 한 해약금으로 추정된다.
④ 계약금을 포기하고 행사할 수 있는 해제권은 당사자의 합의로 배제할 수 있다.
⑤ 계약금을 위약금으로 하는 특약이 있는 경우, 그 계약금은 해약금의 성질과 함께 손해배상액의 예정의 성질도 가진다.

04 난이도 ●●○

매매계약금에 관한 설명으로 틀린 것은? (다툼이 있으면 판례에 따름)

① 매매계약을 체결하면서 계약금을 지급하기로 약정하였으나 실제로 계약금 전액을 지급하지 않았다면, 「민법」제565조의 규정에 의한 해제권은 발생하지 않는다.

② 매수인이 단순히 이행의 준비만을 하고 있는 경우에는 매도인은 계약금의 배액을 상환하고 계약을 해제할 수 있다.

③ 토지거래허가구역 내의 토지에 관하여 매매계약이 체결된 후 계약금만 수수한 상태에서 관할관청으로부터 허가를 받은 경우, 이는 이행의 착수로 볼 수 있어 매도인은 「민법」제565조에 의하여 계약금의 배액을 상환하여 매매계약을 해제할 수 없다.

④ 계약금이 수수된 후 매도인이 매매계약의 이행에 전혀 착수한 바가 없다 하더라도 매수인이 중도금을 지급하였다면 매수인은 계약금을 포기하고 매매계약을 해제할 수 없다.

⑤ 계약금은 이를 위약금으로 하는 특약이 없는 이상 당연히 손해배상액의 예정으로서의 성질을 갖는 것이 아니다.

---

02 ④ 당사자 사이에 약정하는 예약완결권의 행사기간에 특별한 제한은 없다(대판 2016다42077).
① 대판 93다4908
③ 예약완결권을 행사하면 발생하게 될 장래의 소유권이전청구권을 보전하기 위하여도 가등기를 할 수 있다.
⑤ 대판 91다44766

03 ① 계약금계약은 주된 계약에 부수하여 체결되는 종된 계약이긴 하나 반드시 주된 계약과 동시에 체결될 필요는 없다. 즉, 매매계약 성립 후에 교부된 계약금도 계약금으로서의 효력이 있다.
④ 「민법」제565조의 해약권은 당사자 간에 다른 약정이 없는 경우에 한하여 인정되는 것이고, 만일 당사자가 위 조항의 해약권을 배제하기로 하는 약정을 하였다면 더 이상 그 해제권을 행사할 수 없다(대판 2008다50615).
⑤ 매매당사자 사이에 수수된 계약금에 대하여 매수인이 위약하였을 때에는 이를 무효로 하고 매도인이 위약하였을 때에는 그 배액을 상환할 뜻의 약정이 있는 경우에는 특별한 사정이 없는 한 그 계약금은 손해배상액의 예정의 성질을 가질 뿐 아니라 해약금의 성질도 가진 것으로 볼 것이다(대판 91다2151).

04 ③ 토지거래허가구역 내의 토지매매에서 토지거래허가를 받은 것만으로는 이행의 착수가 있었다고 볼 수 없다(대판 2008다62427).
① 계약금계약은 금전 기타 유가물의 교부를 요건으로 하는 요물계약이다. 따라서 계약금을 지급하기로 약정만 하였거나 그 일부만 지급한 단계에서는 아직 계약금으로서의 효력이 생기지 않는다(대판 2007다73611).
② 제565조에서 '당사자 일방이 이행에 착수'하였다고 함은 채무이행행위의 일부를 행하거나 이행에 필요한 전제 행위를 행하는 것으로서 단순히 이행의 준비를 하는 것만으로는 부족하다(대판 97다9369).
④ 「민법」제565조 제1항에서 말하는 당사자의 일방이라는 것은 매매 쌍방 중 어느 일방을 지칭하는 것이고 상대방이라 국한하여 해석할 것이 아니므로, 비록 상대방인 매도인이 매매계약의 이행에는 전혀 착수한 바가 없다 하더라도 매수인이 중도금을 지급하여 이미 이행에 착수한 이상 매수인은 「민법」제565조에 의하여 계약금을 포기하고 매매계약을 해제할 수 없다(대판 99다62074).
⑤ 계약금 등 금원이 수수되었다고 하더라도 이를 위약금으로 하기로 하는 특약이 있는 경우에 한하여 손해배상액의 예정으로서의 성질을 가진 것으로 볼 수 있을 뿐이고, 그와 같은 특약이 없는 경우에는 그 계약금을 손해배상액의 예정으로 볼 수 없다(대판 95다11429).

정답 02 ④   03 ①   04 ③

05 난이도 ●●○

甲은 자기 소유의 토지를 乙에게 매도하는 계약을 체결하고 계약금을 수령하였다. 이에 관한 설명으로 틀린 것은? (다툼이 있으면 판례에 따름)

① 甲은 乙이 중도금을 지급하기 전이라면 수령한 계약금의 배액을 상환하고 계약을 해제할 수 있다.
② 甲이 해약금에 의한 해제권을 행사하려면 乙에게 계약금의 배액을 상환하거나 적어도 그 이행제공을 하여야 한다.
③ 甲이 해제의 의사표시와 함께 계약금의 배액을 제공하였으나 乙이 이를 수령하지 않는 경우, 甲이 계약을 해제하기 위해서 이를 공탁까지 할 필요는 없다.
④ 甲으로부터 계약해제의 의사표시의 함께 계약금의 배액을 상환받은 乙이 계약금 이상의 손해가 발생한 사실을 입증하더라도 그에 대해서 별도로 손해배상을 청구할 수 없다.
⑤ 甲, 乙 간의 계약금의 수수로 해제권이 유보된 경우, 일방은 상대방의 채무불이행을 이유로 계약을 해제할 수 없다.

06 난이도 ●●○

甲은 乙에게 자신의 토지를 1억원에 매도하는 매매계약을 체결하면서 계약금으로 1천만원을 지급받았다. 계약금에 대한 별도의 다른 약정은 없었다고 가정할 때 이에 관한 설명으로 옳은 것은? (다툼이 있으면 판례에 따름)

① 乙이 계약의 이행에 착수하기 전이라면 甲은 수령한 계약금 1천만원을 乙에게 제공하면서 계약을 해제할 수 있다.
② 甲이 계약의 이행에 전혀 착수하지 않았더라도 乙이 중도금을 지급하였다면, 乙은 계약금을 포기하고 계약을 해제할 수 없다.
③ 甲이 乙에게 계약의 이행을 최고하고 매매잔대금의 지급을 구하는 소송을 제기하였다면 이는 계약의 이행에 착수한 것이므로, 乙은 더 이상 계약금에 의한 계약해제를 할 수 없다.
④ 계약금에 의한 해제의 경우에도 계약은 소급적으로 소멸하므로 양 당사자는 원상회복의무를 부담한다.
⑤ 乙이 중도금을 지급하지 않아 甲이 이를 이유로 계약을 해제한 경우, 甲은 乙로부터 지급받은 계약금을 당연히 몰수할 수 있다.

05 ⑤ 계약금의 교부로 해제권이 유보된 경우에도 당사자 일방의 채무불이행이 있으면 상대방은 이를 이유로 계약을 해제하고 손해배상을 청구할 수 있다. 즉, 계약금에 의한 약정해제권의 유보는 채무불이행으로 인한 법정해제권의 행사에 영향을 미치지 않는다.
② 매수인이 계약의 이행에 착수하기 전에는 매도인이 계약금의 배액을 상환하고 계약을 해제할 수 있으나, 이 해제는 통고로써 즉시 효력을 발생하고 나중에 계약금 배액의 상환의무만 지는 것이 아니라 매도인이 수령한 계약금의 배액을 매수인에게 상환하거나 적어도 그 이행제공을 하지 않으면 계약을 해제할 수 없다(대판 91다33612).
④ 계약금에 의한 해제는 채무불이행을 이유로 하는 것이 아니므로 손해배상의 문제가 생기지 않는다(제565조 제2항).

06 ② 「민법」제565조 제1항에서 말하는 당사자의 일방이라는 것은 매매 쌍방 중 어느 일방을 지칭하는 것이고 상대방이라 국한하여 해석할 것이 아니므로, 비록 상대방인 매도인이 매매계약의 이행에는 전혀 착수한 바가 없다 하더라도 매수인이 중도금을 지급하여 이미 이행에 착수한 이상 매수인은 「민법」제565조에 의하여 계약금을 포기하고 매매계약을 해제할 수 없다(대판 99다62074).
① 계약금의 수령인 甲은 계약금의 배액인 2천만원을 제공하여야 계약을 해제할 수 있다(제565조 제1항).
③ 매도인이 매수인에 대하여 매매계약의 이행을 최고하고 매매잔대금의 지급을 구하는 소송을 제기한 것만으로는 이행에 착수하였다고 볼 수 없다(대판 2007다72274).
④ 계약금에 의한 해제는 당사자 누구도 이행에 착수하기 전에 하는 것이므로 계약이 해제되더라도 원상회복의 문제가 생기지 않는다.
⑤ 계약금이 당연히 위약금의 성질을 가지는 것은 아니므로 乙의 채무불이행으로 甲이 계약을 해제한 경우, 계약금을 위약금으로 하기로 하는 특약(가령 乙의 위약시 계약금몰수약정)을 한 바가 없다면 甲은 乙에게서 받은 계약금을 당연히 몰수할 수는 없고, 실제 발생한 손해를 입증하여 이를 배상받을 수 있을 뿐이다(대판 95다54693).

정답 05 ⑤   06 ②

07 난이도 ●●○

乙은 甲 소유의 부동산을 매수하는 계약을 체결하고, 다음 날 甲에게 계약금을 지급하였다. 이에 관한 설명으로 **틀린** 것은? (다툼이 있으면 판례에 따름)

① 매매계약을 체결한 다음 날 체결한 계약금계약도 유효하다.
② 甲과 乙 사이의 매매계약이 무효이거나 취소되면 계약금계약도 효력을 잃는다.
③ 계약 당시 乙이 중도금지급에 갈음하여 丙에 대한 대여금채권을 甲에게 양도하고 丙도 그 자리에 참석하였다면 乙은 채무의 일부이행에 착수한 것으로 볼 수 있다.
④ 계약체결 이후 시가 상승이 예상되자 甲이 매매대금의 증액요청을 하였고 乙은 이에 대하여 확답하지 않은 채 중도금을 이행기 전에 제공하였다면, 甲은 중도금의 수령을 거절하고 계약금의 배액을 상환하여 계약을 해제할 수 있다.
⑤ 만일 甲과 乙이 계약금에 의한 해제권을 배제하기로 약정하였다면 더 이상 그 해제권을 행사할 수 없다.

08 난이도 ●●○

계약금에 관한 설명으로 옳은 것은? (다툼이 있으면 판례에 따름)

① 매도인이 계약금에 의한 해제권을 행사하는 경우, 그 해제는 통고로써 즉시 효력이 발생하고 나중에 계약금 배액의 상환의무를 지게 된다.
② 매매계약시 계약금의 일부만을 먼저 지급하고 잔액은 나중에 지급하기로 한 경우, 매도인은 실제 받은 일부금액의 배액을 상환하고 매매계약을 해제할 수 있다.
③ "대금지급 불이행시 계약은 자동무효가 되고 이미 지급된 계약금은 일체 반환하지 않는다."라는 특약과 함께 계약금이 지급된 경우, 그 계약금은 해약금과 손해배상예정액으로서의 성질을 겸한다.
④ 계약금을 위약금으로 하기로 하는 특약이 없더라도 매매계약이 당사자 일방의 귀책사유로 인해 해제되면 계약금은 위약금으로서 상대방에게 당연히 귀속된다.
⑤ 매도인의 귀책사유로 계약이 해제되는 경우에 대해서 위약금약정을 두었다면 당연히 매수인의 귀책사유로 계약이 해제되는 경우에도 매수인에게 위약금지급의무가 인정된다.

07 ④ 이행기의 약정이 있는 경우라 하더라도 당사자가 채무의 이행기 전에는 착수하지 않기로 하는 특약을 하는 등 특별한 사정이 없는 한 이행기 전에 이행에 착수할 수 있다(대판 2004다11599). 매매계약의 체결 이후 시가 상승이 예상되자 매도인이 구두로 구체적인 금액의 제시 없이 매매대금의 증액요청을 하였고, 매수인은 이에 대하여 확답하지 않은 상태에서 중도금을 이행기 전에 제공하였는데, 그 이후 매도인이 계약금의 배액을 공탁하여 해제권을 행사한 사안에서, 시가 상승만으로 매매계약의 기초적 사실관계가 변경되었다고 볼 수 없고, 이행기 전의 이행의 착수가 허용되어서는 안 될 만한 불가피한 사정이 있는 것도 아니므로 매도인은 위와 같은 해제권을 행사할 수 없다고 판시한 사례이다.

② 계약금계약은 주된 계약(매매계약)에 부수하여 체결되는 종된 계약이므로, 매매계약이 무효이거나 취소되면 계약금계약도 효력을 잃는다.

③ 매매계약 당시 매수인이 중도금 일부의 지급에 갈음하여 매도인에게 제3자에 대한 대여금채권을 양도하기로 약정하고 그 자리에 제3자도 참석한 경우, 매수인은 매매계약과 함께 채무의 일부 이행에 착수하였으므로 매도인은 「민법」 제565조 제1항에 정한 해제권을 행사할 수 없다(대판 2005다39594).

⑤ 「민법」 제565조는 임의규정에 불과하므로 당사자는 특약에 의해 계약금의 해약금으로서의 성질을 배제할 수 있다.

08 ③ 대판 91다2151

① 매수인이 계약의 이행에 착수하기 전에는 매도인이 계약금의 배액을 상환하고 계약을 해제할 수 있으나, 이 해제는 통고로써 즉시 효력을 발생하고 나중에 계약금 배액의 상환의무만 지는 것이 아니라 매도인이 수령한 계약금의 배액을 매수인에게 상환하거나 적어도 그 이행제공을 하지 않으면 계약을 해제할 수 없다(대판 91다33612).

② 계약금의 일부만 지급된 경우에 매도인이 '실제 교부받은 계약금'의 배액만을 상환하여 매매계약을 해제할 수 있다면 이는 당사자가 일정한 금액을 계약금으로 정한 의사에 반할 뿐 아니라, 교부받은 금원이 소액일 경우에는 사실상 계약을 자유로이 해제할 수 있어 계약의 구속력이 약화되는 결과가 되어 부당하기 때문에, 매도인이 계약금의 일부로서 지급받은 금원의 배액을 상환하는 것으로는 매매계약을 해제할 수 없다(대판 2014다231378).

④ 계약금을 위약금으로 하기로 하는 특약이 없는 이상 계약이 당사자 일방의 귀책사유로 인하여 해제되더라도 상대방은 계약불이행으로 입은 실제 손해만을 배상받을 수 있을 뿐 계약금이 위약금으로서 상대방에게 당연히 귀속되는 것은 아니다(대판 95다54693).

⑤ 매도인의 귀책사유로 인하여 계약이 해제된 경우에 대해서만 위약금약정을 둔 경우, 매도인에 대한 위약금규정이 있다고 하여 공평의 원칙상 매수인의 귀책사유로 계약이 해제되는 경우에도 매도인의 귀책사유로 인한 해제의 경우와 마찬가지로 매수인에게 위약금지급의무가 인정되는 것은 아니다(대판 2007다40765).

정답 07 ④ 08 ③

09 난이도 ●○○

매매의 효력에 관한 설명으로 틀린 것은?

① 매매계약이 성립한 후에는 목적물이 인도되기 전이라도 목적물의 과실은 매수인에게 속한다.
② 당사자의 일방에 대한 의무이행의 기한이 있는 때에는 상대방의 의무이행에 대하여도 동일한 기한이 있는 것으로 추정한다.
③ 목적물의 인도와 동시에 대금을 지급할 경우에는 그 인도장소에서 대금을 지급하여야 한다.
④ 대금지급의 기한이 없는 때에는 매수인은 목적물의 인도를 받은 날로부터 대금의 이자를 지급하여야 한다.
⑤ 매매목적물에 대하여 권리를 주장하는 자가 있는 경우에 매수인은 매수한 권리를 잃을 위험이 있는 한도에서 대금의 지급을 거절할 수 있다.

10 난이도 ●●○

甲이 자기 소유의 토지를 乙에게 매도한 경우의 법률관계에 관한 설명으로 틀린 것은? (다툼이 있으면 판례에 따름)

① 매매계약에 관한 비용은 다른 의사표시가 없으면 甲과 乙 쌍방이 균분하여 부담한다.
② 乙이 甲으로부터 토지를 인도받아 점유·사용하는 경우에도 아직 자신의 명의로 소유권이전등기를 경료하지 않았다면 그 사용이익은 부당이득이 된다.
③ 甲이 乙에게 토지를 인도하지 않은 이상, 甲은 乙의 대금지급지체를 이유로 이자 상당액에 대한 손해배상청구를 할 수 없다.
④ 매매계약이 있은 후에 그 토지가 甲의 소유가 아닌 것이 발견된 경우, 매수인은 선이행의무인 중도금의 지급을 거절할 수 있다.
⑤ 甲이 乙에게 토지를 인도하기 전이라도 乙이 매매대금을 완납하였다면 그 이후 토지로부터 생긴 과실은 乙에게 속한다.

11 난이도 ●●○

매도인의 담보책임에 관한 설명으로 틀린 것은? (다툼이 있으면 판례에 따름)

기본
판례

① 매도인의 담보책임은 무과실책임이므로 하자의 발생 및 그 확대에 가공한 매수인의 잘못을 참작하여 손해배상의 범위를 정할 수 없다.
② 담보책임의 면제특약이 있는 경우에도 매도인은 알면서 고지하지 않은 하자에 대해서는 책임을 면하지 못한다.
③ 담보책임의 제척기간은 출소기간이 아니다.
④ 경매에 있어서 매수인은 물건의 하자에 대하여는 원칙적으로 담보책임을 묻지 못한다.
⑤ 매수인이 매도인의 기망에 의해 타인의 물건을 매도인의 것으로 잘못 알고 매수한 경우, 매수인은 담보책임상의 해제권과 사기를 이유로 한 취소권을 모두 가지게 된다.

---

9 ① 매매계약이 있은 후에도 인도하지 아니한 목적물로부터 생긴 과실은 매도인에게 속한다(제587조).
② 제585조
③ 제586조
④ 제587조 제2문
⑤ 제588조

10 ② 토지의 매수인이 아직 등기를 경료받지 않았더라도 매매계약의 이행으로 그 토지를 인도받은 때에는 매매계약의 효력으로서 토지를 점유·사용할 권리가 생기게 된 것으로 보아야 하므로, 이 경우 매수인의 토지에 대한 사용이익을 부당이득이라고 할 수 없다(대판 95다12682).
① 제566조
③ 매매목적물의 인도가 이루어지지 않는 한 매도인은 매수인의 대금지급의무 이행의 지체를 이유로 매매대금의 이자 상당액의 손해배상청구를 할 수 없다(대판 95다14190).
④ 매매계약을 맺은 후에야 등기부상 매매목적물이 매도인의 소유가 아닌 것이 발견되었다면 매수인은 「민법」제588조에 의하여 중도금의 지급을 거절할 수 있다(대판 73다1632).
⑤ 매매목적물의 인도 전이라도 매수인이 매매대금을 완납한 때에는 그 이후의 과실수취권은 매수인에게 귀속된다(대판 93다28928).

11 ① 매도인의 하자담보책임은 법이 특별히 인정한 무과실책임으로서 여기에 「민법」제396조의 과실상계규정이 준용될 수는 없다 하더라도, 담보책임이 공평의 원칙에 입각한 것인 이상 하자 발생 및 그 확대에 가공한 매수인의 잘못을 참작하여 손해배상의 범위를 정함이 상당하다(대판 94다23920).
② 제584조
③ 「민법」제582조 소정의 매수인의 권리행사기간은 재판상 또는 재판 외에서의 권리행사에 관한 기간이므로 매수인은 그 기간 내에 재판 외에서 권리행사를 함으로써 그 권리를 보존할 수 있다(대판 2003다20190).
④ 제580조 제2항
⑤ 매수인이 매도인의 기망에 의하여 타인의 물건을 매도인의 것으로 알고 매수한다는 의사표시를 한 경우, 만일 타인의 물건인 줄 알았더라면 매수하지 않았을 사정이 있는 경우에는 매수인은 「민법」제110조에 의하여 매수의 의사표시를 취소할 수 있다(대판 73다268).

정답 9 ① 10 ② 11 ①

12

난이도 ●●○

매도인의 담보책임에 관한 설명으로 옳은 것은? (다툼이 있으면 판례에 따름)

① 타인의 권리를 매도한 자가 권리이전을 할 수 없게 된 때에는 매도인은 선의의 매수인에 대하여 계약체결 당시의 시가를 표준으로 계약이 완전히 이행된 것과 동일한 경제적 이익을 배상할 의무가 있다.

② 권리의 일부가 타인에게 속하여 매도인이 그 부분의 권리를 취득하여 매수인에게 이전할 수 없는 경우, 매수인은 악의인 경우에도 계약을 해제할 수 있다.

③ 수량부족·일부멸실의 경우, 매수인은 선의인 경우에 한하여 대금감액을 청구할 수 있다.

④ 매매목적물이 유치권의 목적이 된 경우, 악의의 매수인은 이로 인하여 계약의 목적을 달성할 수 없는 경우에 한하여 계약을 해제할 수 있다.

⑤ 저당권의 행사로 매수인이 소유권을 취득할 수 없는 때에는 매수인은 선의인 경우에 한하여 손해배상을 청구할 수 있다.

13

난이도 ●●○

매도인의 담보책임에 관한 설명으로 옳은 것은? (다툼이 있으면 판례에 따름)

① 매매의 목적인 권리의 전부가 타인에게 속하여 권리를 이전할 수 없는 경우, 매도인은 선의의 매수인에게 신뢰이익을 배상하여야 한다.

② 타인의 권리의 매매라는 사실을 알지 못한 매도인은 매수인의 선의·악의를 묻지 않고 손해배상 없이 계약을 해제할 수 있다.

③ 매매의 목적인 권리의 일부가 타인에게 속한 경우, 선의의 매수인은 계약한 날로부터 1년 내에 권리를 행사하여야 한다.

④ 수량을 지정한 부동산매매에 있어서 실제면적이 계약면적에 미달하는 경우, 그 미달부분이 원시적 불능임을 이유로 계약체결상의 과실책임을 물을 수 있다.

⑤ 저당권이 설정된 부동산의 매수인이 출재(出財)하여 그 소유권을 보존한 경우, 매수인은 매도인에게 그 상환을 청구할 수 있다.

12 ③ 제574조
① 타인의 권리를 매매한 자가 권리이전을 할 수 없게 된 때에는 매도인은 선의의 매수인에 대하여 불능 당시의 시가를 표준으로 그 계약이 완전히 이행된 것과 동일한 경제적 이익을 배상할 의무가 있다(대판 66다2618). 즉, 손해배상액 산정의 기준은 '계약체결 당시의 시가'가 아니라 '불능 당시의 시가'이다.
② 일부 타인 권리의 매매의 경우, 악의의 매수인에게는 해제권이 인정되지 않는다(제572조 제2항).
④ 용익권능의 제한의 경우, 선의의 매수인만 계약의 목적을 달성할 수 없는 경우에 한하여 계약을 해제할 수 있다(제575조 제1항).
⑤ 저당권실행의 경우, 매수인은 선의·악의를 불문하고 손해배상을 청구할 수 있다(제576조 제3항).

13 ⑤ 제576조 제2항
① 담보책임에서의 손해배상은 이행이익의 배상이다.
② 이 경우 매수인이 선의인 때에는 매도인은 매수인에 대하여 손해를 배상하고 계약을 해제할 수 있고(제571조 제1항), 매수인이 악의인 때에는 손해배상 없이 계약을 해제할 수 있다(제571조 제2항).
③ 선의의 매수인은 '계약한 날로부터'가 아니라 '사실을 안 날로부터' 1년 내에 권리를 행사하여야 한다(제573조).
④ 부동산매매계약에 있어서 실제면적이 계약면적에 미달하는 경우, 그 매매가 수량지정매매에 해당할 때에 한하여 「민법」제574조, 제572조에 의한 대금감액청구권을 행사함은 별론으로 하고, 그 매매계약이 그 미달 부분만큼 일부무효임을 들어 일반 부당이득반환청구를 하거나 그 부분의 원시적 불능을 이유로 계약체결상의 과실책임의 이행을 구할 수 없다(대판 99다47396).

정답 12 ③   13 ⑤

14 甲과 乙은 토지 1,000평에 대한 매매계약을 체결하였다. 매도인의 담보책임에 관한 설명으로 틀린 것은?

① 토지의 전부가 丙의 소유이어서 甲이 乙에게 토지소유권을 이전할 수 없는 경우, 甲은 선의·악의를 묻지 않고 계약을 해제할 수 있다.
② 1,000평 중 300평이 丙의 소유이어서 甲이 乙에게 그 부분의 소유권을 이전할 수 없는 경우, 乙은 선의·악의를 묻지 않고 대금감액을 청구할 수 있다.
③ 甲과 乙은 매매대금을 수량을 기준으로 하여 정하였는데 실제 측량한 결과 900평밖에 되지 않는 경우, 乙은 선의인 경우에 한하여 대금감액을 청구할 수 있다.
④ 위 토지에 대항력을 갖춘 丁의 임차권이 설정되어 있었는데 乙이 계약 당시부터 그 사실을 알았다면 甲은 乙에 대하여 아무런 담보책임을 지지 않는다.
⑤ 위 토지에 설정되어 있던 戊의 저당권이 실행되어 乙이 소유권을 상실하면, 乙은 악의인 경우에도 계약을 해제하고 손해배상을 청구할 수 있다.

15 매도인 甲은 매수인 乙에게 부동산을 매도하고 소유권이전등기를 경료하여 주었다. 매도인의 담보책임에 관한 설명으로 틀린 것은? (다툼이 있으면 판례에 따름)

① 부동산의 소유자가 丙이어서 甲이 소유권을 이전할 수 없는 경우, 악의의 乙은 계약을 해제할 수 있다.
② 계약 당시 丙 명의로 소유권이전등기청구권보전의 가등기가 경료되어 있었는데 그 후 본등기의 경료로 乙이 소유권을 상실한 경우, 악의의 乙은 계약을 해제하고 손해배상을 청구할 수 있다.
③ 계약 당시 피담보채권 1억원인 丙의 저당권이 있고 乙이 피담보채무의 이행을 인수하면서 1억원을 대금에서 공제하였다면, 그 후 저당권의 실행으로 乙이 소유권을 상실하더라도 乙은 甲에게 담보책임을 물을 수 없다.
④ 계약 당시 부동산이 丙의 가압류의 목적이 되어 있었는데 그 후 가압류에 기한 강제집행으로 乙이 소유권을 상실한 경우, 악의의 乙은 계약을 해제할 수 있으나 손해배상을 청구할 수는 없다.
⑤ 부동산을 위하여 존재하여야 할 지역권이 없는 경우, 악의의 乙은 담보책임에 기하여 계약을 해제할 수 없다.

14 ① 전부 타인의 권리의 매매에서 선의의 매도인에 대한 특칙인 「민법」 제571조의 내용을 물어보는 지문이다. 이 경우 매수인은 선의·악의를 불문하고 계약을 해제할 수 있지만(제570조), 매도인은 선의인 경우에 한하여 계약을 해제할 수 있다(제571조).
② 일부 타인의 권리의 매매에서 그 일부를 취득하지 못한 매수인은 선의·악의를 불문하고 대금감액을 청구할 수 있다(제572조).
③ 수량지정매매에서 수량이 부족한 경우, 매수인은 선의인 경우에 한하여 대금감액청구, 계약해제, 손해배상청구를 할 수 있고, 악의인 경우에는 담보책임을 물을 수 없다(제574조).
④ 용익권에 의한 제한의 경우 악의의 매수인은 매도인에 대하여 담보책임을 물을 수 없다(제575조).
⑤ 저당권실행으로 인한 담보책임은 매수인의 선의·악의를 불문한다. 즉, 악의의 매수인도 계약해제와 손해배상 청구를 할 수 있다(제576조).

15 ④ 가압류의 목적이 된 부동산을 매수한 사람이 그 후 가압류에 기한 강제집행으로 부동산의 소유권을 상실하게 되었다면, 이는 매매의 목적부동산에 설정된 저당권의 행사로 인하여 매수인이 취득한 소유권을 상실한 경우와 유사하므로 「민법」 제576조의 규정이 준용된다(대판 2011다1941).
① 제570조

> 제570조 【동전 - 매도인의 담보책임】 전조의 경우에 매도인이 그 권리를 취득하여 매수인에게 이전할 수 없는 때에는 매수인은 계약을 해제할 수 있다. 그러나 매수인이 계약 당시 그 권리가 매도인에게 속하지 아니함을 안 때에는 손해배상을 청구하지 못한다.

② 가등기의 목적이 된 부동산을 매수한 사람이 그 뒤 가등기에 기한 본등기가 경료됨으로써 그 부동산의 소유권을 상실하게 된 때에는 매매의 목적부동산에 설정된 저당권의 행사로 인하여 매수인이 취득한 소유권을 상실한 경우와 유사하므로 「민법」 제576조의 규정이 준용된다(대판 92다21784).
③ 매수인이 매매목적물에 관한 근저당권의 피담보채무를 인수하는 것으로 매매대금의 지급에 갈음하기로 약정한 경우에는 특별한 사정이 없는 한 매수인으로서는 매도인의 담보책임을 면제하여 주었거나 이를 포기한 것으로 봄이 상당하므로, 매수인이 인수한 부분을 이행하지 않음으로써 근저당권이 실행되어 취득한 소유권을 잃게 되더라도 매도인은 「민법」 제576조 소정의 담보책임을 부담하지 않는다(대판 2002다11151).
⑤ 제575조 제2항

정답 14 ① 15 ④

16 난이도 ●●○

甲과 乙은 甲 소유의 X토지를 200평으로 계산하여 수량지정 매매계약을 체결하였는데, 처음부터 20평이 부족한 것으로 판명되었다. 이에 관한 설명으로 옳은 것은? (다툼이 있으면 판례에 따름)

① 乙은 일부무효를 이유로 부당이득반환청구를 할 수 있다.
② 乙은 일부불능에 대한 계약체결상의 과실책임을 물어 손해배상을 청구할 수 있다.
③ 乙은 선의·악의를 불문하고 甲에게 대금감액청구권을 행사할 수 있다.
④ 악의의 乙은 甲에게 손해배상을 청구할 수 없다.
⑤ 선의의 乙은 계약을 체결한 날로부터 1년 내에 담보책임상의 권리를 행사해야 한다.

17 난이도 ●●○

담보책임의 내용 중 악의의 매수인에게도 인정되는 것은 모두 몇 개인가?

㉠ 권리의 전부가 타인에게 속한 경우 계약해제권
㉡ 권리의 전부가 타인에게 속한 경우 손해배상청구권
㉢ 권리의 일부가 타인에게 속한 경우 대금감액청구권
㉣ 수량부족·일부멸실의 경우 대금감액청구권
㉤ 용익권에 의한 제한을 받고 있는 경우 계약해제권
㉥ 저당권이 실행된 경우 계약해제권
㉦ 저당권이 실행된 경우 손해배상청구권

① 1개   ② 2개   ③ 3개
④ 4개   ⑤ 5개

18 난이도 ●●○

매수인의 선의·무과실을 요건으로 하는 매도인의 담보책임은? (다툼이 있으면 판례에 따름)

① 토지 1,000평을 매수하였는데 그중 100평이 매도인의 소유가 아닌 경우
② 건축을 목적으로 토지를 매수하였는데 그 토지에 대한 법령상의 제한으로 인해 건물의 신축이 불가능한 경우
③ 창고가 딸린 건물을 매수하였는데 창고는 계약체결 전에 이미 멸실되었던 경우
④ 거주할 목적으로 주택을 매수하였는데 그 주택에 유치권이 존재하여 매수인이 주택을 사용할 수 없는 경우
⑤ 저당권이 설정되어 있는 토지를 매수하였는데 그 저당권이 실행되어 매수인이 토지의 소유권을 상실한 경우

---

16 ④ 수량부족·일부멸실의 경우, 선의의 매수인만 손해배상을 청구할 수 있다(제574조).
①② 부동산매매계약에 있어서 실제면적이 계약면적에 미달하는 경우에는 그 매매가 수량지정매매에 해당할 때에 한하여 「민법」 제574조, 제572조에 의한 대금감액청구권을 행사함은 별론으로 하고, 그 매매계약이 그 미달 부분만큼 일부무효임을 들어 이와 별도로 일반 부당이득반환청구를 하거나 그 부분의 원시적 불능을 이유로 「민법」 제535조가 규정하는 계약체결상의 과실에 따른 책임의 이행을 구할 수 없다(대판 99다47396).
③ 수량부족·일부멸실의 경우, 선의의 매수인만 대금감액을 청구할 수 있다(제574조).
⑤ 수량부족·일부멸실의 경우, 선의의 매수인만 수량부족사실을 안 날로부터 1년 내에 담보책임상의 권리를 행사하여야 한다(제574조).

17 ④ 악의의 매수인에게 인정되는 것은 ㉠㉢㉥㉦의 4개이다.
㉠ 권리의 전부가 타인에게 속한 경우, 악의의 매수인도 계약을 해제할 수 있다(제570조).
㉢ 권리의 일부가 타인에게 속한 경우, 악의의 매수인도 대금감액을 청구할 수 있다(제572조 제1항).
㉥ 저당권이 실행된 경우, 악의의 매수인도 계약을 해제할 수 있다(제576조 제1항).
㉦ 저당권이 실행된 경우, 악의의 매수인도 손해배상을 청구할 수 있다(제576조 제3항).
㉡ 권리의 전부가 타인에게 속한 경우, 선의의 매수인만 손해배상을 청구할 수 있다(제570조).
㉣ 수량부족·일부멸실의 경우, 선의의 매수인만 대금감액을 청구할 수 있다(제574조).
㉤ 용익권에 의한 제한을 받고 있는 경우, 선의의 매수인만 계약을 해제할 수 있다(제575조 제1항).

18 ② 권리의 하자와 달리 물건의 하자에 대한 담보책임은 매수인의 선의·무과실을 그 성립요건으로 한다. 여기서 ②는 물건의 하자에 해당하고, ①③④⑤는 권리의 하자에 해당한다.

정답 16 ④ 17 ④ 18 ②

19 난이도 ●●○

물건의 하자에 대한 매도인의 담보책임에 관한 설명으로 <u>틀린</u> 것은? (다툼이 있으면 판례에 따름)

① 건축을 목적으로 매매된 토지에 대하여 건축허가를 받을 수 없어 건축이 불가능한 경우, 위와 같은 법률적 제한 내지 장애 역시 매매목적물의 하자에 해당한다.
② 물건의 하자의 존부는 매매목적물을 인도하는 때, 즉 이행기를 기준으로 판단하여야 한다.
③ 매수인이 물건의 하자에 대한 매도인의 담보책임을 묻기 위해서는 계약 당시 그 하자에 대하여 선의·무과실이어야 한다.
④ 매매의 목적물이 종류로 지정된 경우에도 그 후 특정된 목적물에 하자가 있는 때에는 매수인은 해제나 손해배상청구를 하지 않고 하자 없는 물건을 청구할 수 있다.
⑤ 매수인이 착오로 하자 있는 물건을 매수한 경우, 그것이 매매계약내용의 중요부분의 착오에 해당한다면 매수인은 매도인의 하자담보책임이 성립하는지와 상관없이 착오를 이유로 매매계약을 취소할 수 있다.

20 난이도 ●●○

甲의 채권자 丙이 甲 소유의 X주택에 대한 강제경매를 신청하여 X주택이 乙에게 매각되었다. 경매에 있어서의 담보책임에 관한 설명으로 <u>틀린</u> 것은? (다툼이 있으면 판례에 따름)

① X주택의 부분파손에 대해서는 乙이 선의·무과실이라도 원칙적으로 담보책임을 물을 수 없다.
② 乙이 X주택에 대항력 있는 임차권이 있음을 모른 경우, 1차적으로 담보책임을 지는 자는 甲이다.
③ 甲이 권리의 하자를 알고 고지하지 않았다면 乙은 甲에게 손해배상을 청구할 수 있다.
④ 만일 X주택에 대한 甲 명의의 소유권이전등기가 원인무효여서 경매절차가 무효로 되었다면 甲은 乙에 대하여 담보책임을 져야 한다.
⑤ X주택에 저당권이 설정되어 있었더라도 그로 인한 담보책임의 문제는 생기지 않는다.

19 ②① 매매의 목적물이 거래통념상 기대되는 객관적 성질·성능을 결여하거나 당사자가 예정 또는 보증한 성질을 결여한 경우에 매도인은 매수인에 대하여 그 하자로 인한 담보책임을 부담한다. 한편, 건축을 목적으로 매매된 토지에 대하여 건축허가를 받을 수 없어 건축이 불가능한 경우, 위와 같은 법률적 제한 내지 장애 역시 매매목적물의 하자에 해당한다 할 것이나, 다만 위와 같은 하자의 존부는 매매계약 성립시를 기준으로 판단하여야 한다(대판 98다18506).
③ 제580조 제1항 단서

> **제580조【매도인의 하자담보책임】** ① 매매의 목적물에 하자가 있는 때에는 제575조 제1항의 규정을 준용한다. 그러나 매수인이 하자 있는 것을 알았거나 과실로 인하여 이를 알지 못한 때에는 그러하지 아니하다.

④ 제581조 제2항
⑤ 착오로 인한 취소 제도와 매도인의 하자담보책임 제도는 취지가 서로 다르고, 요건과 효과도 구별된다. 따라서 매매계약 내용의 중요부분에 착오가 있는 경우 매수인은 매도인의 하자담보책임이 성립하는지와 상관없이 착오를 이유로 매매계약을 취소할 수 있다(대판 2015다78703).

20 ④ 강제경매절차의 기초가 된 채무자 명의의 소유권이전등기가 원인무효이어서 경락인이 소유권을 취득하지 못하게 된 경우, 이와 같은 강제경매는 무효이므로 경락인은 경매채권자에게 그가 배당받은 금액에 대하여 일반 부당이득의 법리에 따라 반환을 청구할 수 있고, 「민법」 제578조 제1항·제2항에 따른 경매의 채무자나 채권자의 담보책임은 인정될 여지가 없다(대판 2003다59259).
① 경매에 있어서는 권리의 하자에 대해서만 담보책임을 인정하고, 물건의 하자(가령 주택의 파손)로 인한 담보책임은 인정하지 않는다.
② 경매에 있어서는 1차적으로 채무자가 담보책임을 지고, 채무자가 무자력인 경우 2차적으로 배당채권자가 책임을 진다(제578조 제2항).
③ 경매의 경우 원칙적으로 경락인에게 손해배상청구권이 인정되지 않는다. 단, 채무자나 배당채권자가 권리의 흠결을 알고도 고지하지 않거나 경매를 청구한 경우에는 예외적으로 그 흠결을 안 채무자나 채권자에 대하여는 손해배상을 청구할 수 있다(제578조 제3항).
⑤ 경매목적 부동산에 존재하던 모든 저당권은 매각에 의해 소멸하므로(「민사집행법」 제91조 제2항), X주택에 저당권이 설정되어 있었더라도 그로 인한 담보책임의 문제는 생기지 않는다.

정답 19 ②   20 ④

난이도 ●●○

21 환매에 관한 설명으로 틀린 것은?

① 환매특약은 매매계약과 동시에 하여야 하고, 환매특약의 등기도 소유권이전등기와 동시에 신청하여야 한다.
② 환매대금은 특약이 없는 한 매도인이 수령한 매매대금과 매수인이 부담한 매매비용을 합한 것이다.
③ 환매권은 일신전속권이 아니므로 타인에게 양도할 수 있고, 채권자의 대위행사도 가능하다.
④ 환매권이 행사되면 매수인은 특약이 없는 한 그동안 수취한 과실을 매도인에게 반환하여야 한다.
⑤ 부동산에 대한 환매기간은 5년을 넘지 못하고, 한 번 정하면 연장하지 못한다.

난이도 ●●○

22 환매에 관한 설명으로 옳은 것은? (다툼이 있으면 판례에 따름)

① 목적물의 과실과 대금의 이자는 상계한 것으로 보므로, 당사자 사이의 이자지급약정은 무효이다.
② 부동산에 대한 매매등기와 동시에 환매권 보류를 등기하지 않더라도 제3자에게 대항할 수 있다.
③ 환매권이 등기된 목적물을 제3자가 취득한 경우 환매의 의사표시는 원래의 매수인에게 해야 하고, 환매권이 실행되면 전득자의 등기는 직권말소된다.
④ 환매기간을 정한 경우, 환매권의 행사로 발생한 소유권이전등기청구권은 특별한 사정이 없는 한 그 환매기간 내에 행사하지 않으면 소멸한다.
⑤ 환매등기가 경료된 나대지에 건물이 신축된 후 환매권이 행사된 경우, 특별한 사정이 없는 한 그 건물을 위한 관습상의 법정지상권은 발생하지 않는다.

23 난이도 ●●●

甲은 乙에게 자기 소유 X토지를 1억원에 매도하면서 특약으로 환매할 권리를 보류하였다. 이에 관한 설명으로 옳은 것은? (다툼이 있으면 판례에 따름)

① 특약이 없는 한 환매대금은 甲이 乙로부터 수령한 매매대금 1억원과 환매시까지의 이자를 합한 것이다.
② 甲의 환매특약등기 후 丙이 乙로부터 X토지를 매수하였다면, 乙은 환매특약의 등기 사실을 들어 丙의 X토지에 대한 소유권이전등기청구를 거절할 수 있다.
③ 甲의 환매권 행사로 발생한 소유권이전등기청구권은 환매권의 제척기간 제한과는 별도로 환매권을 행사한 때로부터 10년의 소멸시효에 걸린다.
④ 환매특약을 등기한 때에는 乙이 丙에게 X토지를 양도한 경우에도 甲은 乙에게 환매권을 행사할 수 있다.
⑤ 甲이 환매기간 내에 적법하게 환매권을 행사하더라도 환매등기 후에 마쳐진 제3자의 저당권 등 제한물권은 소멸하지 않는다.

---

21 ④ 환매권 실행시 목적물의 과실과 대금의 이자는 특별한 약정이 없으면 이를 상계한 것으로 보므로(제590조 제3항), 매수인은 그동안 수취한 과실을 매도인에게 반환할 의무가 없다.
① 제590조 제1항
② 제590조 제1항·제2항
⑤ 제591조 제1항·제2항

22 ⑤ 대판 2010두16431
① 제590조 제3항
②③ 환매특약은 매매등기와 동시에 환매특약의 등기를 하여야 제3자에 대한 효력이 생기고(제592조), 환매권이 등기된 목적물을 제3자가 취득한 경우 환매의 의사표시는 현재의 소유자인 제3자에게 하여야 한다.
④ 환매로 인한 소유권이전등기청구권은 채권적 청구권으로서 환매권의 제척기간의 제한과는 별도로 환매권을 행사한 때로부터 일반채권과 같이 「민법」제162조 제1항 소정의 10년의 소멸시효기간이 진행되는 것이지, 위 제척기간 내에 행사하여야 하는 것은 아니다(대판 90다13420).

23 ③ 환매로 인한 소유권이전등기청구권은 채권적 청구권으로서 환매권의 제척기간의 제한과는 별도로 환매권을 행사한 때로부터 일반채권과 같이 「민법」제162조 제1항 소정의 10년의 소멸시효기간이 진행되는 것이지, 위 제척기간 내에 행사하여야 하는 것은 아니다(대판 90다13420).
① 특약이 없는 한 환매대금은 甲이 乙로부터 수령한 매매대금과 乙의 매매비용을 합한 것이다(제590조 제1항).
② 환매특약의 등기가 부동산의 매수인의 처분권을 금지하는 효력을 가지는 것은 아니므로, 부동산의 매수인은 전득자인 제3자에 대하여 환매특약의 등기사실만으로 제3자의 소유권이전등기청구를 거절할 수 없다(대판 94다35527).
④ 환매특약을 등기한 경우에는 제3자에 대하여 효력이 있으므로(제592조), 甲의 환매권의 행사는 현재의 등기명의인인 丙에게 하여야 한다.
⑤ 부동산매매계약에 있어 당사자 사이의 환매특약에 따라 소유권이전등기와 함께 환매등기가 마쳐진 경우, 매도인이 환매기간 내에 적법하게 환매권을 행사하면 환매등기 후에 마쳐진 제3자의 근저당권 등 제한물권은 소멸한다(대판 2000다27411).

정답 21 ④   22 ⑤   23 ③

제2절 교환

대표유형 (기본/판례)

교환에 관한 설명으로 옳은 것은? (다툼이 있으면 판례에 따름)

① 교환은 현실적으로 재산권을 이전하여야 성립하는 요물계약이다.
  → 교환은 당사자 쌍방이 금전 이외의 재산권을 서로 이전할 것을 약정함으로써 성립하는 낙성계약이다(제596조).

② 일의 완성이나 노무의 제공도 교환계약의 목적이 될 수 있다.
  → 교환은 재산권의 이전을 목적으로 하는 것이므로(제596조), 노무의 제공이나 일의 완성은 교환계약의 목적이 될 수 없다.

③ 교환물의 가격이 균등하지 않은 때에는 보충금을 지급할 것을 약정할 수 있는데, 이에 대하여는 매매대금에 관한 규정이 준용된다.
  → 보충금에 대해서는 매매대금에 관한 규정을 준용한다(제597조).

④ 자기 소유 목적물의 시가를 묵비하여 상대방에게 고지하지 않은 경우, 특별한 사정이 없는 한 상대방의 의사결정에 불법적인 간섭을 한 것이다.
  → 교환계약의 어느 일방이 교환목적물의 시가나 그 가액 결정의 기초가 되는 사항에 관하여 상대방에게 설명 내지 고지를 할 의무를 부담한다고 할 수 없으므로, 일방 당사자가 자기가 소유하는 목적물의 시가를 묵비하여 상대방에게 고지하지 않거나 혹은 허위로 시가보다 높은 가액을 시가라고 고지하였다 하더라도 이는 상대방의 의사결정에 불법적인 간섭을 한 것으로 볼 수 없다(대판 2000다54406).

⑤ 교환계약의 각 당사자는 목적물의 하자에 대하여 담보책임을 부담하지 않는다.
  → 교환계약은 유상계약이므로 당사자는 목적물의 하자에 대하여 담보책임을 부담한다(제567조).

정답 ③

24 (판례/응용) 난이도 ●●○

교환계약에 관한 설명으로 틀린 것은? (다툼이 있으면 판례에 따름)

① 토지소유권을 이전하는 대가로 주식을 양도받기로 하는 약정은 교환계약이다.
② 환금(換金)은 교환계약이 아니다.
③ 교환계약의 일방 당사자가 자기 소유의 목적물의 시가를 허위로 시가보다 높게 고지했다 하더라도 상대방을 위법하게 기망한 것으로 볼 수 없다.
④ 목적물의 가격이 달라 일정한 금액을 보충하여 지급할 것을 약정한 때에는 교환계약과 함께 매매계약이 성립한다.
⑤ 교환의 목적물인 당사자 일방의 건물이 쌍방에게 책임 없는 사유로 소실된 경우, 그 당사자는 상대방의 이행을 청구할 수 없다.

25

종합
응용
사례

난이도 ●●○

甲은 자기 소유의 X건물(시가 2억 7천만원)을 乙 소유의 Y토지(시가 3억원)와 교환하기로 약정하면서 보충금 3천만원을 乙에게 지급하기로 하였다. 이에 관한 설명으로 **틀린** 것은?

① 甲과 乙 사이에 소유권을 서로 이전하기로 하는 합의가 있으면 교환계약은 체결된 것이다.
② 乙이 허위로 Y토지의 시가보다 높은 가액을 시가라고 고지한 때에도 특별한 사정이 없는 한 甲은 사기를 이유로 교환계약을 취소하지 못한다.
③ 乙은 甲의 보충금 미지급을 이유로 교환계약을 해제할 수 없다.
④ 계약체결 후 이행 전에 X건물이 지진으로 붕괴된 경우, 甲은 乙에게 Y토지의 인도를 청구하지 못한다.
⑤ 보충금의 지급기한을 정하지 않았다면, 甲은 Y토지를 인도받은 날부터 지급하지 않은 보충금의 이자를 乙에게 지급해야 한다.

---

24 ④ 보충금 지급의 약정이 있다고 하여 매매계약이 성립하는 것은 아니다.
② 교환의 목적물은 금전 이외의 재산권이어야 한다. 따라서 환금(換金)은 교환계약이 아니라 일종의 무명(無名)계약이다.
③ 교환계약의 어느 일방이 교환목적물의 시가나 그 가액 결정의 기초가 되는 사항에 관하여 상대방에게 설명 내지 고지를 할 의무를 부담한다고 할 수 없으므로, 일방 당사자가 자기가 소유하는 목적물의 시가를 묵비하여 상대방에게 고지하지 않거나 혹은 허위로 시가보다 높은 가액을 시가라고 고지하였다 하더라도 이는 상대방의 의사결정에 불법적인 간섭을 한 것으로 볼 수 없다(대판 2000다54406).
⑤ 교환은 쌍무계약이므로 위험부담에 관한 규정이 적용된다(제537조).

25 ③ 보충금 지급채무는 교환계약상의 주된 채무이므로, 보충금의 미지급은 교환계약의 해제사유가 될 수 있다.
④ 채무자(甲)의 채무가 쌍방에게 책임 없는 사유로 이행불능이 되었으므로, 채무자(甲)가 위험을 부담하여 상대방(乙)의 이행을 청구하지 못한다(제537조).
⑤ 교환계약에는 매매의 관한 규정이 준용되므로(제567조), 이 경우 乙은 甲에게 보충금의 이자를 지급하여야 한다(제587조 제2문).

정답 24 ④   25 ③

제3절 임대차

임대차에 관한 설명으로 옳은 것은? (다툼이 있으면 판례에 따름)

① 임대인에게 목적물에 대한 소유권 기타 임대권한이 없을 경우, 임대차계약은 유효하게 성립할 수 없다.
  → 임대차계약은 채권계약(의무부담행위)이므로 타인의 물건도 임대차의 목적물이 될 수 있다.

② 차임은 임대차의 성립요소로서, 반드시 금전이어야 한다.
  → 차임은 금전에 한하지 않고 과실, 미곡 등이라도 무방하다.

③ 임대인은 특약이 없는 한 임차인의 특별한 용도를 위한 사용·수익에 적합한 구조를 유지하게 할 의무가 있다.
  → 임대인으로서는 그 목적물이 통상의 사용·수익에 필요한 상태를 유지하여 주면 족하고, 임차인의 특별한 용도를 위한 사용·수익에 적합한 구조나 성상 기타 상태를 유지하게 할 의무까지 있다고 할 수는 없다(대판 96다28172).

④ 임대인의 수선의무를 규정한 「민법」 제623조는 강행규정이므로, 임대인의 수선의무를 면제하고 임차인이 수선을 하기로 하는 약정은 임차인에게 불리하여 무효이다.
  → 「민법」 제623조는 임의규정이므로 임대인의 수선의무는 특약에 의하여 면제하거나 임차인의 부담으로 돌릴 수 있다(대판 94다34692).

⑤ 건물 소유를 위한 토지임대차에서 임차인이 임차권등기를 하지 않은 경우에도 그 지상건물을 등기한 때에는 제3자에 대하여 토지임대차의 효력을 주장할 수 있다.
  → 건물의 소유를 목적으로 한 토지임대차는 이를 등기하지 아니한 경우에도 임차인이 그 지상건물을 등기한 때에는 제3자에 대하여 임대차의 효력이 생긴다(제622조 제1항).

정답 ⑤

26 임대차의 존속기간에 관한 설명으로 **틀린** 것은? (단, 「주택임대차보호법」이나 「상가건물임대차보호법」의 규정은 고려하지 않음)

① 기간의 약정이 없는 건물임대차에서 임차인은 언제든지 해지통고를 할 수 있으나 임대인은 그렇지 않다.
② 기간의 약정이 없는 토지임대차에서 임대인이 해지통고를 한 경우, 임차인이 그 통고를 받은 날로부터 6개월이 경과하면 해지의 효력이 생긴다.
③ 기간을 영구로 하는 임대차계약은 임차인에게는 기간의 정함이 없는 임대차가 된다.
④ 임대차의 묵시적 갱신의 경우, 존속기간은 정함이 없는 것으로 되어 각 당사자는 언제든지 해지통고를 할 수 있다.
⑤ 임대차의 묵시의 갱신의 경우, 전 임대차에 대하여 제3자가 제공한 담보는 기간의 만료로 인하여 소멸한다.

---

26 ① 임대차기간의 약정이 없는 때에는 당사자는 언제든지 계약해지의 통고를 할 수 있다(제635조 제1항).
② 제635조 제2항

> **제635조【기간의 약정 없는 임대차의 해지통고】** ② 상대방이 전항의 통고를 받은 날로부터 다음 각 호의 기간이 경과하면 해지의 효력이 생긴다.
> 1. 토지, 건물 기타 공작물에 대하여는 임대인이 해지를 통고한 경우에는 6월, 임차인이 해지를 통고한 경우에는 1월
> 2. 동산에 대하여는 5일

③ 영구임대라는 취지는 임대인이 차임지급 지체 등 임차인의 귀책사유로 인한 채무불이행이 없는 한 임차인이 임대차관계의 유지를 원하는 동안 임대차계약이 존속되도록 이를 보장하여 주는 의미로, 위와 같은 임대차기간의 보장은 임대인에게는 의무가 되나 임차인에게는 권리의 성격을 갖는 것이므로 임차인으로서는 언제라도 그 권리를 포기할 수 있고, 그렇게 되면 임대차계약은 임차인에게 기간의 정함이 없는 임대차가 된다(대판 2023다209045).
④ 제639조 제1항 단서
⑤ 제639조 제1항·제2항

> **제639조【묵시의 갱신】** ① 임대차기간이 만료한 후 임차인이 임차물의 사용·수익을 계속하는 경우에 임대인이 상당한 기간 내에 이의를 하지 아니한 때에는 전 임대차와 동일한 조건으로 다시 임대차한 것으로 본다. 그러나 당사자는 제635조의 규정에 의하여 해지의 통고를 할 수 있다.
> ② 전항의 경우에 전 임대차에 대하여 제삼자가 제공한 담보는 기간의 만료로 인하여 소멸한다.

정답 26 ①

27 난이도 ●●○

임대차에 관한 설명으로 틀린 것은? (다툼이 있으면 판례에 따름)

① 임대인은 계약이 존속하는 동안 목적물의 사용·수익에 필요한 상태를 유지하게 할 의무를 진다.
② 목적물의 파손 정도가 손쉽게 고칠 수 있을 정도로 사소하여 임차인의 사용·수익을 방해하지 않는 경우에는 임대인은 수선의무를 부담하지 않는다.
③ 통상의 임대차에서 임대인은 특별한 사정이 없는 한 임차인의 안전을 배려하고 도난을 방지하는 등의 보호의무를 부담한다.
④ 임대인의 수선의무불이행으로 인하여 목적물의 사용·수익이 부분적으로 지장이 있는 경우, 임차인은 그 지장의 한도 내에서 차임의 지급을 거절할 수 있다.
⑤ 임차물의 일부가 임차인의 과실 없이 멸실되어 사용·수익할 수 없는 경우, 임차인은 그 부분의 비율에 의한 차임의 감액을 청구할 수 있다.

28 난이도 ●●○

임차인의 비용상환청구권에 관한 설명으로 틀린 것은? (다툼이 있으면 판례에 따름)

① 필요비는 지출한 즉시 상환을 청구할 수 있지만, 유익비는 임대차 종료시에 가액의 증가가 현존한 때에 한하여 그 상환을 청구할 수 있다.
② 필요비 및 유익비의 상환청구권은 임대인이 목적물을 반환받은 날로부터 6개월 내에 행사하여야 한다.
③ 임차인은 임대인으로부터 그 비용을 상환받을 때까지 임차물에 대하여 유치권을 행사할 수 있다.
④ 임대인이 임차인에게 필요비상환의무를 이행하지 않는 경우, 임차인은 지출한 필요비 금액의 한도에서 차임의 지급을 거절할 수 있다.
⑤ 건물의 임차인이 자신의 비용을 들여 증축한 부분을 임대인의 소유로 귀속시키기로 한 약정은 임차인이 투입비용의 변상이나 권리주장을 포기한 것으로 임차인에게 불리하여 무효이다.

27 ③ 통상의 임대차에 있어서 임대인의 의무는 특별한 사정이 없는 한 단순히 임차인에게 임대목적물을 제공하여 임차인으로 하여금 이를 사용·수익하게 함에 그치고 더 나아가 임차인의 안전을 배려하여 주거나 도난을 방지하는 등의 보호의무까지 부담한다고 볼 수 없다(대판 99다10004).
① 임대인은 목적물을 임차인에게 인도하고 계약존속 중 그 사용·수익에 필요한 상태를 유지하게 할 의무를 부담한다(제623조).
② 임대차계약에 있어서 임대인은 목적물을 계약존속 중 그 사용·수익에 필요한 상태를 유지하게 할 의무를 부담하는 것이므로, 목적물에 파손 또는 장해가 생긴 경우 그것이 임차인이 별 비용을 들이지 아니하고도 손쉽게 고칠 수 있을 정도의 사소한 것이어서 임차인의 사용·수익을 방해할 정도의 것이 아니라면 임대인은 수선의무를 부담하지 않지만, 그것을 수선하지 아니하면 임차인이 계약에 의하여 정해진 목적에 따라 사용·수익할 수 없는 상태로 될 정도의 것이라면 임대인은 그 수선의무를 부담한다(대판 94다34692).
④ 임대차에 있어서 목적물을 사용·수익케 할 임대인의 의무와 임차인의 차임지급의무는 상호대응관계에 있으므로, 임대인이 목적물에 대한 수선의무를 불이행하여 임차인이 목적물을 전혀 사용할 수 없을 경우에는 임차인은 차임 전부의 지급을 거절할 수 있으나, 수선의무불이행으로 인하여 부분적으로 지장이 있는 경우에는 그 지장이 있는 한도 내에서만 차임의 지급을 거절할 수 있을 뿐, 그 전부의 지급을 거절할 수는 없으므로 그 한도를 넘는 차임의 지급거절은 채무불이행이 된다(대판 88다카13332).
⑤ 임차물의 일부가 임차인의 과실 없이 멸실 기타 사유로 인하여 사용·수익할 수 없는 때에는 임차인은 그 부분의 비율에 의한 차임의 감액을 청구할 수 있다(제627조 제1항).

28 ⑤ 「민법」 제626조는 임의규정이므로 임차인은 임대인과의 특약으로 비용상환청구권을 미리 포기할 수 있다. 가령 건물임차인이 자신의 비용을 들여 증축한 부분을 임대인의 소유로 귀속시키기로 하는 약정은 임차인이 원상회복의무를 면하는 대신 투입비용의 변상이나 권리주장을 포기하는 내용으로서 특별한 사정이 없는 한 유효하다(대판 94다44705).
① 제626조 제1항·제2항

> **제626조【임차인의 상환청구권】** ① 임차인이 임차물의 보존에 관한 필요비를 지출한 때에는 임대인에 대하여 그 상환을 청구할 수 있다.
> ② 임차인이 유익비를 지출한 경우에는 임대인은 임대차종료시에 그 가액의 증가가 현존한 때에 한하여 임차인의 지출한 금액이나 그 증가액을 상환하여야 한다. 이 경우에 법원은 임대인의 청구에 의하여 상당한 상환기간을 허여할 수 있다.

② 제654조, 제617조
③ 비용상환청구권은 임차물에 관하여 생긴 채권이므로 임차인은 임대인으로부터 비용의 상환을 받을 때까지 임차물을 유치할 수 있다.
④ 임차인이 임차물의 보존에 관한 필요비를 지출한 때에는 임대인에게 상환을 청구할 수 있다(「민법」 제626조 제1항). 여기에서 '필요비'란 임차인이 임차물의 보존을 위하여 지출한 비용을 말한다. 임대차계약에서 임대인은 목적물을 계약존속 중 사용·수익에 필요한 상태를 유지하게 할 의무를 부담하고, 이러한 의무와 관련한 임차물의 보존을 위한 비용도 임대인이 부담해야 하므로, 임차인이 필요비를 지출하면, 임대인은 이를 상환할 의무가 있다. 임대인의 필요비상환의무는 특별한 사정이 없는 한 임차인의 차임 지급의무와 서로 대응하는 관계에 있으므로, 임차인은 지출한 필요비 금액의 한도에서 차임의 지급을 거절할 수 있다(대판 2016다227694).

정답 27 ③ 28 ⑤

29 난이도 ●●○

토지임차인의 지상물매수청구권에 관한 설명으로 틀린 것은? (다툼이 있으면 판례에 따름)

① 임차인의 채무불이행을 이유로 임대인이 임대차계약을 해지한 경우에는 임차인은 지상물매수청구권을 행사할 수 없다.
② 행정관청의 허가를 받지 않은 무허가건물도 매수청구권의 대상이 될 수 있다.
③ 지상물의 경제적 가치 유무나 임대인에 대한 효용 여부는 매수청구권의 행사요건이 아니다.
④ 종전 임차인으로부터 미등기·무허가건물을 매수하여 점유하고 있는 토지임차인은 소유자로서 등기명의가 없어 소유권을 취득하지 못하였다면 지상물매수청구권을 행사할 수 없다.
⑤ 임차인이 임대인과의 특약으로 지상물매수청구권을 포기하기로 하는 약정을 한 경우, 그러한 약정은 특별한 사정이 없는 한 효력이 없다.

30 난이도 ●●●

건물의 소유를 목적으로 하는 토지임차인의 지상물매수청구권에 관한 설명으로 틀린 것은? (다툼이 있으면 판례에 따름)

① 토지소유자가 아닌 제3자가 토지를 임대한 경우, 임대인은 특별한 사정이 없는 한 매수청구권의 상대방이 될 수 없다.
② 임차인 소유의 건물이 임차지 외에 임차인 또는 제3자 소유의 토지 위에 걸쳐서 건립되어 있는 경우, 임차지상에 있는 건물부분 중 구분소유의 객체가 될 수 있는 부분에 한하여 매수청구가 허용된다.
③ 토지임차인이 자기 소유의 지상건물에 관하여 보존등기를 하였다면, 임대차 종료 후 토지를 양수한 신 소유자도 매수청구의 상대방이 될 수 있다.
④ 근저당권이 설정된 건물에 대하여도 매수청구권이 인정되는데, 이 경우 건물의 매수가격은 매수청구권 행사 당시의 건물의 시가에서 근저당권의 피담보채무액을 공제한 금액이다.
⑤ 임차인이 토지 위에 건립된 건물을 타인에게 양도하여 건물의 소유권이 이전되었다면, 특별한 사정이 없는 한 그 임차인은 지상물매수청구권을 행사할 수 없다.

29 ④ 종전 임차인으로부터 미등기·무허가건물을 매수하여 점유하고 있는 임차인은 특별한 사정이 없는 한 비록 소유자로서의 등기명의가 없어 소유권을 취득하지 못하였다 하더라도 임대인에 대하여 지상물매수청구권을 행사할 수 있는 지위에 있다(대판 2013다48364).
① 임대차에 있어서 임차인의 채무불이행 등 사유로 인하여 임대차계약이 해지되었을 때에는 임차인에게 계약갱신청구권이나 지상물매수청구권이 발생할 수 없다(대판 72다2013).
② 임대차계약 종료시에 경제적 가치가 잔존하고 있는 건물은 그것이 토지의 임대목적에 반하여 축조되고 임대인이 예상할 수 없을 정도의 고가의 것이라는 등의 특별한 사정이 없는 한, 비록 행정관청의 허가를 받은 적법한 건물이 아니더라도 임차인의 건물매수청구권의 대상이 될 수 있다(대판 97다37753).
③ 「민법」 제643조, 제283조에 규정된 임차인의 매수청구권은 건물의 소유를 목적으로 한 토지임대차의 기간이 만료되어 그 지상에 건물이 현존하고 임대인이 계약의 갱신을 원하지 아니하는 경우에 임차인에게 부여된 권리로서 그 지상건물이 객관적으로 경제적 가치가 있는지 여부나 임대인에게 소용이 있는지 여부가 그 행사요건이라고 볼 수 없다(대판 2001다42080).
⑤ 토지임대인과 토지임차인 사이에 임대차기간 만료시에 임차인이 지상건물을 양도하거나 이를 철거하기로 하는 약정은 특별한 사정이 없는 한 「민법」 제643조 소정의 임차인의 지상물매수청구권을 배제하기로 하는 약정으로서 임차인에게 불리한 것이므로 「민법」 제652조의 규정에 의하여 무효이다(대판 93다6386).

30 ④ 근저당권이 설정되어 있는 건물에 대해 매수청구권을 행사한 경우에 건물의 매수가격은 매수청구권 행사 당시의 시가 상당액이고, 여기에서 근저당권의 채권최고액이나 피담보채무액을 공제한 금액이 아니다. 다만, 건물소유자가 그 근저당권을 말소하지 않는 경우 토지소유자는 「민법」 제588조에 의하여 그 근저당권이 말소될 때까지 그 채권최고액에 상당한 대금의 지급을 거절할 수 있다(대판 2007다4356).
① 토지소유자가 아닌 제3자가 토지 임대행위를 한 경우에는 제3자가 토지소유자를 적법하게 대리하거나 토지소유자가 제3자의 무권대리행위를 추인하는 등으로 임대차계약의 효과가 토지소유자에게 귀속되었다면 토지소유자가 임대인으로서 지상물매수청구권의 상대방이 된다. 그러나 제3자가 임대차계약의 당사자로서 토지를 임대하였다면, 토지소유자가 임대인의 지위를 승계하였다는 등의 특별한 사정이 없는 한 임대인이 아닌 토지소유자가 직접 지상물매수청구권의 상대방이 될 수는 없다(대판 2014다72449).
② 대판 93다42634
③ 제3자에 대하여 대항할 수 있는 토지임차권을 가지고 있던 임차인은 토지의 신 소유자에 대하여도 지상물매수청구권을 행사할 수 있다(대판 75다348).
⑤ 「민법」 제643조의 지상물매수청구권은 지상물의 소유자에 한하여 행사할 수 있으므로, 임차인이 임대차기간이 만료하기 전에 임차지 위에 건립된 건물을 타인에게 양도하였다면 임차인은 건물의 소유자가 아니어서 건물에 대한 매수청구권을 행사할 수 없다(대판 93다6386).

정답 29 ④   30 ④

31 난이도 ●●○

乙은 건물을 신축할 목적으로 甲으로부터 토지를 임차하면서, 임대차 종료시 건물 기타 지상시설 일체를 대가 없이 포기하고, 만약 지상건물을 철거하지 않을 경우에는 그 소유권을 甲에게 이전하기로 약정하였다. 이에 관한 설명으로 틀린 것은? (다툼이 있으면 판례에 따름)

① 임대차 종료시 대가 없이 건물 기타 지상시설 일체를 포기하겠다는 약정은 乙에게 불리한 것이어서 특별한 사정이 없는 한 무효이다.
② 임대차의 존속기간을 정하지 않은 경우, 甲의 해지통고에 의하여 임대차가 종료되면 乙은 계약갱신청구 없이 곧바로 건물매수청구권을 행사할 수 있다.
③ 건물매수청구권이 행사되면 甲은 기존 건물의 철거비용을 포함하여 乙이 임차지상에 건물을 신축하기 위하여 지출한 모든 비용을 보상할 의무를 부담한다.
④ 乙이 적법하게 건물매수청구권을 행사한 경우, 甲으로부터 매매대금을 지급받을 때까지 건물의 점유·사용을 통하여 그 부지를 계속하여 점유·사용하였다면 부지의 임료 상당액을 부당이득으로 甲에게 반환하여야 한다.
⑤ 대항력을 갖춘 乙의 임차권이 기간만료로 소멸한 후 甲이 토지를 丙에게 양도한 경우, 乙은 丙을 상대로 건물매수청구권을 행사할 수 있다.

32 난이도 ●●○

건물임차인의 부속물매수청구권에 관한 설명으로 틀린 것은? (다툼이 있으면 판례에 따름)

① 부속물매수청구권을 행사하려면 임대차가 종료하여야 한다.
② 임차인이 임대인의 동의를 얻어 부속한 물건이라도 그것이 오로지 임차인의 특수목적에 사용하기 위한 것이라면 부속물매수청구의 대상이 될 수 없다.
③ 임대차계약이 임차인의 채무불이행으로 인하여 해지된 경우에는 부속물매수청구권이 인정되지 않는다.
④ 부속물매수청구권을 행사한 임차인은 그 매매대금을 지급받을 때까지 유치권을 행사하여 건물의 인도를 거절할 수 있다.
⑤ 부속물매수청구권에 관한 규정은 강행규정이므로 이를 배제하는 약정은 임차인에게 불리한 것으로 특별한 사정이 없는 한 그 효력이 없다.

31 ③ 지상물매수청구권이 행사되면 매수청구권 행사 당시의 건물 시가를 대금으로 하는 매매계약이 체결된 것과 같은 효과가 발생하는 것이지, 임대인이 기존 건물의 철거비용을 포함하여 임차인이 임차지상의 건물을 신축하기 위하여 지출한 모든 비용을 보상할 의무를 부담하게 되는 것은 아니다(대판 2002다46003).
① 토지임대인과 토지임차인 사이에 임대차기간 만료시에 임차인이 지상건물을 양도하거나 이를 철거하기로 하는 약정은 특별한 사정이 없는 한 「민법」제643조 소정의 임차인의 지상물매수청구권을 배제하기로 하는 약정으로서 임차인에게 불리한 것이므로 「민법」제652조의 규정에 의하여 무효이다(대판 93다6386).
② 기간의 정함이 없는 임대차에서 임대인의 해지통고로 임차권이 소멸한 경우, 임차인은 계약갱신청구 없이 곧바로 지상물매수청구를 할 수 있다(대판 95다42195).
④ 토지임차인이 건물매수청구권을 행사한 후에 임대인인 토지소유자로부터 매수대금을 지급받을 때까지 그 건물의 인도를 거부할 수 있지만, 그 건물의 점유·사용을 통하여 그 부지를 계속하여 점유·사용하는 한 그로 인한 부당이득으로서 부지의 임료 상당액을 반환하여야 할 의무가 있다(대판 99다60535).
⑤ 제3자에 대하여 대항할 수 있는 토지임차권을 가지고 있던 임차인은 토지의 신 소유자에 대하여도 지상물매수청구권을 행사할 수 있다(대판 75다348).

32 ④ 부속물매수청구권이 인정되는 경우라고 할지라도 부속물매매대금은 임차건물 자체에 관하여 생긴 채권이 아니므로 임차인은 임차건물에 대한 유치권을 주장할 수 없다.
①③ 부속물매수청구권은 임대차 종료시에 인정된다(제646조 제1항). 단, 임대차계약이 임차인의 채무불이행으로 인하여 해지된 경우에는 임차인은 부속물매수청구권을 행사하지 못한다(대판 88다카7245).
② 「민법」제646조가 규정하는 매수청구의 대상이 되는 부속물이란 건물에 부속된 물건으로서 임차인의 소유에 속하고, 건물의 구성부분으로는 되지 아니한 것으로서 건물의 사용에 객관적인 편익을 가져오게 하는 물건이라고 할 것이므로, 부속된 물건이 오로지 임차인의 특수목적에 사용하기 위하여 부속된 것일 때에는 이에 해당하지 않는다(대판 93다25738).
⑤ 「민법」제646조는 편면적 강행규정이다(제652조).

정답 31 ③ 32 ④

33 난이도 ●●○

기본 판례

임차인의 부속물매수청구권에 관한 설명으로 틀린 것은? (다툼이 있으면 판례에 따름)

① 임차인이 부속물의 매수청구를 하기 위해서는 먼저 임대인에게 계약의 갱신을 요구하여야 한다.
② 매수청구의 대상이 되는 부속물은 임차건물의 구성부분으로 되지 않은 독립된 물건이어야 한다.
③ 매수청구의 대상이 되는 부속물은 임차인이 임대인의 동의를 얻어 부속하거나 임대인으로부터 매수하여 부속한 것이어야 한다.
④ 일시사용을 위한 건물임대차에서는 부속물매수청구권이 인정되지 않는다.
⑤ 부속물매수청구권을 적법하게 행사한 임차인은 임대인으로부터 부속물매매대금을 지급받을 때까지 그 부속물의 인도를 거절할 수 있다.

34 난이도 ●●○

종합 법조문 판례

임대인과 임차인 사이의 다음 약정 중 유효한 것은? (다툼이 있으면 판례에 따름)

① 기간의 약정이 없는 토지임대차에서 임대인이 해지통고를 하면 임차인이 1개월 내로 토지를 반환하기로 하는 약정
② 임대인이 일방적으로 차임을 인상할 수 있고 임차인은 여기에 이의를 제기할 수 없다는 약정
③ 건물임차인이 임대인의 승인하에 개축·변조한 부분을 건물반환 전에 임차인의 부담으로 원상복구하기로 한 약정
④ 임차인이 차임을 1회라도 연체하면 임대인이 계약을 해지할 수 있다는 약정
⑤ 건물의 소유를 목적으로 한 토지임대차에서 임대차기간이 만료되면 임차인이 지상건물을 철거하기로 하는 약정

33 ① 토지임차인의 지상물매수청구권과는 달리 건물임차인이 부속물매수청구를 하기 위하여 먼저 계약갱신을 청구할 필요는 없다.
② 「민법」 제646조가 규정하는 매수청구의 대상이 되는 부속물이란 건물에 부속된 물건으로서 임차인의 소유에 속하고, 건물의 구성부분으로는 되지 아니한 것으로서 건물의 사용에 객관적인 편익을 가져오게 하는 물건이라고 할 것이므로, 부속된 물건이 오로지 임차인의 특수목적에 사용하기 위하여 부속된 것일 때에는 이에 해당하지 않는다(대판 93다25738).
③ 제646조 제1항·제2항

> **제646조【임차인의 부속물매수청구권】** ① 건물 기타 공작물의 임차인이 그 사용의 편익을 위하여 임대인의 동의를 얻어 이에 부속한 물건이 있는 때에는 임대차의 종료시에 임대인에 대하여 그 부속물의 매수를 청구할 수 있다.
> ② 임대인으로부터 매수한 부속물에 대하여도 전항과 같다.

④ 제653조
⑤ 부속물매수청구권이 행사되면 부속물에 대한 매매가 성립하므로, 건물임차인(= 부속물매도인)의 부속물인도의무와 건물임대인(= 부속물매수인)의 매매대금지급의무는 서로 동시이행관계에 놓이게 된다.

34 ③ 이는 임차인이 임차목적물에 지출한 각종 유익비의 상환청구권을 미리 포기하기로 한 취지의 특약바(대판 95다12927), 임차인의 비용상환청구권에 관한 「민법」 제626조는 임의규정이므로 이러한 특약이 임차인에게 불리하더라도 유효하다.
① 기간의 약정이 없는 토지임대차에서 임대인이 해지통고를 하면 6개월이 경과한 후 임대차가 종료된다는 「민법」 제635조는 임차인을 보호하기 위한 편면적 강행규정이므로, 임차인이 1개월 내로 토지를 반환하기로 하는 약정은 임차인에게 불리하여 무효이다(제652조).
② 임대차계약 체결시에 임대인이 일방적으로 차임을 인상할 수 있고 임차인은 이의를 할 수 없다고 약정하였다면 이는 제628조에 위반하는 약정으로 임차인에게 불리한 것이므로 제652조에 의하여 무효이다(대판 92다31163).
④ 임차인의 차임연체액이 2기의 차임액에 달하는 때에는 임대인은 계약을 해지할 수 있다는 「민법」 제640조, 제641조의 규정은 편면적 강행규정이므로, 이에 위반되는 약정으로 임차인에게 불리한 것은 무효이다(제652조).
⑤ 토지임대인과 임차인 사이에 임대차기간 만료시 임차인이 지상건물을 양도하거나 철거하기로 하는 약정은 지상물매수청구권을 배제하기로 하는 약정으로서 임차인에게 불리한 것이므로 무효이다(대판 93다6386).

정답 33 ①   34 ③

35 난이도 ●●○

임차권양도와 임차물전대에 관한 설명으로 틀린 것은? (다툼이 있으면 판례에 따름)

① 임대인의 동의가 없는 임차권양도·임차물전대도 당사자 사이에서는 유효하다.
② 임차인이 임대인의 동의 없이 임차권을 양도하였더라도 나중에 임대인이 이에 동의하면 임대인은 무단양도를 이유로 계약을 해지할 수 없다.
③ 임차권의 무단양도가 임대인에 대한 배신행위가 아니라고 인정되는 특별한 사정이 있는 때에는 임대인은 임대차계약을 해지할 수 없다.
④ 임대인의 동의를 얻어 임차물을 전대한 경우, 전차인은 임대인과 전대인 중 어느 한 사람에게 차임을 지급하면 차임지급의무를 면하므로, 전차인이 차임을 전대인에게 지급하였다면 임대인의 차임청구가 있더라도 이를 거절할 수 있다.
⑤ 임대인의 동의를 얻어 임차권이 양도된 경우, 양도인의 연체차임채무나 손해배상채무는 다른 약정이 없으면 양수인에게 이전되지 않는다.

36 난이도 ●●○

甲 소유의 건물의 임차인 乙이 임대인 甲의 동의 없이 丙에게 그 건물을 전대하였다. 이에 관한 설명으로 틀린 것은? (다툼이 있으면 판례에 따름)

① 乙과 丙의 전대차계약은 그들 사이에서는 유효하다.
② 甲은 乙의 무단전대를 이유로 乙과의 임대차계약을 해지할 수 있다.
③ 甲은 丙에게 직접 차임을 청구할 수 있다.
④ 甲은 乙과의 임대차를 해지하지 않는 한 丙에 대하여 불법점유를 이유로 손해배상을 청구할 수 없다.
⑤ 乙과 丙의 전대차계약이 임대인에 대한 배신적 행위라고 볼 수 없는 특별한 사정이 있는 경우에는 甲은 乙과의 임대차계약을 해지하지 못한다.

35 ④ 임대인의 동의를 얻어 임차물을 전대한 경우, 전차인이 전대인에 대한 차임의 지급으로써 임대인에게 대항하지 못하므로(제630조 제1항 제2문), 전차인이 차임을 전대인에게 지급하였더라도 임대인의 차임청구가 있으면 이를 거절할 수 없다.
① 임대인의 동의는 양도·전대의 효력발생요건이 아니라 임대인에 대한 대항요건에 불과하므로, 임대인의 동의가 없는 양도·전대도 당사자 사이에서는 유효하다.
② 임차권양도에 대한 임대인의 동의는 사후동의라도 무방하므로, 임차인이 임대인의 동의 없이 임차권을 양도하였더라도 나중에 임대인이 이에 동의하면 임대인은 무단양도를 이유로 계약을 해지할 수 없다.
③ 임차권의 무단양도가 임대인에 대한 배신행위라고 인정할 수 없는 특별한 사정이 있을 때에는 해지권이 발생하지 않는다. 가령 임차인이 임차건물에 동거하면서 가구점을 함께 운영하던 처에게 임차권을 양도한 것은 임대인에 대한 배신행위라고 볼 수 없다(대판 92다45308).
⑤ 임차권이 양도되면 임차권과 함께 보증금반환채권이나 차임지급채무도 양수인에게 이전된다. 단, 연체차임채무나 손해배상채무는 특약이 없는 한 양수인에게 이전되지 않는다.

36 ③ 甲의 동의가 있는 경우에는 甲이 丙에게 직접 차임지급을 청구할 수 있지만(제630조 제1항), 甲의 동의가 없는 경우 甲은 乙에게 차임지급을 청구할 수 있을 뿐 丙에게는 차임지급을 청구하지 못한다.
① 임대인의 동의가 없는 전대차계약도 전대인과 전차인 사이에서는 유효하다.
② 제629조 제2항
④ 임대인이 무단전대를 이유로 임대차계약을 해지하지 않는 한 임차인에 대하여 여전히 차임청구권을 가지므로 그 한도 내에서는 손해가 발생하지 않는다. 즉, 임대차계약이 존속하는 한도 내에서는 임대인은 전차인에게 불법점유를 이유로 한 차임 상당의 손해배상청구나 부당이득반환청구를 할 수 없다(대판 2006다10323).
⑤ 대판 92다45308

정답 35 ④   36 ③

37 난이도 ●●○

X토지의 임차인 乙은 임대인 甲의 동의 없이 X토지를 丙에게 전대하였다. 이에 관한 설명으로 틀린 것은? (다툼이 있으면 판례에 따름)

① 乙은 丙에게 X토지를 인도하여 丙이 사용·수익할 수 있도록 할 의무가 있다.
② 丙은 乙에 대한 권리로 甲에게 대항하지 못한다.
③ 乙과 丙의 전대차계약에도 불구하고 甲과 乙의 임대차관계는 소멸하지 않는다.
④ 甲은 丙에 대하여 불법점유를 이유로 X토지의 반환과 함께 차임 상당의 부당이득반환을 청구할 수 있다.
⑤ 甲이 무단전대를 이유로 乙과의 임대차계약을 해지한 경우, 乙은 甲에 대하여 지상물매수청구권을 행사할 수 없다.

38 난이도 ●●○

임차인 乙은 임대인 甲의 동의를 얻어 임차물을 丙에게 전대하였다. 이에 관한 설명으로 옳은 것은? (다툼이 있으면 판례에 따름)

① 丙은 甲에 대하여 직접 임차인으로서의 권리를 취득하고 의무를 부담한다.
② 丙은 차임지급의 시기를 불문하고 乙에 대한 차임의 지급으로써 甲에게 대항하지 못한다.
③ 甲과 乙이 임대차계약을 합의해지하면 丙의 전차권도 乙의 임차권과 함께 소멸한다.
④ 甲과 丙은 직접적인 계약관계가 없으므로, 丙은 甲에 대하여 지상물매수청구권이나 부속물매수청구권을 행사할 수 없다.
⑤ 임대차와 전대차가 모두 종료한 경우, 丙이 甲에게 직접 임차물을 반환하면 乙에 대한 반환의무를 면한다.

| 37 | ④ 무단전대의 경우 임대인은 전차인에 대하여 불법점유를 이유로 방해의 배제를 청구할 수 있지만, 임대차계약이 존속하는 한 차임 상당의 손해배상청구나 부당이득반환청구를 할 수 없다(대판 2006다10323).
② 무단전대의 경우 전차인은 전대인에 대한 권리로 임대인에게 대항하지 못한다.
③ 임대인이 무단전대를 이유로 임대차계약을 해지하지 않는 한 임대차는 여전히 유효하게 존속한다.
⑤ 임차인의 채무불이행으로 인하여 임대차계약이 해지되었을 때에는 임차인에게 갱신청구권이 발생할 여지가 없고 따라서 지상물매수청구권이 발생할 수 없다(대판 72다2013). |
|---|---|
| 38 | ⑤ 임차인이 임차물을 전대하여 임대차기간 및 전대차기간이 모두 만료된 경우, 임대인으로서는 전차인에 대하여 소유권에 기한 반환청구권에 터 잡아 목적물을 자신에게 직접 반환해 줄 것을 요구할 수 있고, 전차인으로서도 목적물을 임대인에게 직접 명도함으로써 임차인(= 전대인)에 대한 목적물명도의무를 면한다(대판 95다23996).
① 임차인이 임대인의 동의를 얻어 임차물을 전대한 때에는 전차인은 임대인에 대하여 직접 임차인으로서의 의무를 부담한다. 그러나 임차인으로서의 권리를 가지진 못한다(제630조 제1항 제1문).
② 제630조 제1항 제2문의 규정에 의하여 전차인이 임대인에게 대항할 수 없는 차임의 범위는 전대차계약상의 차임지급시기를 기준으로 하여 그 전에 전대인에게 지급한 차임에 한정되고, 그 이후에 지급한 차임으로는 대항할 수 있다(대판 2006다45459).
③ 임차인이 임대인의 동의를 얻어 임차물을 전대한 경우에는 임대인과 임차인이 합의로 계약을 종료하더라도(가령 합의해지) 전차인의 권리는 소멸하지 않는다(제631조).
④ 임대인의 동의를 얻은 전대차의 경우, 전차인은 임대인에 대하여 직접 지상물매수청구권이나 부속물매수청구권을 행사할 수 있다(제644조, 제647조). |

정답 37 ④   38 ⑤

39 난이도 ●●●

乙은 甲 소유의 건물을 임차하여 사용하던 중에 甲의 동의를 얻어 이를 다시 丙에게 전대하였다. 이에 관한 설명으로 틀린 것은? (다툼이 있으면 판례에 따름)

① 丙은 전대차계약으로 乙에 대하여 부담하는 의무 이상으로 甲에게 의무를 지지 않고 동시에 임대차계약으로 乙이 甲에 대하여 부담하는 의무 이상으로 甲에게 의무를 지지 않는다.
② 甲과 乙의 임대차관계가 기간 만료나 채무불이행 등으로 소멸하면 丙의 전차권도 소멸한다.
③ 甲과 乙이 합의로 임대차계약을 종료하더라도 丙의 전차권은 소멸하지 않는다.
④ 임대차계약이 甲의 해지통고로 종료되는 경우, 甲은 丙에게 그 사유를 통지하지 않으면 해지로써 丙에게 대항하지 못한다.
⑤ 丙이 건물사용의 편익을 위하여 乙의 동의를 얻어 부속한 물건이 있는 때에는 丙은 전대차 종료시에 甲에게 그 매수를 청구할 수 있다.

40 난이도 ●●○

임대차의 보증금에 관한 설명으로 틀린 것은? (다툼이 있으면 판례에 따름)

① 임차인의 연체차임채무나 임차물의 멸실·훼손으로 인한 손해배상채무 상당액은 임대차관계 종료 후 목적물이 반환될 때에 별도의 의사표시 없이 보증금에서 당연히 공제된다.
② 임차인은 임대인의 연체차임청구에 대하여 보증금으로 충당할 것을 주장할 수 없다.
③ 임차인이 임대차가 종료된 후에 동시이행항변권을 주장하여 임차물을 계속 점유한 경우, 임차인은 임대인에 대하여 불법행위로 인한 손해배상책임을 지지 않는다.
④ 임차인이 임대차계약이 종료된 후에도 동시이행의 항변권을 주장하여 임차목적물을 계속 점유·사용한 경우, 그로 인한 이익은 부당이득이 아니므로 임대인에게 반환할 필요가 없다.
⑤ 임차인이 임대차계약 종료 후 동시이행의 항변권을 행사하여 임차물을 계속 점유하더라도 이를 본래의 목적대로 사용·수익하지 않아 실질적인 이득을 얻은 바가 없다면 차임 상당액에 대한 부당이득반환의무를 지지 않는다.

39 ⑤ 丙이 직접 甲에게 매수청구를 할 수 있는 부속물은 甲의 동의를 얻어 부속한 물건, 甲으로부터 매수하여 부속한 물건, 甲의 동의를 얻어 乙로부터 매수하여 부속한 물건에 한한다(제647조 제1항·제2항).
① 임차인이 임대인의 동의를 얻어 임차물을 전대한 경우, 임대인과 임차인 사이의 종전 임대차계약은 계속 유지되고(「민법」 제630조 제2항), 임차인과 전차인 사이에는 별개의 새로운 전대차계약이 성립한다. 한편, 임대인과 전차인 사이에는 직접적인 법률관계가 형성되지 않지만, 임대인의 보호를 위하여 전차인이 임대인에 대하여 직접 의무를 부담한다(「민법」 제630조 제1항). 이 경우 전차인은 전대차계약으로 전대인에 대하여 부담하는 의무 이상으로 임대인에게 의무를 지지 않고 동시에 임대차계약으로 임차인이 임대인에 대하여 부담하는 의무 이상으로 임대인에게 의무를 지지 않는다(대판 2018다200518).
②③ 임대차가 종료하면 전대차도 당연히 종료한다. 다만, 임대인과 임차인의 합의로 계약을 종료한 때에는 전차인의 권리는 소멸하지 않는다(제631조).
④ 제638조 제1항

40 ④③ 임차인이 동시이행항변권에 기하여 임차목적물을 점유하고 사용·수익한 경우, 그 점유는 불법점유라 할 수 없어 그로 인한 손해배상책임은 지지 아니하되, 다만 그 사용·수익으로 인해 실질적으로 얻은 이익이 있으면 부당이득으로서 반환하여야 한다(대판 98다15545).
① 부동산 임대차에 있어서 수수된 보증금은 임료채무, 목적물의 멸실·훼손 등으로 인한 손해배상채무 등 임대차관계에 따른 임차인의 모든 채무를 담보하는 것으로서, 그 피담보채무 상당액은 임대차관계의 종료 후 목적물이 반환될 때에 특별한 사정이 없는 한 별도의 의사표시 없이 보증금에서 당연히 공제된다(대판 99다50729).
② 보증금으로 연체차임 등 임대차관계에서 발생하는 임차인의 모든 채무가 담보된다 하여 임차인이 그 보증금의 존재를 이유로 차임의 지급을 거절하거나 그 연체에 따른 채무불이행책임을 면할 수는 없다(대판 94다4417).
⑤ 임차인이 임대차계약 종료 이후에도 동시이행의 항변권을 행사하는 방법으로 목적물의 반환을 거부하기 위하여 임차건물부분을 계속 점유하기는 하였으나 이를 본래의 임대차계약상의 목적에 따라 사용·수익하지 아니하여 실질적인 이득을 얻은 바 없는 경우에는 그로 인하여 임대인에게 손해가 발생하였다 하더라도 임차인의 부당이득반환의무는 성립되지 아니한다(대판 2000다61398).

정답 39 ⑤　40 ④

제 **4** 편

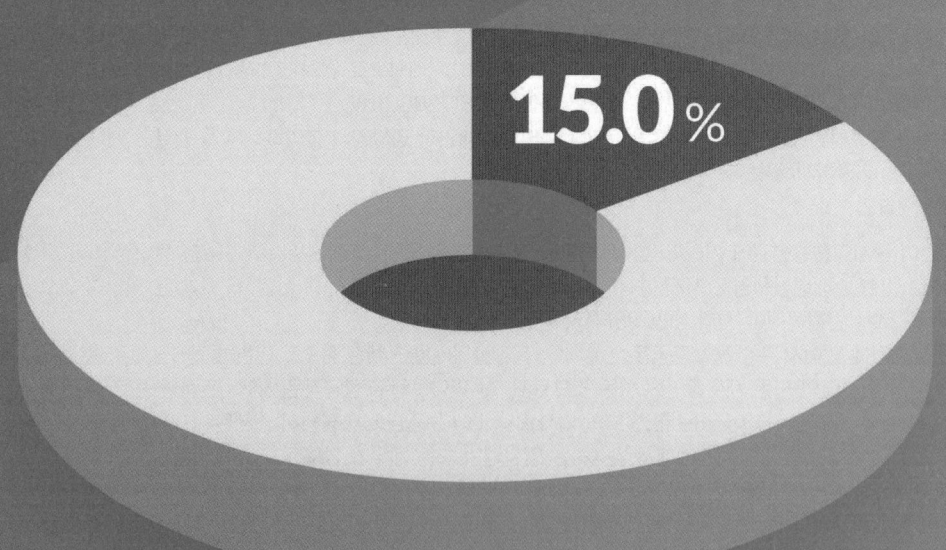

www.megaland.co.kr

민사특별법

제1장	주택임대차보호법
제2장	상가건물 임대차보호법
제3장	집합건물의 소유 및 관리에 관한 법률
제4장	가등기담보 등에 관한 법률
제5장	부동산 실권리자명의 등기에 관한 법률

제1장 주택임대차보호법

「주택임대차보호법」에 관한 설명으로 틀린 것은? (다툼이 있으면 판례에 따름)

① 일시사용을 위하여 주택을 임차한 경우에는 이 법이 적용되지 않는다.
→ 이 법은 일시사용하기 위한 임대차임이 명백한 경우에는 적용하지 아니한다(법 제11조).

② 임대차계약의 주된 목적이 주택의 사용·수익이 아니라 최우선변제를 통한 채권의 회수에 있는 경우에는 소액임차인으로 보호받을 수 없다.
→ 임대차계약의 주된 목적이 주택을 사용·수익하려는 것에 있는 것이 아니고, 실제적으로는 소액임차인으로 보호받아 선순위담보권자에 우선하여 채권을 회수하려는 것에 주된 목적이 있었던 경우에는 그러한 임차인을 「주택임대차보호법」상 소액임차인으로 보호할 수 없다(대판 2001다14733).

③ 임대차계약의 당사자가 기존채권을 보증금으로 전환하여 임대차계약을 체결하였다면 임차인은 이 법이 정한 대항력을 갖지 못한다.
→ 임대차계약의 당사자가 기존채권을 임대차보증금으로 전환하여 임대차계약을 체결하였다는 사정만으로 임차인이 이 법이 정한 대항력을 갖지 못한다고 볼 수는 없다(대판 2001다47535).

④ 적법한 임대권한이 없는 사람과 임대차계약을 체결한 경우에는 이 법이 적용되지 않는다.
→ 「주택임대차보호법」이 적용되는 임대차가 임차인과 주택의 소유자인 임대인 사이에 임대차계약이 체결된 경우로 한정되는 것은 아니나, 적어도 그 주택에 관하여 적법하게 임대차계약을 체결할 수 있는 권한을 가진 임대인이 임대차계약을 체결할 것이 요구된다(대판 2012다93794).

⑤ 중소기업인 법인이 소속직원의 주거용으로 주택을 임차한 후 그 법인이 선정한 직원이 주택을 인도받고 주민등록을 마쳤을 때에는 법인도 임차권의 대항력을 취득한다.
→ 법 제3조 제3항

정답 ③

01 난이도 ●●○

「주택임대차보호법」의 적용범위에 관한 설명으로 <u>틀린</u> 것은? (다툼이 있으면 판례에 따름)

① 주거용 건물인지 여부는 실지 용도에 따라 정하여야 한다.
② 임대차계약체결 이후 임차인이 임의로 주거용으로 개조한 경우에는 적용되지 않는다.
③ 미등기 또는 무허가 주택의 임대차에도 적용된다.
④ 임대인이 적법한 임대권한을 가졌더라도 임대주택의 소유자가 아닌 경우에는 적용되지 않는다.
⑤ 임차인이 법인인 경우에는 원칙적으로 적용되지 않는다.

---

01 ④ 이 법이 적용되는 임대차는 반드시 임차인과 주택의 소유자인 임대인 사이에 임대차계약이 체결된 경우에 한정된다고 할 수 없고, 주택의 소유자는 아니지만 주택에 관하여 적법하게 임대차계약을 체결할 수 있는 권한을 가진 임대인과 임대차계약이 체결된 경우도 포함된다(대판 2007다38908).
① 주거용 건물에 해당하는지 여부는 건물의 공부상의 표시만을 기준으로 할 것이 아니라 그 실지 용도에 따라서 정하여야 한다(대판 94다52522).
② 임대차계약체결 당시에는 주거용 건물부분이 존재하지 않았는데 임차인이 그 후 임의로 주거용으로 개조하였다면 임대인이 그 개조를 승낙하였다는 등의 특별한 사정이 없는 한 이 법이 적용되지 않는다(대판 85다카1367).
③ 「주택임대차보호법」은 임차주택이 관할관청의 허가를 받은 건물인지, 등기를 마친 건물인지 아닌지를 구별하지 않으므로, 어느 건물이 주택에 해당하는 이상 비록 그 건물에 관하여 아직 등기를 마치지 아니하였거나 등기가 이루어질 수 없는 사정이 있다고 하더라도 동법의 적용대상이 된다(대판 전합 2004다26133).
⑤ 「주택임대차보호법」은 자연인인 서민들의 주거생활 안정을 보호하려는 취지에서 제정된 것이므로, 법인은 원칙적으로 그 보호대상이 아니다.

정답 01 ④

02 주택임차권의 대항력에 관한 설명으로 틀린 것은? (다툼이 있으면 판례에 따름)

① 주택의 임대차는 그 등기가 없는 경우에도 임차인이 주택의 인도와 주민등록을 마치면 그 다음 날부터 대항력이 생긴다.
② 주택이 적법하게 전대된 경우에는 전차인이 자신의 주민등록을 마친 경우에 한하여 임차인이 임차권의 대항력을 취득한다.
③ 다세대주택의 임차인이 임차주택의 동·호수 표시 없이 그 부지의 지번으로만 주민등록을 한 경우에는 임차권의 대항력이 생기지 않는다.
④ 대항력을 취득한 임차인이 일시적으로 다른 곳으로 주민등록을 이전하였다가 얼마 있지 않아 다시 원래의 주소로 재전입하였다면 소멸되었던 대항력은 소급하여 회복된다.
⑤ 주민등록이 직권말소되었다가 「주민등록법」 소정의 이의절차에 의하여 재등록이 이루어진 경우 대항력은 소급하여 유지된다.

03 주택임차권의 대항력의 취득요건인 주민등록을 유효하게 갖추지 못한 경우는? (다툼이 있으면 판례에 따름)

① 임차인 본인이 아닌 배우자나 자녀 등 가족이 주민등록을 마친 경우
② 임차인이 전입신고를 올바르게 하였으나 담당공무원의 착오로 주민등록표상에 지번이 틀리게 기재된 경우
③ 아파트의 임차인이 담당공무원의 요구에 의해 동·호수를 삭제한 전입신고서를 작성·제출하여 주민등록이 된 경우
④ 임차인이 임대인의 동의를 얻어 주택을 전대한 후 전차인이 주민등록을 마친 경우
⑤ 다가구용 단독주택의 일부를 임차한 임차인이 전입신고시 지번을 정확히 기재하였으나 호수를 잘못 기재한 경우

02 ④ 소멸되었던 대항력이 당초에 소급하여 회복되는 것이 아니라 재전입한 때부터 그와는 동일성이 없는 새로운 대항력이 재차 발생하는 것이다(대판 97다43468).
① 법 제3조 제1항
② 임차인이 타인의 점유를 매개로 하여 주택을 간접점유하는 경우, 간접점유자에 불과한 임차인 자신의 주민등록으로는 대항요건을 적법하게 갖추었다고 할 수 없으며, 당해 주택에 실제로 거주하는 직접점유자(= 전차인)가 자신의 주민등록을 마친 경우에 비로소 그 임차인의 임대차가 제3자에 대하여 적법하게 대항력을 취득할 수 있다(대판 2000다55645).
③ 그 주민등록으로써는 일반 사회통념상 임차인이 다세대주택의 특정 동·호수에 주소를 가진 것으로 제3자가 인식할 수 없는 것이므로, 임대차의 유효한 공시방법을 갖추었다고 볼 수 없다(대판 95다48421).
⑤ 주택임차인의 의사에 의하지 아니하고 시장·군수 또는 구청장에 의하여 직권조치로 주민등록이 말소된 경우에도 원칙적으로 대항력은 상실된다고 할 것이지만, 직권말소 후 「주민등록법」 소정의 이의절차에 따라 그 말소된 주민등록이 회복되거나 재등록이 이루어짐으로써 주택임차인에게 주민등록을 유지할 의사가 있었다는 것이 명백히 드러난 경우에는 소급하여 그 대항력이 유지된다(대판 2002다20957).

03 ③ 임차인이 정확한 지번과 동·호수로 주민등록 전입신고서를 작성·제출하였는데 담당공무원이 착오로 수정을 요구하여 잘못된 지번으로 수정하고 동·호수를 삭제한 전입신고서를 다시 작성·제출하여 그대로 주민등록이 된 경우, 그 주민등록은 임대차의 공시방법으로 유효하지 않고 설령 그것이 담당공무원의 요구에 기인한 것이라 하더라도 마찬가지이다(대판 2006다17850).
① 주민등록이라는 대항요건은 임차인 본인의 주민등록뿐만 아니라 배우자나 자녀 등 가족의 주민등록도 포함한다(대판 87다카3093).
② 전입신고를 한 때 주민등록이 된 것으로 간주하므로(법 제3조 제1항), 임차인이 전입신고를 올바르게 하였으나 담당공무원의 착오로 주민등록표상에 신 거주지 지번을 틀리게 기재한 경우에도 임대차의 대항력이 생긴다(대판 2006다17850).
④ 임차인이 타인의 점유를 매개로 하여 주택을 간접점유하는 경우, 간접점유자에 불과한 임차인 자신의 주민등록으로는 대항요건을 적법하게 갖추었다고 할 수 없으며, 당해 주택에 실제로 거주하는 직접점유자(= 전차인)가 자신의 주민등록을 마친 경우에 비로소 그 임차인의 임대차가 제3자에 대하여 적법하게 대항력을 취득할 수 있다(대판 2000다55645).
⑤ 다가구용 단독주택의 일부를 임차하여 전입신고를 하는 경우 지번을 기재하는 것으로 충분하고, 건물 거주자의 편의상 구분하여 놓은 호수까지 기재할 필요가 없다(대판 97다47828).

정답 02 ④　03 ③

난이도 ●●○

04 주택임차권의 대항력에 관한 설명으로 <u>틀린</u> 것은? (다툼이 있으면 판례에 따름)

① 임차인이 주택을 간접점유하는 경우에는 임차인 자신의 주민등록으로는 대항력을 취득할 수 없다.
② 주택의 소유자가 주택을 매도함과 동시에 다시 임차하여 계속 거주하는 경우, 매수인 명의의 소유권이전등기가 경료된 다음 날부터 임차권의 대항력을 갖는다.
③ 임차인이 일단 대항력을 취득한 후라도 어떤 이유에서든지 가족과 함께 일시적이나마 다른 곳으로 주민등록을 이전하였다면 대항력은 상실된다.
④ 대항력을 갖춘 임차인이 적법하게 임차권을 양도하거나 주택을 전대한 경우, 양수인이나 전차인이 주택을 인도받고 전입신고를 마치면 원래의 임차권의 대항력은 동일성을 유지한 채 존속한다.
⑤ 대항력을 갖춘 주택의 임차인이 그 지위를 강화할 목적으로 전세권설정등기를 마친 경우에는 「주택임대차보호법」상의 대항요건을 상실하더라도 임차권의 대항력은 소멸하지 않는다.

난이도 ●●○

05 주택임차권의 대항력에 관한 설명으로 <u>틀린</u> 것은? (다툼이 있으면 판례에 따름)

① 주택임차권의 대항요건인 주민등록의 신고는 행정청에 도달하기만 하면 행정청이 수리하기 전이라도 바로 효력이 발생한다.
② 외국인이나 외국국적동포가 「출입국관리법」에 따라 마친 외국인등록과 체류지 변경신고는 주민등록과 같은 법적 효과가 인정된다.
③ 임차인이 주택을 매수하여 소유권을 취득한 경우, 종전의 전차인은 임차인 명의로 소유권이전등기가 경료되는 즉시 대항력을 취득한다.
④ 주민등록 직권말소 후 「주민등록법」 소정의 이의절차에 의하여 재등록이 이루어진 경우, 그 재등록이 이루어지기 전에 임차주택에 새로운 이해관계를 맺은 선의의 제3자에 대해서도 기존의 주택임차권의 대항력은 유지된다.
⑤ 주민등록이 주택임차인의 의사에 의하지 않고 제3자에 의하여 임의로 이전되는 경우에는 임차인이 이미 취득한 대항력은 소멸하지 않는다.

04 ⑤ 주택임차인이 그 지위를 강화하고자 별도로 전세권설정등기를 마치더라도 「주택임대차보호법」상 임차인으로서의 우선변제를 받을 수 있는 권리와 전세권자로서 우선변제를 받을 수 있는 권리는 근거규정 및 성립요건을 달리하는 별개의 것이다. 따라서 주택임차인이 그 지위를 강화하고자 별도로 전세권설정등기를 마쳤더라도 임차인이 「주택임대차보호법」 제3조 제1항의 대항요건을 상실하면 이미 취득한 「주택임대차보호법」상의 대항력 및 우선변제권을 상실한다(대판 2004다69741).
① 임차인이 타인의 점유를 매개로 하여 주택을 간접점유하는 경우, 간접점유자에 불과한 임차인 자신의 주민등록으로는 대항요건을 적법하게 갖추었다고 할 수 없다(대판 2000다55645).
② 甲이 주택에 관하여 소유권이전등기를 경료하고 주민등록 전입신고까지 마친 다음 처와 함께 거주하다가 乙에게 매도함과 동시에 그로부터 이를 다시 임차하여 계속 거주하기로 약정하고 처 명의의 임대차계약을 체결한 후에야 乙 명의의 소유권이전등기가 경료된 경우, 甲의 처는 乙 명의의 소유권이전등기가 경료된 날 익일부터 임차인으로서 대항력을 갖는다(대판 99다59306).
③ 대판 97다43468
④ 대항력을 갖춘 주택임차인이 임대인의 동의를 얻어 적법하게 임차권을 양도하거나 주택을 전대한 경우, 양수인이나 전차인이 임차인의 주민등록퇴거일로부터 「주민등록법」상의 전입신고기간 내에 전입신고를 마치고 주택을 인도받아 점유를 계속하고 있다면 원래의 임차인이 갖는 임차권의 대항력은 소멸되지 않고 동일성을 유지한 채로 존속한다(대판 87다카2509).

05 ① 주민등록의 신고는 행정청에 도달하기만 하면 효력이 발생하는 것이 아니라 행정청이 수리한 경우에 비로소 효력이 발생한다(대판 2006다17850). 따라서 주민등록 신고서를 행정청에 제출하였다가 행정청이 이를 수리하기 전에 신고서의 내용을 수정하여 수정된 전입신고서가 수리되었다면 수정된 사항에 따라서 주민등록신고가 이루어진 것으로 본다.
② 대판 2015다254507
③ 甲이 임대아파트의 임차인 乙로부터 아파트를 임차하여 전입신고를 마치고 거주하던 중, 임차인 乙이 이 아파트를 분양받아 소유권이전등기를 경료한 후 근저당권을 설정한 경우, 甲은 乙 명의의 소유권이전등기가 경료되는 즉시 임차권의 대항력을 취득하므로 저당권실행경매로 인한 경락인에게 대항할 수 있다(대판 2000다58026).
④ 주택임차인의 의사에 의하지 아니하고 시장·군수 또는 구청장에 의하여 직권조치로 주민등록이 말소된 경우에도 원칙적으로 대항력은 상실된다고 할 것이지만, 직권말소 후 「주민등록법」 소정의 이의절차에 따라 그 말소된 주민등록이 회복되거나 재등록이 이루어짐으로써 주택임차인에게 주민등록을 유지할 의사가 있었다는 것이 명백히 드러난 경우에는 소급하여 그 대항력이 유지된다(대판 2002다20957).
⑤ 대판 2000다37012

정답 04 ⑤   05 ①

06

난이도 ●●○

주택임차권의 대항력에 관한 설명으로 틀린 것은? (다툼이 있으면 판례에 따름)

① 임차인이 대항력을 갖춘 후에 임대인이 주택을 양도한 경우, 임차인의 이의제기가 없는 한 양도인의 임차인에 대한 보증금반환채무는 소멸한다.
② 주택이 임대차기간 만료 전에 경매되는 경우, 경락인에게 대항할 수 있는 임차인이라도 스스로 임대차관계의 승계를 원하지 않을 때에는 임대차계약을 해지하고 경매법원에 배당요구를 할 수 있다.
③ 주택에 대한 저당권설정등기의 일자가 임차인의 주택인도 및 주민등록의 일자와 같은 경우에는 임차인은 주택의 경매시 경락인에게 대항할 수 없다.
④ 저당권이 설정된 주택을 임차하여 대항력을 갖춘 경우, 후순위 저당권이 실행되더라도 경락인에게 대항할 수 있다.
⑤ 대항력을 갖춘 임차인이 주택에 대한 저당권설정등기 이후에 임대인과의 합의로 보증금을 증액한 경우, 증액부분에 관하여는 경락인에게 대항할 수 없다.

07

난이도 ●●●

주택임대인의 지위를 승계하는 자는? (다툼이 있으면 판례에 따름)

① 후순위 저당권의 실행으로 선순위 저당권도 함께 소멸한 경우의 경락인
② 선순위 가압류사건의 본안판결 집행으로 주택의 소유권을 취득한 경락인
③ 매수인 명의의 소유권이전등기가 경료된 주택에 대하여 대항력 있는 임차권이 성립한 후 매매계약의 해제로 소유권을 회복한 매도인
④ 주택의 양도담보권자
⑤ 임차주택의 대지를 경락받은 자

06 ④ 후순위 저당권의 실행으로 목적부동산이 경락되어 그 선순위 저당권이 함께 소멸한 경우라면 비록 후순위 저당권자에게는 대항할 수 있는 임차권이더라도 소멸된 선순위 저당권보다 뒤에 등기되었거나 대항력을 갖춘 임차권은 함께 소멸하고, 따라서 경락인에 대하여 그 임차권의 효력을 주장할 수 없다(대판 86다카1936).
① 대판 93다17324
② 대판 94다37646
③ 주택에 대한 저당권설정등기의 일자가 임차인의 주택인도 및 주민등록의 일자와 같은 경우에는 저당권이 임차권보다 선순위가 되므로(저당권의 효력은 등기한 당일에 발생하지만, 임차권의 대항력은 인도와 주민등록을 갖춘 다음 날에 발생하기 때문), 임차인은 주택이 경매되는 경우 경락인에게 임차권으로 대항하지 못한다.
⑤ 이 경우 임차인은 저당권에 기하여 건물을 경락받은 소유자의 건물명도청구에 대하여 증액 전 임차보증금을 상환받을 때까지 건물을 명도할 수 없다고 주장할 수 있을 뿐이고, 저당권설정등기 이후에 증액한 임차보증금으로써는 대항할 수 없다(대판 90다카11377).

07 ③ 소유권을 취득하였다가 계약해제로 인하여 소유권을 상실하게 된 임대인으로부터 그 계약이 해제되기 전에 주택을 임차받아 주택의 인도와 주민등록을 마침으로써 같은 법 소정의 대항요건을 갖춘 임차인은 등기된 임차권자와 마찬가지로「민법」제548조 제1항 단서 소정의 제3자에 해당된다고 봄이 상당하고, 그렇다면 그 계약해제 당시 이미「주택임대차보호법」소정의 대항요건을 갖춘 임차인은 임대인의 임대권원의 바탕이 되는 계약의 해제에도 불구하고 자신의 임차권을 새로운 소유자에게 대항할 수 있다(대판 96다17653).
① 이른바 중간임차권의 문제로서, 이 경우 임차권은 매각으로 소멸하므로 경락인은 임대인의 지위를 승계하지 않는다(대판 86다카1936).
② 임차인이 전입신고를 마치고 입주·사용함으로써「주택임대차보호법」제3조에 의하여 그 임차권이 대항력을 갖는다 하더라도 부동산에 대하여 가압류등기가 마쳐진 후에 그 채무자로부터 그 부동산을 임차한 자는 가압류집행으로 인한 처분금지의 효력에 의하여 가압류사건의 본안판결의 집행으로 그 부동산을 취득한 경락인에게 그 임대차의 효력을 주장할 수 없다(대판 83다카116).
④ 주택의 양도담보의 경우는 채권담보를 위하여 신탁적으로 양도담보권자에게 주택의 소유권이 이전될 뿐이어서, 특별한 사정이 없는 한 양도담보권자가 주택의 사용·수익권을 갖게 되는 것이 아니고 또 주택의 소유권이 양도담보권자에게 확정적·종국적으로 이전되는 것도 아니므로 양도담보권자는 임대인의 지위를 승계하는 주택양수인에 해당되지 않는다(대판 93다4083).
⑤「주택임대차보호법」제3조 제4항에서 말하는 임대인의 지위를 승계한 것으로 보는 임차주택의 양수인이라 함은 임대차의 목적이 된 주택의 양수인을 의미하므로, 그 대지를 경락받은 자를 임차주택의 양수인이라고 할 수는 없다(대판 98다3276).

정답 06 ④   07 ③

08 난이도 ●●○

「주택임대차보호법」상 보증금의 우선변제에 관한 설명으로 틀린 것은? (다툼이 있으면 판례에 따름)

① 우선변제권이 인정되기 위하여는 대항요건과 확정일자를 갖추는 것 외에 계약 당시 보증금이 전액 지급되어 있을 것을 요한다.
② 임차인이 보증금반환청구소송의 확정판결에 기하여 주택의 경매를 신청하는 경우, 반대의무의 이행이나 이행제공을 집행개시의 요건으로 하지 않는다.
③ 확정일자를 대항요건과 같은 날 또는 그 이전에 갖춘 경우, 우선변제권은 인도와 주민등록을 마친 다음 날을 기준으로 발생한다.
④ 주택의 경매시 임차인이 그 환가대금으로부터 보증금을 수령하기 위해서는 주택을 양수인에게 인도하여야 한다.
⑤ 은행 등 금융기관이 우선변제권을 취득한 임차인의 보증금반환채권을 양수한 경우, 양수한 금액의 범위에서 우선변제권을 승계한다.

09 난이도 ●●○

「주택임대차보호법」상 보증금의 우선변제에 관한 설명으로 옳은 것은? (다툼이 있으면 판례에 따름)

① 확정일자를 받은 임대차계약서에 아파트의 명칭과 전유부분의 동·호수의 기재를 누락하였다면 우선변제권을 취득할 수 없다.
② 임차주택과 대지 중 대지만 매각된 경우에는 그 대지의 매각대금으로부터 보증금의 우선변제를 받을 수 없다.
③ 임차인이 대항요건과 확정일자를 갖춘 날이 저당권이 설정된 날과 같은 경우에는 보증금과 저당권의 피담보채권은 채권액에 비례하여 안분(按分)배당한다.
④ 대항요건과 확정일자를 갖춘 임차인이라도 선순위 가압류채권자와는 평등배당의 관계에 있게 된다.
⑤ 우선변제권을 취득한 임차인의 보증금반환채권을 양수한 금융기관은 우선변제권을 행사하기 위하여 임차인을 대리하거나 대위하여 임대차를 해지할 수 있다.

08 ① 「주택임대차보호법」은 임차인에게 우선변제권이 인정되기 위하여 대항요건과 임대차계약증서상의 확정일자를 갖추는 것 외에 계약 당시 임차보증금이 전액 지급되어 있을 것을 요구하지는 않는다. 따라서 임차인이 임대인에게 임차보증금의 일부만을 지급하고 「주택임대차보호법」 제3조 제1항에서 정한 대항요건과 임대차계약증서상의 확정일자를 갖춘 다음 나머지 보증금을 나중에 지급하였다고 하더라도 특별한 사정이 없는 한 대항요건과 확정일자를 갖춘 때를 기준으로 임차보증금 전액에 대해서 후순위권리자나 그 밖의 채권자보다 우선하여 변제를 받을 권리를 갖는다고 보아야 한다(대판 2017다212194).
② 법 제3조의2 제1항
③ 확정일자를 대항요건과 같은 날 또는 그 이전에 갖춘 경우에는 대항요건을 갖춘 다음 날, 즉 인도와 주민등록을 마친 다음 날(오전 0시를 의미)을 기준으로 우선변제권이 발생한다(대판 97다22393).
④ 법 제3조의2 제3항
⑤ 법 제3조의2 제7항

09 ④ 부동산 담보권자보다 선순위의 가압류채권자가 있는 경우에 그 담보권자가 선순위의 가압류채권자와 채권액에 비례한 평등배당을 받을 수 있는 것과 마찬가지로 「주택임대차보호법」 제3조의2 제1항의 규정에 의하여 우선변제권을 갖게 되는 임차보증금채권자도 선순위의 가압류채권자와는 평등배당의 관계에 있게 된다(대판 92다30597).
① 확정일자는 임대인과 임차인의 담합으로 보증금을 사후에 변경하는 것을 방지하고자 하는 취지일 뿐 주민등록과 같이 임대차의 존재사실을 제3자에게 공시하고자 하는 것이 아니므로, 확정일자를 받은 임대차계약서에 아파트의 명칭과 전유부분의 동·호수 기재를 누락하였더라도 우선변제권을 취득하는 데에는 지장이 없다(대판 99다7992).
② 대항요건 및 확정일자를 갖춘 임차인과 소액임차인은 임차주택과 대지가 함께 경매될 경우뿐만 아니라 임차주택과 별도로 그 대지만 경매될 경우에도 그 대지의 환가대금에 대하여 우선변제권을 행사할 수 있다(대판 전합 2004다26133).
③ 임차인이 대항요건과 확정일자를 갖춘 날이 저당권이 설정된 날과 같은 경우에는 저당권자가 임차인보다 우선하여 채권의 변제를 받는다. 확정일자를 대항요건과 같은 날에 갖춘 경우에는 대항요건을 갖춘 다음 날, 즉 인도와 주민등록을 마친 다음 날(오전 0시를 의미)을 기준으로 우선변제권이 발생하기 때문이다(대판 97다22393).
⑤ 금융기관 등은 우선변제권을 행사하기 위하여 임차인을 대리하거나 대위하여 임대차를 해지할 수 없다(법 제3조의2 제9항).

정답 08 ①   09 ④

10 난이도 ●●●

「주택임대차보호법」에 관한 설명으로 틀린 것은? (다툼이 있으면 판례에 따름)

① 임차주택이 임대차기간 만료 전에 경매되는 경우 대항력을 갖춘 임차인의 배당요구는 특별한 사정이 없는 한 임대차계약 해지의 의사표시로 볼 수 있다.
② 주택의 임차인이 대항력을 구비한 후 주택의 소유권이 제3자에게 이전된 경우에 주택양수인이 임차인에게 보증금을 반환하더라도 양도인에게 부당이득반환청구를 할 수 없다.
③ 대항력을 갖춘 주택임차인으로서의 지위와 전세권자로서의 지위를 함께 가진 자가 전세권자로서 배당절차에 참가하여 전세금의 일부를 우선변제받았다면 변제받지 못한 나머지 보증금에 기하여 임차권의 대항력을 주장할 수 없다.
④ 대항력을 갖춘 임차인이 임차주택을 양수하여 임대인의 지위를 승계하는 경우, 임차인의 보증금반환채권은 혼동으로 인하여 소멸함이 원칙이다.
⑤ 주택임대차계약을 체결하려는 자는 임대인의 동의를 받아 확정일자부여기관에 해당 주택의 임대차에 관한 정보제공을 요청할 수 있다.

11 난이도 ●●●

甲은 서울에 소재하는 乙 소유의 주택을 보증금 2억원에 2년간 임차하여 2024.5.1. 인도와 전입신고를 마쳤고, 2024.6.1. 확정일자를 구비하였다. 한편, 丙은 甲이 확정일자를 구비한 그 날 위 주택에 대한 저당권(피담보채권 2억원)을 취득하였다가 2025.8.1. 저당권을 실행하여 위 주택이 丁에게 3억원에 매각되었다. 이에 관한 설명으로 옳은 것은? (다툼이 있으면 판례에 따름)

① 甲은 丁에게 임차권으로 대항할 수 없다.
② 임대차기간이 만료되지 않은 상태이므로 甲은 보증금에 대한 우선변제권을 행사할 수 없다.
③ 甲이 경매법원에 배당요구를 하면 보증금 2억원을 丙에 우선하여 배당받고, 丙은 잔액 1억원을 배당받는다.
④ 甲이 배당요구를 하면 甲은 丙과 안분(按分)하여 보증금 중 1억 5천만원을 배당받는다.
⑤ 위 ④에서 甲은 우선변제에 의한 배당을 받지 못한 5천만원에 대해서는 丁에게 대항하여 이를 반환받을 때까지 임대차의 존속을 주장할 수도 있고, 제2경매절차에서 우선변제에 의한 배당을 받을 수도 있다.

10 ③ 주택임차인으로서의 우선변제를 받을 수 있는 권리와 전세권자로서 우선변제를 받을 수 있는 권리는 근거규정 및 성립요건을 달리하는 별개의 것이므로, 「주택임대차보호법」상 대항력을 갖춘 임차인이 임차주택에 관하여 전세권설정등기를 경료하였다거나 전세권자로서 배당절차에 참가하여 전세금의 일부에 대하여 우선변제를 받은 사유만으로는 변제받지 못한 나머지 보증금에 기한 대항력 행사에 어떤 장애가 있다고 볼 수 없다(대판 93다39676).

① 경락인에게 대항할 수 있는 임차인이라도 스스로 임대차관계의 승계를 원하지 않을 때에는 임대차계약을 해지하여 종료시키고 우선변제를 청구할 수 있다. 임차주택이 경매되는 경우 대항력을 갖춘 임차인이 임대차기간이 종료되지 아니하였음에도 경매법원에 배당요구를 하는 것은 해지의 의사표시로 볼 수 있다(대판 94다37646).

② 주택양수인은 자신의 채무를 변제한 것에 불과할 뿐 양도인의 채무를 대위변제한 것이 아니므로 양수인은 양도인에 대하여 보증금 상당의 부당이득반환을 청구할 수 없다(대판 93다17324).

④ 대판 96다38216

⑤ 법 제3조의6 제4항

11 ④①③ 甲은 丙의 저당권보다 먼저 대항요건을 갖추었으므로 丙의 저당권 실행시 경락인에게 대항할 수 있다. 그러나 丙의 저당권취득과 같은 날 확정일자를 구비하였으므로 보증금의 우선변제의 관점에서는 丙과 동순위배당, 즉 안분배당을 받게 된다.

② 乙이 경락인인 丁에게 대항할 수 있는 경우라도 경매법원에 배당요구를 하여 우선변제권을 행사할 수 있다(대판 94다37646).

⑤ 대항력과 우선변제권을 겸유하는 임차인이 우선변제권을 선택하여 제1경매절차에서 보증금 전액에 관하여 배당요구를 하였으나 보증금의 전액을 배당받을 수 없었던 때에는 경락인에게 대항하여 그 잔액을 반환받을 때까지 임대차의 존속을 주장할 수 있을 뿐이고, 임차인의 우선변제권은 경락으로 인해 소멸되는 것이므로 제2경매절차에서 우선변제권에 의한 배당을 받을 수 없다(대판 98다4552).

정답 10 ③   11 ④

12 난이도 ●●○

「주택임대차보호법」상 보증금 중 일정액에 대한 우선변제에 관한 설명으로 옳은 것은? (다툼이 있으면 판례에 따름)

① 임차인이 보증금 중 일정액을 다른 담보물권자보다 우선하여 변제받기 위해서는 주택에 대한 경매신청의 등기 전에 대항요건과 확정일자를 갖추어야 한다.
② 소액임차인 및 소액보증금의 범위는 임차인이 대항요건을 취득한 때를 기준으로 정하여야 한다.
③ 처음 임대차계약을 체결할 당시에 보증금액이 많아 소액임차인에 해당하지 않았다면, 그 후 보증금의 감액으로 소액임차인에 해당하게 되더라도 최우선변제를 받을 수 없다.
④ 미등기주택의 임차인은 그 대지의 경락대금에서 보증금 중 일정액에 대한 우선변제를 받을 수 없다.
⑤ 대지에 관한 저당권설정 후에 그 지상에 주택이 신축된 경우, 그 주택의 임차인에게는 대지의 환가대금에 대한 최우선변제권이 인정되지 않는다.

13 난이도 ●●○

「주택임대차보호법」상 소액임차인의 최우선변제권에 관한 설명으로 틀린 것은? (다툼이 있으면 판례에 따름)

① 임차인이 최우선변제를 받을 수 있는 보증금 중 일정액은 주택가액(대지가액 포함)의 2분의 1을 넘지 못한다.
② 근저당권이 설정된 사무실용 건물이 주거용 건물로 용도변경된 후 이를 임차한 소액임차인은 보증금 중 일정액을 그 근저당권자에 우선하여 변제받을 수 있다.
③ 임차주택의 경매절차에서 보증금 중 일정액에 대한 배당요구를 하지 않은 임차인은 배당받은 후순위 채권자에게 부당이득을 이유로 배당금의 반환을 청구할 수 없다.
④ 소액보증금 중 일정액에 대한 최우선변제는 조세에 우선한다.
⑤ 소액임차인은 임대차 성립 당시 임대인의 소유였던 대지가 타인에게 양도되어 주택과 대지의 소유자가 달라지게 된 경우에는 대지의 환가대금에 대하여 최우선변제를 받을 수 없다.

12 ⑤ 주택의 소액임차인은 주택의 대지가 경매된 경우 대지의 환가대금에서도 소액보증금을 우선변제받을 수 있다고 할 것이나, 이와 같은 법리는 대지에 관한 저당권설정 당시에 이미 그 지상건물이 존재하는 경우에만 적용된다. 저당권설정 후에 건물이 신축된 경우에까지 소액임차인에게 우선변제권을 인정한다면 저당권자가 예측할 수 없는 손해를 입는 범위가 지나치게 확대되어 부당하기 때문이다. 따라서 이러한 경우에는 소액임차인은 대지의 환가대금에 대하여 우선변제를 받을 수 없다(대판 99다25532).

① 임차인이 보증금 중 일정액을 다른 담보물권자보다 우선하여 변제받기 위해서는 주택에 대한 경매신청의 등기 전에 대항요건(주택의 인도와 주민등록)을 갖추어야 한다(법 제8조 제1항). 단, 임대차계약서상의 확정일자는 최우선변제의 요건이 아니다.

② 「주택임대차보호법 시행령」 부칙의 '소액보증금의 범위변경에 따른 경과조치'를 적용함에 있어서 건물에 대하여 담보물권을 취득한 때를 기준으로 소액임차인 및 소액보증금의 범위를 정하여야 한다(대판 2009다101275).

③ 처음 임대차계약을 체결할 당시에는 보증금액이 많아 소액임차인에 해당하지 않았지만 그 후 새로운 임대차계약에 의하여 정당하게 보증금을 감액하여 소액임차인에 해당하게 되었다면 그러한 임차인도 소액임차인으로 보호받을 수 있다(대판 2007다23203).

④ 소액임차인은 주택을 제외하고 대지만 매각된 경우에도 그 대지의 매각대금으로부터 보증금 중 일정액을 선순위 담보물권자보다 우선하여 변제받을 수 있고, 이러한 법리는 임차주택이 미등기인 경우에도 그대로 적용된다(대판 전합 2004다26133).

13 ⑤ 대항요건 및 확정일자를 갖춘 임차인과 소액임차인은 임차주택과 그 대지가 함께 경매될 경우뿐만 아니라 임차주택과 별도로 그 대지만이 경매될 경우에도 그 대지의 환가대금에 대하여 우선변제권을 행사할 수 있고, 이와 같은 우선변제권은 이른바 법정담보물권의 성격을 갖는 것으로서 임대차 성립시의 임차목적물인 임차주택 및 대지의 가액을 기초로 임차인을 보호하고자 인정되는 것이므로, 임대차 성립 당시 임대인의 소유였던 대지가 타인에게 양도되어 임차주택과 대지의 소유자가 서로 달라지게 된 경우에도 마찬가지이다(대판 전합 2004다26133).

① 법 제8조 제3항
② 대판 2009다26879
③ 「주택임대차보호법」에 의하여 우선변제청구권이 인정되는 소액임차인의 소액보증금반환채권은 배당요구가 필요한 배당요구채권에 해당하므로(대판 2001다70702), 배당요구를 하지 않은 임차인은 후순위 채권자에게 부당이득을 이유로 배당금의 반환을 청구할 수 없다.
④ 임차인의 소액보증금 중 일정액에 대한 최우선변제권은 조세의 법정기일과의 선후에 관계없이 조세에 우선한다(「국세기본법」 제35조 제1항 제4호).

정답 12 ⑤ 13 ⑤

14 난이도 ●●○

「주택임대차보호법」상의 임차권등기명령제도에 관한 설명으로 틀린 것은? (다툼이 있으면 판례에 따름)

① 임대차가 종료된 후 보증금을 반환받지 못한 임차인은 임차주택의 소재지를 관할하는 법원에 신청의 이유와 임차권등기의 원인이 된 사실을 소명하여 임차권등기명령을 신청할 수 있다.
② 대항력과 우선변제권이 없는 임차인이 임차권등기명령의 집행에 따른 임차권등기를 마치면 임차권의 대항력과 보증금에 대한 우선변제권을 취득한다.
③ 임차권등기명령에 의해 임차권등기가 경료된 경우, 임대인의 보증금반환의무와 임차인의 임차권등기말소의무는 동시이행관계에 있다.
④ 임차인은 임차권등기명령의 신청 및 등기비용을 임대인에게 청구할 수 있다.
⑤ 임차권등기명령의 집행에 의한 임차권등기가 경료된 주택을 그 이후에 임차한 임차인은 보증금 중 일정액에 대한 최우선변제권을 행사할 수 없다.

15 난이도 ●●○

임차권등기명령제도에 관한 설명으로 틀린 것은? (다툼이 있으면 판례에 따름)

① 임차인이 임차권등기명령의 집행에 따른 임차권등기를 마친 때에도 그 등기 이전에 이미 대항력과 우선변제권을 취득한 경우에는 그 대항력과 우선변제권이 그대로 유지된다.
② 임차인이 임차권등기명령에 의한 임차권등기를 마친 이후에는 대항요건을 상실하더라도 이미 취득한 대항력이나 우선변제권을 상실하지 않는다.
③ 임차권등기를 마친 임차인은 별도로 배당요구를 하지 않아도 당연히 배당받을 채권자에 속한다.
④ 임차권등기명령에 의한 임차권등기가 경료되면 임차인의 보증금반환채권의 소멸시효가 중단된다.
⑤ 임차권등기명령신청이 기각될 경우, 임차인은 항고할 수 있다.

16

난이도 ●●○

주택임대차의 존속기간에 관한 설명으로 <u>틀린</u> 것은? (다툼이 있으면 판례에 따름)

① 당사자가 임대차의 존속기간을 1년으로 약정한 경우에도 「주택임대차보호법」에 따라 그 기간은 2년으로 본다.
② ①에서 임차인은 임차 후 1년이 경과하면 존속기간의 만료를 이유로 임대인에게 보증금의 반환을 청구할 수 있다.
③ 임대차기간이 끝난 경우에도 임차인이 보증금을 반환받을 때까지는 임대차관계는 존속하는 것으로 본다.
④ 임대차가 묵시적으로 갱신된 경우, 그 존속기간은 2년으로 본다.
⑤ 임대차가 묵시적으로 갱신된 경우, 당사자는 언제든지 상대방에 대하여 계약해지를 통지할 수 있다.

---

14 ③ 임대인의 임대차보증금반환의무와 임차인의 「주택임대차보호법」 제3조의3에 의한 임차권등기말소의무는 동시이행관계에 있지 않고, 임대인의 보증금반환의무가 임차인의 임차권등기말소의무보다 먼저 이행되어야 할 선이행의무이다(대판 2005다4529).
① 법 제3조의3 제1항
② 법 제3조의3 제5항
④ 법 제3조의3 제8항
⑤ 법 제3조의3 제6항

15 ④ 임차권등기명령에 따른 임차권등기에는 「민법」 제168조 제2호에서 정하는 소멸시효 중단사유인 압류 또는 가압류, 가처분에 준하는 효력이 있다고 볼 수 없다(대판 2017다226629).
①② 법 제3조의3 제5항 단서
③ 대판 2005다33039
⑤ 법 제3조의3 제4항

16 ⑤ 주택임대차가 묵시적으로 갱신된 경우 임차인은 언제든지 계약해지를 통지할 수 있으나, 임대인은 임차인과 달리 해지통고를 할 수 없다(대판 2002다41633).
①② 법 제4조 제1항
③ 법 제4조 제2항
④ 법 제6조 제2항

정답 14 ③   15 ④   16 ⑤

17 「주택임대차보호법」상 임차인의 계약갱신요구권에 관한 설명으로 옳은 것은?

① 임대인은 임차인이 임대차기간이 끝나기 6개월 전부터 1개월 전까지의 기간에 계약갱신을 요구할 경우 정당한 사유 없이 거절하지 못한다.
② 임차인은 계약갱신요구권을 1회에 한하여 행사할 수 있고, 갱신되는 임대차의 존속기간은 2년으로 본다.
③ 임차인의 갱신요구에 의해 갱신되는 임대차는 전 임대차와 동일한 조건으로 다시 계약된 것으로 간주되므로, 차임이나 보증금의 증액은 허용되지 않는다.
④ 임차인의 갱신요구에 의해 임대차가 갱신된 경우, 임차인은 갱신된 임대차기간이 개시되기 전에는 해지통지를 할 수 없다.
⑤ 임대인이 실거주를 이유로 갱신을 거절하였다가 임차인이 요구한 갱신기간이 지난 후에 제3자에게 주택을 임대한 경우, 임차인은 임대인에게 갱신거절로 인하여 입은 손해의 배상을 청구할 수 있다.

18 「주택임대차보호법」에 관한 설명으로 틀린 것은?

① 2기의 차임액에 달하도록 차임을 연체한 임차인에게는 묵시적 갱신에 관한 규정을 적용하지 않는다.
② 묵시적 갱신 이후 임차인이 임대인에게 한 계약해지의 통지는 임대인이 그 통지를 받은 후 1개월이 지나면 그 효력이 생긴다.
③ 계약존속 중에 하는 임대인의 차임증액청구는 약정한 차임의 20분의 1의 금액을 넘지 못하며, 임대차계약 또는 증액이 있은 후 1년 이내에는 다시 증액청구를 하지 못한다.
④ 주택임차인이 사망한 경우, 그 주택에서 가정공동생활을 하던 사실혼 배우자는 가정공동생활을 하고 있지 않은 2촌 이내의 상속인과 공동으로 임차인의 권리와 의무를 승계한다.
⑤ 임차권의 승계대상자는 임차인이 사망한 후 1개월 이내에 임대인에게 반대의사를 표시하여 임차권의 승계를 포기할 수 있다.

17 ② 법 제6조의3 제2항
① 임차인의 계약갱신요구권의 행사기간은 임대차기간이 끝나기 6개월 전부터 2개월 전까지이다(법 제6조의3 제1항, 제6조 제1항).
③ 임차인의 계약갱신요구에 의해 임대차가 갱신된 경우에도 차임과 보증금은 제7조의 범위에서 증감할 수 있다(법 제6조의3 제3항).
④ 임차인의 계약갱신요구에 따라 임대차계약에 갱신의 효력이 발생한 경우 임차인은 언제든지 계약의 해지통지를 할 수 있고, 해지통지 후 3개월이 지나면 그 효력이 발생하며, 이는 계약해지의 통지가 갱신된 임대차계약 기간이 개시되기 전에 임대인에게 도달하였더라도 마찬가지이다(대판 2023다258672).
⑤ 임대인이 실거주를 이유로 갱신을 거절하였다가 임차인이 요구한 갱신기간이 만료되기 전에 제3자에게 주택을 임대한 경우, 임차인은 임대인에게 갱신거절로 인하여 입은 손해의 배상을 청구할 수 있다(법 제6조의3 제5항).

18 ② 묵시적 갱신 이후 임차인이 임대인에게 계약해지를 통지하면 임대인이 그 통지를 받은 날부터 3개월이 지나면 해지의 효력이 발생한다(법 제6조의2).
① 법 제6조 제3항
③ 법 제7조, 영 제8조
④ 법 제9조 제2항
⑤ 법 제9조 제3항

정답 17 ② 18 ②

제2장 상가건물 임대차보호법

「상가건물 임대차보호법」에 관한 설명으로 옳은 것은? (다툼이 있으면 판례에 따름)

① 동법이 적용되는 상가건물에 해당하는지는 건물의 공부상의 표시를 기준으로 판단하여야 한다.
→ 「상가건물 임대차보호법」이 적용되는 상가건물에 해당하는지는 공부상 표시가 아닌 건물의 현황·용도 등에 비추어 영업용으로 사용하느냐에 따라 실질적으로 판단하여야 한다(대판 2009다40967).

② 공장이나 창고건물은 그곳에서 영리를 목적으로 하는 활동이 함께 이루어진다 하더라도 동법의 적용대상인 상가건물에 해당하지 않는다.
→ 단순히 상품의 보관·제조·가공 등 사실행위만이 이루어지는 공장·창고 등은 영업용으로 사용하는 경우라고 할 수 없으나, 그곳에서 그러한 사실행위와 더불어 영리를 목적으로 하는 활동이 함께 이루어진다면 동법의 적용대상인 상가건물에 해당한다(대판 2009다40967).

③ 임차인이 관할 세무서장으로부터 임대차계약서상의 확정일자를 받으면 그 다음 날부터 임차권의 대항력이 생긴다.
→ 대항력의 취득요건은 확정일자가 아니라 상가건물의 인도와 사업자등록의 신청이다(법 제3조 제1항).

④ 임차인은 임대차가 종료되기 전이라도 임차권등기명령을 신청할 수 있다.
→ 임차권등기명령은 임대차가 종료된 후 보증금이 반환되지 않는 경우에 신청할 수 있다(법 제6조 제1항).

⑤ 계약존속 중에 하는 차임 또는 보증금의 증액청구는 청구 당시의 차임 또는 보증금의 100분의 5의 금액을 초과하지 못한다.
→ 법 제11조 제1항, 영 제4조

정답 ⑤

01

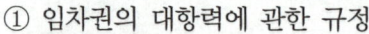
서울특별시를 기준으로 환산보증금액이 9억원을 초과하는 임대차에 대해서는 적용되지 않는 「상가건물 임대차보호법」의 규정은?

① 임차권의 대항력에 관한 규정
② 보증금의 우선변제에 관한 규정
③ 임차인의 계약갱신요구에 관한 규정
④ 3기 차임연체시 계약해지에 관한 규정
⑤ 임차인의 권리금회수기회의 보호에 관한 규정

02 난이도 ●●○

「상가건물 임대차보호법」에 관한 설명으로 옳은 것은? (다툼이 있으면 판례에 따름)

① 서울 소재 상가건물을 보증금 5억원, 월차임 500만원에 임차한 계약은 이 법의 적용대상이다.
② 일시사용을 위한 임대차임이 명백한 경우에도 이 법이 적용된다.
③ 사업자등록은 상가건물임대차의 대항력이나 우선변제권의 취득요건일 뿐 존속요건은 아니다.
④ 대항력 있는 임차인이 적법하게 상가건물을 전대하여 전차인이 이를 직접점유하면서 그 명의로 사업자등록을 하였다면 임차인의 대항력이 유지된다.
⑤ 임차인이 임대차 종료 이후에 보증금을 반환받기 전에 임차목적물을 점유하고 있는 경우, 임차인은 시가에 따른 차임 상당의 부당이득반환의무를 부담한다.

---

01 ② 보증금의 우선변제에 관한 규정은 환산보증금액이 일정액 이하인 임대차에 대해서만 적용된다.
①③④⑤ 「상가건물 임대차보호법」에 의하면 임차권의 대항력에 관한 규정(법 제3조), 임차인의 계약갱신요구에 관한 규정(법 제10조 제1항~제3항), 임차인의 권리금회수기회 보호에 관한 규정(법 제10조의3~제10조의7), 3기 차임연체시 계약해지에 관한 규정(법 제10조의8), 폐업으로 인한 임차인의 해지권에 관한 규정(법 제11조의2)은 보증금액의 규모에 관계없이 적용된다(법 제2조 제3항).

02 ④ 상가건물을 임차하고 사업자등록을 마친 사업자가 임차건물의 전대차 등으로 당해 사업을 개시하지 않거나 사실상 폐업한 경우에는 그 사업자등록은 상가임대차의 공시방법으로 요구하는 적법한 사업자등록이라고 볼 수 없고, 이 경우 임차인이 대항력 및 우선변제권을 유지하기 위해서는 건물을 직접점유하면서 사업을 운영하는 전차인이 그 명의로 사업자등록을 하여야 한다(대판 2005다64002).
① 「상가건물 임대차보호법」제2조 제1항 및 동법 시행령 제2조에 따르면, 서울 소재 상가건물을 보증금 5억원, 월차임 500만원에 임차한 계약은 이 법의 적용대상이 아니다. 환산보증금액이 10억원(= 5억원 + 500만원 × 100)으로 9억원을 초과하였기 때문이다.
② 이 법은 일시사용을 위한 임대차임이 명백한 경우에는 적용하지 아니한다(법 제16조).
③ 사업자등록은 대항력 또는 우선변제권의 취득요건일 뿐만 아니라 존속요건이기도 하므로, 배당요구의 종기까지 존속하고 있어야 한다(대판 2005다64002).
⑤ 「상가건물 임대차보호법」제9조 제2항의 입법 취지, 상가건물 임대차 종료 후 의제되는 임대차관계의 법적 성격 등을 종합하면, 상가임대차법이 적용되는 임대차가 기간만료나 당사자의 합의, 해지 등으로 종료된 경우 보증금을 반환받을 때까지 임차 목적물을 계속 점유하면서 사용·수익한 임차인은 종전 임대차계약에서 정한 차임을 지급할 의무를 부담할 뿐이고, 시가에 따른 차임에 상응하는 부당이득금을 지급할 의무를 부담하는 것은 아니다(대판 2023다257600).

정답 01 ② 02 ④

03 난이도 ●●○

「상가건물 임대차보호법」이 적용되는 상가건물의 임대차에 관한 설명으로 틀린 것은? (다툼이 있으면 판례에 따름)

① 대항력의 발생요건은 상가건물의 인도와 사업자등록이며 계약서상의 확정일자는 대항력의 발생요건이 아니다.
② 기간의 정함이 없는 임대차는 그 기간을 1년으로 본다.
③ 법정갱신(묵시적 갱신)은 최초의 임대차기간을 포함한 전체 임대차기간이 10년을 초과하지 않는 범위 내에서 인정된다.
④ 보증금 중 일정액에 대한 최우선변제는 임대건물가액(대지가액 포함)의 2분의 1 범위 내에서 인정된다.
⑤ 임차등기명령에 따라 임차권등기가 경료된 후에 건물을 임차한 자에게는 보증금 중 일정액에 대한 우선변제권이 인정되지 않는다.

04 난이도 ●○○

「상가건물 임대차보호법」에 관한 설명으로 틀린 것은?

① 임대차계약을 체결하려는 자는 임대인의 동의를 받아 관할 세무서장에게 해당 상가건물의 확정일자 부여일, 차임 및 보증금 등의 정보제공을 요청할 수 있다.
② 임차인이 보증금반환청구소송의 확정판결에 기해 임차건물에 대한 경매를 신청하는 경우, 반대의무의 이행제공을 집행개시의 요건으로 하지 않는다.
③ 임대차기간을 1년 미만으로 정한 특약이 있는 경우, 임차인은 그 기간의 유효함을 주장할 수 있다.
④ 법정갱신(묵시적 갱신)의 경우 존속기간은 전 임대차의 존속기간과 동일하다.
⑤ 임대차의 목적물인 상가건물이 대규모점포 또는 준대규모점포의 일부인 경우에는 임차인의 권리금회수기회 보호에 관한 규정이 적용되지 않는다.

05 난이도 ●●○

「상가건물 임대차보호법」에 관한 설명으로 옳은 것은? (다툼이 있으면 판례에 따름)

① 대통령령으로 정한 보증금액을 초과하여 동법의 적용을 받지 않는 임대차에서 그 기간을 정하지 않은 경우, 임차인은 계약갱신요구권을 행사할 수 없다.
② 상가건물의 공유자인 임대인이 임차인에게 갱신거절의 통지를 하려면 공유자 전원의 동의가 있어야 한다.
③ 경제사정의 변동으로 인한 차임증액청구는 임대차계약 또는 증액이 있은 후 2년 이내에는 하지 못한다.
④ 임차인의 차임연체액이 2기의 차임액에 달하는 때에는 임대인은 계약을 해지할 수 있다.
⑤ 임대인은 임대차기간이 끝나기 6개월 전부터 1개월 전까지 임차인이 권리금계약에 따라 신규임차인이 되려는 자로부터 권리금을 지급받는 것을 방해하여서는 안 된다.

03 ③ 계약갱신요구제도와 묵시적 갱신제도는 그 취지와 내용을 서로 달리하는 것이므로, 임차인의 갱신요구권에 관하여 전체 임대차기간을 10년으로 제한하는 법 제10조 제2항의 규정은 같은 조 제4항에서 정하는 법정갱신에 대하여는 적용되지 아니한다(대판 2009다64307).
① 법 제3조 제1항
② 법 제9조 제1항
④ 법 제14조 제3항
⑤ 법 제6조 제6항

04 ④ 법정갱신의 경우, 존속기간은 1년으로 본다(법 제10조 제4항).
① 법 제4조 제1항
② 법 제5조 제1항
③ 법 제9조 제1항
⑤ 법 제10조의5

05 ① 「상가건물 임대차보호법」에서 기간을 정하지 않은 임대차는 그 기간을 1년으로 간주하지만(법 제9조 제1항), 대통령령으로 정한 보증금액을 초과하는 임대차는 위 규정이 적용되지 않으므로(법 제2조 제1항 단서), 원래의 상태 그대로 기간을 정하지 않은 것이 되어 「민법」의 적용을 받는다. 「민법」 제635조 제1항, 제2항 제1호에 따라 이러한 임대차는 임대인이 언제든지 해지를 통고할 수 있고 임차인이 통고를 받은 날로부터 6개월이 지남으로써 효력이 생기므로, 임대차기간이 정해져 있음을 전제로 기간만료 6개월 전부터 1개월 전까지 사이에 행사하도록 규정된 임차인의 계약갱신요구권(법 제10조 제1항)은 발생할 여지가 없다(대판 2021다233730).
② 「상가건물 임대차보호법」이 적용되는 상가건물의 공유자인 임대인이 임차인에게 갱신거절의 통지를 하는 행위는 실질적으로 계약해지와 같이 임대차를 종료시키는 것이므로 공유물의 관리행위에 해당하여 공유자의 지분의 과반수로써 결정하여야 한다(대판 2010다37905).
③ '2년'이 아니라 '1년'이다(법 제11조 제2항).
④ '2기'가 아니라 '3기'이다(법 제10조의8).
⑤ '6개월 전부터 1개월 전까지'가 아니라 '6개월 전부터 종료시까지'이다(법 제10조의4 제1항).

정답 03 ③ 04 ④ 05 ①

06 「상가건물 임대차보호법」상 임차권의 대항력에 관한 설명으로 <u>틀린</u> 것은? (다툼이 있으면 판례에 따름)

① 환산보증금액이 9억원을 초과하는 서울 소재 상가건물의 임차인도 건물의 인도와 사업자등록을 신청하면 그 다음 날부터 임차권의 대항력을 갖는다.
② 사업자등록신청서에 첨부한 임대차계약서상의 건물의 소재지가 등기부상의 표시와 불일치하는 경우에는 임차권의 대항력이 발생하지 않는다.
③ 상속에 의해 임차건물의 소유권을 취득한 자도 임대인의 지위를 승계하는 동법 제3조 제2항의 임차건물의 양수인에 해당한다.
④ 건물의 인도와 사업자등록의 요건을 구비한 임차인이 폐업신고를 하였다가 다시 같은 상호 및 등록번호로 사업자등록을 하였다면 처음의 대항력이 그대로 유지된다.
⑤ 이미 가등기가 경료된 건물을 임차하여 대항력을 취득한 임차인은 그 가등기에 기하여 본등기를 경료한 자에 대하여 임대차의 효력으로 대항할 수 없다.

07 「상가건물 임대차보호법」상의 임차인의 계약갱신요구권에 관한 설명으로 옳은 것은? (다툼이 있으면 판례에 따름)

① 대통령령으로 정하는 보증금액을 초과하는 임대차에는 임차인의 계약갱신요구권이 인정되지 않는다(단, 기간의 정함이 없는 경우는 제외함).
② 임차인의 계약갱신요구권은 최초의 임대차기간을 제외한 전체 임대차기간이 10년을 초과하지 않은 범위 내에서만 행사할 수 있다.
③ 임대인이 임차인의 계약갱신요구를 거절할 수 있기 위해서는 반드시 임차인이 계약갱신요구권을 행사할 당시에 3기분의 차임이 연체되어 있어야 한다.
④ 임대인의 동의를 받고 전대차계약을 체결한 전차인은 임차인의 계약갱신요구권 행사기간 내에 임차인을 대위하여 임대인에게 계약갱신요구권을 행사할 수 있다.
⑤ 임차인의 계약갱신요구에 의해 갱신되는 임대차기간 중에는 임대인은 차임이나 보증금을 증액할 수 없다.

06 ④ 상가건물을 임차하고 사업자등록을 마친 사업자가 폐업한 경우에는 그 사업자등록은 적법한 사업자등록이라고 볼 수 없으므로, 그 사업자가 폐업신고를 하였다가 다시 같은 상호 및 등록번호로 사업자등록을 하였다고 하더라도 동법상의 대항력 및 우선변제권이 그대로 존속한다고 할 수 없다(대판 2006다56299).
① 임차권의 대항력에 관한 규정(법 제3조)은 보증금액의 규모에 관계없이 적용된다(법 제2조 제3항). 따라서 환산보증금액이 9억원을 초과하는 상가건물의 임차인도 건물의 인도와 사업자등록을 마치면 그 다음 날부터 임차권의 대항력을 취득한다.
② 「상가건물 임대차보호법」 제4조 등에 의하면 건물의 임대차에 이해관계가 있는 자는 건물의 소재지 관할 세무서장에게 임대차와 사업자등록에 관한 사항의 열람 또는 제공을 요청할 수 있고, 사업자가 사업장을 임차한 경우에는 사업자등록신청서에 임대차계약서 사본을 첨부하도록 하여 임대차에 관한 사항의 열람 또는 제공은 첨부한 임대차계약서의 기재에 의하도록 하고 있으므로, 사업자등록신청서에 첨부한 임대차계약서상의 임대차목적물 소재지가 당해 상가건물에 대한 등기부상의 표시와 불일치하는 경우에는 그 사업자등록은 유효한 임대차의 공시방법이 될 수 없다(대판 2008다44238).
③ 「상가건물 임대차보호법」 제3조는 임차인이 취득하는 대항력의 내용을 정한 것으로, 상가건물의 임차인이 제3자에 대한 대항력을 취득한 다음 임차건물의 양도 등으로 소유자가 변동된 경우에는 양수인 등 새로운 소유자가 임대인의 지위를 당연히 승계한다는 의미이다. 소유권 변동의 원인이 매매 등 법률행위든 상속 · 경매 등 법률의 규정이든 상관없이 이 규정이 적용되므로, 상속에 따라 임차건물의 소유권을 취득한 자도 위 조항에서 말하는 임차건물의 양수인에 해당한다(대판 2015다59801).
⑤ 대판 2007다25599

07 ④ 임대인의 동의를 받고 전대차계약을 체결한 전차인은 임차인의 계약갱신요구권 행사기간 이내에 임차인을 대위하여 임대인에게 계약갱신요구권을 행사할 수 있다(법 제13조 제2항).
① 임차인의 계약갱신요구권에 관한 규정은 보증금액의 규모를 가리지 않고 적용된다(법 제2조 제3항).
② 임차인의 계약갱신요구권은 최초의 임대차기간을 '포함'한 전체 임대차기간이 10년을 초과하지 아니하는 범위에서 행사할 수 있다(법 제10조 제2항).
③ 임대차기간 중 어느 때라도 차임이 3기분에 달하도록 연체된 사실이 있다면 임차인과의 계약관계 연장을 받아들여야 할 만큼의 신뢰가 깨어졌으므로 임대인은 계약갱신 요구를 거절할 수 있고, 반드시 임차인이 계약갱신요구권을 행사할 당시에 3기분에 이르는 차임이 연체되어 있어야 하는 것은 아니다(대판 2020다255429).
⑤ 임차인의 계약갱신요구에 의해 갱신되는 임대차기간 중에도 임대인은 차임이나 보증금을 증액할 수 있다(법 제10조 제3항).

정답 06 ④   07 ④

08 난이도 ●●○

임대인이 임차인의 계약갱신요구를 거절할 수 있는 경우는 모두 몇 개인가?

> ㉠ 임차인이 2기의 차임액에 달하도록 차임을 연체한 사실이 있는 경우
> ㉡ 임대인이 일방적으로 임차인에게 상당한 보상을 제공한 경우
> ㉢ 임차인이 임대인의 동의 없이 건물의 일부를 전대한 경우
> ㉣ 임차인이 임차한 건물의 일부를 경미한 과실로 파손한 경우
> ㉤ 건물의 일부가 멸실되었으나 임대차의 목적을 달성할 수 있는 경우
> ㉥ 건물의 노후로 안전사고의 우려가 있어 건물의 대부분을 철거해야 하는 경우

① 1개　　② 2개　　③ 3개
④ 4개　　⑤ 5개

09 난이도 ●●●

임차인의 권리금회수기회의 보호에 관한 설명으로 옳은 것은? (다툼이 있으면 판례에 따름)

① 최초의 임대차기간을 포함한 전체 임대차기간이 10년을 초과하여 임차인이 계약갱신요구권을 행사할 수 없는 경우에는 임대인은 권리금회수기회 보호의무를 부담하지 않는다.
② 권리금회수 방해를 이유로 한 임대인의 손해배상책임을 인정하기 위하여는 반드시 임차인과 신규임차인이 되려는 자 사이에 권리금계약이 미리 체결되어 있어야 한다.
③ 임대인이 임대차 종료 후 상가건물을 1년 6개월 이상 영리목적으로 사용하지 아니하는 경우, 임대인은 임차인이 주선한 신규임차인이 되려는 자와의 계약체결을 거절할 수 있다.
④ 임대인이 임차인의 권리금회수를 방해하여 임차인에게 손해를 배상할 경우, 그 손해배상액은 신규임차인이 임차인에게 지급하기로 한 권리금과 임대차 종료 당시의 권리금 중 높은 금액을 넘지 못한다.
⑤ 권리금회수의 방해로 인한 임차인의 임대인에 대한 손해배상청구권은 그 방해가 있은 날로부터 3년 이내에 행사하지 않으면 시효의 완성으로 소멸한다.

08 ② 임대인이 임차인의 계약갱신요구를 거절할 수 있는 사유는 ⓒ과 ⓗ 2개이다.
ⓒ 법 제10조 제1항 제4호
ⓗ 법 제10조 제1항 제7호 나목
㉠ 2기가 아니라 3기이다(법 제10조 제1항 제1호).
㉡ 서로 합의하여 보상이 제공된 경우라야 한다(법 제10조 제1항 제3호).
㉣ 고의나 중대한 과실로 파손한 경우라야 한다(법 제10조 제1항 제5호).
㉤ 건물의 멸실로 임대차의 목적을 달성하지 못할 경우라야 한다(법 제10조 제1항 제6호).

09 ③ 「상가건물 임대차보호법」 제10조의4 제2항 제3호에서 정하는 '임대차 목적물인 상가건물을 1년 6개월 이상 영리목적으로 사용하지 아니한 경우'는 임대인이 임대차 종료 후 임대차 목적물인 상가건물을 1년 6개월 이상 영리목적으로 사용하지 아니하는 경우를 의미하고, 위 조항에 따른 정당한 사유가 있다고 보기 위해서는 임대인이 임대차 종료시 그러한 사유를 들어 임차인이 주선한 자와 신규 임대차계약 체결을 거절하고, 실제로도 1년 6개월 동안 상가건물을 영리목적으로 사용하지 않아야 한다(대판 2019다285257).
① 최초의 임대차기간을 포함한 전체 임대차기간이 10년을 초과하여 임차인이 계약갱신요구권을 행사할 수 없는 경우에도 임대인은 동법 제10조의4 제1항에 따른 권리금회수기회 보호의무를 부담한다(대판 2017다225312).
② 권리금회수 방해를 인정하기 위하여 반드시 임차인과 신규임차인이 되려는 자 사이에 권리금계약이 미리 체결되어 있어야 하는 것은 아니다(대판 2018다239608).
④ '높은 금액'이 아니라 '낮은 금액'이다(법 제10조의4 제3항).
⑤ '방해가 있은 날로부터'가 아니라 '임대차가 종료한 날로부터'이다(법 제10조의4 제4항).

정답 08 ② 09 ③

제3장 집합건물의 소유 및 관리에 관한 법률

> **대표유형**
> 법조문
> 판례

「집합건물의 소유 및 관리에 관한 법률」에 관한 설명으로 옳은 것은? (다툼이 있으면 판례에 따름)

① 구조상 공용부분과 달리 규약상 공용부분에 관한 물권의 취득은 등기를 요한다.
→ 공용부분에 관한 물권의 득실변경은 등기를 요하지 않는다(법 제13조 제3항).

② 공용부분의 변경에 관한 사항은 원칙적으로 관리단집회에서 구분소유자 및 의결권의 4분의 3 이상의 결의로써 결정한다.
→ 공용부분의 변경에 관한 사항은 관리단집회에서 구분소유자의 및 의결권의 3분의 2 이상의 결의로써 결정한다(법 제15조 제1항 본문).

③ 대지 위에 구분소유권의 목적인 건물이 속하는 1동의 건물이 있을 때에 공유자는 자신의 지분 범위 내에서 해당 대지의 분할을 청구할 수 있다.
→ 대지 위에 구분소유권의 목적인 건물이 속하는 1동의 건물이 있을 때에는 그 대지의 공유자는 그 건물 사용에 필요한 범위의 대지에 대하여는 분할을 청구하지 못한다(법 제8조).

④ 전유부분에 설정된 저당권의 효력은 특별한 사정이 없는 한 대지사용권에 미친다.
→ 구분소유자의 대지사용권은 전유부분과 분리처분이 가능하도록 규약으로 정하였다는 등의 특별한 사정이 없는 한 전유부분과 종속적 일체불가분성이 인정되므로, 구분건물의 전유부분에 대한 저당권의 효력은 당연히 종된 권리인 대지사용권에까지 미친다(대판 2005다15048).

⑤ 법원의 강제경매절차에 의해서라면 대지사용권은 전유부분과 분리되어 처분될 수 있다.
→ 규약이나 공정증서로 다르게 정하였다는 특별한 사정이 없는 한 대지사용권을 전유부분과 분리하여 처분할 수는 없으며, 이를 위반한 대지사용권의 처분은 법원의 강제경매절차에 의한 것이라 하더라도 무효이다(대판 2009다26145).

정답 ④

01

난이도 ●○○

「집합건물의 소유 및 관리에 관한 법률」에 관한 설명으로 옳은 것은?

① 공용부분에 관한 물권의 득실변경은 등기를 요하지 않는다.
② 각 구분소유자는 공용부분을 지분의 비율로 사용할 수 있다.
③ 구분소유자는 대지사용권을 전유부분과 분리하여 처분할 수 없고, 규약으로도 이와 달리 정할 수 없다.
④ 관리인은 구분소유자 중에서 선임되어야 한다.
⑤ 분양자가 아닌 시공자는 특별한 사정이 없는 한 집합건물의 하자에 대하여 담보책임을 지지 않는다.

01
① 공용부분에 관한 물권의 득실변경은 등기가 필요하지 아니하다(법 제13조 제3항).
② 각 공유자는 공용부분을 그 용도에 따라 사용할 수 있다(법 제11조).
③ 구분소유자는 원칙적으로 전유부분과 분리하여 대지사용권을 처분할 수 없지만, 규약으로써 달리 정한 때에는 대지사용권만 분리처분할 수 있다(법 제20조 제2항 단서).
④ 관리인은 구분소유자일 필요가 없다(법 제24조 제2항).
⑤ 집합건물을 건축하여 분양한 자(분양자)와 분양자와의 계약에 따라 건물을 건축한 자(시공자)는 구분소유자에 대하여 담보책임을 진다(법 제9조 제1항).

정답 01 ①

02 난이도 ●●○

집합건물에 관한 설명으로 <u>틀린</u> 것은? (다툼이 있으면 판례에 따름)

① 건물의 일부가 건축물관리대장상 구분건물로 등재되고 등기부상에도 구분소유권의 목적으로 되어 있더라도 구조상·이용상 독립성이 없으면 구분소유권의 객체로 될 수 없다.
② 구분소유권이 성립하기 위해서는 소유자의 구분행위가 있어야 하는바, 구분행위의 존재는 집합건축물대장에 등록되거나 구분건물로서 등기부에 등기를 해야 인정된다.
③ 각 공유자는 공용부분을 그 용도에 따라 사용할 수 있다.
④ 공유자는 공용부분에 대한 지분을 전유부분과 분리하여 처분할 수 없다.
⑤ 전유부분이 속하는 1동의 건물의 설치 또는 보존의 흠으로 인하여 타인에게 손해를 입힌 경우, 그 흠은 공용부분에 존재하는 것으로 추정한다.

03 난이도 ●●●

집합건물에 관한 설명으로 <u>틀린</u> 것은? (다툼이 있으면 판례에 따름)

① 구분건물이 물리적으로 완성되기 전이라도 건축허가신청 등을 통하여 구분의사가 객관적으로 표시되면 구분행위의 존재를 인정할 수 있다.
② 구분소유자는 주거용으로 분양된 전유부분을 임의로 주거 이외의 용도로 사용하거나 그 내부벽을 철거 또는 파손하여 증·개축하는 행위를 할 수 없다.
③ 구분소유자 중 일부가 정당한 권원 없이 집합건물의 복도, 계단 등과 같은 공용부분을 배타적으로 점유·사용하였더라도 다른 구분소유자에게 차임 상당의 부당이득을 반환할 의무가 없다.
④ 구분소유자의 승낙을 받아 전유부분을 점유하는 자는 공용부분의 관리에 관한 사항을 결의하기 위한 집회에 참석하여 그 구분소유자의 의결권을 행사할 수 있다.
⑤ 공용부분의 개량을 위한 것으로 과다한 비용이 들지 않는 공용부분의 변경은 통상의 집회결의로써 결정한다.

02 ② 구분행위는 건물의 특정부분을 구분하여 별개의 소유권의 객체로 하려는 일종의 법률행위로서, 그 시기나 방식에 특별한 제한이 있는 것은 아니고 처분권자의 구분의사가 객관적으로 외부에 표시되면 인정된다. 따라서 구분건물이 물리적으로 완성되기 전에도 건축허가신청이나 분양계약 등을 통하여 장래 신축되는 건물을 구분건물로 하겠다는 구분의사가 객관적으로 표시되면 구분행위의 존재를 인정할 수 있고, 이후 1동의 건물 및 그 구분행위에 상응하는 구분건물이 객관적·물리적으로 완성되면 아직 그 건물이 집합건축물대장에 등록되거나 구분건물로서 등기부에 등기되지 않았더라도 그 시점에서 구분소유가 성립한다(대판 전합 2010다71578).
① 구조상으로나 이용상으로 독립성이 없는 건물의 일부분이 건축물관리대장상 독립한 별개의 구분건물로 등재되고 등기부상에도 구분소유권의 목적으로 등기되어 있더라도 그 등기는 무효이다(대판 99다46096).
③ 법 제11조
④ 법 제13조 제2항
⑤ 법 제6조

03 ③ 이 경우 공용부분을 무단점유한 구분소유자는 해당 공용부분을 점유·사용함으로써 얻은 이익을 다른 구분소유자들에게 부당이득으로 반환할 의무가 있다. 해당 공용부분이 구조상 별개 용도로 사용하거나 다른 목적으로 임대할 수 있는 대상이 아니더라도 무단점유로 인하여 다른 구분소유자들이 해당 공용부분을 사용·수익할 권리가 침해되었고 이는 그 자체로 「민법」 제741조에서 정한 손해로 볼 수 있기 때문이다(대판 전합 2017다220744).
① 구분행위는 건물의 특정부분을 구분하여 별개의 소유권의 객체로 하려는 일종의 법률행위로서, 그 시기나 방식에 특별한 제한이 있는 것은 아니고 처분권자의 구분의사가 객관적으로 외부에 표시되면 인정된다. 따라서 구분건물이 물리적으로 완성되기 전에도 건축허가신청이나 분양계약 등을 통하여 장래 신축되는 건물을 구분건물로 하겠다는 구분의사가 객관적으로 표시되면 구분행위의 존재를 인정할 수 있고, 이후 1동의 건물 및 그 구분행위에 상응하는 구분건물이 객관적·물리적으로 완성되면 아직 그 건물이 집합건축물대장에 등록되거나 구분건물로서 등기부에 등기되지 않았더라도 그 시점에서 구분소유가 성립한다(대판 전합 2010다71578).
② 전유부분이 주거의 용도로 분양된 것인 경우에는 구분소유자는 정당한 사유 없이 그 부분을 주거 외의 용도로 사용하거나 그 내부 벽을 철거하거나 파손하여 증축·개축하는 행위를 하여서는 아니 된다(법 제5조 제2항).
④ 법 제16조 제1항·제2항
⑤ 법 제15조 제1항 제1호

정답 02 ②   03 ③

04

난이도 ●●●

「집합건물의 소유 및 관리에 관한 법률」에 관한 설명으로 옳은 것은? (다툼이 있으면 판례에 따름)

① 공용부분은 성질 및 구조상 당연한 공용부분과 규약에 의한 공용부분으로 나눌 수 있는데, 양자 모두 등기를 요한다는 점에서는 동일하다.
② 공용부분에 대한 지분은 구분소유자 전원의 동의가 있는 경우에도 전유부분과 분리하여 처분할 수 없다.
③ 전(前) 구분소유자의 특별승계인은 체납된 공용부분 관리비는 물론 그에 대한 연체료도 승계한다.
④ 구분소유권이나 대지사용권의 범위나 내용에 변동을 일으키는 공용부분의 변경에 관한 사항은 관리단집회에서 구분소유자 및 의결권의 4분의 3 이상의 결의로써 결정한다.
⑤ 구분소유자의 전유부분 사용금지의 청구는 구분소유자 및 의결권의 5분의 4 이상의 관리단집회 결의가 있어야 한다.

05

난이도 ●●○

집합건물의 공용부분에 관한 설명으로 틀린 것은? (다툼이 있으면 판례에 따름)

① 공용부분에 대한 각 공유자의 지분은 그가 가지는 전유부분의 면적비율에 따른다.
② 집합건물의 공용부분은 시효취득의 대상이 될 수 없다.
③ 각 공유자는 관리인의 선임 여부와 관계없이 공용부분에 대한 보존행위를 할 수 있다.
④ 집합건물의 구분소유자가 다른 구분소유자의 동의 없이 공용부분의 전부 또는 일부를 독점적으로 점유·사용하고 있는 경우, 다른 구분소유자는 공용부분의 보존행위로서 그 인도를 청구할 수 있다.
⑤ 공유자가 공용부분에 관하여 다른 공유자에 대하여 가지는 채권은 그 특별승계인에 대하여도 행사할 수 있다.

06 난이도 ●●○

집합건물의 대지 및 대지사용권에 관한 설명으로 틀린 것은? (다툼이 있으면 판례에 따름)

① 소유권이 아닌 지상권이나 전세권도 대지사용권이 될 수 있다.
② 전유부분에 대한 처분이나 압류의 효력은 특별한 사정이 없는 한 대지사용권에도 미친다.
③ 각 구분소유자는 지분의 비율에 관계없이 그 건물의 대지 전부를 용도에 따라 사용할 수 있다.
④ 규약으로써 달리 정한 경우에는 전유부분과 분리하여 대지사용권만을 처분할 수 있다.
⑤ 구분소유자가 상속인 없이 사망한 경우 대지에 대한 그의 지분은 다른 공유자에게 각 지분의 비율로 귀속된다.

04 ② 공유자는 공용부분에 대한 지분을 전유부분과 분리하여 처분할 수 없는데(법 제13조 제2항), 이는 구분소유자 전원의 동의가 있는 경우라도 마찬가지이다.
① 규약상 공용부분은 구조상 공용부분과는 달리 공용부분이라는 취지를 등기하여야 한다(법 제3조 제4항).
③ 전 구분소유자가 체납한 공용부분 관리비를 특별승계인이 승계한다고 하여 전 구분소유자가 관리비 납부를 연체함으로 인해 발생한 법률효과까지 그대로 승계하는 것은 아니므로 공용부분 관리비에 대한 연체료는 특별승계인에게 승계되는 공용부분 관리비에 포함되지 않는다(대판 2004다3598).
④ '4분의 3'이 아니라 '5분의 4'이다(법 제15조의2 제1항).
⑤ '5분의 4'가 아니라 '4분의 3'이다(법 제44조 제1항·제2항).

05 ④ 공유물의 소수지분권자가 다른 공유자와 협의 없이 공유물의 전부 또는 일부를 독점적으로 점유·사용하고 있는 경우, 다른 소수지분권자는 공유물의 보존행위로서 그 인도를 청구할 수는 없고, 다만 자신의 지분권에 기초하여 공유물에 대한 방해상태를 제거하거나 공동점유를 방해하는 행위의 금지 등을 청구할 수 있다. 그리고 이러한 법리는 집합건물의 공용부분에도 마찬가지로 적용된다(대판 2019다245822).
① 법 제12조 제1항
② 공용부분에 대하여 취득시효의 완성을 인정하여 그 부분에 대한 소유권취득을 인정한다면 전유부분과 분리하여 공용부분의 처분을 허용하고 일정 기간의 점유로 인하여 공용부분이 전유부분으로 변경되는 결과가 되어 집합건물법의 취지에 어긋나게 된다. 따라서 집합건물의 공용부분은 취득시효에 의한 소유권취득의 대상이 될 수 없다(대판 2011다78200).
③ 공유자의 보존행위의 권한은 관리인 선임 여부에 관계없이 행사할 수 있다(대판 2011다12163).
⑤ 법 제18조

06 ⑤ 대지사용권에 대하여는 지분의 탄력성에 관한「민법」제267조가 적용되지 않는다(법 제22조). 즉, 구분소유자가 상속인 없이 사망한 경우 대지에 대한 그의 지분은 전유부분과 함께 국가에 귀속된다.
① 대지사용권은 소유권에 한하지 않고 지상권, 전세권, 임차권 등도 대지사용권이 될 수 있다.
② 구분소유자의 대지사용권은 그가 가지는 전유부분의 처분에 따르므로(법 제20조 제1항), 전유부분에 대한 처분이나 압류의 효력은 특별한 사정이 없는 한 대지사용권에도 미친다.
③ 각 구분소유자는 그 대지에 대하여 가지는 공유지분의 비율에 관계없이 그 대지 전부를 용도에 따라 사용할 수 있는 적법한 권원을 가진다(대판 2012다74175).
④ 법 제20조 제2항 단서

정답 04 ② 05 ④ 06 ⑤

07 난이도 ●●○

집합건물의 관리단, 관리인, 관리위원회에 관한 설명으로 틀린 것은? (다툼이 있으면 판례에 따름)

① 관리단은 구분소유자 전원을 구성원으로 하여 당연히 성립되는 단체로서, 별도의 설립행위가 필요하지 않다.
② 구분소유자가 10인 이상일 때에는 관리인을 선임하여야 한다.
③ 관리인은 구분소유자일 필요가 없으며, 그 임기는 2년의 범위 내에서 규약으로 정한다.
④ 관리인에게 부정한 행위 기타 그 직무를 수행하기에 부적합한 사정이 있을 때에는 각 구분소유자는 그 해임을 법원에 청구할 수 있다.
⑤ 관리위원회의 위원은 규약에 다른 정함이 없으면 전유부분을 점유하는 자 중에서 관리단집회의 결의에 의하여 선출한다.

08 난이도 ●●○

집합건물의 규약과 집회에 관한 설명으로 틀린 것은? (다툼이 있으면 판례에 따름)

① 규약의 설정·변경·폐지는 관리단집회에서 구분소유자 및 의결권의 각 4분의 3 이상의 찬성을 얻어 행한다.
② 전 입주자의 체납관리비를 특별승계인에게 승계시키도록 하는 아파트관리규약 중 공용부분 관리비에 관한 부분은 유효하다.
③ 관리단집회에서 결의할 사항에 관하여 구분소유자 및 의결권의 각 5분의 4 이상이 서면이나 전자적 방법으로 합의하면 관리단집회를 소집하여 결의한 것으로 본다.
④ 구분소유자의 5분의 1 이상이 소집을 청구하면 관리인은 임시 관리단집회를 소집하여야 한다.
⑤ 관리단집회는 구분소유자 전원이 동의하면 소집절차를 거치지 않고 소집할 수 있다.

난이도 ●●○

09 집합건물의 재건축에 관한 설명으로 틀린 것은? (다툼이 있으면 판례에 따름)

① 집합건물을 재건축하기 위해서는 구분소유자 및 의결권의 각 5분의 4 이상의 결의가 있어야 한다.
② 한 단지 내에 있는 여러 동의 건물을 일괄하여 재건축하려는 경우, 재건축결의는 각각의 건물마다 있어야 한다.
③ 재건축의 결의가 있는 경우 집회를 소집한 자는 지체 없이 그 결의에 찬성하지 않은 구분소유자에 대하여 재건축에의 참가 여부에 대한 회답을 서면으로 최고하여야 한다.
④ 재건축비용의 분담액 또는 산출기준을 확정하지 않았다고 해서 재건축결의가 무효로 되는 것은 아니다.
⑤ 재건축의 결의가 법정정족수 미달로 무효인 경우에는 구분소유자 등의 매도청구권이 발생하지 않는다.

---

07 ⑤ 관리위원회의 위원은 구분소유자 중에서 관리단집회의 결의에 의하여 선출한다(법 제26조의4 제1항).
① 관리단은 어떠한 조직행위를 거쳐야 성립되는 단체가 아니라 구분소유관계가 성립하는 건물이 있는 경우 당연히 구분소유자 전원을 구성원으로 하여 성립되는 단체이다(대판 2002다45284).
② 법 제24조 제1항
③ 법 제24조 제2항
④ 법 제24조 제5항

08 ③ 종래 5분의 4에서 2023.3.28. 개정으로 4분의 3으로 변경되었다(법 제41조 제1항).
① 법 제29조 제1항
② 전 입주자의 체납관리비 전체를 특별승계인(양수인)에게 승계시키도록 하는 아파트관리규약은 자치규범인 관리규약 제정의 한계를 벗어나는 것으로 그 효력이 없다. 다만, 그 관리규약 중 공용부분 관리비에 관한 부분은 집합건물법 제18조에 터 잡은 것으로서 유효하다(대판 2001다8677).
④ 법 제33조 제2항
⑤ 법 제35조

09 ④ 재건축비용의 분담에 관한 사항을 정하지 않은 재건축결의는 무효이다(대판 2005다58786).
① 법 제47조 제2항
② 대판 2000다24061
③ 법 제48조 제1항
⑤ 구분소유자 등의 매도청구권은 재건축의 결의가 유효하게 성립하여야 비로소 발생하는 것이므로 재건축의 결의가 무효인 경우에는 매도청구권을 행사할 수 없다(대판 2000다24061).

정답 07 ⑤ 08 ③ 09 ④

10 난이도 ●●○

법조문 / 판례

집합건물에 있어서의 담보책임에 관한 설명으로 틀린 것은? (다툼이 있으면 판례에 따름)

① 전유부분이 양도된 경우, 하자담보책임을 물을 수 있는 자는 특별한 약정이 없는 한 최초의 수분양자가 아니라 현재의 소유자이다.

② 분양자와 시공자의 담보책임에 관한 특약의 내용이 수급인의 담보책임에 관한 「민법」의 규정보다 매수인에게 불리한 경우에는 그 특약은 효력이 없다.

③ 집합건물이 완성된 경우에는 분양목적물의 하자로 계약의 목적을 달성할 수 없더라도 수분양자는 분양계약을 해제할 수 없다.

④ 건물의 주요구조부 및 지반공사의 하자에 대한 담보책임의 존속기간은 10년이다.

⑤ 전유부분에 관한 담보책임의 존속기간은 구분소유자에게 인도한 날부터 기산한다.

---

10 ③ 집합건물의 분양계약에 있어서는 「민법」 제668조 단서(= 건물이 완성된 후에는 건물의 하자를 이유로 도급계약을 해제할 수 없다는 규정)가 준용되지 않고, 따라서 수분양자는 집합건물의 완공 후에도 분양목적물의 하자로 인하여 계약의 목적을 달성할 수 없는 때에는 분양계약을 해제할 수 있다(대판 2002다2485).
① 하자담보추급권은 집합건물의 수분양자가 집합건물을 양도한 경우 양도 당시 양도인이 이를 행사하기 위하여 유보하였다는 등의 특별한 사정이 없는 한 현재의 집합건물의 구분소유자에게 귀속한다(대판 2004다17993).
② 법 제9조 제4항
④ 법 제9조 제1항 제1호
⑤ 법 제9조 제2항 제1호

정답 10 ③

제4장 가등기담보 등에 관한 법률

대표유형
기본
판례

「가등기담보 등에 관한 법률」이 적용되는 경우는? (다툼이 있으면 판례에 따름)

① 1억원의 물품을 구입하고 그 물품대금채무를 담보하기 위하여 매수인 소유의 2억원 상당의 토지에 매도인 명의의 가등기를 한 경우
→ 이 법은 차용물의 반환에 관하여 다른 재산권을 이전할 것을 예약한 경우에 적용되는 것이므로 물품대금채무를 담보할 목적으로 이루어진 가등기에 관하여는 적용되지 않는다(대판 92다22879).

② 1억원을 차용하면서 채무자 소유의 7천만원 상당의 부동산을 채권자에게 양도담보로 제공한 경우
→ 대물변제예약 당시의 재산의 가액(7천만원)이 차용액(1억원)과 이자의 합산액에 미달하는 경우이므로, 이 법이 적용되지 않는다.

③ 1천만원을 차용하면서 그 차용금채무를 담보하기 위하여 2천만원 상당의 고려청자를 채권자에게 양도담보로 제공한 경우
→ 이 법은 차용금채무에 갈음하여 다른 재산권을 이전할 것을 예약하고 그 담보의 목적으로 가등기나 소유권이전등기를 한 때에 적용되는 것이므로, 고려청자와 같은 동산의 양도담보에는 적용되지 않는다.

④ 1억원을 차용하면서 그 차용금채무를 담보하기 위하여 제3자 소유의 2억원 상당의 건물에 채권자 명의의 가등기를 한 경우
→ 대물변제예약 당시의 재산의 가액(2억원)이 차용액(1억원)과 이자의 합산액을 초과하고, 한편 담보의 제공은 채무자가 아닌 제3자(물상보증인)가 할 수도 있으므로, 이 법이 적용된다.

⑤ 3억원을 차용하면서 그 차용금채무를 담보하기 위하여 채무자 소유의 4억원 상당의 건물에 채권자 명의로 가등기를 하였는데, 그 가등기가 경료되기 전에 이미 그 건물에는 2억원의 채무를 담보하는 저당권이 설정되어 있었던 경우
→ 재산권이전의 예약 당시 재산에 대하여 선순위근저당권이 설정되어 있는 경우에는 재산의 가액에서 피담보채무액을 공제한 나머지 가액이 차용액 및 이에 붙인 이자의 합산액을 초과하는 경우에만 이 법이 적용된다(대판 2005다61140).

정답 ④

01

난이도 ●●○

「가등기담보 등에 관한 법률」에 관한 설명으로 틀린 것은? (다툼이 있으면 판례에 따름)

① 가등기가 담보가등기인지 청구권보전을 위한 가등기인지 여부는 형식적으로 결정될 것이 아니고 거래의 실질과 당사자의 의사해석에 따라 결정된다.
② 차용금반환채무와 매매대금채무를 동시에 담보할 목적으로 가등기가 경료된 경우에도 나중에 차용금반환채무만 남게 되면 동법이 적용된다.
③ 가등기담보권의 사적 실행에 있어서 채권자가 청산금지급 이전에 본등기이전과 담보목적물을 인도받을 것을 내용으로 하는 처분정산형의 담보권실행은 허용되지 않는다.
④ 담보가등기권리자는 담보목적 부동산의 경매를 청구할 수 있고, 이 경우 담보가등기권리를 저당권으로 본다.
⑤ 양도담보권자가 동법 소정의 청산절차를 거치지 않은 채 제3자에게 담보목적 부동산을 처분한 경우, 제3자는 선의·악의를 불문하고 그 부동산의 소유권을 취득한다.

02

난이도 ●●○

「가등기담보 등에 관한 법률」에 관한 설명으로 틀린 것은? (다툼이 있으면 판례에 따름)

① 「가등기담보 등에 관한 법률」은 담보권의 실행방법으로 귀속정산만을 규정하고 처분정산의 방법에 의한 담보권실행을 인정하지 않는다.
② 채권자가 채무자와 담보계약을 체결하였지만 담보목적 부동산에 관하여 가등기나 소유권이전등기를 마치지 않은 경우에는 동법이 적용될 수 없다.
③ 가등기담보권자가 담보목적 부동산의 경매를 청구하여 경매절차가 진행 중인 때에는 그 가등기에 따른 본등기를 청구할 수 없다.
④ 가등기담보권의 실행으로 청산절차가 종료된 후에는 담보목적물에 대한 과실수취권을 포함한 사용·수익권은 채권자에게 귀속된다.
⑤ 담보목적 부동산이 경매되는 경우 집행법원이 정한 기간 안에 채권신고를 하지 않은 담보가등기권리자는 매각대금의 배당을 받을 권리를 상실한다.

01 ⑤ 양도담보권자인 채권자가 동법에 정해진 청산절차를 밟지 아니하여 담보목적 부동산의 소유권을 취득하지 못하였음에도 그 담보목적 부동산을 처분한 경우 선의의 제3자는 소유권을 취득한다(대판 2010다27458).
① 대판 91다36932
② 금전소비대차에 기한 차용금반환채무와 그 외의 원인으로 발생한 채무를 동시에 담보할 목적으로 경료된 가등기나 소유권이전등기라도 그 후 후자의 채무가 변제 등의 사유로 소멸하고 차용금반환채무만이 남게 된 경우에는 동법이 적용된다(대판 2003다29968).
③ 가등기담보권의 사적 실행에 있어서 채권자가 청산금의 지급 이전에 본등기와 담보목적물의 인도를 받을 수 있다거나 청산기간이나 동시이행관계를 인정하지 아니하는 처분정산형의 담보권실행은 「가등기담보 등에 관한 법률」상 허용되지 않는다(대판 2002다42001).
④ 법 제12조 제1항

02 ① 「가등기담보 등에 관한 법률」은 가등기담보권의 실행방법으로 권리취득에 의한 실행(= 귀속정산의 방법)과 경매에 의한 실행(= 처분정산의 방법)을 인정하고 있다.
② 채권자가 채무자와 담보계약을 체결하였지만 담보목적 부동산에 관하여 가등기나 소유권이전등기를 마치지 아니한 경우에는 담보권을 취득하였다고 할 수 없으므로, 이러한 경우에는 가등기담보법은 원칙적으로 적용될 수 없다(대판 2011다108743).
③ 「가등기담보 등에 관한 법률」 제12조 제1항, 제13조, 제14조 규정의 문언 형식과 내용 및 체계에 더하여 담보목적부동산에 대한 경매절차가 개시된 경우 그 경매절차에 참가할 수 있을 것이라는 후순위권리자 등의 기대를 보호할 필요가 있는 점 등을 고려하면, 담보가등기권리자가 담보목적부동산의 경매를 청구하는 방법을 선택하여 그 경매절차가 진행 중인 때에는 특별한 사정이 없는 한 동법 제3조에 따른 담보권을 실행할 수 없으므로 그 가등기에 따른 본등기를 청구할 수 없다고 봄이 타당하다(대판 2017다232167).
④ 일반적으로 담보목적으로 가등기를 경료한 경우 담보물에 대한 사용·수익권은 가등기설정자인 소유자에게 있다고 할 것이나, 채권자가 가등기담보권을 실행하여 청산절차가 종료된 경우에는 담보목적물에 대한 과실수취권 등을 포함한 사용·수익권은 청산절차의 종료와 함께 채권자에게 귀속된다(대판 2000다20465).
⑤ 동법 제16조 제2항에는 압류등기 전에 경료된 담보가등기권리가 매각에 의하여 소멸하는 때에는 채권신고를 한 경우에 한하여 그 채권자는 매각대금을 배당받을 수 있다고 규정하고 있으므로, 담보가등기권리자가 집행법원이 정한 기간 안에 채권신고를 하지 아니하면 매각대금의 배당을 받을 권리를 상실한다(대판 2007다25278).

정답 01 ⑤   02 ①

03

난이도 ●●○

「가등기담보 등에 관한 법률」에 관한 설명으로 틀린 것은? (다툼이 있으면 판례에 따름)

① 채권자가 담보권을 실행하여 담보목적 부동산의 소유권을 취득하기 위하여는 청산금의 평가액을 채무자 등에게 통지하고 그 통지가 채무자 등에게 도달한 날로부터 2개월이 경과하여야 한다.
② 통지의 상대방에는 채무자 이외에 물상보증인과 담보가등기 후에 소유권을 취득한 제3취득자가 포함된다.
③ 채권자는 청산금의 평가액을 통지한 후에도 그 평가액이 불합리하게 산정되었음을 주장하여 청산금의 금액에 관하여 다툴 수 있다.
④ 채무자는 청산기간이 경과한 후에도 청산금채권을 변제받을 때까지는 이자와 지연손해금을 포함한 채무액을 채권자에게 지급하고 채권담보의 목적으로 경료된 소유권이전등기의 말소를 청구할 수 있다.
⑤ ④에서 채무의 변제기가 지난 때부터 10년이 경과하였거나 선의의 제3자가 소유권을 취득한 경우에는 소유권이전등기의 말소를 청구할 수 없다.

04

난이도 ●●○

「가등기담보 등에 관한 법률」에 관한 설명으로 틀린 것은? (다툼이 있으면 판례에 따름)

① 가등기담보권자는 담보권실행의 방법으로 권리취득에 의한 실행이나 경매에 의한 실행 중 하나를 선택할 수 있다.
② 권리취득에 의한 실행시 가등기담보권자가 채무자에게 지급할 청산금은 통지 당시의 부동산 가액에서 자신의 채권액 및 후순위 담보권에 의하여 담보된 채권액을 공제한 금액이다.
③ 가등기담보권자가 담보권실행 전에 선순위 가등기담보채무를 대위변제하여 발생한 구상권도 가등기담보권에 의하여 담보된다.
④ 권리취득에 의한 청산절차를 마치기 전에 목적부동산에 대한 경매신청이 행하여진 경우, 담보가등기권리자는 더 이상 가등기에 기한 본등기를 청구할 수 없다.
⑤ 담보목적 부동산이 경매되는 경우 가등기담보권은 저당권으로 본다.

05 난이도 ●●○

가등기담보권의 사적 실행에 관한 설명으로 틀린 것은? (다툼이 있으면 판례에 따름)

① 채권자가 나름대로 평가한 청산금액이 객관적인 청산금 평가액에 미치지 못하더라도 담보권실행의 통지는 효력이 있다.
② 청산금이 없다고 인정되는 경우에도 그 뜻을 통지해야 한다.
③ 가등기담보권자가 채무자에게 청산금을 지급함에 있어서 선순위 가압류의 채권액도 자신의 채권액과 함께 담보목적부동산의 가액에서 공제된다.
④ 가등기담보권자인 채권자가 청산기간이 경과하기 전에 채무자에게 청산금을 지급한 경우, 후순위 권리자에게 대항하지 못한다.
⑤ 가등기에 따른 본등기가 청산금 미지급으로 무효로 되었다면, 그 후 채권자가 다시 청산절차를 마치더라도 그 등기는 유효로 될 수 없다.

---

03 ③ 채권자는 그가 통지한 청산금의 금액에 관하여 다툴 수 없다(법 제9조).
① 법 제3조 제1항
② 통지의 상대방은 채무자 등이다(법 제3조 제1항). 채무자 등에는 채무자와 물상보증인뿐만 아니라 담보가등기 후 소유권을 취득한 제3취득자가 포함되므로(법 제2조 제2호), 통지는 이들 모두에게 하여야 한다.
④⑤ 법 제11조

04 ② 청산금은 통지 당시의 담보목적 부동산의 가액에서 자신의 채권액과 '선순위' 담보권에 의하여 담보된 채권액을 공제한 금액이다(법 제4조 제1항).
① 법 제12조 제1항
③ 가등기담보채권자가 가등기담보권을 실행하기 이전에 그의 계약상의 권리를 보전하기 위해 가등기담보채무자의 제3자에 대한 선순위 가등기담보채무를 대위변제하여 발생한 구상권도 가등기담보계약에 의해 담보된다(대판 2006다46421).
④ 법 제14조
⑤ 법 제12조, 제13조

05 ⑤ 가등기담보법 제3조, 제4조의 규정을 위반하여 가등기에 기한 본등기가 이루어진 경우 그 본등기는 설령 채권자와 채무자 사이의 특약에 의해 경료되었다 할지라도 무효이다(대판 99다41657). 다만, 사후에라도 가등기담보권자가 동법 소정의 청산절차를 거쳐 채무자 등에게 청산금을 지급하면 그 무효인 본등기는 실체적 법률관계에 부합하는 유효한 등기가 될 수 있다(대판 99다41657).
① 채권자가 나름대로 평가한 청산금액이 객관적인 청산금의 평가액에 미치지 못한다고 하더라도 담보권실행통지의 효력이나 청산기간의 진행에는 아무런 영향이 없다(대판 92다10043).
② 법 제3조 제1항 제2문
③ 담보가등기보다 먼저 등기된 가압류의 채권액은 특별한 사정이 없는 한 가등기담보법 제4조 제1항에서 정한 선순위 담보 등에 의하여 담보된 채권액에 준하여 가등기담보채권자의 채권액에 포함된다(대판 2006다46421).
④ 법 제7조 제2항

정답 03 ③   04 ②   05 ⑤

06 난이도 ●●○

乙은 甲에 대한 대여금채권을 담보할 목적으로 甲 소유의 건물에 가등기를 경료하였고, 그 후 丙은 그 건물에 저당권을 취득하였다. 이에 관한 설명으로 옳은 것은? (다툼이 있으면 판례에 따름)

① 실행통지 당시의 건물의 평가액이 피담보채권액에 미달하여 청산금이 없는 경우에는 乙은 즉시 가등기에 기하여 본등기를 청구할 수 있다.
② 乙이 나름대로 평가한 청산금액이 객관적인 평가액에 미치지 못하는 경우에는 실행통지는 효력이 없다.
③ 乙이 甲에게 실행통지는 하였으나 丙에게는 통지를 하지 않은 경우, 甲은 이를 이유로 담보권의 실행을 거부할 수 있다.
④ 丙은 자기 채권의 변제기가 도래하기 전이라도 청산기간 내에 한하여 건물의 경매를 청구할 수 있다.
⑤ 丙의 저당권실행으로 건물이 매각되더라도 선순위인 乙의 담보가등기권리는 소멸하지 않는다.

07 난이도 ●●●

乙은 甲에 대한 5천만원의 대여금채권을 담보하기 위하여 甲 소유 1억원 상당의 아파트에 가등기를 경료하였는데, 乙의 가등기 후에 甲의 다른 채권자 丙이 3천만원의 채권을 담보하기 위하여 그 아파트에 저당권설정등기를 경료하였다. 그 후 甲이 변제기에 변제를 하지 않자 乙은 甲에게 청산금을 3천만원으로 평가하여 통지하였으나 丙에게는 그 통지를 하지 않은 채 2개월이 경과하였다. 乙의 통지 당시 아파트의 시가는 1억원이고 乙의 대여원리금은 5천5백만원이었다. 이에 관한 설명으로 옳은 것은? (다툼이 있으면 판례에 따름)

① 乙이 정당한 평가액을 통지한 것이 아니므로 담보권실행통지로서의 효력이 없고, 따라서 청산기간도 진행하지 않는다.
② 청산기간 2개월이 경과하였으므로 甲은 乙에게 대여원리금 5천5백만원과 지연손해금을 변제하더라도 가등기의 말소를 청구할 수 없다.
③ 설령 乙이 甲에게 정당하게 평가된 청산금 4천5백만원을 지급하고 본등기를 경료받았다 하더라도, 丙에게 실행통지를 하지 않은 이상 乙은 아파트의 소유권을 취득할 수 없다.
④ 후일 丙이 乙에게 3천만원의 지급을 청구하면 乙은 甲에 대한 청산금지급으로 丙에게 대항할 수 있다.
⑤ 乙이 甲에게 청산금을 지급하기 전에 丙이 저당권에 기한 경매를 신청하면 乙의 담보가등기권리는 매각으로 소멸하되, 乙은 丙보다 자기 채권의 우선변제를 받을 수 있다.

06 ④ 후순위 권리자는 청산기간에 한정하여 그 피담보채권의 변제기 도래 전이라도 담보목적부동산의 경매를 청구할 수 있다(법 제12조 제2항).
① 청산금이 없는 경우에도 그 뜻을 통지하고 2개월이 경과하여야 가등기에 기한 본등기를 청구할 수 있다(법 제3조 제1항 제2문).
② 채권자가 나름대로 평가한 청산금액이 객관적인 청산금의 평가액에 미치지 못한다고 하더라도 담보권실행통지의 효력이나 청산기간의 진행에는 아무런 영향이 없다(대판 92다10043).
③ 가등기담보권자인 채권자가 후순위 권리자에게 통지하지 아니하고 채무자에게 청산금을 지급한 경우에는 이로써 후순위 권리자에게 대항할 수 없는 것이나(법 제7조 제2항), 이는 후순위 권리자가 채권자에게 청산금을 지급하여 줄 것을 청구하게 되면 채권자로서는 청산금의 이중지급의 책임을 면할 수 없다는 취지일 뿐이지, 후순위 권리자가 존재한다는 사유만으로 채무자에게 담보권의 실행을 거부할 권원을 부여하는 것은 아니다(대판 2002다42001).
⑤ 담보가등기권리는 경매시 저당권으로 간주되므로(법 제13조), 담보가등기를 마친 부동산에 대하여 경매가 행하여진 경우에는 담보가등기권리는 그 순위에 관계없이 모두 매각으로 소멸한다(법 제15조).

07 ⑤ 법 제13조, 제15조
① 채권자가 나름대로 평가한 청산금액이 객관적인 청산금의 평가액에 미치지 못한다고 하더라도 담보권실행통지의 효력이나 청산기간의 진행에는 아무런 영향이 없다. 단, 이 경우에 채무자 등은 채권자가 통지한 청산금액을 다투고 정당하게 평가된 청산금을 지급받을 때까지 목적부동산의 소유권이전등기 및 인도채무의 이행을 거절하거나 피담보채무 전액을 채권자에게 지급하고 채권담보의 목적으로 마쳐진 가등기의 말소를 구할 수 있을 뿐 아니라, 채권자에게 정당하게 평가된 청산금을 청구할 수도 있다(대판 92다10043).
② 채무자 등은 청산기간이 경과한 이후에도 청산금채권을 변제받을 때까지 그 채무액(반환할 때까지의 이자와 손해금을 포함한다)을 채권자에게 지급하고 그 채권담보의 목적으로 마친 소유권이전등기의 말소를 청구할 수 있다(법 제11조 본문).
③④ 乙이 丙에게 실행통지를 하지 않은 경우에도 乙은 아파트의 소유권을 취득할 수 있다. ⇨ 가등기담보권자인 채권자가 후순위 권리자에게 통지하지 아니하고 채무자에게 청산금을 지급한 경우에는 이로써 후순위 권리자에게 대항할 수 없는 것이나(법 제7조 제2항), 이는 후순위 권리자가 채권자에게 청산금을 지급하여 줄 것을 청구하게 되면 채권자로서는 청산금의 이중지급의 책임을 면할 수 없다는 취지일 뿐이지, 후순위 권리자가 존재한다는 사유만으로 채무자에게 담보권의 실행을 거부할 권원을 부여하는 것은 아니다(대판 2002다42001).

정답 06 ④   07 ⑤

08 난이도 ●●●

甲은 乙로부터 1억원을 차용하면서 그 채무를 담보하기 위하여 자기 소유의 시가 2억원 상당의 토지를 乙 명의로 소유권이전등기를 경료해 주었다. 이에 관한 설명으로 옳은 것은? (다툼이 있으면 판례에 따름)

① 위 토지에 대한 사용·수익권은 채권자인 乙에게 있으므로 토지를 임대할 권한도 乙에게 있다.
② 甲은 변제기로부터 10년이 지난 후에도 청산금을 받기 전에는 이자와 지연손해금을 포함한 채무액을 지급하고 乙 명의의 소유권이전등기의 말소를 청구할 수 있다.
③ 甲의 말소청구권이 제척기간 10년의 경과로 소멸하고 이로써 乙이 담보목적부동산의 소유권을 확정적으로 취득한 때에는 乙은 甲에게 청산금을 지급할 의무가 없다.
④ 丙이 위 토지를 불법으로 점유하고 있는 경우, 乙은 丙을 상대로 임료 상당의 손해배상을 청구할 수 있다.
⑤ 乙이 청산절차 없이 위 토지를 선의의 丁에게 처분한 경우, 甲은 乙에게 불법행위책임을 물어 손해배상을 청구할 수 있다.

---

08 ⑤ 채권자가 「가등기담보 등에 관한 법률」에 정해진 청산절차를 밟지 아니하여 담보목적 부동산의 소유권을 취득하지 못하였음에도 그 담보목적 부동산을 처분하여 선의의 제3자가 소유권을 취득하고 그로 인하여 동법 제11조 단서에 의하여 채무자가 더는 채무액을 채권자에게 지급하고 그 채권담보의 목적으로 마친 소유권이전등기의 말소를 청구할 수 없게 되었다면, 채권자는 위법한 담보목적 부동산 처분으로 인하여 채무자가 입은 손해를 배상할 책임이 있다(대판 2010다27458).
① 일반적으로 부동산을 채권담보의 목적으로 양도한 경우 특별한 사정이 없는 한 목적부동산에 대한 사용·수익권은 채무자인 양도담보설정자에게 있는 것이므로 설정자와 양도담보권자 사이에 양도담보권자가 목적물을 사용·수익하기로 하는 약정이 없는 이상 목적부동산을 임대할 권한은 양도담보설정자에게 있다(대판 2001다40213).
② 채무의 변제기가 지난 때로부터 10년이 경과하면 채무자는 담보목적의 소유권이전등기의 말소를 청구할 수 없다(법 제11조 단서).
③ 가등기담보법 제11조 단서에 정한 제척기간이 경과함으로써 채무자 등의 말소청구권이 소멸하고 이로써 채권자가 담보목적 부동산의 소유권을 확정적으로 취득한 때에는 채권자는 가등기담보법 제4조에 따라 산정한 청산금을 채무자 등에게 지급할 의무가 있고, 채무자 등은 채권자에게 그 지급을 청구할 수 있다(대판 2018다215947).
④ 양도담보권자는 담보권의 실행을 위하여 담보채무자가 아닌 제3자에 대하여도 담보물의 인도를 구할 수 있고, 인도를 거부하는 경우에는 담보권실행이 방해된 것을 이유로 하는 손해배상을 구할 수는 있으나, 그러한 경우에도 양도담보권자에게는 목적부동산에 대한 사용·수익권이 없으므로 임료 상당의 손해배상을 구할 수는 없다(대판 90다9780).

정답 **08** ⑤

제5장 부동산 실권리자명의 등기에 관한 법률

대표유형

기본
판례
응용

甲은 乙과 명의신탁약정을 맺고 자기 소유의 부동산의 등기 명의를 乙 앞으로 이전하였다. 「부동산 실권리자명의 등기에 관한 법률」에 의할 때 다음 설명 중 틀린 것은? (다툼이 있으면 판례에 따름)

① 甲과 乙 사이의 명의신탁약정은 무효이고, 乙 앞으로 경료된 소유권이전등기도 무효이다.
→ 명의신탁약정과 그 약정에 따른 등기로 이루어진 부동산에 관한 물권변동은 무효로 한다(법 제4조 제1항·제2항).

② 甲은 부당이득반환을 원인으로 乙에게 소유권이전등기를 청구할 수 없다.
→ 양자 간 등기명의신탁에서 명의신탁약정과 그에 의한 등기가 무효이므로 명의수탁자 명의의 소유권이전등기에도 불구하고 그 소유권은 처음부터 이전되지 않는 것이어서 명의신탁자가 어떠한 '손해'를 입게 되거나 명의수탁자가 어떠한 '이익'을 얻게 된다고 할 수 없으므로, 결국 명의신탁자는 명의수탁자를 상대로 침해부당이득반환을 원인으로 소유권이전등기절차의 이행을 구할 수 없다(대판 2012다97864).

③ 甲은 명의신탁해지를 원인으로 乙에게 소유권이전등기를 청구할 수 있다.
→ 명의신탁약정이 무효로 된 경우, 명의신탁자는 명의수탁자를 상대로 명의신탁해지를 원인으로 하는 소유권이전등기청구를 할 수 없다(대판 98다1027).

④ 甲은 乙을 상대로 소유권에 기한 방해배제청구권을 행사하여 乙 명의의 등기의 말소를 청구하거나 진정명의회복을 위한 소유권이전등기를 청구할 수 있다.
→ 명의신탁약정이 무효로 된 경우, 원칙적으로 명의신탁자는 명의수탁자를 상대로 원인무효를 이유로 그 등기의 말소를 구하여야 하나, 명의수탁자를 상대로 진정명의회복을 원인으로 한 이전등기를 구할 수도 있다(대판 2002다35157).

⑤ 乙로부터 위 부동산을 매수한 丙은 원칙적으로 그의 선의·악의를 불문하고 소유권을 취득하지만, 丙이 乙의 배임행위에 적극 가담한 경우에는 소유권을 취득하지 못한다.
→ 명의수탁자로부터 신탁부동산을 매수한 제3자는 선의·악의를 불문하고 소유권을 취득하지만(법 제4조 3항), 수탁자의 배임행위에 적극 가담한 경우에는 그 매매는 반사회질서의 법률행위로서 무효가 된다.

정답 ③

01

난이도 ●●○

「부동산 실권리자명의 등기에 관한 법률」에 관한 설명으로 틀린 것은? (다툼이 있으면 판례에 따름)

① 채무의 변제를 담보하기 위하여 채권자가 채무자 소유의 부동산에 대해 소유권이전등기를 경료하는 것은 명의신탁약정에 해당하지 않는다.
② 무효인 명의신탁등기가 행하여진 후 명의신탁자와 명의수탁자가 혼인한 경우, 조세포탈 등의 탈법적 목적이 없다면 그 등기는 명의신탁약정시에 소급하여 유효로 된다.
③ 종중이 보유한 부동산을 종중 이외의 자의 명의로 등기한 경우, 그것이 조세포탈, 강제집행면탈 또는 법령상 제한의 회피를 목적으로 하지 않는다면 명의신탁약정에 따른 물권변동의 효력이 있다.
④ 명의신탁약정은 선량한 풍속 기타 사회질서에 위반한 사항을 내용으로 하는 법률행위가 아니다.
⑤ 명의수탁자가 제3자에게 부동산을 처분한 경우, 그 제3자는 선의·악의를 불문하고 소유권을 취득하는 것이 원칙이다.

02

난이도 ●●○

「부동산 실권리자명의 등기에 관한 법률」에 관한 설명으로 틀린 것은? (다툼이 있으면 판례에 따름)

① 탈세의 목적으로 한 명의신탁약정에 기하여 타인 명의의 등기가 마쳐졌다는 이유만으로 그것이 당연히 불법원인급여에 해당한다고 볼 수는 없다.
② 양자 간 등기명의신탁에서 명의신탁자는 소유권에 기한 방해배제청구로서 명의수탁자에 대하여 소유권이전등기의 말소나 진정명의회복을 위한 소유권이전등기를 청구할 수 있다.
③ 명의신탁약정과 그에 따른 등기의 무효로써 대항하지 못하는 동법 제4조 제3항의 제3자란 명의수탁자로부터 소유권이나 저당권 등 물권을 취득한 자를 의미하고, 압류 또는 가압류채권자는 여기에 포함되지 않는다.
④ 사실혼 배우자 사이의 명의신탁은 탈법적 목적이 없는 경우에도 허용되지 않는다.
⑤ 명의신탁약정이 3자간 등기명의신탁인지 아니면 계약명의신탁인지의 구별에 있어서, 계약명의자가 명의수탁자로 되어 있더라도 계약당사자를 명의신탁자로 볼 수 있다면 그 명의신탁관계는 3자간 등기명의신탁이다.

01 ② 어떠한 명의신탁등기가 「부동산 실권리자명의 등기에 관한 법률」에 따라 무효가 되었다고 할지라도 그 후 신탁자와 수탁자가 혼인하여 그 등기의 명의자가 배우자로 된 경우에는 조세포탈, 강제집행의 면탈 또는 법령상 제한의 회피를 목적으로 하지 않는 한 위 법률 제8조 제2호의 특례를 적용하여 그 명의신탁등기는 당사자가 혼인한 때로부터 유효하게 된다(대판 2002다23840).
① 가등기담보나 양도담보는 명의신탁약정에 해당하지 않는다(법 제2조 제1호 가목).
③ 탈법적 목적이 없는 종중의 명의신탁은 예외적으로 허용된다(법 제8조 제1호).
④ 「부동산 실권리자명의 등기에 관한 법률」이 규정하는 명의신탁약정은 부동산에 관한 물권의 실권리자가 타인과의 사이에서 대내적으로는 실권리자가 부동산에 관한 물권을 보유하거나 보유하기로 하고 그에 관한 등기는 그 타인의 명의로 하기로 하는 약정을 말하는 것일 뿐이므로, 그 자체로 선량한 풍속 기타 사회질서에 위반하는 경우에 해당한다고 단정할 수 없다(대판 2003다41722).
⑤ 명의신탁약정과 그에 따른 물권변동의 무효는 선의·악의를 불문하고 제3자에게 대항하지 못하므로(법 제4조 제3항), 명의수탁자가 제3자에게 부동산을 처분한 경우 제3자는 선의·악의를 불문하고 소유권을 취득한다.

02 ③ 「부동산 실권리자명의 등기에 관한 법률」 제4조 제3항의 '제3자'는 소유권이나 저당권 등 물권을 취득한 자뿐만 아니라 압류 또는 가압류채권자도 포함하고 그의 선의·악의를 묻지 않는다(대판 2012다107068).
① 명의신탁약정은 그 자체로 선량한 풍속 기타 사회질서에 위반하는 경우에 해당한다고 단정할 수 없다. 따라서 무효인 명의신탁약정에 기하여 타인 명의의 등기가 마쳐졌다는 이유만으로 그것이 당연히 불법원인급여에 해당한다고 볼 수 없고, 이는 탈세의 목적으로 한 명의신탁약정에 기하여 타인 명의의 등기가 마쳐진 경우라도 마찬가지이다(대판 2003다41722).
② 명의신탁약정이 무효로 된 경우, 원칙적으로 명의신탁자는 명의수탁자를 상대로 원인무효를 이유로 그 등기의 말소를 구하여야 하나, 명의수탁자를 상대로 진정명의회복을 원인으로 한 이전등기를 구할 수도 있다(대판 2002다35157).
④ 특례가 적용되는 법 제8조 소정의 배우자에는 사실혼관계에 있는 배우자는 포함되지 아니한다(대판 99두35).
⑤ 명의신탁약정이 3자간 등기명의신탁인지 아니면 계약명의신탁인지의 구별은 계약당사자가 누구인가를 확정하는 문제로 귀결되는데, 계약명의자가 명의수탁자로 되어 있다 하더라도 계약당사자를 명의신탁자로 볼 수 있다면 이는 3자간 등기명의신탁이 된다. 따라서 계약명의자인 명의수탁자가 아니라 명의신탁자에게 계약에 따른 법률효과를 직접 귀속시킬 의도로 계약을 체결한 사정이 인정된다면 명의신탁자가 계약당사자이고, 이 경우의 명의신탁관계는 3자간 등기명의신탁으로 보아야 한다(대판 2019다300422).

정답 01 ② 02 ③

03 난이도 ●●●

甲과 乙은 위치와 면적을 특정하여 구분소유하기로 약정하고 1필지의 토지를 공동으로 매수하였는데, 분필에 의한 소유권이전등기를 하지 않고 그 필지 전체에 관하여 양수부분의 면적비율에 상응하는 공유지분등기를 하였다. 이에 관한 설명으로 틀린 것은? (다툼이 있으면 판례에 따름)

① 甲과 乙은 자신들의 특정 구분부분을 단독으로 처분할 수 있다.
② 甲은 乙에 대하여 공유물분할을 청구할 수 있다.
③ 丙이 위 토지를 무단으로 점유하고 있는 경우, 甲은 丙에 대하여 공유물의 보존행위로서 전체 토지에 대하여 그 배제를 청구할 수 있다.
④ 위 ③에서 甲은 丙에 대하여 자신의 지분에 대응한 비율의 한도에서만 손해배상을 청구할 수 있다.
⑤ 甲이 배타적으로 사용하는 특정부분 위에 乙이 건물을 신축한 뒤 대지의 분할등기가 이루어져 건물의 대지부분이 甲의 단독소유가 된 경우, 乙은 관습상의 법정지상권을 취득하지 못한다.

04 난이도 ●●○

甲종중이 그 소유의 X토지를 탈법적 목적 없이 종원 乙에게 명의신탁한 경우에 관한 설명으로 옳은 것은? (다툼이 있으면 판례에 따름)

① 乙이 대외적 관계에서 소유권을 가지나, 甲에 대하여는 그 소유권을 주장하지 못한다.
② 甲은 乙에 대하여 명의신탁약정의 해지를 원인으로 하는 소유권이전등기를 청구할 수 없다.
③ 丙이 X토지를 불법점유하는 경우, 甲은 丙에 대하여 직접 X토지의 인도를 청구할 수 있다.
④ 乙이 X토지 위에 건물을 지어 소유하던 중 명의신탁이 해지되어 X토지의 등기명의가 甲으로 환원된 경우, 乙은 관습법상의 법정지상권을 취득한다.
⑤ 乙이 丙에게 X토지를 매도하여 이전등기한 경우, 丙이 악의라면 X토지의 소유권을 취득하지 못한다.

03 ② 구분소유적 공유관계에 있는 자는 명의신탁해지를 원인으로 한 지분이전등기절차의 이행만을 구할 수 있고 공유물분할청구를 할 수 없다(대판 88다카10517).
① 구분소유적 공유관계에 있는 자는 자기가 소유하는 특정부분을 처분함에 있어서 다른 특정부분의 소유자의 동의를 얻을 필요가 없다(대판 2003다21087).
③ 구분소유적 공유관계에 있는 특정부분의 소유자라도 외부관계에 있어서는 1필지 전체에 관하여 공유자로서의 권리를 주장할 수 있으므로, 제3자의 방해행위가 있는 경우 자기의 소유 부분뿐만 아니라 전체 토지에 대하여 공유물의 보존행위로서 그 배제를 구할 수 있다(대판 93다42986).
④ 공유물에 끼친 불법행위를 이유로 하는 손해배상청구권은 특별한 사유가 없는 한 각 공유자가 지분에 대응하는 비율의 한도 내에서만 행사할 수 있다(대판 70다171).
⑤ 구분소유적 공유관계에 있어서는 통상적인 공유관계와는 달리 당사자 내부에 있어서는 각자가 특정매수한 부분은 각자의 단독소유로 되었다 할 것이므로, 乙은 위 대지 중 그가 매수하지 아니한 부분에 관하여는 甲에게 그 소유권을 주장할 수 없어 위 대지 중 乙이 매수하지 아니한 부분지상에 있는 乙 소유의 건물부분은 당초부터 건물과 토지의 소유자가 서로 다른 경우에 해당되어 그에 관하여는 관습상의 법정지상권이 성립될 여지가 없다(대판 93다49871).

04 ① 유효한 명의신탁의 경우, 신탁자는 수탁자에 대한 관계에 있어서 등기 없이 그 부동산에 대한 실질적인 소유권을 내세울 수 있으며, 수탁자는 신탁자에 대하여 그 부동산의 소유권이 자기에게 있음을 주장할 수 없다(대판 92다31699).
② 유효한 명의신탁에서 명의신탁자는 명의신탁을 해지하고 명의수탁자로부터 소유권이전등기를 경료받을 수 있다(대판 88누8098).
③ 대외적인 관계에 있어서는 명의수탁자만이 소유자로서 그 재산에 대한 제3자의 침해에 대하여 배제를 구할 수 있으며, 명의신탁자는 명의수탁자를 대위하여 수탁자의 권리를 행사할 수 있을 뿐 직접 제3자에게 신탁재산에 대한 침해의 배제를 구할 수 없다(대판 77다1079).
④ 명의수탁자는 신탁자와의 대내적 관계에 있어서 그 토지가 자기 소유에 속하는 것이었다고 주장할 수 없고 따라서 위 건물은 어디까지나 명의신탁자 소유의 토지 위에 지은 것이라 할 것이므로, 그 후 소유명의가 명의신탁자 명의로 회복될 당시 명의수탁자는 명의신탁자에 대하여 지상건물의 소유를 위한 관습상의 지상권을 취득하였다고 주장할 수 없다(대판 86다카62).
⑤ 일반적으로 명의수탁자는 신탁재산을 유효하게 제3자에게 처분할 수 있고 제3자가 명의신탁사실을 알았다 하여도 그의 소유권취득에 영향이 없다(대판 91다29842).

정답 03 ② 04 ①

05 난이도 ●●○

丙 소유의 부동산을 매수한 甲은 재산상황을 은폐하기 위하여 乙과 명의신탁약정을 맺고, 丙에게 부탁하여 소유권이전등기를 乙 명의로 경료하였다. 이에 관한 설명으로 **틀린** 것은? (다툼이 있으면 판례에 따름)

① 丙이 甲, 乙 간의 명의신탁약정에 대해 선의인 경우, 그 명의신탁약정은 무효이다.
② 丙이 甲, 乙 간의 명의신탁약정에 대해 선의인 경우, 乙 명의의 소유권이전등기는 유효하다.
③ 甲은 명의신탁해지를 원인으로 乙에게 소유권이전등기를 청구할 수 없다.
④ 乙이 丁에게 금전을 차용하고 그 담보를 위하여 위 부동산에 저당권을 설정해 주었다면, 丁은 甲, 乙 간의 명의신탁약정에 대한 선의·악의를 불문하고 저당권을 취득한다.
⑤ ④에서 甲은 직접 乙에게 근저당권의 피담보채무액 상당의 부당이득반환을 청구할 수 있다.

06 난이도 ●●○

甲은 X토지의 소유자인 丙과 매매계약을 체결하고 그 대금을 지급한 후, 소유권이전등기는 자신과 명의신탁약정을 한 乙에게 이전해 줄 것을 요청하여 乙 앞으로 그 등기가 경료되었다. 이에 관한 설명으로 **틀린** 것은? (다툼이 있으면 판례에 따름)

① 甲의 요청에 의해 乙에게로 소유권이전등기가 되었으므로, 甲은 더 이상 丙에 대하여 매매계약에 기초한 소유권이전등기청구를 할 수 없다.
② 甲은 丙을 대위하여 乙 명의의 소유권이전등기의 말소를 청구할 수 있다.
③ 甲은 직접 乙을 상대로 하여 부당이득을 원인으로 하는 소유권이전등기를 청구할 수 없다.
④ 乙이 甲의 소유권이전등기청구에 응하여 자의로 X토지의 소유권이전등기를 경료해 주었다면 그 등기는 실체관계에 부합하므로 유효하다.
⑤ 乙이 자기 마음대로 丁에게 X토지를 처분한 경우, 乙은 「형법」상 횡령죄의 성립 여부와 관계없이 甲에 대해 불법행위책임을 부담한다.

05 ②① 이른바 3자간 등기명의신탁에서 명의신탁약정과 그에 따른 등기는 매도인의 선의·악의를 불문하고 무효이다(법 제4조 제1항·제2항).
③ 명의신탁약정이 무효이므로 甲은 乙에게 명의신탁약정의 해지를 원인으로 소유권이전등기를 청구할 수 없다.
④⑤ 3자간 등기명의신탁에서 명의수탁자가 제3자에게 부동산에 관하여 근저당권을 설정하여 준 경우에 제3자는 부동산실명법 제4조 제3항에 따라 유효하게 근저당권을 취득한다. 이 경우 매도인의 부동산에 관한 소유권이전등기의무가 이행불능된 것은 아니므로, 명의신탁자는 여전히 매도인을 대위하여 명의수탁자의 부동산에 관한 진정명의회복을 원인으로 한 소유권이전등기 등을 통하여 매도인으로부터 소유권을 이전받을 수 있지만, 그 소유권은 명의수탁자가 설정한 근저당권이 유효하게 남아 있는 상태의 것이다. 명의수탁자는 제3자에게 근저당권을 설정하여 줌으로써 피담보채무액 상당의 이익을 얻었고, 명의신탁자는 매도인을 매개로 하더라도 피담보채무액만큼의 교환가치가 제한된 소유권만을 취득할 수밖에 없는 손해를 입은 한편, 매도인은 명의신탁자로부터 매매대금을 수령하여 매매계약의 목적을 달성하였으면서도 근저당권이 설정된 상태의 소유권을 이전하는 것에 대하여 손해배상책임을 부담하지 않으므로 실질적인 손실을 입지 않는다. 따라서 3자간 등기명의신탁에서 명의수탁자가 부동산에 관하여 제3자에게 근저당권을 설정한 경우 명의수탁자는 근저당권의 피담보채무액 상당의 이익을 얻었고 그로 인하여 명의신탁자에게 그에 상응하는 손해를 입혔으므로, 명의수탁자는 명의신탁자에게 이를 부당이득으로 반환할 의무를 부담한다(대판 전합 2018다284233).

06 ①② 3자간 등기명의신탁에서 부동산실명법에 의하여 명의신탁약정과 그에 의한 물권변동의 등기가 무효로 된 경우에도 매도인과 명의신탁자 사이의 매매계약은 여전히 유효하므로 명의신탁자는 매도인에 대하여 매매계약에 기한 소유권이전등기를 청구할 수 있고, 그 소유권이전등기청구권을 보전하기 위하여 매도인을 대위하여 명의수탁자에게 무효인 그 명의 등기의 말소를 구할 수 있다(대판 2004다6764).
③ 3자간 등기명의신탁에서 명의신탁약정과 그에 의한 등기가 무효로 되더라도 매도인과 명의신탁자 사이의 매매계약은 여전히 유효하므로 명의신탁자는 매도인에 대하여 매매계약에 기한 소유권이전등기청구권을 보유하고 있어 그 등기명의를 보유하지 못하는 손해를 입었다고 볼 수 없으므로, 명의신탁자는 명의수탁자를 상대로 부당이득반환을 원인으로 한 소유권이전등기를 구할 수 없다(대판 2008다55290).
④ 명의신탁자는 매도인에 대하여 매매계약에 기한 소유권이전등기를 청구할 수 있고, 그 소유권이전등기청구권을 보전하기 위하여 매도인을 대위하여 명의수탁자에게 무효인 그 명의 등기의 말소를 구할 수도 있으므로, 명의수탁자가 명의신탁자 앞으로 바로 경료해 준 소유권이전등기는 결국 실체관계에 부합하는 등기로서 유효하다(대판 2004다6764).
⑤ 명의수탁자가 3자간 등기명의신탁에 따라 매도인으로부터 소유권이전등기를 넘겨받은 부동산을 자기 마음대로 처분한 행위가 형사상 횡령죄로 처벌되지 않더라도, 이는 명의신탁자의 채권인 소유권이전등기청구권을 침해하는 행위로서 「민법」 제750조에 따라 불법행위에 해당하여 명의수탁자는 명의신탁자에게 손해배상책임을 질 수 있다(대판 2020다208997).

정답 05 ② 06 ①

07 난이도 ●●○

2025년 3월 甲과 명의신탁약정을 맺은 乙은 甲이 제공한 매수자금으로 丙의 X부동산을 매수하고 자기 명의로 소유권이전등기를 경료하였다. 이에 관한 설명으로 **틀린** 것은? (다툼이 있으면 판례에 따름)

① 甲, 乙 간의 명의신탁약정은 丙의 선의·악의에 관계없이 무효이다.
② 丙이 甲, 乙 간의 명의신탁약정을 모른 경우, 乙은 X부동산의 소유권을 취득한다.
③ 위 ②에서 甲은 乙에게 부당이득반환으로 X부동산의 소유권이전등기를 청구할 수 있다.
④ 丙이 매매계약 체결 당시 명의신탁약정이 있다는 사실을 몰랐다면, 그 후 명의신탁약정 사실을 알게 되었어도 乙은 X부동산의 소유권을 취득한다.
⑤ 丙이 악의인 경우에도 乙로부터 X부동산을 매수하여 소유권이전등기를 경료한 丁은 선의·악의를 불문하고 X부동산의 소유권을 취득한다.

08 난이도 ●●●

甲은 乙과 乙 명의로 丙의 X부동산을 매수한 뒤 甲의 요청이 있으면 X부동산의 소유권을 甲에게 이전해 주기로 합의하고 매수자금 2억원을 乙에게 지급하였다. 乙은 甲이 제공한 자금으로 이러한 사정을 모르는 丙과 X부동산에 대한 매매계약을 체결하고 소유권이전등기를 경료받았다. 이에 관한 설명으로 **틀린** 것은? (다툼이 있으면 판례에 따름)

① 乙은 甲에게 매수자금 2억원을 부당이득으로 반환할 의무가 있다.
② 위 ①에서 만일 乙이 소유권이전등기를 위해 지출해야 할 취득세, 등록세 등을 甲으로부터 제공받았다면 이러한 자금 역시 甲에게 부당이득으로 반환하여야 한다.
③ 甲과 乙이 위와 같이 무효인 명의신탁약정을 전제로 甲의 乙에 대한 소유권이전등기청구권을 확보하기 위하여 X부동산에 甲 명의의 가등기를 마친 경우, 그 가등기는 무효이다.
④ 乙의 완전한 소유권취득을 전제로 사후적으로 甲과의 사이에 매수자금반환의무의 이행에 갈음하여 X부동산 자체를 양도하기로 합의하고 甲 앞으로 소유권이전등기를 마쳐준 경우, 그 소유권이전등기는 무효이다.
⑤ 甲은 乙에게 제공한 매매대금 상당의 부당이득반환청구권에 기하여 X부동산에 대한 유치권을 행사할 수 없다.

07 ③ 계약명의신탁약정이 부동산실명법 시행 후에 있은 경우에는 명의신탁자는 애초부터 당해 부동산의 소유권을 취득할 수 없었으므로 위 명의신탁약정의 무효로 인하여 명의신탁자가 입은 손해는 당해 부동산 자체가 아니라 명의수탁자에게 제공한 매수자금이라 할 것이고, 따라서 명의수탁자는 당해 부동산 자체가 아니라 명의신탁자로부터 제공받은 매수자금을 부당이득으로 반환하면 된다(대판 2002다66922). 즉, 甲은 乙에게 부당이득반환으로 X부동산의 소유권이전등기를 청구할 수는 없고 매수자금의 반환을 청구할 수 있을 뿐이다.
① 법 제4조 제1항
② 법 제4조 제2항 단서
④ 명의신탁자와 명의수탁자가 계약명의신탁약정을 맺고 명의수탁자가 당사자가 되어 매도인과 부동산에 관한 매매계약을 체결하는 경우 그 계약과 등기의 효력은 매매계약을 체결할 당시 매도인의 인식을 기준으로 판단해야 하고, 매도인이 계약 체결 이후에 명의신탁약정 사실을 알게 되었다고 하더라도 위 계약과 등기의 효력에는 영향이 없다(대판 2017다257715).
⑤ 법 제4조 제3항

08 ④ 계약명의신탁에서 명의수탁자의 완전한 소유권취득을 전제로 하여 사후적으로 명의신탁자와의 사이에 매수자금반환의무의 이행에 갈음하여 명의신탁된 부동산 자체를 양도하기로 합의하고 그에 기하여 명의신탁자 앞으로 소유권이전등기를 마쳐준 경우, 그 소유권이전등기는 새로운 소유권이전의 원인인 대물급부의 약정에 기한 것이므로 특별한 사정이 없는 한 유효하고, 대물급부의 목적물이 원래의 명의신탁부동산이라는 것만으로 유효성을 부인할 것은 아니다(대판 2014다30483).
① 계약명의신탁약정이 부동산실명법 시행 후에 있은 경우에는 명의신탁자는 애초부터 당해 부동산의 소유권을 취득할 수 없었으므로 위 명의신탁약정의 무효로 인하여 명의신탁자가 입은 손해는 당해 부동산 자체가 아니라 명의수탁자에게 제공한 매수자금이라 할 것이고, 따라서 명의수탁자는 당해 부동산 자체가 아니라 명의신탁자로부터 제공받은 매수자금을 부당이득으로 반환하면 된다(대판 2002다66922).
② 대판 2007다90432
③ 명의신탁자와 명의수탁자가 무효인 명의신탁약정을 함과 아울러 그 약정을 전제로 하여 이에 기한 명의신탁자의 명의수탁자에 대한 소유권이전등기청구권을 확보하기 위하여 명의신탁 부동산에 명의신탁자 명의의 가등기를 마치고 향후 명의신탁자가 요구하는 경우 본등기를 마쳐 주기로 약정하였더라도, 이러한 약정 또한 부동산실명법에 의하여 무효인 명의신탁약정을 전제로 한 것이어서 무효이고, 위 약정에 의하여 마쳐진 가등기는 원인무효이다(대판 2014다63315).
⑤ 계약명의신탁에 있어 명의신탁자의 부당이득반환청구권은 부동산 자체로부터 발생한 채권이 아니므로 유치권의 성립요건인 목적물과 채권 사이의 견련관계를 인정할 수 없으므로, 명의신탁자는 명의수탁자에 대하여 가지는 매매대금 상당의 부당이득반환청구권에 기하여 당해 부동산에 대한 유치권을 행사할 수 없다(대판 2008다34828).

정답 07 ③   08 ④

09 난이도 ●●●

甲은 乙과 계약명의신탁을 약정하였다. 그 사실을 알고 있는 丙은 명의수탁자 乙과의 매매계약에 따라 乙 명의로 X토지의 소유권이전등기를 마쳐 주었다. 이에 관한 설명으로 옳은 것은? (다툼이 있으면 판례에 따름)

① 乙 명의의 소유권이전등기는 유효하다.
② 甲은 丙에 대하여 X토지에 대한 소유권이전등기를 청구할 수 있다.
③ 乙이 X토지의 소유권이전등기를 말소하지 않더라도 丙은 乙의 매매대금반환청구를 거절할 수 없다.
④ 乙이 X토지를 丁에게 매도하여 소유권이전등기를 해 준 경우, 丁은 선의인 경우에 한하여 X토지의 소유권을 취득한다.
⑤ 乙이 X토지를 제3자에게 처분하여 丙의 소유권을 침해한 경우에도 丙이 乙로부터 매매대금을 수령한 상태라면 丙은 乙에 대하여 불법행위로 인한 손해배상을 청구할 수 없다.

10 난이도 ●●●

부동산경매절차를 통해 丙 소유의 X부동산을 매수하려는 甲은 乙과 "甲이 경매대금을 부담하되 乙이 경매에 참가하여 낙찰받기로 한다."라는 내용의 약정을 체결하였고, 그 후 乙은 매각허가결정을 받아 X부동산의 소유권이전등기를 마쳤다. 이에 관한 설명으로 옳은 것은? (다툼이 있으면 판례에 따름)

① 위의 법률관계는 3자간(= 중간생략형) 등기명의신탁에 해당한다.
② 丙은 乙에게 소유권이전등기의 말소를 청구할 수 있다.
③ 丙이 甲, 乙 사이의 명의신탁약정을 안 경우에도 乙은 X부동산의 소유권을 취득한다.
④ 乙이 명의신탁사실을 알고 있는 丁에게 X부동산을 처분하였다면, 丁은 소유권을 취득할 수 없다.
⑤ 甲의 지시에 따라 乙이 X부동산을 매각한 후 그 처분대금을 甲에게 반환하기로 약정한 경우, 그 약정은 유효하다.

09 ⑤ ①②③④ 명의신탁자와 명의수탁자가 이른바 계약명의신탁약정을 맺고 매매계약을 체결한 소유자도 명의신탁자와 명의수탁자 사이의 명의신탁약정을 알면서 그 매매계약에 따라 명의수탁자 앞으로 당해 부동산의 소유권이전등기를 마친 경우 법 제4조 제2항 본문에 의하여 명의수탁자 명의의 소유권이전등기는 무효이므로, 당해 부동산의 소유권은 매매계약을 체결한 소유자에게 그대로 남아 있게 되고, 명의수탁자가 자신의 명의로 소유권이전등기를 마친 부동산을 제3자에게 처분하면 이는 매도인의 소유권 침해행위로서 불법행위가 된다. 그러나 명의수탁자로부터 매매대금을 수령한 상태의 소유자로서는 그 부동산에 관한 소유명의를 회복하기 전까지는 신의칙 내지 「민법」 제536조 제1항 본문의 규정에 의하여 명의수탁자에 대하여 이와 동시이행의 관계에 있는 매매대금 반환채무의 이행을 거절할 수 있는데, 이른바 계약명의신탁에서 명의수탁자의 제3자에 대한 처분행위가 유효하게 확정되어 소유자에 대한 소유명의 회복이 불가능한 이상, 소유자로서는 그와 동시이행관계에 있는 매매대금 반환채무를 이행할 여지가 없다. 또한 명의신탁자는 소유자와 매매계약관계가 없어 소유자에 대한 소유권이전등기청구도 허용되지 아니하므로, 결국 소유자인 매도인으로서는 특별한 사정이 없는 한 명의수탁자의 처분행위로 인하여 어떠한 손해도 입은 바가 없다(대판 2010다95185).

10 ③ ② 경매절차에서의 소유자가 명의신탁약정 사실을 알고 있었거나 소유자와 명의신탁자가 동일인이라고 하더라도 그러한 사정만으로 그 명의인의 소유권취득이 부동산실명법 제4조 제2항에 따라 무효로 된다고 할 것은 아니다(대판 2012다6919). 즉, 본 사안과 같은 경매의 경우에는 乙은 丙의 선의·악의를 불문하고 X부동산의 소유권을 취득한다.
① 3자간(= 중간생략형) 등기명의신탁이 아니라 계약명의신탁에 해당한다.
④ 乙은 X부동산의 소유자이므로, 丁은 악의인 경우에도 X부동산의 소유권을 취득한다.
⑤ 부동산경매절차에서 부동산을 매수하려는 사람이 매수대금을 자신이 부담하면서 다른 사람의 명의로 매각허가결정을 받기로 약정한 경우, 매수대금의 실질적 부담자의 지시에 따라 부동산의 소유 명의를 이전하거나 그 처분대금을 반환하기로 약정하였다 하더라도 이는 부동산실명법에 의하여 무효인 명의신탁약정을 전제로 명의신탁 부동산 자체 또는 그 처분대금의 반환을 구하는 범주에 속하는 것이어서 역시 무효이다(대판 2006다35117).

2025
메가랜드 공인중개사
기출응용 예상문제집
1차 민법 및 민사특별법

발행일 2025년 5월 10일 초판 1쇄
편　저 메가랜드 부동산교육연구소
발행인 윤용국
발행처 메가랜드(주)
등　록 제2018-000177호(2018.9.7.)
주　소 (06657) 서울특별시 서초구 반포대로 81
전　화 1833 - 3329
팩　스 02 - 6918 - 3792

정　가 28,000원
ISBN 979-11-6601-567-0(14320)
　　　　979-11-6601-565-6(14320)(1차 세트)

잘못 만들어진 책은 구입하신 서점에서 교환해 드립니다.
본 책의 내용은 사전고지 없이 변경될 수 있습니다.

Copyright ⓒ 2025 메가랜드(주)
메가랜드(주)는 초·중·고, 성인 입시 1등 교육 전문 브랜드 메가스터디가 설립한 부동산 교육 전문 기관입니다.
이 책은 저작권법에 따라 보호받는 저작물이므로 무단전재와 무단복제를 금지하며 책 내용의 전부 또는 일부를 이용하려면 반드시 메가랜드(주)의 서면동의를 받아야 합니다.